Joni Eareckson Tada

Joni – Die Biografie
Joni – Der nächste Schritt

Sammelband

Joni Eareckson Tada

SAMMELBAND

Joni – Die Biografie

Joni – Der nächste Schritt

SCHULTE & GERTH

Die amerikanischen Originalausgaben erschienen unter
den Titeln „Joni" und „A step further"
im Verlag Zondervan Publishing House
Joni: © 1976 by Joni Eareckson und Joe Musser
A step further: © 1978 by Joni Eareckson und Steve Estes
© der deutschen Ausgaben 1978, 1981 Verlag
Schulte & Gerth
© des Sammelbandes 1999 Gerth Medien, Asslar
Aus dem Amerikanischen von Gerhard Jahnke

Best.-Nr. 815 624
ISBN 3-89437-624-4
1. Auflage des Sammelbandes 1999
Umschlaggestaltung: Michael Wenserit
Foto: David Holt
Druck und Verarbeitung: Ebner Ulm
Printed in Germany

JONI EARECKSON/JOE MUSSER

Joni

Der erschütternde Bericht
über Kampf und Sieg einer durch Unfall
gelähmten jungen Frau

VORWORT

Wenn man eine Minute an sich betrachtet, was ist das schon? Lediglich ein Stückchen Zeit. Die Stunde hat 60 und ein Tag 1440 Minuten. Mit 17 Jahren hatte ich bereits über neun Millionen Minuten gelebt.

Aber dann, nach dem ewigen Plan Gottes, wurde eine einzige Minute aus dem Zeitplan meines Lebens herausgenommen. Und diese 60 Sekunden wurden für mein Leben bedeutungsvoller als die Millionen Minuten, die ich, zusammengerechnet, bis dahin gelebt hatte.

In diesen kurzen Zeitabschnitt waren verschiedene Vorgänge, Empfindungen, Gedanken und Gefühle hineingepreßt. Wie soll ich das alles beschreiben? Wie kann ich es der Reihe nach aufzählen?

Die Einzelheiten dieser wenigen Sekunden stehen mir noch deutlich vor Augen, Sekunden, die mein Leben vollständig verändern sollten – und das ohne jede Vorwarnung.

Am 20. Juli 1967 begann für mich ein unvorstellbares Abenteuer. Ich möchte es Ihnen darum im einzelnen schildern, weil ich so viel daraus gelernt habe.

Oskar Wilde schrieb einmal: ,,Es gibt in dieser Welt zwei Tragödien von Bedeutung. Die eine besteht darin, daß man nicht bekommt, was man gern haben möchte, und die andere besteht darin, daß man es bekommt.''

Wenn man diesen Gedanken überträgt, könnte man auch von zweifacher Freude sprechen. Die eine besteht darin, daß Gott all unsere Gebete erhört, und die andere darin, daß man nicht auf alle Gebete eine Antwort bekommt.

Ich komme zu diesem Schluß, weil ich weiß, daß Gott meine Bedürfnisse viel genauer kennt als ich selbst. Ihm kann man absolut und völlig vertrauen – ganz gleich, wie sich unsere Umstände auch gestalten mögen.

Joni PTL

1

Die heiße Julisonne stand schon tief im Westen und tauchte das Wasser der Chesapeake-Bucht in ihren warmen, roten Glanz. Die Oberfläche des Wassers schien trüb, aber als ich kopfüber hineinsprang, umgab es mich mit einer durchsichtigen Klarheit.

Da geschah es. Plötzlich spürte ich, wie mein Kopf auf etwas Hartes, Unnachgiebiges aufprallte. In derselben Sekunde verlor ich auf irgendeine verrückte, unerklärliche Weise die Herrschaft über meinen Körper. Ich hörte oder fühlte ein lautes Surren. Irgend etwas ging in mir vor, das ich nicht beschreiben kann. Es war wie ein elektrischer Schlag, begleitet von einer heftigen Erschütterung – etwa so, als wenn eine schwere Metallfeder plötzlich reißt. Das Dröhnen wurde nur vom Wasser gedämpft. Eigentlich war es weder ein Laut noch ein Gefühl, sondern eine Empfindung. Ich fühlte keinen Schmerz.

Ich hörte, wie unter Wasser der Sand knirschte. Ich lag mit dem Gesicht nach unten auf dem Grund der Bucht. Wie kam ich hierher? Warum waren mir die Arme auf dem Brustkorb festgebunden? Hilfe – ich bin ja eingeklemmt!

Ich spürte, wie mich eine leichte Gezeitenströmung hochhob und wieder fallenließ. Mit einem Seitenblick nahm ich Licht über mir wahr. Die Verwirrung ließ etwas nach. Ich erinnerte mich, wie ich einen Kopfsprung in die Bucht gemacht hatte. Und danach? *Habe ich mich in einem Fischernetz verfangen? Ich muß hier raus*! Ich versuchte, mit den Füßen um mich zu treten. *Meine Füße müssen sich auch verfangen haben*!

Panik bemächtigte sich meiner. Mit aller Kraft versuchte ich, mich zu befreien. Nichts geschah. Wieder hob mich eine Welle hoch und warf mich herum.

Was ist los? Ich bin mit dem Kopf aufgeschlagen. Bin ich bewußtlos? Der Versuch, mich zu bewegen, erinnert mich daran, wie es ist, wenn ich mich im Traum bewegen will. Es ist unmöglich. Ich werde ertrinken! Werde ich frühzeitig genug erwachen? Wird mich jemand sehen? Ich kann nicht bewußtlos sein, sonst würde ich nicht spüren, was um mich herum vorgeht. Nein, ich bin am Leben!

Ich spürte, wie sich der Druck des angehaltenen Atems in mir staute. Bald würde ich atmen müssen.

Die nächste Welle hob mich behutsam empor und ließ mich wieder fallen. Fetzen von Gesichtern, Gedanken und Erinnerungen wirbelten wirr in meinem Kopf herum. Meine Freunde. Meine Eltern. Dinge, deren ich mich schämte. Vielleicht rief Gott mich zu sich, um von mir Rechenschaft über all diese Dinge zu verlangen.

,,Joni!'' Eine düstere Stimme schallte wie ein Appellruf in einem unheimlichen Korridor. War das Gott? War es der Tod?

Ich werde sterben! Aber ich will nicht sterben! Hilfe! Hilfe!

,,Joni!'' Diese Stimme! Durch das Wasser gedämpft, klang sie weit entfernt. Jetzt kam sie näher. ,,Joni, was ist los?''

Kathy! Meine Schwester sieht mich. Hilf mir, Kathy! Ich stecke fest!

Die nächste Welle war etwas kräftiger als die andern und hob mich etwas höher. Ich fiel auf den Grund zurück, und zerbrochene Muschelschalen, Steine und Sand gruben sich mir in Schultern und Gesicht.

,,Joni, suchst du nach Muscheln?''

Nein! Ich sitze hier unten fest – hol mich doch hoch! Ich kann meinen Atem nicht mehr lange anhalten!

„Hast du hier einen Kopfsprung gemacht? Es ist doch so flach", hörte ich Kathy jetzt klar und deutlich sagen.

An ihrem Schatten sah ich, daß sie genau über mir war. Ich kämpfte gegen die innere Panik an, wußte aber, daß ich keine Luft mehr hatte. Um mich herum wurde es dunkel.

Ich spürte Kathys Arm um meine Schultern. Sie hob mich hoch.

O bitte, lieber Gott, laß mich nicht sterben!

Kathy strengte sich an, stolperte und hob mich erneut hoch.

O Gott, wie lange noch? Alles wurde schwarz um mich herum, und während ich hochgehoben wurde, war mir, als fiele ich. Kurz bevor mir die Sinne schwanden, hob Kathy meinen Kopf aus dem Wasser. Luft! Herrliche, lebenspendende, salzhaltige Luft! Ich schnappte und keuchte so schnell, daß ich fast erstickt wäre.

„O danke, Gott – Dank sei dir!" stieß ich hervor.

„Was ist denn mit dir los? Ist alles in Ordnung?" fragte Kathy.

Ich blinzelte, um zu mir zu kommen und die Verwirrung abzuschütteln. Es schien nicht zu klappen, denn ich sah, wie mein Arm immer noch leblos über Kathys Schulter hing, obwohl ich das Gefühl hatte, als sei er an meinen Brustkorb gebunden.

Ich blickte auf meinen Brustkorb herab. Meine Hände waren gar nicht festgebunden. Mit wachsendem Entsetzen kam ich zu der Erkenntnis, daß meine Glieder hilflos umherbaumelten. Ich konnte sie nicht bewegen!

In der allgemeinen Verwirrung übernahm Kathy das Kommando. Sie rief einen Schwimmer herbei, der in der Nähe auf einem aufblasbaren Floß lag. Zusammen hievten sie mich auf das Floß und schoben es in Richtung Ufer. Ich hörte, wie es unter mir auf dem sandigen Strand aufsetzte.

Ich versuchte aufzustehen, doch schien es mir, als sei ich fest auf das Floß gebunden. Die Menschen eilten herbei, um zu sehen, was passiert sei. Bald stand eine Menschenmenge um mich herum, und ihre Gesichter blickten neugierig auf mich herab. Ihr Gaffen und Flüstern war mir unangenehm. Ich fühlte mich nicht wohl in meiner Haut und wurde noch verwirrter.

„Kathy, bitte schick sie doch weg!"

„Ist gut. Treten Sie bitte alle zurück! Könnte jemand bitte einen Krankenwagen kommen lassen? Gehen Sie bitte weiter! Sie braucht Luft", rief Kathy in die Menge.

Kathys Freund Butch kniete neben mir. Seine schlanke Figur schützte mich vor den Blicken der jetzt zurückweichenden Menge. „Wie geht's dir denn, Kleines?" fragte er teilnahmsvoll. Sein Gesicht mit den großen dunklen Augen zeigte für gewöhnlich ein Lächeln und strahlte gute Laune aus, aber jetzt war es von Besorgnis überschattet.

„Kathy – ich kann mich nicht bewegen!" stieß ich entsetzt hervor.

Ich sah, daß alle Angst hatten.

Kathy nickte mir zu.

„Halte mich fest!"

„Ich halte dich ja, Joni." Sie hielt meine Hände hoch, um mir zu zeigen, daß sie sie fest umklammert hielt.

„Ich spüre aber nichts. Drück mich doch mal!"

Kathy beugte sich über mich und drückte mich fest an sich. Ich konnte ihre Umarmung nicht spüren.

„Fühlst du das?" Sie berührte mein Bein.

„Nein", sagte ich.

„Das?" Sie drückte meinen Unterarm.

„Nein!" weinte ich. „Ich kann nichts fühlen."

„Wie ist es hiermit?" Ihre Hand glitt über meinen Arm die Schultern herauf.

„Ja! Ja, das kann ich fühlen!"

Voll Freude und Erleichterung atmeten wir auf. Endlich konnte ich irgendwo an meinem Körper wieder etwas fühlen.

Während ich dort im Sand lag, überlegte ich, wie alles gekommen war. Ich war während des Tauchens mit dem Kopf aufgeschlagen; ich mußte mir irgendwo eine Verletzung zugezogen haben, die diese Gefühllosigkeit hervorrief. Ich hätte gern gewußt, wie lange der Zustand wohl anhalten würde.

„Macht euch nur keine Sorgen um mich", beruhigte ich Butch, Kathy und mich selbst. „Der Herr wird nicht zulassen, daß mir irgend etwas passiert. Ich werde schon wieder gesund werden."

Ich hörte das Heulen einer Sirene. Bald darauf kam der Krankenwagen, und die Türen öffneten sich. Binnen einer Minute hatten mich die Sanitäter auf eine Trage gepackt und mich vorsichtig in den Fond des Krankenwagens gehoben. Irgendwie wirkte ihre gestärkte weiße Arbeitskleidung beruhigend auf mich.

Als Kathy in den Krankenwagen steigen wollte, nahm Butch ihre Hand und sagte leise: „Ich fahre in meinem Wagen hinterher." Dann nickte er dem Fahrer des Krankenwagens zu. „Seien Sie bloß vorsichtig mit ihr!" warnte er ihn.

Die Sirene begann zu heulen, und wir ließen den Strand hinter uns.

Ich sah zu dem Sanitäter auf, der neben mir saß, und sagte: „Es tut mir so leid, daß ich Ihnen so viel Arbeit mache. Ich glaube, daß ich mich bald etwas erholt habe, und bin überzeugt, daß das taube Gefühl bald nachlassen wird."

Er sagte nichts. Vorsichtig wischte er mir Sand und Schmutz aus dem Gesicht, lächelte mich an und blickte dann weg.

Warum sagt er mir nicht, daß alles wieder in Ordnung kommt – daß ich wieder nach Hause kann, sobald mich die Ärzte im Krankenhaus untersucht haben?

Aber niemand sagte mir ein tröstendes Wort. Ich war meinen Gedanken überlassen. Durch das Wagenfenster sah ich die vorbeirasenden Häuser, während die Sirene des Wagens unablässig heulte.

Der Herr ist mein Hirte...

Die Menschen auf den Bürgersteigen drehten sich neugierig um.

...mir wird nichts mangeln...

Autos fuhren an die Seite, um uns vorbeizulassen.

...Er weidet mich auf einer grünen Aue...

Der Krankenwagen verlangsamte seine Geschwindigkeit und bog in eine belebte Verkehrsstraße ein.

...Er erquickt meine Seele...

Zum Beten konnte ich meine Gedanken nicht ausreichend sammeln. So klammerte ich mich an auswendig gelernte biblische Verheißungen.

...Und ob ich schon wanderte im finsteren Tal, fürchte ich kein Unglück, denn du bist bei mir...

Plötzlich verstummten die Sirenen des Krankenwagens mit einem leiser werdenden Brummen. Der Fahrer fuhr rückwärts an die Krankenhausaufnahme, und die Sanitäter zogen meine Trage schnell und vorsichtig heraus.

Während sie mich mit der gleichen Vorsicht durch das große Tor trugen, sah ich das Schild: ,,Notaufnahme. Parken verboten. Anhalten nur Krankenwagen gestattet.''

Währenddessen wurde es dunkel; die Sonne war untergegangen. Mich fror, und ich sehnte mich nach Hause.

In der Notaufnahme herrschte geschäftiges Leben und Treiben. Ich wurde in einen Raum getragen und auf ein fahrbares Bett gelegt. Das grelle Licht verursachte meinen Augen Schmerzen.

Als ich mich abwandte, um der gleißenden Helligkeit zu entgehen, sah ich die verschiedensten Geräte in Reih und Glied aufgebaut: Flaschen, Verbandmull, Binden, Tabletts,

12

Scheren, Skalpelle, Dosen, Pakete mit langen medizinischen Namen und fremdartig aussehende Instrumente. Der scharfe, beißende Geruch der Desinfektionsmittel war unangenehm.

Eine Krankenschwester band mich auf dem Tisch fest und rollte mich in eine der vielen engen Nischen. Um mich herum zog sie die Trennvorhänge zu.

Wieder bemühte ich mich krampfhaft, Arme und Beine zu bewegen. Immer noch waren sie taub und reglos. *Ich komme mir so hilflos vor. Mir wird übel. Ich habe Angst.* Tränen traten mir in die Augen.

„Können Sie mir nicht sagen, was mir fehlt?" bettelte ich.

Die Schwester zuckte bloß mit den Schultern und machte sich daran, meine Ringe abzunehmen. „Der Arzt wird bald hier sein. Ich lege Ihren Schmuck jetzt in diesen Umschlag. Vorschrift."

„Wie lange muß ich denn hierbleiben? Kann ich heute abend noch nach Hause?"

„Tut mir leid. Sie fragen am besten den Arzt. Vorschrift."

Ihre Antworten waren völlig gefühllos und erinnerten mich an einen automatischen Anrufbeantworter.

Eine andere Schwester trat in die Nische, ein paar Formulare in der Hand. „Ihren Namen bitte."

„Joni Eareckson."

„Johnny? Johnny?"

„Nein. Er wird Johnny ausgesprochen – nach meinem Vater. Er wird aber Joni geschrieben. Der Familienname lautet Eareckson." Danach gab ich ihr meine Adresse, den Namen meiner Eltern und deren Telefonnummer und bat sie, dort anzurufen.

„Sind Sie versichert?"

„Ich weiß es nicht. Fragen Sie meine Eltern – oder meine Schwester. Sie ist wahrscheinlich draußen. Sie war mit mir am Strand. Ihr Name ist Kathy. Fragen Sie sie."

Die Schwester ging mit ihrem Notizblock fort, die andere legte den Umschlag, der meine Schmucksachen enthielt, auf einen Tisch in der Nähe. Dann zog sie eine Schublade auf und nahm eine große Schere heraus.

„W-was wollen Sie denn jetzt machen?" stammelte ich.

„Ich muß Ihren Badeanzug entfernen."

„Aber doch nicht zerschneiden! Er ist funkelnagelneu! Ich habe ihn gerade erst bekommen – und es ist mein Lieblingsanzug."

„Tut mir leid. Vorschrift", wiederholte sie.

Das dumpfe Ritsch-Ratsch der Schere hallte von den getünchten Wänden wider.

Sie zog die Stoffetzen ab und warf sie in einen Abfalleimer. Ihr war das völlig egal. Der Badeanzug bedeutete ihr nichts. Mir war zum Weinen zumute.

Sie deckte ein Laken über mich und ging fort.

Ich schämte mich und fühlte mich nicht wohl in meiner Haut. Das Laken verrutschte, entblößte einen Teil meiner Brust, aber ich konnte es nicht wieder hochziehen. Vor Verzweiflung und Angst ließ ich schließlich meinen Tränen freien Lauf. Allmählich ging mir der Ernst meiner Lage auf.

„Und ob ich schon wanderte im finsteren Tal, fürchte ich kein Unglück, denn du bist bei mir..."

Ich schluckte die Tränen hinunter und versuchte, an etwas anderes zu denken. Ob Kathy wohl Mutti und Vati angerufen hat? Ob Dick wohl schon Bescheid weiß?

Ein Mann in dunklen Tweedhosen und weißem Kittel zog den Vorhang beiseite und betrat die Nische. „Ich bin Dr. Sherrill", sagte er freundlich und blätterte in den Seiten seines Notizblocks herum. „Und dein Name ist Joanie?"

„Er wird Johnny ausgesprochen. Ich bin nach meinem Vater benannt worden." *Muß ich das denn jedem von neuem erklären?*

„Okay, Joni, mal sehen, was mit dir los ist."

„Dr. Sherrill, wann kann ich nach Hause?"

„Sag mir mal, ob du das fühlst." Er hatte eine lange Nadel genommen, mit der er mich anscheinend in Füße und Arme piekste.

„N-nein – ich kann nichts fühlen."

„Wie ist es hiermit?"

Ich knirschte mit den Zähnen und versuchte, mich zu konzentrieren, in der Hoffnung, etwas – irgend etwas – zu fühlen. „Nichts."

Er hielt meinen Arm fest und drückte die Nadel gegen meine schlaffen Finger, gegen Handgelenk und Unterarm.

Warum kann ich bloß nichts fühlen?

Er berührte meinen Oberarm.

Endlich fühlte ich einen kleinen Stich in meiner Schulter. „Ja, das fühle ich. Dort hatte ich am Strand auch Gefühl."

Dr. Sherrill nahm seinen Kugelschreiber heraus und machte sich auf seinem Block Notizen.

Zwischen dem Klappern und Klirren der Instrumente hörte ich, wie Dr. Sherrill einen anderen Arzt bat herzukommen. Er ging mit ihm noch einmal die Nadelprozedur durch. Am Kopfende meines Tisches unterhielten sich die beiden mit verhaltener Stimme. Ihre medizinische Ausdrucksweise und ihr Fachjargon waren mir fremd.

„Sieht nach einer Dislokationsfraktur aus."

„Hm, hm. Ich würde sagen, um das vierte oder fünfte Zervikalsegment herum, nach der Sensibilität zu urteilen."

„Wir werden uns wohl ranmachen müssen. Röntgenaufnahmen werden uns nichts darüber sagen, ob eine Kontinuität besteht oder nicht."

„Soll ich den OP vorbereiten lassen?"

„Ja, sofort. Und versuchen Sie noch mal, ihre Eltern zu erreichen."

15

Dr. Sherrills Kollege entfernte sich schnell, und sein Platz wurde von einer der Schwestern eingenommen.

Der schroffen Schwester, die meinen Badeanzug zerschnitten hatte, gab Dr. Sherrill leise ein paar Anweisungen, und auch sie entfernte sich.

Ich sah zu, wie jemand meinen Arm mit einem Wattebausch abrieb und mir eine Kanüle in die Vene stach. Ich fühlte nichts.

Mit einem Seitenblick sah ich, daß Dr. Sherrill einen elektrischen Haarschneider in den Händen hielt. Einem lauten Klick folgte ein Summgeräusch, als er eingeschaltet wurde. *Was um alles in der Welt will er denn damit*? Mit zunehmendem Schrecken wurde mir klar, daß sich die Schere meinem Kopf näherte. „Nein", schrie ich. „Bitte! Nicht mein Haar! Bitte!" Ich schluchzte.

Ich spürte, wie die Schere über meine Kopfhaut fuhr und sah Büschel feuchter, blonder Haare von meinem Kopf auf den Boden fallen.

Eine Helferin bereitete Seifenschaum vor. Sie nahm sich ein Rasiermesser und kam auf mich zu.

Sie will mir den Kopf rasieren! O lieber Gott, nein! Laß das nicht zu!

Der Raum begann, sich um mich herum zu drehen. Dazu drehte sich mir der Magen um. Ich war einer Ohnmacht nahe.

Ich wurde schläfrig – wahrscheinlich die Spritze, die sie mir gegeben hatten. Schlaf überkam mich. Dann wieder eine panische Angst. Was, wenn ich nicht wieder aufwachte? *Werde ich Dick niemals wiedersehen? Kathy? Mutti und Vati? O Gott, ich habe Angst!*

Dann vernahm ich einen hohen, schrillen Ton. Ein Bohrer! Jemand hielt mir den Kopf fest, und der Bohrer begann, sich in meinen Schädel zu fressen.

Ich sah Gesichter. Ich hörte Stimmen. Nichts ergab einen

16

Sinn. Der Raum wurde dunkel um mich herum, und der Lärm klang ab.

Zum erstenmal nach dem Sprung ins Wasser fühlte ich mich entspannt und friedlich. Es war mir egal, daß ich gelähmt und nackt mit rasiertem Kopf auf einem Tisch lag. Auch der Bohrer erschien mir nicht mehr bedrohlich. Ich fiel in einen tiefen Schlaf.

*

Als ich erwachte, meinte ich, den Bohrer noch immer zu hören. Ich strengte mich an, um völlig wach zu werden, um den Leuten zuzuschreien, sie sollten endlich aufhören. Ich brachte aber kein Wort heraus. Ich versuchte, meine Augen zu öffnen. Der Raum drehte sich um mich.

Das Geräusch im Hintergrund wurde jetzt auch deutlicher; es war kein Bohrapparat, sondern bloß eine Belüftungsanlage.

Kopf und Sehvermögen wurden klarer, und im Moment konnte ich mich nicht einmal daran erinnern, wo ich mich befand oder warum ich vor dem Bohrer Angst gehabt hatte. Dann fiel mir alles wieder ein.

Ich blickte zu dem Ventilatorgitter über mir und zu der uralten, rissigen und getünchten Zimmerdecke empor. Ich versuchte, meinen Kopf zu drehen, um den Rest meiner Umgebung wahrnehmen zu können, konnte mich aber überhaupt nicht bewegen. Stechende Schmerzen an beiden Seiten des Kopfes beschränkten mein Bewegungsvermögen. Ich ahnte, daß dies von den Löchern kam, die sie in meinen Schädel gebohrt hatten. Mit einem Seitenblick konnte ich große, metallene Zangen erkennen, die an einer Federdraht-Apparatur befestigt waren. Ich hatte das Gefühl, als würde mir der Kopf abgerissen. Es bedurfte ungewöhnlicher Kraft – geistiger wie

körperlicher –, auch nur so viel von meiner Umwelt wahrzunehmen.

In diesen ersten Tagen war mein Bewußtsein stark gestört.
Die Schlafmittel sandten mich in eine Traumwelt – eine Alp-
traumwelt –, bar jeglicher Realität. Halluzinationen waren an
der Tagesordnung und beängstigten mich. Außeneindrücke,
Erinnerungen und Träume verschwammen wirr ineinander,
so daß ich oft glaubte, ich verlöre den Verstand.

Immer wieder tauchte der gleiche Alptraum aus dieser sur-
realistischen Drogenwelt vor mir auf. In diesem Traum war
ich mit Jason Leverton, meinem Freund aus der Gymna-
siumszeit, zusammen. Wir befanden uns auf irgendeinem ungewöhnlichen Schauplatz und warteten darauf, gerichtet zu
werden. Ich war nackt und versuchte, schamvoll meine Blöße
zu bedecken. In diesem Alptraum stand ich vor einer in ein
wallendes Gewand gehüllten Figur, die mir als „der Apostel"
bekannt war. Er sagte nichts, doch war mir irgendwie klar, daß
ich abgeurteilt werden sollte. Plötzlich zog er ein langes
Schwert, schwang es in meine Richtung und schnitt mir den
Kopf ab. Der gleiche Traum verfolgte mich immer und immer
wieder.

Andere drogenbedingte halluzinogene Erfahrungen stellten selbst die verrückteste Traumwelt in den Schatten. Leuch-
tende Farben, Umrisse und Figuren setzten sich zu seltsamen
und ungewöhnlichen Mustern zusammen. Ich sah „beängsti-
gende" Farben, „friedliche" Musterumrisse und Farben, die
Gefühle, Launen und Empfindungen darstellten.

Das laute Stöhnen eines anderen Patienten weckte mich aus
meinem Alptraum. Ich wußte nicht, wieviel Zeit seit meiner
letzten Bewußtseinsperiode verstrichen war, doch lag ich
diesmal mit dem Gesicht nach unten. Wie hatte ich mich in
diese Lage gebracht? Die Zangen saßen noch richtig. Ihr seit-
licher Druck gegen meinen Kopf rief aber seelische Schmer-

zen hervor, die sich als körperliches Unbehagen bemerkbar machten.

Ich entdeckte, daß ich in einer Art von Rahmen aus Segeltuch lag. Man hatte eine Öffnung für das Gesicht gelassen, aber ich konnte nur ein kleines Stück direkt unterhalb des Rahmens sehen. Ein paar Beine, die in weißen Schuhen und Nylonstrümpfen steckten, standen innerhalb dieses engen Blickfeldes.

„Schwester", rief ich schwach.

„Ja, ich bin hier."

„W-was – wo – äähh –" stammelte ich in dem Versuch, eine Frage zu formulieren.

„Psch-h-h. Versuch jetzt nicht zu sprechen, du strengst dich nur an", sagte sie.

Ihrer angenehmen Stimme und ihrem ruhigen Wesen nach zu urteilen war es nicht die Schwester, die meinen Badeanzug zerschnitten und meinen Kopf rasiert hatte. Ich spürte ihre Hand auf meiner Schulter.

„Schlaf noch ein bißchen, wenn du kannst. Du bist hier auf der Intensivstation. Du bist operiert worden, und wir werden dich gut pflegen. Mach dir also keine Sorgen, ja?" Sie klopfte mir leicht auf die Schulter.

Es war beruhigend, irgendwo Gefühl zu haben – nur am Kopf war es unangenehm, da biß die Zange durch Fleisch und Knochen.

Allmählich nahm ich meine Umgebung wahr. Man sagte mir, daß ich in einem Sandwich-Bett liege. Ich hatte den Eindruck, als befände ich mich zwischen den beiden Hälften eines zusammengeklappten Brötchens, festgeschnallt zwischen zwei Segeltuchdecken. Zwei Schwestern kamen alle zwei Stunden und drehten mich um. Sie legten einen mit Segeltuch bespannten Rahmen auf mich und drehten mich geschickt um 180 Grad herum, während eine Schwester die Gewichte hielt, die an den eisernen Greifzangen – an meinem Kopf – befestigt waren. Danach entfernten sie den Rahmen, auf dem ich gelegen hatte, und vergewisserten sich, daß ich für meine neue zweistündige Schicht richtig lag. Ich hatte zwei Ausblickmöglichkeiten – den Fußboden und die Zimmerdecke. Nach und nach erfuhr ich auch, daß auf der Intensivstation acht Betten standen und daß „Intensivstation" mit intensiver Pflege zu tun hatte. Ich hatte diesen Ausdruck vorher noch nie gehört und nahm an, daß es etwas mit schweren Fällen zu tun habe. Die Patienten durften nur fünf Minuten pro Stunde und auch dann nur von Familienangehörigen besucht werden.

Während die Stunden dahinschlichen und sich Tag an Tag reihte, lernte ich auch meine Mitpatienten besser kennen. Aus Gesprächsfetzen, den Anordnungen der Ärzte und anderen Geräuschen konnte ich mir einiges zusammenreimen.

Der Mann in dem Bett neben mir stöhnte ununterbrochen. Während des morgendlichen Schwesternwechsels hörte ich, wie die Nachtschwester ihrer Ablösung flüsternd erklärte: „Er hat seine Frau erschossen und anschließend versucht, sich selbst umzubringen. Er wird es wahrscheinlich nicht schaffen. Er muß angeschnallt werden."

Das erklärte also das Kettengerassel – er war mit Handschellen an das Bett gefesselt worden!

Eine Frau in einem der anderen Betten stöhnte auch die ganze Nacht hindurch und bettelte die Schwester an, ihr eine Zigarette oder ein Eis zu bringen.

Judy war ein junges Mädchen wie ich, war aber infolge eines Autounfalls bewußtlos.

Tom war ein junger Mann, der beim Tauchen einen Unfall hatte. Komisch, ich wußte, daß sich Tom dabei das Genick gebrochen hatte, kam aber nicht auf den Gedanken, daß mir das auch passiert war. Niemand hatte es mir gesagt.

Tom konnte nicht selbständig atmen. Das erfuhr ich, als ich

eine Schwester fragte, was ein bestimmtes Geräusch zu bedeuten habe. Sie erklärte mir, es sei Toms Beatmungsgerät.

Als wir von der Ähnlichkeit unserer Unfälle erfahren hatten, begannen wir, uns gegenseitig Zettel zu senden.

„Hallo, ich bin Tom", stand als Vorstellung auf seinem ersten Zettel.

Schwestern und Besucher schrieben die Zettel für uns und dienten als Boten.

Nachts, wenn die Hektik etwas nachließ, hörte ich das Jammern und Stöhnen der anderen. Dann lauschte ich auf das ständige Geräusch von Toms Beatmungsapparat. Da ich mich nicht wenden und zu ihm hinüberblicken konnte, wirkte das Geräusch beruhigend. Ich fühlte mich mit ihm verbunden und machte mir Gedanken darüber, wie er wohl aussehen mochte. Morgen, dachte ich, werde ich ihn um ein Foto bitten.

Später in der Nacht stand der Beatmungsapparat plötzlich still. Die Stille war so laut wie eine Explosion. Ich geriet in Panik und verschluckte mich, als ich um Hilfe rufen wollte. Ich hörte, wie die Schwestern an Toms Bett eilten.

„Sein Beatmungsgerät ist kaputt! Holt ein neues! Dalli!" befahl jemand.

Ich hörte Schritte den mit Fliesen ausgelegten Korridor entlangeilen und vernahm das metallene Geräusch, das das Sauerstoffgerät beim Entfernen verursachte.

Im Schwesternzimmer war jemand am Telefon und rief dringend um Hilfe. Innerhalb weniger Minuten ging es auf der Station zu wie in einem Taubenschlag. Schwestern und Ärzte eilten aufgeregt hin und her. Ein Arzt raunzte: „Wo bleibt das neue Gerät?"

„Sollen wir ihn manuell beatmen, Herr Doktor?" fragte eine Frauenstimme.

Die verzweifelte Lage, in der ich mich durch meine Lähmung befand, ließ mich fast durchdrehen. Ich war völlig hilf-

21

los, denn selbst wenn ich mich hätte bewegen können, gab es doch nichts für mich zu tun. Mit weit aufgerissenen Augen lag ich da und starrte an die Zimmerdecke.

„Der Pfleger ist nach unten gegangen, um einen neuen Beatmungsapparat zu holen. Er ist schon unterwegs mit ihm."

„Machen Sie mit der Mund-zu-Mund-Beatmung weiter! Wir müssen ihn am Leben halten, bis –" Die Männerstimme brach ab.

Ich hörte, wie sich die Türen des Fahrstuhls im Korridor öffneten und schlossen, danach folgten eilige Schritte und das Klappern von Geräten. Die Geräusche kamen auf unsere Station zu, und mit einem Gefühl der Erleichterung hörte ich, wie jemand sagte: „Ich habe das Gerät. Würden Sie bitte Platz machen?"

Dann hörte ich zu meinem Entsetzen die kühle Erwiderung: „Lassen Sie nur, es ist zu spät. Er ist tot."

Ich spürte, wie mir eine Gänsehaut über Hals und Schultern lief. Mit wachsendem Grauen wurde mir auf einmal klar, daß sie nicht von irgendeinem unbekannten Patienten sprachen. Sie sprachen von Tom. Tom war tot! Ich wollte schreien, brachte aber keinen Ton heraus.

In dieser Nacht hatte ich Angst, wieder einzuschlafen – und auch Angst davor, nicht wieder aufzuwachen.

Am nächsten Tag hatte mein Grauen nicht nachgelassen. Ich trauerte um einen Mann, den ich nur von seinen Zetteln her kannte, und ich begann, über meine eigene Lage nachzudenken. Ich war nicht von einer Maschine abhängig, um atmen zu können. Ich war aber von der intravenösen Infusion abhängig, die meinem Körper Nährstoffe zuführte, und von dem Katheter in meiner Blase, der die Abbauprodukte des Körpers abführte. Was, wenn eines dieser Dinge ausfiele? Was, wenn sich die Zangen von meinem Kopf lösten? Was, wenn... Ich schwebte in tausend Ängsten.

22

Ein oder zwei Tage später wurde ein Mann mit gleichen Verletzungen eingeliefert. Man legte ihn in ein Sandwich-Bett und baute ein Sauerstoffzelt um ihn herum auf.

Mit einem Seitenblick konnte ich feststellen, wie das Bett eigentlich aussah. Mein eigenes konnte ich ja nicht sehen, doch konnte ich jetzt verstehen, was geschah, wenn man mich umdrehte – zwei Stunden nach oben, zwei nach unten. Es kam mir vor, als wären wir zwei Ochsen, die an einem Grillspieß gedreht wurden. Ich war jedesmal außer mir vor Angst, wenn man mich umdrehte.

Der neue Patient war ebenso ängstlich wie ich. Als ihn die Pfleger eines Tages umdrehen wollten, rief er verzweifelt: ,,Nein, bitte drehen Sie mich nicht! Als ich das letzte Mal gedreht wurde, konnte ich nicht mehr atmen. Bitte nicht umdrehen!"

,,Es ist alles in bester Ordnung, lieber Mann. Es wird Ihnen nichts passieren. Wir müssen Sie drehen. Bist du soweit, Mike? Auf drei geht's los: eins, zwei, drei!"

,,Nein! Bitte nicht! Ich kann nicht atmen! Ich werde ohnmächtig, das weiß ich!"

,,Es ist alles in bester Ordnung. Nur nicht aufregen!" Sie befestigten das Sauerstoffzelt wieder und verließen ihn.

Ich hörte das schwere, keuchende Atmen des Mannes und betete darum, daß die zwei Stunden schnell vorübergehen möchten – um seinet- und auch um meinetwillen.

Dann hörte das Atmen plötzlich auf.

Wieder setzte das hektische Hasten und Treiben ein, mit dem Schwestern und Helfer auf die Krise reagierten. Aber es war zu spät. Wieder einmal.

Heiße Tränen liefen mir über die Wangen. Angst und Verzweiflung, meine zwei ständigen Weggefährten in diesen ersten Tagen, holten mich wieder ein. Mit wachsendem Grauen und Entsetzen wurde mir bewußt, daß die Intensivstation ein

23

Raum zum Sterben war. Ich spürte, daß mein eigenes Leben an einem seidenen Faden hing und nicht so selbstverständlich war, wie ich bisher angenommen hatte.

Kurz darauf, bei einem der Umdrehungsmanöver, wurde ich ohnmächtig und hörte auf zu atmen. Binnen weniger Minuten hatte man mich aber wiederbelebt. Die medizinischen Mittel sowie die persönliche Fürsorge, die man mir zuteil werden ließ, beruhigten mich.

„Wir werden dich gut pflegen, Joni", tröstete mich einer der Ärzte.

Obwohl auch danach jede Umdrehung eine fürchterliche Prozedur darstellte, hatte ich doch das Gefühl, daß Schwestern und Helfer mit größerer Sorgfalt als zuvor zu Werke gingen, zumindest machte es diesen Eindruck.

Mir wurde auf einmal bewußt, wie kalt die Intensivstation eigentlich war. Fast alle Patienten waren die meiste Zeit bewußtlos und spürten die Kälte wahrscheinlich überhaupt nicht; auf mich aber begann sie störend zu wirken. Ich hatte Angst davor, eine Erkältung zu bekommen. Einer der Helfer ließ eines Tages die Bemerkung fallen, daß eine Erkältung für mich gefährlich werden könnte, genauso gefährlich wie eine Blutvergiftung, die in Fällen wie dem meinen häufig vorzukommen schien.

Es gab so viel, um das man sich ängstigen konnte. Nirgends war auch nur ein Schimmer von Licht und Hoffnung zu entdecken.

Die Ärzte kamen jeden Tag und sahen nach mir. Manchmal kamen mehrere gleichzeitig und diskutierten über meinen Fall.

„Sie hat totale Tetraplegie", erklärte ein Arzt seinem Kollegen, „die durch eine Diagonalfraktur in der vierten und fünften Zervikalebene hervorgerufen wurde."

Ich wußte, daß ich gelähmt war, aber nicht, wodurch. Auch

nicht, für wie lange. Niemand erklärte mir jemals etwas über meine Verletzung.

Die Schwestern sagten: „Frag die Ärzte."

Die Ärzte sagten: „Oh, du machst gute Fortschritte – sehr gute."

Ich hegte den schlimmen Verdacht, daß ich mir das Genick gebrochen hatte. Dieser Gedanke machte mir an sich schon Angst. Eine deutliche Kindheitserinnerung stieg in mir auf. Es war der einzige Genickbruch, von dem ich je gehört hatte. Ein Mann in dem Roman „Black Beauty" war vom Pferd gefallen und hatte sich das Genick gebrochen. Er starb. Deshalb hatte ich kein besonderes Verlangen mehr, Einzelheiten über meinen Unfall zu erfahren.

Ich wußte, daß ich mich in einem Sterbezimmer befand, und ich würde auch sterben, genau wie Tom und der andere Mann. Sie hatten beide ähnliche Verletzungen wie ich gehabt. Also rechnete man auch mit meinem Tod, dachte ich. Man hat nur Angst, es mir zu sagen.

2

Die Tage schlichen dahin. Sie waren geprägt von den ständig wiederkehrenden Alpträumen und der Belastung und Unbequemlichkeit meiner Segeltuch-Gefängniszelle sowie der metallenen Zangen an meinem Kopf. Ich war zu der Überzeugung gekommen, daß ich wahrscheinlich doch nicht sterben würde. Während die anderen auf der Intensivstation entweder starben oder sich ihr Zustand besserte und sie auf die normalen Stationen verlegt wurden, mußte ich bleiben. Mit mir wurde es nicht besser, aber auch nicht schlechter.

Um mich von den quälenden Alpträumen, aus denen ich zu Tode erschöpft und schweißgebadet erwachte, abzulenken, versuchte ich, von den Ereignissen in meinem Leben vor dem Unfall zu träumen.

Ich hatte mit meinen Familienangehörigen und Freunden ein glückliches Leben geführt. Schicksalsschläge hatten wir niemals aus erster Hand kennengelernt. Soweit ich mich zurückerinnern konnte, herrschte in unserer Familie eitel Glück und Sonnenschein.

Der Grund dafür war wahrscheinlich Vater – der Mann, nach dem ich benannt worden war, Johnny Eareckson. Im Jahre 1900 geboren, hatte Vater das Beste sowohl aus dem 19. als auch aus dem 20. Jahrhundert mitbekommen. Er ist ein unverbesserlicher Romantiker und schöpferisch gestaltender Künstler, jedoch auch technisch bewandert. Sein Vater hatte eine Kohlenhandlung, und vor und nach der Schule hatte Vater die Pferde zu versorgen.

Er hatte sich auch aus der „harten Schule des Lebens", wie

er es nannte, viel Wissenswertes angeeignet. Er fühlte sich immer von ungewöhnlichen und schwierigen Aufgaben angezogen, weil er überzeugt ist, daraus etwas lernen zu können. Die Dinge, die er im Leben für wichtig hält, sind Charakterfestigkeit, persönliches Glück und geistige Weiterbildung. Besitzt ein Mann diese Qualitäten und kann er sie an seine Kinder weitergeben, dann und nur dann hält Vater ihn für erfolgreich.

Vater hatte sich in ungefähr allem versucht, was es so gibt, angefangen beim Beruf eines Seemanns bis hin zur Leitung eines eigenen Rodeos, ein zirkusähnliches Unternehmen, bei dem wilde Pferde eingeritten werden. Sein Leben war voll von Hobbys: Pferde, Bildhauerei, Kunstmalerei und Baukunst. Seine Arbeiten zieren buchstäblich sämtliche Wände und Regale unseres Hauses.

Ich hatte Vater einmal die Frage gestellt: „Wie findest du neben deiner Arbeit eigentlich noch die Zeit, all das zu tun, was du tust?"

Er hatte mich mit seinen leuchtenden blauen Augen angesehen und gesagt: „Schatz, es begann während der Rezession. Keiner hatte Arbeit. Die meisten saßen herum, bemitleideten sich und stöhnten. Und ich? Ich konnte doch noch meine Hände gebrauchen! Schnitzen kostete nichts, also bastelte ich allerlei Gegenstände aus Dingen, die andere wegwarfen. Ich beschäftigte mich während der ganzen Rezession, und diese Angewohnheit blieb wahrscheinlich an mir haften."

Es war auch während dieser mageren Jahre, daß Vater olympischer Ringkämpfer war. Er war der Nationalmeister der American Athletic Union, fünfmaliger Sieger der nationalen CVJM-Meisterschaften im Ringkampf und erkämpfte sich 1932 einen Platz in der US-Olympia-Mannschaft. Damals zog er sich eine Verletzung zu, durch die er heute noch leicht hinkt.

Als junger Mensch war er in der Gemeindearbeit aktiv. In seinen zwanziger und frühen dreißiger Jahren war Vater „Cap'n John" für die Gemeindejugend. Er führte mit den Jugendlichen Zeltlager, Wochenendausflüge, Wanderungen und Freizeiten durch. Er besaß einen alten Tieflader-Lkw, auf den er Jugendliche, Schlafsäcke, den Camping-Ofen und alle möglichen Utensilien lud und zu einer der „Cap'n-John-Tours" losfuhr. Es waren denkwürdige Zeiten, die bei vielen der Jugendlichen einen tiefen Eindruck hinterließen.

Eine junge Dame war von „Cap'n John" besonders beeindruckt. Es war die vor Energie sprühende, muntere Margret „Lindy" Landwehr, die ein natürliches Interesse an Sport und Spiel hatte und dadurch „Cap'n Johns" Aufmerksamkeit auf sich zog. Bald verliebte sich Lindy in „Cap'n John" und er sich in sie. Häufig waren ihre Rendezvous jedoch etwas lebhaft, denn „Cap'n John" brachte die gesamte Jugendgruppe mit!

Um seiner Liebe Ausdruck zu verleihen, arbeitete „Cap'n John" Tag und Nacht und baute Mutter als Hochzeitsgeschenk ein Haus. Es war gegen Ende der Rezession, als Geld noch knapp war. Vater kämmte mit seinem Lkw die ganze Gegend nach Baumaterial ab. Von einem alten Segelschiff rettete er riesige Holzbalken für Fundament und Dachsparren.

Während er eines Tages so dahinfuhr, sah er, wie ein paar Männer eine Steinmauer einrissen.

„Was fangen Sie denn mit den Steinen an?" fragte er.

„Wieso?"

„Ich fahre sie gern weg", erwiderte Vater.

„Okay", knurrte der Vorarbeiter. „Sehen Sie nur zu, daß Sie sie bis Freitag weggeschafft haben. Wir haben noch Arbeit vor uns."

„Jawohl!" rief Vater begeistert.

Eigenhändig begann er mit der schweren Arbeit, die Steine,

von denen die meisten über einen Zentner schwer wogen, abzutransportieren. Er schaffte es ganz allein und manövrierte sie irgendwie auf den Lkw. Nach vielen Fahrten hatte er genug für sein Haus. Heute sind zwei riesige, prächtige Steinkamine ein Denkmal für diese Schufterei.

Das gleiche spielte sich ab, wenn er Bauholz, Bausteine oder anderes Baumaterial benötigte.

Endlich war sein Traumhaus fertig. Er und seine Braut zogen ein und wohnen bis heute darin.

Das gleiche aktive Interesse legte Vater für geschäftliche Dinge und die Gemeindepolitik an den Tag. Vor Jahren begann er ein eigenes Geschäft für Fußbodenbeläge. Er sagte: „Vielleicht bin ich zu selbständig, um für jemand anders zu arbeiten. Ich liebe meine Familie zu sehr, um mich von dem Zeitplan und den Interessen eines anderen binden zu lassen. Wenn ich mein eigener Herr bin und mal einen Tag freinehmen will, um mit meiner Familie ans Meer hinauszufahren oder mit ihr zusammen einmal auszureiten, will ich niemanden vorher fragen müssen. Ich hänge einfach ein Schild vor die Tür, schließe zu und haue ab."

Und das taten wir auch. Wir machten oft Ausflüge und Ferienfahrten. Dabei hatten wir so viel Freude, daß es schwerfällt zu glauben, daß all das einen Teil unserer Erziehung ausmachte. Während wir mit dem Rucksack auf dem Rücken durch die Gegend wanderten, brachte uns Vater Geographie und Geologie bei. Er zeigte uns, wie sich die Fährten der verschiedenen Tiere voneinander unterscheiden; er lehrte uns, die Rufe der Tiere zu erkennen, ihre Lebensgewohnheiten – Dinge, die man in der Stadt niemals lernen kann.

Sobald wir sitzen konnten, brachte er uns das Reiten bei. Ich saß im Alter von zwei Jahren im Sattel. Häufig prahlte Vater direkt damit: „Weißt du noch, wie die ganze Familie einmal hundert Meilen auf Pferderücken zurückgelegt hat? Es war die Strecke von Laramie nach Cheyenne, Wyoming. Weißt du es noch, Joni? Du warst erst vier! Die Jüngste, die den Cheyenne-Ritt jemals geritten ist." Als wir etwas älter waren, nahm er uns auf einen Ritt mit vollem Gepäck durch die wilden Medicine-Bow-Berge mit, wo wir von tiefer Ehrfurcht vor Gott und seiner Schöpfung ergriffen wurden.

Vater brachte uns allen einen ausgewogenen, graziösen Reitstiel bei und erteilte uns auch Unterricht im Kunstreiten. „Reite immer in rollender Bewegung mit dem Pferd", sagte er öfter. „Nicht wie die Anfänger, die auf dem Pferd herumhoppeln. Es ist beinahe unmöglich, den Körper durch Auf- und Abhopsen mit den Bewegungen des Pferdes in Einklang zu bringen. Du mußt mit ihm rollen."

Vater war immer ausgeglichen und freundlich. Nichts und niemand regte ihn jemals auf. Nicht ein einziges Mal in den Jahren meiner Kindheit und Jugend habe ich ihn die Geduld verlieren sehen. Darum bemühten wir uns auch, Vater durch unser Verhalten nicht wehzutun. Gewisse Dinge taten wir nicht, weil wir uns die Frage stellten: Was würde das wohl für Vati bedeuten? Und nicht, weil sie einfach fragwürdig oder falsch waren.

Als Vater zu den kurzen Besuchszeiten, die auf der Intensivstation erlaubt waren, ins Krankenhaus kam, versuchte er, die mir bekannte joviale, positive Atmosphäre zu verbreiten. Doch so sehr er sich auch bemühte, unbefangen und voller Hoffnung zu erscheinen, seine matten blauen Augen, die sonst immer so hell und klar dreinblickten, verrieten mir, wie nervös er war. Seine vom Wetter gegerbten, schwieligen Hände zitterten und ließen seine wahren Gefühle erkennen. Er war ängstlich und bedrückt. Die Tochter, die er liebte und nach sich benannt hatte, lag hilflos zwischen zwei Segeltuchdecken eingeklemmt und hing an Infusionsflaschen und Katheterschläuchen.

Joni beim Kunst- und Dressurreiten im Jahre 1966

Das Krankenhaus war kein Ort für diesen Menschen, der sein ganzes Leben als Sportler in Gottes freier Natur verbracht hatte. Es fiel ihm schwer, seinen Schmerz und seine Ruhelosigkeit zu verbergen.

Es tat mir weh, mit ansehen zu müssen, wie mein Unfall auf ihn wirkte. „Warum, o Gott", fragte ich, „warum tust du das?"

Ein ungewöhnlich starkes Band der Liebe verband uns als Familie miteinander. Mutter war die Quelle dieser Kraft. Auch sie liebte das Leben an der frischen Luft und den sportlichen Wettbewerb und teilte Vaters Interessen. Sie brachte uns Mädchen das Tennisspielen bei. Schwimmen und Wandern waren Dinge, die wir als Familie gemeinsam unternahmen.

Mutter mit ihrem starken Charakter und ihrer liebevollen Art bemühte sich genau wie Vater darum, daß wir ein glückliches Zuhause hatten. Es gab selten eine Meinungsverschiedenheit zwischen meinen Eltern, und ihre offensichtlich auf Gegenseitigkeit beruhende Liebe wirkte sich auch auf unser Leben aus und vermittelte uns ein Gefühl der Sicherheit und Zusammengehörigkeit.

Nach meinem Unfall wich Mutter im Krankenhaus nicht von meiner Seite. Während der ersten vier Tage blieb sie rund um die Uhr bei mir und machte nur kurze Nickerchen auf einem Sofa im Besucherzimmer. Sie verließ mich nicht eher, als bis sie absolut davon überzeugt war, daß mir keine Gefahr mehr drohte.

Da wir in unserer Familie so eng miteinander verbunden waren, teilten auch meine Schwestern die Sorgen der Eltern. Kathy, zwanzig Jahre alt, dunkelhaarig, hübsch, aber schüchtern, war es, die mich aus dem Wasser gezogen und mir das Leben gerettet hatte.

Jay, zur Zeit des Unfalls dreiundzwanzig Jahre alt, war die

Schwester, der ich am nächsten stand. Sie war still und graziös, und ihr langes blondes Haar war von Sonne und Wasser ausgebleicht. Jay war verheiratet und Mutter eines kleinen Mädchens namens Kay. Trotz ihrer Verpflichtungen der Familie gegenüber fand sie Zeit, ins Krankenhaus zu kommen und bei mir zu sein. Ich freute mich jedesmal auf ihren Besuch. Zwang mich mein Bett, mit dem Gesicht nach unten zu liegen, legte sie sich einfach auf den Fußboden. Dort breitete sie dann allerlei Hefte aus, die wir zusammen lasen. Sie versuchte auch, meine Zimmerecke durch Pflanzen und Poster freundlicher zu gestalten, wenn auch die „Vorschriften" sehr bald die Entfernung dieser Dinge verlangten.

Linda, meine älteste Schwester, war verheiratet und hatte drei kleine Kinder. Da sie etwa zehn Jahre älter war als ich, stand ich ihr nicht so nahe wie Kathy und Jay.

Die Erinnerungen an die schönen Jahre, die ich zusammen mit meinen Familienangehörigen verlebt hatte, halfen etwas, mich von meinen Schmerzen und Alpträumen abzulenken. Ich erinnerte mich auch an die schönen Erlebnisse auf dem Gymnasium und an die Freundschaften, die ich dort geschlossen hatte.

Das Woodlawn-Gymnasium lag in einem landschaftlich hübschen Vorort von Baltimore. Der zweistöckige, steinerne Bau war so in das Gelände eingebettet, daß die freie Natur voll in seinen Gesamtplan mit eingeschlossen war. Die Fußwege waren von Bäumen eingefaßt, und ein kleines Bächlein schlängelte sich durch die angrenzenden Wiesen. Häufig waren Kunststudenten in dem malerisch angelegten Schulgelände dabei, zu skizzieren oder zu malen.

Hinter der Schule lagen Baseballfelder, Sportplätze, Tennisanlagen und ein Lacrosse-Platz. Lacrosse, ein amerikanisches Ballspiel, war mein Lieblingssport. Meine Ernennung zum Kapitän unserer Mädchen-Lacrosse-Mannschaft im letzten Schuljahr bedeutete mir im Grunde mehr als meine Aufnahme in die Gilde der Ehrenschüler.

In meinem zweiten Jahr auf Woodlawn hatte ich Kontakte zu einer Organisation geknüpft, die sich „Young Life" – Junges Leben – nannte, einer religiösen Bewegung, die sich hauptsächlich der Gymnasiasten annahm. Mir war aufgefallen, daß viele der erfolgreichen und beliebten Schüler Christen waren und „Young Life" angehörten, und so wollte ich, als ich von einer „fantastischen" Freizeit hörte, die „Young Life" abhielt, auch dabei sein.

„Mutti", bettelte ich, „du mußt mich einfach gehen lassen. Bitte!"

Ich war fünfzehn und ein junges Mädchen, das im Begriff war, sich zu einer Persönlichkeit zu entwickeln und nach dem Sinn des Lebens suchte.

Das „Young-Life"-Wochenende fand in Natural Bridge im Staat Virginia statt. Scharen von Jugendlichen aus der Gegend um Baltimore trafen sich in der kleinen Gemeinde, um ein Wochenende zu erleben, das mit Sport, Spiel und Bibelarbeit angefüllt war. Wir wollten herausfinden, was die Bibel über unser Verhältnis zu Gott zu sagen hat.

Carl Nelson, der Leiter des „Young-Life"-Camps, erklärte uns, daß das Evangelium mit Gottes Herrlichkeit und Gerechtigkeit beginnt. „Dieser Maßstab der göttlichen Gerechtigkeit kam in den Zehn Geboten zum Ausdruck", sagte er. Carl öffnete seine Bibel und las: „,Und durch das Gesetz kommt Erkenntnis der Sünde.' Und deshalb, Leute", fuhr er fort, „kann man sich niemals den Himmel verdienen, indem man eine Liste moralischer Gebote und Verbote aufstellt und sich bemüht, sie zu befolgen. Es ist einfach unmöglich, das Gesetz, das Gott erlassen hat, zu halten."

Nach diesem Vortrag machte ich einen Spaziergang durch die herbstliche Abendluft. Ich eine Sünderin? Ich hatte eigentlich nie richtig verstanden, was das Wort bedeutet. Jetzt aber, im Licht der Heiligkeit Gottes, wurde mir meine Aufsässigkeit bewußt. Ich wußte, daß ich eine Sünderin und verloren war, egal, wie seltsam das auch klingen mochte. „Nun, ich kann mich logischerweise nicht selbst erlösen. Wer also…"

Plötzlich ging mir ein Licht auf. Alles, was uns Carl bisher deutlich zu machen versuchte, bekam auf einmal einen Sinn. Deshalb war ja Jesus, der Sohn Gottes, gekommen! „Er war Gott und Mensch zugleich. Deshalb konnte er das Gesetz erfüllen und ein sündloses Leben führen. Und als er starb, nahm er die Strafe für eure Sünden auf sich." Ich erinnerte mich deutlich an Carls Worte.

Ich setzte mich und lehnte mich gegen einen Baum, blickte zu dem stillen, unendlichen Sternhimmel empor und erwartete halbwegs, irgend etwas – ich wußte bloß nicht, was – dort oben zu erblicken. Nur flackernde Pünktchen flimmerten mich an. Dennoch wurde ich, als ich nach oben blickte, von der Liebe Gottes überwältigt. Ich schloß die Augen. „O Gott, ich sehe meine Sünden; ich sehe aber auch deine Barmherzigkeit. Dank sei dir, daß du deinen Sohn Jesus geschickt hast, um für mich zu sterben. Ich will von jetzt ab all die Dinge nicht mehr tun, die dich betrüben. Statt alles nach meinen Wünschen auszurichten, möchte ich, daß Christus auf dem Thron meines Herzens sitzt und mich führt. Ich danke dir, daß du mich von der Sünde erlöst und mir ewiges Leben gegeben hast." Ich erhob mich und rannte in das Zimmer zurück, um Jackie, meiner Freundin, zu erzählen, daß Gott mich erlöst habe.

In meiner Kindheit und Jugend hatte ich immer gehört, wie sehr Gott mich liebte. Mutter und Vater waren Christen und Mitglieder der Reformiert-Episkopalen Kirche Bischof Cummings in Catonsville. In meinen Jugendjahren suchte ich aber meinen eigenen Lebensstil und hatte keine Zeit für Gott.

Ich hatte vieles versucht, um herauszubekommen, was eigentlich der Sinn meines Lebens war. Zunächst dachte ich, Beliebtsein und Verabredungen mit Jungen sei die Antwort. Dann hoffte ich, im Sport die Antwort zu finden. Jetzt aber war meine Suche beendet. Alle Stücke des Puzzles paßten ineinander und ergaben einen Sinn! Jesus, der Sohn Gottes, war gekommen, um mich zu einer Persönlichkeit und zu einem Kind Gottes zu machen.

Eine tiefe Freude durchströmte mich in jener Nacht, und es war mir Ernst, als ich den Entschluß faßte, Jesus Christus in mein Herz und Leben aufzunehmen. Ich verstand das alles zwar noch nicht ganz, sollte aber erfahren, daß Gott geduldig, liebevoll und vergebend gegenüber unseren Fehlern ist.

An jenem Wochenende wurde ich mit zwei Gedankengängen konfrontiert, die ich bis dahin noch nie ganz verstanden hatte. Mir wurde bewußt, daß ich eine Sünderin war, weil ich und auch niemand anders in der Lage war, nach Gottes Maßstäben zu leben. Daher ließ er es zu, daß sein Sohn, der Herr Jesus Christus, für mich starb. Es war ein ergreifender, bedeutungsvoller Augenblick, als mir klar wurde, daß Jesus für mich persönlich gestorben war.

Dann hörte ich von einem anderen interessanten Begriff – „Leben im Überfluß". Unser Leiter erklärte uns, daß Jesus gekommen sei, um für unsere Sünden zu sterben, daß er aber auch gekommen sei, um uns „Leben im Überfluß" zu geben (Johannes 10,10). In meinem kindlichen Gemüt bedeutete dieses „Leben im Überfluß" Gewicht verlieren, beliebt sein, viele Freunde haben und gute Zensuren nach Hause bringen.

Meine Ansichten darüber, was „Leben im Überfluß" bedeutet, waren natürlich völlig falsch, aber bis zu meinem dritten Jahr auf dem Gymnasium hatten sich diese falschen Vorstellungen in mir gehalten. Als neugebackener Christ hatte ich erwartet, Sicherheit und den Sinn des Lebens darin zu finden, daß ich die Ziele erreichte, die ich mir auch für mein geistliches Leben gesteckt hatte: regelmäßig den Gottesdienst besuchen, im Chor mitsingen und verschiedene Dienste in „Young Life" übernehmen. Mein ganzes Streben war auf diese Dinge, nicht aber auf Gott gerichtet. Mein Leben drehte sich um vergängliche Werte, um mein eigenes Ich.

Ungefähr zu dieser Zeit lernte ich Jason Leverton kennen. Jason war ein gutaussehender, muskulöser, stattlicher Bursche. Mit seinen breiten Schultern, seinen ernsten braunen Augen und seinem dichten, hellen Haar wurde er von seinen Kameraden wegen seiner Gewandtheit bei den Meisterschaftskämpfen im Ringen der „blonde Blitz" genannt. Jason und ich waren eng befreundet und bei Schul- und anderen Anlässen stets zusammen.

Vater hatte Jason besonders gern wegen seines eigenen lebhaften Interesses am Ringsport. Es war für mich nicht weiter verwunderlich, wenn ich bei Jason die zweite Geige spielte, wenn er uns besuchte. Häufig „griffen" sich Vater und Jason gegenseitig in freundschaftlicher Rauferei an, um ungewöhnliche Griffe zu demonstrieren.

Es machte viel Vergnügen, mit Jason zusammen zu sein. Wir besprachen gemeinsam unsere Geheimnisse und auch unsere Studienpläne. Wir planten, zusammen aufs College zu gehen und wahrscheinlich eines Tages zu heiraten.

Wir hatten unseren Lieblingsplatz – es war ein in der Nähe gelegener Park –, wo wir spazierengingen und uns über alles mögliche unterhielten. Jason war ebenfalls für „Young Life" tätig; darum nahmen wir uns auch oft Zeit für geistlichen Gedankenaustausch und für das gemeinsame Gebet. Manchmal kletterte ich sogar nach „Zapfenstreich" die Dachtraufe an unserem Haus hinunter – bis mich Mutter eines Abends dabei erwischte. Sie kontrollierte dann öfter, ob ich die Hausregeln einhielt.

Als Jason und ich dann bei unserem Zusammensein intimer wurden, begannen die wirklichen Konflikte. Wir waren beide im letzten Schuljahr und wußten, daß es bestimmte Regeln gab, die gegenseitige Liebesbezeugungen einschränken; keiner von uns hatte jedoch genügend innere Kraft, um mit der Versuchung fertig zu werden.

Häufig fuhren wir im Auto übers Land oder ritten aus. Oft war unser Ziel eine offene Wiese, die von einem schönen Wald, dem tiefblauen Himmel und prächtigen Sommerwolken eingesäumt war. Die ländlichen Bilder, Geräusche und Gerüche wirkten aufregend, romantisch und erotisch. Ehe wir wußten, was geschehen war, hatten unschuldige, kindliche Liebesbezeugungen – Händehalten, Umarmen, Küssen – solchen Liebkosungen Platz gemacht, die Gefühle auslösten, über die keiner von uns Herr wurde. Wir wollten einhalten, doch oft, wenn wir uns an einem einsamen Ort befanden, fielen wir uns gegenseitig in die Arme. Unser Mangel an Selbstbeherrschung machte uns große Not.

„Jason – warum können wir bloß nicht aufhören? Was ist nur mit uns los?" fragte ich ihn eines Abends.

„Ich weiß es nicht. Ich weiß, wir sollten nicht so rumspielen, aber –"

„Jason, wir dürfen uns eine Weile nicht mehr treffen. Es gibt keinen anderen Ausweg. Ich kann nicht aufhören. Du auch nicht. Jedesmal, wenn wir uns allein treffen – hm – sündigen wir. Wenn es uns mit unserer Reue wirklich ernst ist, müssen wir einfach unsere Begegnungen für eine Weile einstellen, so daß wir der Versuchung aus dem Weg gehen können."

Jason war eine Weile still, dann gab er mir recht. „Das sollten wir vielleicht."

Dann schlug er vor, daß ich mich mit seinem Freund Dick Filbert, einem empfindsamen, reifen Christen, treffen sollte.

Wenn ich schon mit jemandem anderem ausginge, könnte es ja auch genauso gut ein Freund von ihm sein. So hätten wir doch wenigstens noch indirekt Kontakt miteinander.

Dick war groß, hager und sah gut aus – genau wie Jason. Doch hier endete die Ähnlichkeit. Dick war still und schüchtern, aber fähig, sich gut auszudrücken. Ein Hauch des Zwanglosen umgab ihn, bis hin zu seinen abgetragenen Jeans und Moccasin-Schuhen. Sein ganzes Wesen strahlte Frieden und Gemütlichkeit aus. Dicks helle, blaue Augen konnten meine Seelenstürme beruhigen, und seine Gegenwart war für mich der starke, ruhende Fels, an den ich mich in Zeiten der Not klammern konnte.

Während meines letzten Schuljahrs war meine Zeit zwischen Jason und Dick aufgeteilt. Ich versuchte, ein romantisches Interesse für beide zu vermeiden und jeden von ihnen lediglich als guten Freund zu behandeln. Ich entspannte mich, indem ich ausritt, Schallplatten hörte und Gitarre spielte. Außerdem bemühte ich mich, durch Teilnahme an den „Young Life"-Bibelstudienkursen mehr über das Leben als Christ zu lernen. Auch mein Gebetsleben war auf eine reifere Zielsetzung ausgerichtet.

Aufgrund meiner schulischen Leistungen wurde ich vom Western Maryland-College für das Herbstsemester angenommen. Mein Leben schien in einer bestimmten Bahn zu verlaufen und irgendwo hinzuführen – aber es schien nur so.

Ich entsinne mich, wie ich eines Morgens nach der Schulentlassung im Bett lag und über diese Dinge intensiv nachdachte. Das Licht der Sommersonne strahlte durch das Laub der Bäume hindurch in mein Zimmer und zerteilte sich in flimmernde Pünktchen, die sich über mein Bett und die rosabedruckte Tapete ausbreiteten.

Ich gähnte und drehte mich um, um hinauszuschauen. Als Vater damals sein Traumhaus baute, hatte er solche Besonderheiten wie das kleine „Bullaugenfenster" dicht über dem Fußboden neben meinem Bett mit eingebaut. Ich brauchte mich nur im Bett herumzudrehen, dann konnte ich hinausblicken.

Es war noch früh, dennoch stand ich schnell auf und angelte mir ein paar Jeans und einen Pullover.

Während ich mich anzog, wanderten meine Augen nochmals zu der schwarzledernen Diplom-Mappe hinüber, die auf dem Toilettentisch lag. Ich ließ meine Hände über die Maserung und die verschnörkelten gotischen Buchstaben, die den Namen der Schule wiedergaben, und das Schulwappen gleiten. Vor wenigen Tagen erst war ich, in Barett und Talar gekleidet, den Gang der Aula hinuntergeschritten, um dieses Diplom in Empfang zu nehmen.

„Frühstück!" Von unten riß mich Mutters Stimme aus meiner Träumerei.

„Ich komme, Mutter!" rief ich. Ich sprang die Treppe hinunter und rückte mir einen Stuhl an den Tisch.

„Gehst du nach der Kirche zur Ranch hinaus, Joni?" fragte Mutter.

„Hm – hm. Ich weiß, Tumbleweed ist schon für das Rennen in diesem Sommer fertig, aber ich möchte doch noch etwas mit ihr arbeiten."

Die „Ranch" war unsere Familienfarm und lag etwa zwanzig Meilen außerhalb der Stadt auf einem Gebirgskamm, der eine herrliche Aussicht über das ganze weite Tal bot. Sie war von allen Seiten von Land umgeben, das zu einem Nationalpark gehörte.

Als ich dort ankam, stand die Sonne bereits hoch am Himmel, und der Duft von frischgemähtem Heu wehte mir entgegen. Die mit Blumen übersäten Wiesen an den Hängen wogten leicht im Wind. In der Nähe stand ein blühender Apfelbaum und verströmte seinen Duft.

Leise und glücklich vor mich hinsummend, sattelte ich Tumbleweed und schwang mich auf sie.

Es war herrlich erfrischend, so weit vom Lärm, Schmutz und der ungesunden Luft der Stadt weg zu sein. Den ganzen Sommer hindurch hat Baltimore unter der Luftverschmutzung durch die Industrie und einer brütenden Schwüle zu leiden, die sich von der Chesapeake-Bucht über die Stadt ausbreitet. Hier in unserem eigenen kleinen Paradies waren wir frei und konnten Sommer, Sonne und frische Luft genießen.

Ich drückte meine Schenkel gegen Tumbleweeds Flanken und spornte sie mit den Fersen an.

Die kastanienbraune Stute bewegte sich im Schrittempo den ungepflasterten Weg hinauf.

Als wir auf die Weide hinauskamen, gab ich ihr noch einmal meine Fersen zu spüren.

Tumbleweed hatte diesen wortlosen Befehl eigentlich gar nicht nötig. Sie wußte, daß hier genügend Platz zum Traben war, ohne daß sie auf Bodenlöcher oder Steine Rücksicht nehmen mußte.

Etliche selbstgebaute Hürden standen über das Feld verstreut. In kurzem Galopp näherten wir uns der ersten Hürde, einem etwa 1,20 Meter hohen hölzernen Hindernis. Ich saß fest auf meinem Pferd und spürte seine weichen, präzisen Schritte beim Anlauf.

Der erfahrene Reiter hat instinktiv das richtige Gefühl dafür, wann ein Pferd zum Sprung ansetzt. Tumbleweed war erfahren und ich auch. Wir hatten schon alle möglichen Medaillen und Preise gewonnen. Ich kannte den Klang der Hufe und den richtigen Rhythmus, mit dem sie über den Parcours donnerte.

Weich hob sich das Pferd jetzt in die Höhe, und schon waren wir drüben.

Der Augenblick, in dem ich in der Luft hing, ähnelte dem

Fliegen. Jedesmal erfüllte mich dabei eine unbändige Freude.

Nach ein paar Läufen triefte Tumbleweed förmlich von Schweiß. Ich zügelte sie zu einem langsamen Trott und lenkte sie dann in Richtung Stall.

„Joni!"

Ich blickte auf und sah, wie Vater auf seinem grauen Wallach über das Feld in meine Richtung galoppiert kam. Er lächelte und stoppte sein Pferd.

„Ich sah, wie sie sprang, Joni. Sie ist in erstklassiger Form. Ich glaube, auf dem Rennen nächste Woche werdet ihr beiden mit allen Medaillen davonlaufen."

„Wenn, dann nur, weil du mir alles Nötige dazu beigebracht hast", rief ich zu ihm hinüber.

Als Vater und ich zum Stall zurückgekehrt, abgesattelt und die Pferde mit einem Klaps in den Hof geschickt hatten, war es halb fünf.

„Wir wollen machen, daß wir nach Hause kommen, sonst kommen wir zu spät zum Essen", sagte er.

Später erinnerte ich mich mit Freuden an jenen herrlichen Tag, als ich auf Tumbleweeds Rücken saß. Innerlich aber wußte ich, daß das alles nur raffinierte Ausflüchte waren. Ich wollte den Tatsachen nicht ins Auge sehen. Herr, was soll ich bloß machen? dachte ich. Ich bin glücklich und zufrieden und auch dankbar für das Gute, das du mir bescherst, aber ich weiß auch, daß tief in mir etwas nicht stimmt. Ich glaube, ich brauche dich jetzt wirklich, damit du anfängst, etwas aus meinem Leben zu machen.

Dachte ich über meine geistlichen Fortschritte in den vergangenen Jahren nach, so mußte ich zugeben, daß ich nicht weit gekommen war. Jason und ich hatten uns getrennt, das stimmte, und Dick paßte in jeder Hinsicht besser zu mir. Ich war aber noch immer an die Sünden gebunden. Anstelle von „Sünden des Fleisches" war ich jetzt von „Sünden der Gefüh-

Joni beim Kunst- und Dressurreiten im Jahre 1966

le" gefangengenommen; Groll, Mißgunst, Zorn und Habgier bestimmten mein Verhalten.

In den letzten Schuljahren hatte ich mich auch treiben lassen. Meine Zensuren waren schlechter geworden, und infolgedessen gab es Ärger mit den Eltern. Mir fehlte ein Ziel, um gute Arbeit zu leisten. Es wurde mir klar, daß ich in den zwei Jahren, seit ich Christ war, keine großen Fortschritte gemacht hatte. Es schien mir sogar so zu sein, daß ich, je mehr ich mich bemühte, mich zu bessern, nur desto tiefer in die Sklaverei meiner Wünsche versank.

Jetzt bestürmte ich Gott: „Herr, wenn du wirklich existierst, dann tue etwas in meinem Leben, das mich ändert und umkrempelt. Du weißt, wie schwach ich bei Jason war. Du weißt, wie egoistisch und eifersüchtig ich mich Dick gegenüber benehme. Mir hängt diese Scheinheiligkeit zum Hals heraus! Ich möchte, daß du ernsthaft in meinem Leben zu arbeiten anfängst. Ich weiß nicht wie – ich weiß heute nicht einmal, ob du es kannst. Aber ich bitte dich: Fang etwas mit meinem Leben an! Führe du eine Wende herbei!"

Es war nur kurze Zeit vor meinem Unfall gewesen, daß ich so gebetet hatte. Jetzt, in meinem Sandwich-Bett eingeschlossen, dachte ich darüber nach, ob Gott wohl im Begriff war, mein Gebet zu beantworten.

3

„In der Bibel steht: 'Denen, die Gott lieben, müssen alle Dinge zum Guten mitwirken.' Das gilt auch für deinen Unfall, Joni." Dick versuchte, mich zu trösten, doch ich hörte ihm nicht richtig zu.

„Ich liege nun schon einen Monat in diesem blöden Krankenhaus", jammerte ich. „Ich kann darin nicht viel Gutes sehen! Nachts kann ich vor Alpträumen und Halluzinationen, die von den Medikamenten hervorgerufen werden, nicht schlafen. Ich stecke in diesem dämlichen Sandwich-Bett. Was soll denn daran gut sein? Sag mir doch bitte mal, Dick, was ist daran gut?"

„Ich – ich weiß es nicht, Joni. Ich glaube aber, wir sollten uns auf Gottes Verheißung berufen. Wir wollen ihm doch vertrauen, daß sich alles zum Guten auswirkt", antwortete Dick ruhig und geduldig. „Soll ich etwas anderes vorlesen?"

„Nein. Es tut mir leid. Ich wollte dich nicht so anfahren. Ich glaube, ich vertraue dem Herrn einfach nicht richtig, was meinst du?"

„Schon gut." Dick lag auf dem Fußboden unterhalb des Sandwich-Bettes und schaute zu mir auf. Unbeschreibliche Traurigkeit und Mitleid trieben ihm die Tränen in die Augen. Er blinzelte und blickte weg. „So", sagte er schließlich, „ich muß jetzt gehen. Bis später, ja?"

Es waren Dicks treue Besuche, zusammen mit denen von Vater, Mutter, Jackie und Jay, an die ich mich in jenen ersten bitteren Wochen klammerte. Andere, Jason zum Beispiel, kamen auch, wann immer sie konnten. Das Krankenhauspersonal lachte bereits über meine vielen Vettern und Basen, und die Regel der „fünf Minuten pro Stunde für Angehörige" wurde häufig übertreten.

Wenn Vater und Mutter kamen, bat ich immer jemanden darum, mich doch mit dem Gesicht nach oben zu drehen. Sie witzelten zwar darüber und legten sich auch auf den Fußboden, wenn ich mit dem Gesicht nach unten lag, aber es tat mir doch zutiefst weh, wenn sie auf allen vieren auf dem Fußboden herumkriechen mußten, um mein Gesicht zu sehen, wenn sie mich besuchten. Ich strengte mich dann sehr an, Hoffnung und Zuversicht in ihnen zu wecken.

Wenn ich über meine Not nachdachte, wurde es mir leichter, wenn ich an andere im Krankenhaus dachte, denen es noch viel schlechter ging als mir. Daraus versuchte ich auch Kraft zu schöpfen, um meine Eltern und andere, die zu mir zu Besuch kamen, aufzuheitern. Dann fiel es mir auch leichter, zum Krankenhauspersonal nett zu sein.

Es war aber nicht so, daß sich mein Wesen geändert hätte. Ich hatte vielmehr Angst, man würde mich nicht mehr besuchen kommen, wenn ich voll Bitterkeit war und mich andauernd beklagte. So bemühte ich mich, heiter und freundlich zu sein.

„Meine Güte, bist du heute bei guter Laune!" bemerkte Anita, eine der Schwestern von der Tagesschicht, eines Morgens.

„Klar, warum denn nicht? Es ist doch ein herrlicher Tag heute."

„Es regnet!"

„Nicht auf mich. Ich liege hier wie die Made im Speck", neckte ich sie.

„Soll ich später noch mal vorbeikommen?"

„Würdest du das tun? Ja, das wäre nett, Anita."

Obwohl Anita anderswo im Krankenhaus zur Arbeit einge-

46

teilt war, hatte sie ein besonderes Interesse an mir. Oft verbrachte sie ihre Mittagsstunde mit mir, las mir Gedichte vor oder unterhielt sich einfach mit mir.

Weil ich schon so lange auf der Intensivstation lag, hatte ich mich mit vielen Schwestern angefreundet. Allmählich hatte ich mich auch mehr an die Regeln und die Routine im Krankenhaus gewöhnt. Da immer einige dieser Regeln umgangen wurden, wenn ich Besuch erhielt, übersah ich auch die Schwächen des Krankenhauspersonals.

Anita klopfte mir auf die Schulter und winkte. ,,Bis später, Joni.''

Ich hörte ihre Schritte den mit Fliesen ausgelegten Korridor entlangklappern.

Nachdem sie gegangen war, kam Jason zu Besuch. ,,Hallo, Kleines'', grinste er mich an. ,,Du siehst ja furchtbar aus. Wann kommst du denn endlich hier raus?''

,,Das wird noch eine ganze Weile dauern, und ich glaube, daß ich dabei etwas lernen soll'', antwortete ich. ,,Dick sagt, Gott ist dabei, an mir zu arbeiten.''

,,Gott hat doch damit nichts zu tun! Du hast dir das Genick gebrochen, und damit basta! Du kannst dich doch nicht zurücklehnen und sagen: 'Das ist der Wille Gottes', und es dabei belassen. Du mußt dagegen ankämpfen, Joni'', sagte Jason entschieden.

Er sah mich an und wußte nicht, was er noch sagen sollte. Seit wir uns zu einer gewissen Abkühlfrist entschlossen hatten, war unser Verhältnis ziemlich locker geworden. Jetzt ließ er mich merken – wenn auch nicht mit Worten, so doch durch seinen Gesichtsausdruck und seine Geste, wie er meine Schulter drückte –, daß er sich noch sehr viel Gedanken um mich machte.

,,Wir müssen dagegen ankämpfen, Joni. Du mußt wieder gesund werden, hörst du?'' Die Stimme versagte ihm, und er fing an zu weinen. „Vergiß diesen Quatsch, daß du nach Gottes Willen hier bist. Kämpfe dagegen an, hörst du?" Er fluchte leise, um seinen Worten mehr Nachdruck zu verleihen, und sagte: „Es gibt einfach keinen Sinn. Wie kann Gott – sofern es einen Gott gibt – so etwas zulassen?"

„Ich weiß, daß es diesen Anschein hat, Jason. Dick sagt aber, daß Gott irgendeinen Grund dafür haben muß."

Dieses Verhalten war der erste Schritt Jasons von Gott weg, der Anfang seines Unglaubens und seiner Überzeugung, daß mein Unglück das Ergebnis eines blinden, willkürlichen Schicksals sei.

Nachdem er gegangen war, starrte ich zur Zimmerdecke empor. Ein Monat war nun vergangen, und ich war immer noch hier. Was fehlt mir eigentlich? grübelte ich.

„Hallo, Mädchen! Wie geht es meiner allerliebsten Patientin denn heute?"

Ich konnte ihn noch nicht sehen, erkannte aber Dr. Harris an der Stimme.

Der hochgewachsene, rothaarige Arzt trat in mein Blickfeld. Ich schenkte ihm ein Lächeln und begrüßte ihn.

Dr. Harris war an dem Abend, als ich eingeliefert worden war, auf der Schock- und Trauma-Station tätig gewesen. Er hatte seitdem ein persönliches Interesse an mir genommen und meinen Fall verfolgt. Ich war von seinem schottischen Akzent angetan.

Er nahm meine Fieber-Kurve zur Hand und sah sie sich an. „Hm – hm, das sieht ja gut aus. Fühlst du dich denn besser?"

„Ich – ich weiß nicht. Was fehlt mir eigentlich, Dr. Harris? Die Schwestern sagen mir nichts, und Dr. Sherrill wirft nur mit einem Haufen medizinischer Fachausdrücke um sich. Bitte, wollen Sie mir nicht sagen, wann ich nach Hause gehen kann?"

„Nun, Liebling, das kann ich auch nicht sagen. Das heißt,

ich bin mit deinem Fall eigentlich nicht so vertraut wie Dr. Sherrill. Ich bin nur – "

„Dr. Harris", unterbrach ich ihn, „Sie schwindeln. Sie wissen es. Sagen Sie es mir."

Er hängte die Fieberkurve wieder an ihren Platz zurück, blickte einen Moment ernst vor sich hin und versuchte dann, seinem Gesicht einen verbindlichen Ausdruck zu geben. „Ich sag dir was: Ich werde mit Dr. Sherrill ein Wörtchen reden. Ich werde ihm sagen, er soll dir die ganze Geschichte einmal in einfachem Englisch erklären. Was hältst du davon?"

Ich lächelte. „Das klingt schon besser. Ich finde, ich habe ein Recht darauf, alles zu wissen, nicht wahr?"

Dr. Harris nickte, spitzte die Lippen, als ob er etwas sagen wollte, doch dann lächelte er nur, als ob er sich eines Besseren besonnen hätte.

Später am Tag kam Dick hereingeplatzt. Er trug eine Jacke, was im August seltsam war. „Ich – ich bin die neun Etagen raufgelaufen", sagte er.

„Warum denn?" lachte ich. „Warum hast du denn nicht den Fahrstuhl benutzt?"

„Dies ist der Grund", erwiderte er und öffnete die Jacke.

Heraus kam ein kleines, quicklebendiges junges Hündchen. Es kletterte auf Dick herum, der auf dem Fußboden unterhalb meines Sandwich-Bettes lag, leckte sein Gesicht ab und bellte leise – kläff, kläff, kläff! Wir dachten, es würde das ganze Haus zusammenbellen.

„Psch – h – h! Ruhig, du kleiner Köter! Willst du denn, daß wir alle rausgeschmissen werden?" redete Dick auf ihn ein. Er hielt mir das Hündchen ans Gesicht.

Ich spürte die stoppelige Wärme und die Nässe seiner Zunge, als es mein Gesicht ableckte. „O Dick, ist der hübsch! Ich freue mich, daß du ihn gekauft hast."

„Ich dachte mir doch, daß ich etwas gehört hätte!" rief eine

Schwester mit gespielter Entrüstung. „Wie haben Sie den denn an der Gestapo in der Eingangshalle vorbeigeschmuggelt?" fragte sie grinsend.

„Ich habe die Hintertreppe benutzt. Sie werden uns doch nicht verraten?"

„Wer? Ich?" Sie bückte sich, drückte den kleinen Hund an sich und setzte ihn dann ab. „Ich sehe nichts", sagte sie einfach und ging, um sich wieder ihren Pflichten zu widmen.

Dick und ich spielten beinahe eine Stunde lang mit dem kleinen Hund, ohne daß wir wieder entdeckt wurden. Dann nahm er das kleine Tier hoch.

„Ich werde wieder die Hintertreppe benutzen", sagte er, als er sich zum Gehen fertigmachte. „Sonst unterziehen die mich jedesmal einer Leibesvisitation, wenn ich komme."

Wir lachten, und Dick ging, den kleinen Hund unter seiner Jacke.

★

Am nächsten Tag wurde ich zu einer Knochenaufnahme und einem Myelogramm in die Röntgenstation gebracht.

Die Röntgenaufnahme ging glatt und schnell vonstatten, denn dabei brauchte ja nur meine Wirbelsäule gefilmt zu werden. Das Myelogramm war jedoch nicht so einfach und schmerzlos. Dabei wurde die Flüssigkeit in meinem Wirbelkanal angezapft. Zu diesem Zweck wurden zwei fünfzehn Zentimeter lange Kanülen benutzt. Ein Teil meiner Rückenmarksflüssigkeit wurde gegen das Färbemittel ausgetauscht.

Nachdem diese Prozedur beendet war, wurde ich umgedreht und in verschiedenen Positionen unter das Fluoroskop gelegt, während die Ärzte ihre Tests machten.

Als alles fertig war, wurde das Färbemittel wieder abgesaugt und meine Rückenmarksflüssigkeit wieder eingespritzt. Eine Nebenwirkung bei dieser Behandlung waren heftige

Kopfschmerzen. Dagegen gab es kein Mittel, darum wurde ich einfach für einige Tage auf Beruhigungsmittel gesetzt.

Als Dr. Sherrill, der meinen Fall behandelte, später vorbeikam, sprach ich ihn an. „Dr. Sherrill, was fehlt mir eigentlich?"

Ohne Zögern antwortete er, und ich wußte nicht, wie ernst das war, was er sagte. „Erinnerst du dich nicht, Joni? Du hast dir eine Rückgratverletzung zwischen dem vierten und fünften Halswirbel zugezogen, eine sogenannte Verschiebungsfraktur."

„Ich habe mir also das Genick gebrochen?"

„Ja."

„Aber das heißt doch, daß ich sterben werde."

„Nein, nicht unbedingt", erwiderte Dr. Sherrill. „Es bedeutet nur, daß der Unfall sehr ernst ist. Die Tatsache, daß du schon vier oder fünf Wochen überlebt hast, bedeutet, daß du die Krise wahrscheinlich überstanden hast."

„Heißt das, daß Sie glaubten, ich würde sterben? Vorher jedenfalls?"

„Du warst ein schwerverletztes Mädchen. Viele Menschen überleben Unfälle dieser Art nicht."

Ich dachte an Tom und den anderen Mann, die beide der gleichen Behandlung unterzogen worden waren wie ich. „Ich glaube, ich habe Glück gehabt", bemerkte ich.

„Glück hast du in der Tat gehabt. Du bist aber auch stark gewesen. Du hast eine enorme Willenskraft. Jetzt, da wir über die Krise weg sind, möchte ich, daß du deinen ganzen Willen darauf konzentrierst, wieder gesund zu werden. Siehst du, wenn du kräftiger geworden bist, möchte ich eine verschmelzungschirurgische Operation an dir durchführen."

„Was ist das denn? In klar verständlichem Englisch bitte, Dr. Sherrill!"

„Nun, das ist eine Art Reparaturvorgang. Deine Wirbel-

säule ist getrennt, und wir wollen die Knochen wieder aneinanderschmelzen."

Wieder aneinanderschmelzen? Mein Geist klammerte sich
an diese einfache Erklärung und schwebte damit davon. *Das
bedeutet, ich bekomme meine Arme und Beine wieder!* Das
war ja die Bedeutung von Römer 8,28. Dick hatte recht! Alle
Dinge dienen wirklich zum Besten. *Ich werde in gar nicht allzu
langer Zeit wieder auf den Füßen stehen!* „Wann wollen Sie
denn operieren?"

„Sobald wie möglich."

„Großartig! Dann mal los!"

★

Ich wußte nicht die volle Bedeutung dessen, was Verschmel-
zungschirurgie bedeutet. Ich meinte, wenn man die Wirbel-
körper wieder miteinander verschmelzen könnte, würde die
Wirbelsäule wieder heilen und alles würde wieder so werden
wie früher – keine Lähmung mehr. Ich hatte aber einfach
nicht aufmerksam zugehört.

Nach meiner Operation wurde ich zu meiner Freude von
der Intensivstation in ein normales Zimmer verlegt. Es ist ein
Zeichen, daß es mit mir bergauf geht, dachte ich. Wenn das
nicht der Fall wäre, würden sie mich ja auf der Intensivstation
lassen.

Mutter und Vater waren bereits im Zimmer und lachten
und freuten sich über meine Rückkehr aus dem OP.

Auch Dr. Sherrill kam vorbei. „Alles verlief prima", sagte
er, unsere Frage ahnend. „Die Operation war ein voller Erfolg."

Gemeinsames, erleichtertes Aufatmen war zu vernehmen.

„Jetzt möchte ich, daß Sie sich alle auf den nächsten Schritt
der Wiederherstellung konzentrieren. Es gibt noch viel für
uns zu tun. Schwere Tage liegen noch vor uns, Joni. Ich möch-

te, daß du dir klar darüber bist und dich darauf vorbereitest. Der schwierigste Teil des ganzen Kampfes ist der psychologische. Jetzt geht es dir wunderbar. Du warst zornig und verzweifelt und hattest auch Angst, aber du bist noch nie deprimiert gewesen. Warte aber mal, bis deine Freunde aufs College gehen. Warte, bis sie sich an deinen Zustand gewöhnt haben und er an Anziehungskraft verliert. Warte, bis deine Freunde anderen Interessen nachgehen und nicht mehr zum Besuch zu dir kommen. Bist du darauf vorbereitet, Joni? Wenn nicht, bereite dich am besten jetzt darauf vor. Die Zeit wird kommen, glaube mir. Sie wird kommen."

„Ich weiß, daß es noch eine Weile dauern wird, aber ich werde doch wieder gesund", antwortete ich. „Das alles braucht Zeit – das haben Sie mir selbst gesagt, Herr Doktor."

„Ja", sagte Vater. „Von wieviel Zeit sprechen Sie eigentlich, Herr Dr. Sherrill?"

Auch Mutter fügte ihre Besorgnis hinzu. „Sie reden davon, daß Jonis Freunde im Herbst aufs College gehen. Ich habe aber das Gefühl, daß Sie sagen wollen, daß Joni nicht wird mitgehen können. Wir haben bei der Western-Maryland-Universität bereits eine Anzahlung auf die Studiengebühren geleistet. Sollen wir ihren Eintritt bis zum folgenden Semester verschieben?"

„Äh – mindestens."

„Tatsächlich?"

„Herr Eareckson, Sie können sich die Gebühren gleich zurückerstatten lassen. Ich befürchte, ein Studium ist für Joni ausgeschlossen."

„Sie – Sie meinen, daß Sie nicht wissen, wann Joni wieder laufen lernen wird?"

„Laufen? Ich fürchte, Sie verstehen mich falsch, Herr Eareckson. Jonis Schaden wird bleiben. Die Operation hat daran nichts geändert."

Das Wort „bleiben" schlug wie eine Bombe in mein Bewußtsein ein.

Es wurde mir klar, daß Mutter und Vater heute zum erstenmal der Tatsache einer unheilbaren Verletzung gegenüberstanden. Entweder waren wir alle zu leichtgläubig oder die Ärzte in ihren Erklärungen zu vage gewesen. Vielleicht beides.

Für einen Augenblick lag peinliches Schweigen über dem Raum. Keiner von uns traute sich, eine Gefühlsregung zu zeigen, aus Furcht, er könnte den anderen aufregen oder ihm Sorge bereiten.

Dennoch bemühte sich Dr. Sherrill, uns Mut zu machen. „Joni wird nie wieder gehen können, doch hoffen wir, daß sie eines Tages ihre Hände wieder gebrauchen kann. Viele Menschen führen ein nützliches, sinnvolles Leben, ohne laufen zu können. Sie können sogar Auto fahren, arbeiten, ihr Haus sauberhalten – es ist eigentlich gar nicht so hoffnungslos, wissen Sie. Wir sind voller Zuversicht, daß sie im Laufe der Zeit lernen wird, ihre Hände wieder zu gebrauchen."

Mutter hatte ihr Gesicht abgewandt, aber ich wußte, daß sie weinte.

„Macht euch keine Sorgen, Mutter, Vater! Oft haben sich Menschen, die sich das Genick gebrochen hatten, wieder erholt und laufen gelernt. Ich habe viele Erfolgsberichte gehört, während ich hier gelegen habe. Ich werde wieder laufen können! Ich weiß es. Ich glaube, daß Gott will, daß ich wieder laufe. Er wird mir helfen. Wirklich! Ich werde aus diesem Haus rauslaufen!"

Dr. Sherrill sagte nichts. Er legte Mutter die Hand auf die Schulter, gab Vati die Hand und ging.

Lange sagte keiner von uns etwas. Dann begannen wir, über unwichtige Dinge zu sprechen. Endlich gingen auch meine Eltern.

Ich lag im Halbdunkel des Raumes. Ich hätte mich freuen sollen – die Operation war gelungen, ich befand mich auf dem Wege der Besserung und in einem Einzelzimmer. Aber ich konnte mich nicht freuen. Traurigkeit und Verzweiflung überwältigten mich. Zum erstenmal seit meinem Unfall betete ich, sterben zu dürfen.

Nach beinahe einer Stunde kam Schwester Alice herein. Sie leerte meinen Urinbeutel und räumte im Zimmer auf. Dann trat sie ans Fenster und machte sich an den Vorhängen zu schaffen. „Es scheint, du bekommst Besuch", sagte sie freundlich.

„Ach?"

„Hm – hm. Ich sehe deine Eltern unten im Garten beisammensitzen. Sie werden jede Minute hier sein."

„Nein, sie sind bereits hier gewesen", erwiderte ich. Ich spürte, wie mir heiße, salzige Tränen über die Wangen liefen. Meine Nase verstopfte sich. Ich konnte nicht mehr weinen, weil ich mir meine Nase nicht putzen konnte. Trotzdem begann ich zu schluchzen.

„He, was ist denn, Joni?" Alice wischte mir das Gesicht mit einem Papiertaschentuch ab und zog ein zweites aus dem Karton. „Hier – schnaub mal! Besser jetzt?"

Ich lächelte. „Tut mir leid. Wahrscheinlich dachte ich einfach über meine Eltern da unten nach. Dr. Sherrill hat uns gerade gesagt, daß meine Verletzung endgültig ist – daß ich nie wieder werde laufen können. Ich weiß, daß sie jetzt da unten sitzen und darüber sprechen. Und daß sie weinen. Und ich bin hier oben und weine. Es ist einfach zu schwer, das alles zu ertragen."

Alice streichelte mir mit dem Handrücken sanft über die Wange.

Ihr Mitgefühl tat mir wohl. Es war trostreich und beruhigend, irgend etwas zu fühlen.

„Und ich werde doch wieder gehen können, Alice. Gott wird mir helfen, du wirst es sehen."

Alice nickte und lächelte.

*

In den Wochen nach der Operation wurde ich nicht kräftiger, wie ich erwartet hatte. Da ich noch immer durch die Vene oder flüssig gefüttert wurde, verlor ich immer mehr an Gewicht. Der Gedanke an festes Essen verursachte mir Übelkeit, und ich konnte die Speisen, die auf einem Tablett in mein Zimmer gebracht wurden, einfach nicht essen. Das einzige, was ich trinken konnte, war Traubensaft. Die Schwestern hatten sich einen Vorrat davon besorgt und reichten mir immer wieder mal ein Glas, an dem ich nippte.

Eines Tages trat ein Fremder in Krankenhausdienstkleidung in mein Zimmer. „Ich bin Willie, der Chefkoch", erklärte er. „Ich möchte gern mal wissen, warum dir mein Essen nicht schmeckt", fügte er hinzu.

„Oh, es liegt nicht an Ihrem Essen. Mir wird überhaupt übel, wenn ich nur an Essen denke", entschuldigte ich mich.

„Was hast du denn am liebsten gegessen – vor dem Unfall, meine ich."

„Vorher? Meine Lieblingsspeisen waren Steak, gebackene Kartoffeln – "

„Gemüse?"

„Hm, ich weiß nicht. Mais, glaube ich."

„Salat?"

„Ich mochte 'Salat Cäsar'."

„Nun, mal sehen, was sich machen läßt." Dann ging er.

An dem Abend brachte mir eine Helferin wie gewöhnlich mein Tablett. Als sie den Deckel hob, sah ich ein riesiges Steak, eine große Kartoffel mit Butter und saurer Sahne, Mais und einen prächtigen Salat Cäsar. Als sie mir das Tablett aber vorsetzte, erregte der Geruch eigenartigerweise wieder Übelkeit in mir.

„Bitte, nehmen Sie es weg! Es tut mir leid – ich kann es einfach nicht essen."

Sie schüttelte den Kopf und nahm das Tablett wieder weg, während ich mich traurig und verzweifelt abwandte.

Ich habe niemals feststellen können, ob die Übelkeit typisch war oder als Folge bestimmter Medikamente auftrat. Ich hatte mich allmählich an die Halluzinationen gewöhnt und war überzeugt, daß meine Träume und Alpträume von den Medikamenten hervorgerufen wurden. In letzter Zeit hatte ich das Gefühl gehabt, häßliche Ungeheuer ständen um mein Bett herum und warteten darauf, mich davonzutragen.

Diese Träumereien, Alpträume, Halluzinationen oder was es auch immer war, deprimierten mich noch mehr. Ich konnte die Ungeheuer nicht wirklich sehen, wußte aber, daß sie in ihrem Grimm und ihrer Schrecklichkeit da waren und nur darauf warteten, daß ich sterben oder einschlafen würde. Aus Angst, ich könnte von ihnen entführt werden, kämpfte ich gegen den Schlaf an.

*

Ich freute mich, wenn Besucher kamen, denn bis zu einem gewissen Grad hielt mich ihre Gegenwart mit der Wirklichkeit verbunden und gab mir wieder etwas Hoffnung. Es wurde mir aber nie bewußt, wie schwer es für sie war, mich tagaus, tagein zu besuchen.

Wenn Bekannte zum erstenmal zu Besuch zu mir kamen, waren sie unbeholfen und wußten sich im Krankenzimmer nicht so recht zu benehmen. Nachdem sie sich etwas daran gewöhnt hatten, stellten sie alle die gleichen Fragen.

„Wie fühlst du dich denn so?"

„Tut es weh? Hast du arge Schmerzen?"

„Wie gehst du denn auf die Toilette?"

Viele Besucher waren zimperlich und fühlten sich unbehaglich. Einige regten die Zangen auf, die an meinem Kopf befestigt waren. Oft schien es mir, als hätten sie größere Schwierigkeiten, mit meiner Lage fertig zu werden als ich.

Eines Tages kamen zwei Freundinnen vom Gymnasium zu mir. Sie hatten mich seit dem Unfall noch nicht gesehen. Ich war auf ihre Reaktion so wenig vorbereitet wie sie. Sie betraten mein Zimmer und ließen ihre Blicke langsam über mein Sandwich-Bett und die anderen Gegenstände im Raum gleiten. Dann standen sie zaghaft neben mir still.

Mit einem Seitenblick sah ich, wie sie auf mich zukamen. „Hallo", begrüßte ich sie lächelnd. „Es tut mir leid, daß ich meinen Kopf nicht drehen kann, aber wenn ihr – "

„Oh, Joni!" stieß eine von ihnen würgend hervor.

„Oh, mein Gott", flüsterte die andere.

Für einen Moment entstand ein peinliches Schweigen im Zimmer, dann rannten sie beide auf die Tür zu. Danach hörte ich, wie sich eines der Mädchen draußen vor der Tür würgend erbrach, während ihre Freundin laut zu schluchzen anfing.

Grauen überkam mich. Bis jetzt hatte sich niemand sonst so ungewöhnlich benommen. Waren die beiden Besucherinnen besonders empfindlich, oder lag es an etwas anderem?

Zuerst wollte ich es gar nicht wissen. Dann aber, ein paar Tage später, als Jackie zu Besuch kam, sah ich zu ihr auf und sagte: „Jackie, bring mir mal den Spiegel."

Sie war gerade dabei, einige Karten und andere Post zu lesen und blickte ruckartig auf. „Warum?" fragte sie.

„Ich möchte, daß du mir einen Spiegel bringst!"

„Äh – okay, ich bringe dir einen mit, wenn ich dich das nächste Mal besuchen komme."

„Nein, ich will ihn jetzt! Laß dir einen von der Schwester geben."

„Warum willst du denn nicht warten? Ich bringe dir deine hübsche Toilettengarnitur von zu Hause mit."

„Jackie!" Langsam wurde ich böse. „Bring mir einen Spiegel! Sofort!"

Sie schlich langsam aus der Tür und kehrte kurz darauf mit einem Spiegel zurück. Ihre Hände zitterten, und sie blinzelte nervös, während sie ihn mir vorhielt.

Ich schrie auf, und Jackie zuckte zusammen und ließ beinahe den Spiegel fallen. „Das ist ja grauenvoll! Oh, mein Gott, wie kannst du mir das antun?" betete ich durch die Tränen hindurch. „Was hast du aus mir gemacht?"

Das Gesicht im Spiegel sah kaum noch menschlich aus. Als ich auf mein Spiegelbild starrte, sah ich zwei dunkelumrandete Augen, die mir blutunterlaufen und glasig aus tiefen Höhlen entgegenstarrten. Mein Gewicht war von etwa 67 Kilo auf 44 Kilo abgesunken, so daß ich wie ein von gelblicher Haut bedecktes Gespenst aussah. Mein rasierter Schädel betonte nur noch mein skelettähnliches Aussehen. Während des Sprechens sah ich auch meine Zähne. Sie waren durch die Medikamente schwarz angelaufen. Jetzt war mir auch nach Erbrechen zumute.

Jackie nahm den Spiegel und legte ihn weg. Dann weinte sie mit mir. „Es tut mir leid, Joni", schluchzte sie. „Ich wollte dich das nicht sehen lassen."

„Bitte nimm ihn mit. Ich will nie wieder in einen Spiegel schauen! Jackie, ich kann es nicht mehr aushalten. Ich sterbe. Sieh mich doch an. Ich bin doch schon jetzt beinahe tot. Warum lassen die mich so leiden?"

„Ich – ich weiß es nicht, Joni."

„Jackie, du mußt mir helfen. Die halten mich doch nur am Leben. Das ist nicht richtig. Ich werde sowieso sterben. Warum können sie mich nicht einfach sterben lassen? Jackie, bitte, du muß mir helfen!" bettelte ich.

„Aber wie denn, Joni?"

„Ich weiß es nicht. Gib mir etwas – du weißt schon – genügend Tabletten."

„Willst du sagen – du möchtest – daß ich dich töte?" fragte Jackie mit weit aufgerissenen Augen.

„Ja – ich meine, nein – du würdest mich ja nicht töten. Du würdest mir nur helfen, etwas früher zu sterben. Bedenke doch bitte, ich bin ja fast tot. Kannst du mir nicht helfen, mein Leiden abzukürzen? Wenn ich mich bewegen könnte, würde ich es selbst tun!" Ich war zornig und verzweifelt. „Bitte, schneide mir die Pulsadern durch – da habe ich ja kein Gefühl. Ich würde keine Schmerzen haben. Ich würde friedlich sterben, Jackie. Bitte, tu doch etwas!"

Jackie begann zu schluchzen: „Ich kann es nicht, Joni. Ich kann es einfach nicht!"

Ich flehte sie an: „Jackie, wenn ich dir auch nur ein klein wenig bedeute, mußt du mir helfen. Ich bin doch schon so gut wie gestorben. Kannst du es denn nicht sehen? Sieh mich doch an! Sieh mich doch bloß mal an!"

„Joni, du weißt nicht, was du verlangst. Ich kann das einfach nicht. Vielleicht wärst du ja besser dran. Ich weiß es nicht. Ich bin so durchgedreht. Ich möchte helfen. Ich liebe dich mehr als irgend jemand sonst. Es bringt mich beinahe um, zusehen zu müssen, wie du leidest. Aber – aber ich kann es einfach nicht tun!"

Danach sagte ich nichts mehr. Aber später habe ich öfter, wenn ich unter ähnlichen Depressions- und Verzweiflungsanfällen litt, Jackie gebeten, mir zum Selbstmord zu verhelfen. Ich war wütend, daß ich es nicht selbst tun konnte.

Ich machte viele Pläne, wie ich es anstellen könnte. Mit Tabletten wäre es am leichtesten, aber die Schwestern würden mich finden und mir den Magen auspumpen. Ich könnte mir von Jackie die Pulsadern durchschneiden lassen. Ich könnte die Arme unter dem Laken verstecken und – nein, das würde auch nicht klappen. Jackie würde es auch nicht tun, ich hatte es ja schon versucht. Das einzige, was mir blieb: Ich mußte auf einen Krankenhausunfall hoffen, der mich töten würde.

Aufgrund meiner Depressionsanfälle legte Jackie mehr Wert auf mein Äußeres. Sie bemühte sich, mich „hübsch aussehen" zu lassen, und außerdem versuchte sie, mein Interesse für Dinge zu wecken, die mich von meinen Sorgen ablenken könnten.

„Es wird dir bald besser gehen, Joni", versprach sie. „Denke daran, daß der Herr sagte, er werde es nicht zulassen, daß wir über unser menschliches Vermögen versucht werden."

„Ach, ja?" knurrte ich.

Die Lähmung und die Medikamente machten mich sehr licht- und geräuschempfindlich. Ich bat Jackie und die Schwestern, die Rolläden und Blenden unten zu lassen und die Tür geschlossen zu halten, so daß möglichst wenig Licht und Lärm eindringen konnte. Dr. Harris sagte, das sei ein Zeichen dafür, daß sich die Nerven im Heilungsprozeß befänden. Ich wurde aber davon schrecklich gequält. Ich konnte sogar Gespräche, die in Nachbarzimmern geführt wurden, klar und deutlich verstehen. Die gewöhnlichen Krankenhausgeräusche wurden zu schrillen Mißtönen.

An einem heißen Sommertag stellte Jackie einen Ventilator um und ließ ihn aus Versehen fallen. Als er auf dem Fußboden aufschlug, kam es mir vor, als ob eine Explosion in meinem Kopf ausgelöst worden wäre. „Jackie!" schrie ich sie an.

Die aus meinem Munde kommenden häßlichen Worte waren fremdartig und schmutzig, wie aus einem dunklen Winkel meiner Seele hervorgeholt. Ich beschimpfte sie mit schrecklichen Namen.

Dann überkamen mich Schuldgefühle. „Es tut mir leid,

Jackie. Es wird mir so leicht alles zuviel." Ich weinte leise. „Ich weiß, daß Gott in all dem einen Plan haben muß. Bitte ruf Dick an, ehe du gehst. Ich brauche ihn. Sag ihm, er soll heute abend noch kommen."

Jackie nickte und machte sich zum Gehen fertig.

„Jackie, warte mal. Ich muß dir noch etwas sagen, ehe du gehst."

Sie stand in meiner Nähe.

„Jackie, du bist eine gute Freundin. Ich nehme deine Fürsorge so selbstverständlich hin. Ich schreie dich andauernd an – besonders, weil ich sonst niemanden habe, den ich anschreien könnte. Ich möchte am liebsten auf Gott, Vati, Mutti und Dick böse sein, weißt du? Mein Groll und meine Bitterkeit stauen sich so an, daß ich einfach ab und zu Dampf ablassen muß. Du bist aber die einzige, die ich ohne weiteres anschreien kann. Mutti und Vati machen schon so viel durch, da muß ich mich besonders zusammennehmen, um nett zu ihnen zu sein, wenn sie zu Besuch kommen. Es wäre unmöglich für mich, ihnen gegenüber kritisch, anspruchsvoll und häßlich zu sein. Ich kann es auch nicht riskieren, Dick zu verlieren. Ich brauche ihn und möchte ihn nicht dadurch verlieren – vielleicht sogar für immer –, daß ich ihm wehtue. Es tut mir alles so leid, Jackie. Du bist mein Sündenbock gewesen. Du leidest am meisten unter diesen häßlichen Gemütsbewegungen, wenn ich mich gehenlasse."

Jackie lächelte mich liebevoll an und zuckte mit den Schultern. „Schon gut, Joni. Ich weiß, daß du es im Grunde nicht so meinst. Außerdem", fuhr sie fort und zog eine Grimasse, „wozu sind Freunde denn sonst da?" Sie trat zu mir ans Bett, zog meinen Krankenhauskittel glatt und küßte mich auf die Stirn. „Ich rufe Dick an."

Später kam er dann. Ich lag still und lauschte den trostreichen Worten der Heiligen Schrift, die er mir aus einer neuen

Übersetzung des Neuen Testaments vorlas. Viele der Verse waren voll Leben und zeitgemäßer Bedeutung.

„Hör dir das mal an, Joni!" rief Dick aufgeregt. „„Drängen sich Prüfungen und Versuchungen in euer Leben, meine Brüder, so betrachtet sie nicht als Störungen, sondern heißt sie als Freunde willkommen! Erkennt, daß sie gekommen sind, euren Glauben zu prüfen und Geduld in euch hervorzubringen'" (Jakobus 1,2-4).

„Was könnte das denn bedeuten, Dick?"

„Ich glaube, daß es genau das bedeutet, was da steht – nämlich, daß Gott mit deinem Unfall ein Ziel verfolgte. Nicht, um sich in dein Leben zu drängen, sondern um dein Vertrauen und dein geistliches Durchhaltevermögen auf die Probe zu stellen."

„Au, Mann! Da habe ich Gott aber enttäuscht!"

„Hör dir den Rest an, Joni. ‚Und wenn einer von euch im Laufe der Zeit mit einem bestimmten Problem nicht fertig wird, braucht er sich nur an Gott zu wenden, der seine Gaben an alle großmütig verteilt und es nicht zuläßt, daß jemand sich dumm oder schuldig dabei vorkommt.'"

„Mein Problem ist so eins, mit dem ich nicht fertig werden kann. Genau, wie es dasteht."

Dick legte die Bibel hin und betete: „Vater, wir danken dir für deine Fürsorge und Bemühungen. Wir danken dir für dein Wort, die Bibel, und für die Verheißungen, die du uns darin gegeben hast. Dein Wort sagt: ‚Wird irgend jemand mit einem bestimmten Problem nicht fertig, braucht er nur Gott um Rat zu fragen.' Nun, Herr, wir fragen dich – bitte erhör unser Gebet. In Jesu Namen. Amen."

Danach betete ich: „Herr Jesus, es tut mir leid, daß ich nicht mehr auf dich geblickt habe, um Hilfe zu bekommen. Ich habe in meinem Unfall bisher noch nie eine Prüfung meines Glaubens gesehen. Jetzt sehe ich aber, wie das alles passieren

63

konnte. Herr, wie dein Wort sagt, glaube ich, daß sich mein Unfall zugetragen hat, um meinen Glauben und mein Durchstehvermögen auf die Probe zu stellen. Dennoch habe ich das Gefühl, daß du mich heilen willst. Ich danke dir für diese Lektion. Mit deiner Hilfe werde ich dir weiter vertrauen. Ich danke dir, daß mir selbst dieser Unfall zum Besten dienen wird. Ich bitte dich, daß andere um mich herum dich durch mich sehen mögen. In deinem Namen bete ich. Amen."

Danach fing ich langsam an, auch positive Seiten an meinem Unfall zu sehen. In den folgenden Tagen teilte ich meine Absicht, daß Gott meinen Unfall als Prüfung meines Glaubens und meines Durchstehvermögens zugelassen habe, Schwestern, Ärzten und Besuchern mit. „Nachdem ich nun diese Lektion gelernt habe, kann ich ihm auch zutrauen, daß er mich wieder auf die Beine bringt. Sie werden es schon sehen!" Mit dieser Einstellung begegnete ich jetzt meinen schweren Umständen.

Die Ärzte teilten Vater mit: „Sie sollten wissen, daß Ihre Versicherung die Kosten für Jonis Behandlung auch nicht annähernd decken wird. Ihre Krankenhausrechnung wird wahrscheinlich um die dreißigtausend Dollar betragen, bis sie entlassen wird."

Ich sagte ganz einfach: „Mach dir keine Sorgen. Gott wird uns schon geben, was wir brauchen."

Als mir Dr. Sherrill erklärte: „Joni, eine Lähmung ist für sportgewohnte Menschen gewöhnlich viel schwerer zu ertragen als für andere, und ich möchte, daß du einsiehst, daß du mit deinen Depressionen selbst fertig werden mußt", erwiderte ich schlagfertig: „Gott wird mir schon helfen."

Als eine Schwester bemerkte: „Ich habe etwas über deinen Unfall gelesen. Läge der Bruch ein, zwei Zentimeter weiter unten, würdest du deine Arme noch gebrauchen können. Das ist doch traurig, nicht wahr?", antwortete ich: „Das ist schon wahr, aber läge der Bruch einen Zentimeter höher, wäre ich längst tot. Gott weiß am besten, was für mich gut ist, finden Sie nicht?"

Eines Tages kam Dick mit einem Geschenk zu mir. Mein Zimmer war voll von Stofftieren, Postern, Bildern, Karten und anderen Mitbringseln. Darunter war ein grünweißer Plüschbär, den ich mit Rasierwasser getränkt und nach Dick benannt hatte. Der vertraute Geruch erinnerte mich an Dick und tröstete mich, wenn er nicht da war.

Diesmal schenkte mir Dick eine riesige Bibel – eine, deren Druckbuchstaben groß genug waren, daß ich sie lesen konnte, auch wenn sie auf dem Fußboden unterhalb meines Bettes lag. Ich konnte sie selbst lesen, wenn mir jemand die Seiten umwendete. Auf das Innentitelblatt hatte er geschrieben: „Meiner liebsten Joni in der Hoffnung, daß Jesus Christus immer der Dritte in unserem Bunde sein und uns die Geduld geben möge, auf einander zu warten. In Liebe, Dick. 9. September 1967. Römer 8,28."

Kurze Zeit später gingen Dick, Jackie und alle meine Freunde und Bekannten aufs College. Dick kam per Anhalter, sooft er nur konnte, um bei mir zu sein. Ich wußte nicht, wie schwer das für ihn war – und auch nicht, daß seine Zensuren darunter litten. Ich hielt es einfach für selbstverständlich, daß er da war. In meiner selbstsüchtigen kleinen Welt war es mir egal, wie er es schaffte; ich wollte ihn nur bei mir haben. Ich brauchte ihn doch so nötig. Ohne mir dessen bewußt zu sein, benutzte ich meinen Unfall, um ihn an mich zu binden. Eines Abends griff ich sogar zu einer Erpressung.

„Hallo, Joni!" Dick grinste, als er sich vorbeugte, um mich zu küssen."

„Wo bist du denn geblieben? Es ist gleich acht."

„Tut mir leid. Ich konnte nicht wegkommen. Wie war denn dein Tag heute?"

„Du hattest gesagt, daß du um sechs hier sein wolltest, und jetzt ist es acht. Du kannst nur noch eine halbe Stunde bleiben, ehe du wieder gehen mußt." Ich kochte innerlich.

„Joni, ich sagte dir doch schon, daß es mir leid tut. Ich konnte wirklich nicht abkommen." Dick hatte sich bereits auf Verteidigung verlegt, und ich wollte ihn nicht reizen.

„Dick, mein Tag ist einfach miserabel ohne dich. Vergangene Nacht träumte ich, du hättest mich wegen eines anderen Mädchens sitzenlassen."

„Das würde ich niemals tun!"

„Ach, bitte versprich es mir, Dick! Sage mir, daß du mich liebst und mich nie verlassen wirst."

„Du weißt, was du mir wert bist, Schatz."

„Sag es mir! Sag es mir bitte!"

„Ich liebe dich", sagte Dick schlicht und einfach.

Ich merkte, daß er es nicht hatte sagen wollen. Nicht, weil er mich nicht sehr gern gehabt hätte – ich wußte, daß das der Fall war. Aber er nahm es mir wohl übel, daß ich ihn dazu gebracht hatte, es mir zu sagen. Er wollte es mir auf seine eigene Art und zu gegebener Zeit sagen.

Jetzt lächelte er, und um der Erklärung einen spontanen Anstrich zu verleihen, fügte er hinzu: „Ich liebe dich schon lange, lange, Joni. Hättest du fünf Minuten gewartet, hätte ich es dir von selbst gesagt – ohne deine Aufforderung."

„Aber ich mußte es dich jetzt sagen hören, Dick!"

„In Ordnung. Ich liebe dich. Ich liebe dich. Ich liebe dich." Jedesmal, wenn er das sagte, beugte er sich vor und küßte mich.

„O Dick, ich liebe dich auch. Wird es nicht wunderbar sein, wenn ich hier rauskomme?"

„Ich bete darum, daß es bald geschieht. Junge, Junge, dieses 'Anhalterspielen' bringt meine Lernerei ganz schön durcheinander."

„Es kann noch eine ganze Weile dauern."

„Ach? Hast du heute etwas Neues gehört?"

„Es werden noch einige Monate der Rehabilitation draufgehen. Ein Jahr vielleicht."

„Au Backe!"

„Dick, ich habe Angst. Ich kann es aber ertragen, wenn du bei mir bist. Du mußt mir helfen. Ohne dich werde ich es nicht schaffen. Wenn du mich verläßt, sterbe ich. Ich kann ohne dich nicht mehr leben. Versprich mir, daß du mich nicht verlassen wirst."

„Natürlich verlasse ich dich nicht."

„Wenn du mich wirklich liebst, versprichst du mir, daß du für immer bei mir bleiben wirst?"

„Natürlich", sagte er und schlug die Augen nieder.

„Zuerst werde ich meine Hände wieder bewegen können. Dann werde ich laufen. Dann können wir zusammen aufs College gehen", versprach ich ihm.

„Richtig", flüsterte Dick.

„Wie ist es auf dem College eigentlich? Ist es wirklich so toll?"

„Hm, es ist ganz gut. Aber viel härter als das Gymnasium. Viel härter."

„Vielleicht arbeitest du zuviel. Was macht die Mannschaft?" fragte ich.

„Die Mannschaft? Oh, denen geht's gut, glaube ich. Am Freitag ist das erste Spiel."

„Bist du dafür fit?" fragte ich aufgeregt.

„Ich spiele nicht mit", sagte Dick schlicht.

„Du spielst nicht mit? Warum denn nicht?"

„Ich habe mein Fußballstipendium verloren."

„Aber warum denn?"

„Ach, Joni, das ist doch egal."

„O Dick, das tut mir aber wirklich leid!" Es kommt daher,

67

daß er mich so oft besuchen muß. Er hat keine Zeit zum Lernen, überlegte ich.

„Es ist schon in Ordnung. Dafür haben wir noch Zeit. Soll ich dir noch etwas aus der Bibel vorlesen?"

„Jetzt nicht mehr, Dick. Ich bin müde. Und du mußt sowieso gleich gehen. Drück mich nur und gib mir einen Kuß, ehe du gehst."

Er beugte sich vor und nahm mein Kinn in seine Hände. Er küßte mich lange und zärtlich. „Ich liebe dich",flüsterte er. „Ich werde auf jeden Fall auf dich warten – das weißt du. Denk immer daran. Ich werde immer da sein."

Nachdem er gegangen war, weinte ich bitterlich. Ich kam mir gemein und selbstsüchtig vor. Ich hatte Dick in die Enge getrieben. Welche Wahl hatte er denn gehabt? Hätte er mir sagen können, was ihm wirklich am Herzen lag?

„Joni, wir sind noch zu jung, um zu wissen, ob wir einmal heiraten wollen. Wir kennen den Willen Gottes für unsere Zukunft doch gar nicht. Wir wollen erst einmal abwarten. Du weißt, daß du dich immer auf mich verlassen kannst. Du liegst mir sehr am Herzen." Ich bin überzeugt, daß er sich etwa so ausgedrückt hätte.

Das war mir aber nicht genug, und Dick war zu feinfühlig, als daß er mir hätte wehtun wollen – erst recht nicht nach dem Unfall. So hatte er mir eben gesagt, was ich hören wollte. Damit hatte ich unsere Beziehung zueinander erheblich gestört. Ich hatte Gefühle und Zugeständnisse erzwungen, ehe sie herangereift waren. Langsam mißtraute ich meinen eigenen Gefühlen.

„Ich werde es wieder hinbiegen", versprach ich Gott an jenem Abend im Gebet. „Ich werde alles in meinen Kräften Stehende tun, um Dicks Liebe würdig zu sein. Ich werde alles mögliche tun, um wieder laufen zu lernen. Dann muß er mich nicht des Unfalls wegen und aus Mitleid lieben, sondern um meiner selbst willen. Das möchte ich gern, Herr. Bitte, bitte…"

*

Als die Krankengymnastin am nächsten Tag hereinkam, dachte ich an Jasons Ratschlag: „Du mußt kämpfen!" Krankengymnastik war der erste Schritt in Richtung auf die eigentliche Rehabilitation. Ich entschloß mich, alles in meinen Kräften Stehende dazu beizutragen.

Die Krankengymnastin befestigte meine Arme in Schlingen und erklärte mir die Übungen. „Dein Bruch liegt, wie du weißt, zwischen dem vierten und fünften Halswirbelkörper. Unterhalb des ersten Wirbels liegen die Nerven für die lebenswichtigen Organe – für das Herz und die Lunge. Menschen, die dort einen Bruch erleiden, bleiben selten am Leben. Unterhalb des zweiten und dritten Wirbels liegen die Nerven, die die Hals- und Kopfbewegungen steuern", fuhr sie fort. „Bei einer Verletzung zwischen dem vierten und fünften Wirbel setzt gewöhnlich, wie bei dir, Tetraplegie, Lähmung aller vier Extremitäten, ein. Die Nerven zwischen dem sechsten und siebten Halswirbel steuern die Brust- und Armmuskulatur. Du hast nun Gefühl in den Schultern und Oberarmen und auch im Brustkorb oberhalb der Brüste. Das bedeutet, daß du vielleicht andere Muskeln trainieren kannst – Rücken- oder Schultermuskeln etwa –, um die Armmuskeln zu ersetzen, die du verloren hast."

„Meinten das die Ärzte, als sie davon sprachen, ich müsse es lernen, meine Hände wieder zu gebrauchen?" fragte ich.

„Zum Teil. Deine Krankenakte zeigt, daß du deine Oberarmmuskeln zur Hälfte gebrauchen kannst. Wie viel du schaffen kannst, werden wir erst sehen, nachdem wir mit der Therapie begonnen haben. Andere Muskeln müssen die motorischen Bewegungen übernehmen, die du jetzt nicht mehr ausführen kannst."

„Also, probieren wir's mal", sagte ich.

„Versuch zuerst einmal, den Arm zu bewegen. Benutze die Rücken-, Hals- und Schultermuskeln dazu. Mach mal den Versuch, ihn überhaupt zu bewegen."

Ich versuchte es.

Nichts passierte.

Ich schloß die Augen, um mich besser konzentrieren zu können. Ich fühlte, wie sich die Muskeln anspannten und langsam vibrierten, doch schienen sie meinem Willen nicht gehorchen zu wollen. Ich konnte sie nicht dazu bringen, den Arm zu bewegen.

„Versuch es immer wieder. Du wirst es schon schaffen", redete die Krankengymnastin auf mich ein.

Ich knirschte mit den Zähnen und probierte es noch einmal.

Nichts.

„Komm, Joni, versuch es noch einmal", ermunterte sie mich.

„Glauben Sie denn, ich versuche es nicht mit allen Kräften?" fuhr ich sie an und fluchte zur Betonung.

„Es ist eine Frage der Umerziehung, wenn neue Muskeln die Arbeit der alten übernehmen sollen. Versuche nicht, deinen Arm zu heben, wie du es früher gemacht hast. Denk einmal daran, wie die Muskeln an den Sehnen und Knochen befestigt sind – so wie hier." Sie zeigte mir eine Zeichnung in einem Buch und zog die Linien an meinem eigenen Arm nach. „Versuche, durch diese Muskeln eine Bewegung zu erzeugen. Gebrauche einfach deinen Rücken und versuche, dabei deinen Arm zu heben."

Ich versuchte es noch einmal, während sie auf die Stelle deutete. Länger als zehn Minuten setzte ich alle meine Willens- und Körperkräfte ein.

Endlich hob sich mein Arm um etwa drei Zentimeter, fiel aber gleich darauf wieder schlaff herunter.

„Schön! Großartig! Noch einmal!" kommandierte sie. „Wende alle Energie und deine ganze Konzentration auf, um den Arm zu heben und hochzuhalten."

Ich nahm alle Kraft, die mir zur Verfügung stand, zusammen und probierte es noch einmal.

Nach etlichen spannungsgeladenen Sekunden hob sich mein Arm erneut um etwa drei Zentimeter und zerrte an den Schlingen, die an ihm befestigt waren.

„Noch einmal!" befahl sie.

„Ich kann nicht mehr. Es tut weh. Es ist zu anstrengend. Ich muß erst ausruhen", bettelte ich.

Beinahe eine halbe Stunde war verstrichen, und ich hatte meinen Arm glücklich zweimal gehoben, jedes Mal um etwa drei Zentimeter.

„In Ordnung, Joni. Du siehst ein, daß es harte Arbeit bedeutet. Wir haben noch viel zu tun, bevor du mit der Rehabilitation beginnen kannst. Bald werden wir dich aber soweit gekräftigt haben, daß du nach Green Oaks gehen kannst", sagte sie lächelnd.

„Green Oaks?"

„Ja, Green Oaks Rehabilitationszentrum", erklärte sie. „Dr. Sherrill wird dir davon erzählen. Das ist der nächste Schritt. Es ist eine Spezialklinik für motorisch Geschädigte."

„Ein Rehabilitationszentrum? Ach ja, jetzt fällt es mir wieder ein. Dort werde ich anfangen, laufen zu lernen!"

Die Krankengymnastin lächelte, löste die Schlingen und erhob sich. „Alles Gute, Joni. Ich arbeite morgen wieder mit dir. Wir wollen dich doch für Green Oaks fit machen!"

71

4

Beinahe einen Monat konzentrierte ich mich darauf, für Green Oaks fit zu werden. Dort würde ich wieder laufen lernen und neu mit dem Leben beginnen.

Als die Nachricht eintraf, daß man einen Platz für mich frei habe, waren alle voll freudiger Erwartung. Alle Schwestern und Ärzte kamen vorbei, um mir die besten Wünsche für diesen neuen Schritt in der Rehabilitation mit auf den Weg zu geben.

„Na, mein Mädchen, benimm dich jetzt! Keine wilden Partys oder Orgien", neckte Dr. Harris, „oder wir kommen und holen dich wieder hierher zurück."

„O nein, das werden Sie nicht tun!" rief ich. „Sie werden mich nie wieder hierher kriegen. Ihr habt genug Kranke, an denen ihr arbeiten könnt. Nun, vielleicht komme ich eines Tages doch zurück", korrigierte ich mich, „aber dann auf meinen eigenen zwei Beinen."

„Abgemacht", grinste Dr. Harris. Er drückte mir die Schultern, zwinkerte mit den Augen und ging.

Zwei Schwestern – Anita und Alice – halfen mir beim Auszug. Sie nahmen die Bilder und Poster von den Wänden und packten alles ein, was sich in diesen drei Monaten angesammelt hatte. Es waren ein paar Kisten voll.

Endlich kamen die Pfleger, die mich in den Krankenwagen trugen, der unten wartend bereitstand, um mich nach Green Oaks zu fahren.

Als sie mich durch die doppelten Außentüren des Erdgeschosses hinausfuhren, kitzelte eine leichte Brise herrlicher, süßriechender frischer Luft meine Nase, und überall war Sonnenschein.

„Ach, warten Sie doch bitte einen Moment", bat ich die beiden Pfleger. „Können Sie die Luft riechen?" rief ich aufgeregt.

„Verschmutzt", brummte einer der beiden gutmütig.

„Nein, sie ist herrlich!" Ich atmete mit vollen Zügen ihren frischen Duft ein.

„He, Sie kriegen noch einen Sauerstoffrausch", neckte mich einer der Männer. Vorsichtig schoben sie meine Trage in den Krankenwagen, schlossen die Türen, und ab ging's nach Green Oaks.

Unwillkürlich verglich ich diese Krankenwagenfahrt mit der letzten. Damals waren die Bäume grün, das Gras saftig und voll Blumen gewesen, und die Menschen hatten ihre Sommergarderobe getragen. Heute war die Luft frisch und kühl. Die Geschäfte hatten ihre Fenster für Allerheiligen und den Herbstschlußverkauf geschmückt. Die Bäume leuchteten goldfarben, rot und orange – die Landschaft bot die volle Palette herbstlicher Farben und Eindrücke.

Der ganze Sommer war verstrichen, während ich im Krankenhaus gelegen hatte! Es war ein seltsames Gefühl, doch ich war nicht traurig. Reiz und Schönheit der Fahrt waren viel zu aufregend, als daß ich mir über den verlorenen Sommer Gedanken machen wollte.

Durch das Fenster schien mir die warme Sonne voll ins Gesicht. Der Fahrer kurbelte das Fenster herunter und ließ die frische Luft ein, die warm und weich über mich hinwegstrich. Es war ein solch herrliches Gefühl, daß ich vor Freude beinahe geweint hätte.

Als wir uns Green Oaks näherten, wurde ich noch aufgeregter. Green Oaks. Der Name an sich war schon ein gutes Omen. Ich stellte mir ein großes Gebäude im Kolonialstil vor, mit hohen, weißen Säulen, und dahinter ausgedehnte, von riesigen Eichen beschattete grüne Rasenflächen.

Als wir in die Einfahrt einbogen, sah ich, daß es diesem Bilde überhaupt nicht entsprach. Es war ein ausgedehntes, niedriges Steingebäude, das eher einem Industriekomplex, einem Bürohaus oder einer Fabrik glich.

„So, hier wären wir", sagte der Fahrer.

„Tja", sagte ich langsam.

„Ist was?"

„Hm – nein. Ich glaube nicht", sagte ich schüchtern. „Ich bin nur ein bißchen enttäuscht, weil die Wirklichkeit so ganz anders ist als das, was ich mir vorgestellt hatte."

Er nickte und fügte dann hinzu: „Machen Sie sich keine Sorgen – die leisten gute Arbeit hier. Ich glaube, es wird Ihnen hier gefallen. Hier gibt's 'ne ganze Menge Mädchen in Ihrem Alter. Sie werden sich hier schnell einleben."

„Hoffentlich", erwiderte ich besorgt.

Während er mich den Korridor entlang auf meine Station rollte, schaute ich mich um und blickte durch offenstehende Türen hindurch. Es war so ruhig, wie im Krankenhaus. Keiner war „geheilt" – keiner lief.

Ich sah Menschen in Rollstühlen liegen, in Sandwich-Betten hängen oder in normalen Betten liegen. Die Korridore machten einen dunklen, deprimierenden Eindruck, ganz wie die Menschen, die da in Reih und Glied in ihren Rollstühlen saßen. Es war ein altes, dringend renovierungsbedürftiges Gebäude. Als man mich in mein Zimmer schob, war ich völlig entmutigt.

Mutter und Vater waren da, um mich zu begrüßen. Sie hatten schon die Aufnahmeformalitäten und Geldfragen geregelt. Sie versuchten, mich aufzuheitern, entschuldigten sich dann aber und gingen, sobald ich einigermaßen eingerichtet war.

Ich hatte diese Reaktion schon einmal, damals im Stadtkrankenhaus, bemerkt, als sie von der Unheilbarkeit meiner
Verletzung erfahren hatten. Ich wußte, daß sie wieder einmal
am Rande eines Nervenzusammenbruchs standen und nicht
wollten, daß ich ihre Enttäuschung und ihre Tränen zu sehen
bekäme. Sie verabschiedeten sich mit dem Versprechen: „Wir
kommen sobald wie möglich wieder, Liebling."

Nachdem sie gegangen waren, sah ich mich in meinem
Zimmer um. Vier Mädchen teilten den kleinen Raum mit mir.
Ich entschloß mich, mich vorzustellen. „Hallo, ich bin Joni
Eareckson", begann ich.

„Joni Eareckson!" hörte ich eine von ihnen meinen Namen
voller Verachtung und von ein paar Schimpfwörtern begleitet
wiederholen. „Das ist alles, was ich im Stadtkrankenhaus zu
hören bekommen habe – Joni dies, Joni das. Ich könnte kot-
zen!"

Von der Verbitterung in der Stimme war ich wie vor den
Kopf gestoßen. Ich erholte mich jedoch schnell genug und er-
widerte: „Oh, ich wußte gar nicht, daß ich hier einen Fan-
Club habe."

Damit war das Eis gebrochen. Die anderen lachten.

„Du mußt Ann entschuldigen", erklärte mir eines der Mädchen. „Sie ist auch neu hier. Sie kam nach dir ins Krankenhaus
und scheint nicht die Musterpatientin gewesen zu sein, die du
warst. Sie haben dich immer als Vorbild hingestellt. Ich bin
Betty – Betty Jackson. Das Mädchen im Bett da drüben ist
Denise Walters."

„Hallo! Entschuldige, daß ich nicht aufstehe."

„Ja, ich weiß, wie es ist, wenn man immer nicht kann, wie
man will", und fügte hinzu: „Nett, dich kennenzulernen, Denise."

„Und das da drüben ist auch eine Betty", sagte Betty Jackson und wies mit einem Schlenker ihres kraftlosen Armes hin-

über. „Betty Glover. Sie nennen mich B.J., um uns beide aus-
einanderzuhalten."

Betty Glover war ein hübsches, schmales, schwarzes Mädchen, das viel jünger als wir anderen aussah.

„Hallo, Betty", lächelte ich.

Betty blickte auf und nickte leicht.

„Ich bin wegen eines gebrochenen Genicks hier – genau wie
du", erklärte B.J. „Betty hat ein Blutgerinnsel in der Wirbelsäule. Sie arbeiten schwer an ihr und wollen herausbekommen, warum sie gelähmt ist. Denise ist hier, weil sie MS hat."

„MS?" fragte ich unwissend.

„Multiple Sklerose."

Ich bereute, daß ich gefragt hatte. Ich erinnerte mich, etwas
über Multiple Sklerose im Krankenhaus gehört zu haben. Es
ist eine tödliche Krankheit. Denise wird wahrscheinlich tot
sein, ehe sie zwanzig ist, dachte ich. Ein leichtes Grauen befiel
mich, und doch wunderte ich mich, wie sie so freundlich und
offen sein konnte.

„Und in dieser Ecke", alberte B.J., „ist Ann Wilson, deren
loses Mundwerk du bereits kennengelernt hast. Anns Lieblingssport ist das Fluchen."

„Ach, leck mich –" fluchte Ann. Sie nahm ihre Zigarette
aus dem Mund und warf sie in Richtung auf Denise. Sie landete aber harmlos auf dem gekachelten Boden.

„So, nun hast du uns kennengelernt. Bist du auf diese Ehe
vorbereitet?" fragte B.J.

„Ich – ich glaube schon. Ja", stammelte ich. „Ausgenommen Ann und die Raucherei", fügte ich in Gedanken hinzu.

Ann hatte sich eine neue Zigarette angezündet.

Im Krankenhaus hatte ich die Menschen um mich herum
davon abhalten können zu rauchen. In Green Oaks rauchten
viele Patienten. Für mich war Rauchen eine häßliche, übelrie-
chende Angewohnheit, der Leute von mir aus in ihren eigenen

vier Wänden frönen konnten, aber möglichst nicht in meiner Gegenwart. Ich haßte den stinkenden Rauch und den beißenden Gestank von Zigaretten. Jetzt aber hatte ich nur auf ein Fünftel des Zimmers Anspruch; da blieb mir nichts anderes übrig, als mich an den Qualm zu gewöhnen.

Ich versuchte es mit der einzigen Masche, die ich kannte. „Weißt du, daß das Zeug Lungenkrebs hervorruft? Es kann dich töten."

Ann sah mir geradewegs in die Augen und sagte mit ruhiger Stimme: „Was glaubst du denn, warum ich es sonst tue?"

Ann war aber nicht annähernd so schwierig und widerspenstig, wie es zuerst den Anschein hatte. Ich konnte vieles von meiner eigenen Verbitterung und von meinem Groll in ihr sehen. Noch vor wenigen Wochen litt ich unter der gleichen Niedergeschlagenheit und Verzagtheit wie sie, dachte ich. Auch ich hatte mich umbringen wollen. Ann war eher durcheinander als bösartig. Ihre Kaltschnäuzigkeit war nur Ausdruck ihrer Hiflosigkeit. Sie wußte einfach nicht, wie sie sich sonst hätte Luft machen sollen. Ich entschloß mich, den Versuch zu unternehmen, sie näher kennenzulernen.

In den nächsten paar Tagen erhielt ich einen noch besseren Einblick in die Verhältnisse in Green Oaks. Patienten aller Altersgruppen, aus allen beruflichen, rassischen und gesellschaftlichen Schichten waren in vier Flügeln der Anstalt untergebracht. Sie setzten sich aus Amputierten, Querschnittsgelähmten, Polio-Opfern (Kinderlähmung) und Patienten zusammen, die an Muskelschwund, Multipler Sklerose und anderen Krankheiten litten, die das Nervensystem betrafen.

„Wie kommt es eigentlich, daß so viele Neue hier sind – meistens in unserem Alter?" fragte ich B.J.

„Genickbrüche. Die meisten Genickbrüche kommen im Sommer vor und passieren durch Schwimm- und Tauchunfälle. Sie verbringen gewöhnlich einige Monate in einem der städtischen Krankenhäuser und kommen dann zur Rehab hierher", erklärte B.J.

In Gedanken machte ich mir eine Notiz davon, wie sie das Wort Rehabilitation abkürzte. Ich achtete auf weitere dieser Eingeweihten- oder Slangausdrücke, die die Mädchen benutzten, um nicht zu lange als Neuling zu gelten.

„Wie viele Fälle von Genickbruch sind denn neu?" fragte ich.

„Oh, zehn oder vielleicht fünfzehn."

„Wie lange bist du denn schon hier, B.J.?"

„Zwei Jahre", antwortete sie.

Zwei Jahre! Innerlich schüttelte ich mich vor Grauen. Zwei Jahre, und sie ist noch immer gelähmt und liegt noch immer im Bett wie ich! Der Gedanke, daß ich vielleicht auch so lange hier bleiben müßte, war einfach niederschmetternd. Lange konnte ich kein Wort sagen.

In dieser Nacht lag ich in meinem Sandwich-Bett und versuchte zu schlafen. Aber es ging nicht. Die Verbitterung und der alte Groll gegen Gott, die mir schon im Krankenhaus so zugesetzt hatten, erwachten wieder in mir. Ich gab mir Mühe zu beten, konnte aber nicht. Ich suchte nach irgendeiner Verheißung aus dem Wort Gottes, die mir hätte Mut machen können, aber ich fand keine.

Die anderen Mädchen hatten sich anscheinend mit ihrem Schicksal abgefunden. Sie unterhielten sich leise und warteten auf den Augenblick, wo das Licht gelöscht wurde. Alle außer Ann. Sie beschwerte sich ausgiebig über alles und unterstrich ihre Beschwerden mit gesalzenen Ausdrücken.

Das machte auf mich einen tiefen Eindruck, so daß ich beschloß, zumindest nach außen freundlich und nett zu sein und nicht so zu werden wie Ann, wenn ich für den Rest meines Lebens in einer Anstalt bleiben müßte.

Ann hatte draußen keine Freunde, und im Haus behandelte

man sie ihrem Benehmen entsprechend. Niemand versuchte, auf sie einzugehen oder ihre Freundschaft zu gewinnen.

Ich brauche Freunde, oder ich drehe durch, sagte ich mir und gab mir selbst das Versprechen, nie die Beherrschung gegenüber Mutter, Vater, Jackie und all den anderen zu verlieren, die zu mir auf Besuch kamen. Wie verbittert ich auch sein mochte, ich wollte es unter keinen Umständen zeigen.

„Die Idee ist gut", bemerkte B.J., als ich ihr meine Gedankengänge am nächsten Tag erzählte. „Hier hat jeder die gleiche Nuß zu knacken, also wirst du auch nicht viel Mitgefühl zu erwarten haben. Eigentlich wäre es klug, hier keine Freundschaften zu schließen."

„Weshalb nicht?" fragte ich erstaunt.

„Man fühlt sich hier wie in einem Elfenbeinturm. Alle sind mehr oder weniger in der gleichen Lage. Hat man genügend Zeit im Sitzen verbracht, darf man auf Besuch nach Hause. Aber man kann die Rückkehr nach hier kaum erwarten. Es ist viel leichter, hier mit Menschen zu leben, die so sind wie wir. Da gibt es keine Probleme wegen der Stützapparate oder der Rollstühle. Aber wenn man dieses Haus verläßt, wird es schwierig. Die Leute auf der Straße meinen, wenn deine Beine gelähmt sind, ist mit deinem Gehirn auch nicht viel los. Sie behandeln dich wie einen Idioten. Und so kommt jeder gern wieder hierher zurück und vergleicht seine körperlichen und seelischen Schäden mit denen der anderen Kranken. Auch du wirst so werden, wenn du hier Freundschaften schließt. Aber weil es leichter ist, in einem Elfenbeinturm zu leben, bedeutet das nicht unbedingt, daß es auch besser ist. Das ist es nämlich nicht. Ich weiß es, denn ich bin schon zwei Jahre hier. Was du auch immer tust, pflege deine Freundschaften draußen!"

Jay schien meine emotionalen Bedürfnisse in dieser Hinsicht zu ahnen. Sie kam nicht nur selbst häufig, sondern trieb auch alte Schulfreundschaften zusammen und brachte sie mit.

Ich erinnere mich daran, wie Jay und ein paar Freunde uns einen Besuch abstatteten. Im Gegensatz zum Stadtkrankenhaus achteten die Angestellten von Green Oaks streng darauf, daß die Besuchszeiten genau eingehalten wurden. Punkt acht Uhr abends wurden Jay und ihre Freunde gebeten, das Haus zu verlassen.

Meine Tage wurden zu einem stumpfsinnigen Einerlei, das nur durch meine Besucher Abwechslung erfuhr.

An verschiedenen Druckstellen hatten sich Geschwüre gebildet; so war ich ans Bett gefesselt. Eine Schwester fütterte mich morgens und leerte meinen Urinbeutel aus. Danach prüfte sie den runden Spiegel über meinem Bett, ob er für den Fernsehempfang richtig eingestellt war.

Um die Mittagszeit herum wurde ich wieder gefüttert. Weiteres Fernsehen während des Nachmittags. Morgens kamen die Quiz-Sendungen, nachmittags die rührselig-kitschigen Fernsehfilme. Abends eine weitere Mahlzeit, Urinbeutelleerung und wieder Fernsehen bis zum Lichtausschalten. Jeder neue Tag war eine langweilige, monotone Wiederholung seines Vorgängers: Essen, fernsehen, schlafen – ein ununterbrochener, nerventötender Kreislauf.

Ich mußte lernen, schnell zu essen und zu trinken. Das Personal war immer beschäftigt und zu überlastet, um sich mit Patienten zu befassen, die bei den Mahlzeiten trödelten. Die Schwestern konnten gerade unsere unmittelbaren körperlichen Bedürfnisse befriedigen, mehr nicht. Juckte meine Nase, mußte ich warten, bis Jay oder jemand vom Personal in der Nähe war, um sie mir kratzen zu lassen. Mein Haar fing wieder an zu wachsen, verwirrte sich und verfilzte, verschmutzte und war voll Schuppen. Niemand hatte Zeit, es zu waschen.

Eines Tages, als Jay zu Besuch kam, fragte sie: „Was ist denn das für ein fürchterlicher Geruch?"

„Welcher Geruch?" entgegnete ich.

„Pfui! Das ist dein Haar! Wann haben sie es dir denn zuletzt gewaschen?"

„Vor über einem Monat. Im Stadtkrankenhaus", erwiderte ich.

„Das ist ja schrecklich! Es stinkt ja schon, so schlimm ist es! Dagegen muß ich etwas tun", stieß sie hervor. Jay sprach bei der Schwester vor, erhielt eine Schüssel, Wasser und Seife und veranstaltete eine Haarwäsche bei mir.

„Ach, tut das gut!" rief ich erleichtert.

„Mir auch", rief Denise. „Waschen Sie doch bitte auch mein Haar, Jay!"

„Und dann meins", schallte es von B.J. und Betty herüber.

Somit wurde es zu Jays Pflicht, uns fünf jede Woche die Haare zu waschen und zu legen, bis die „Hausregeln" diesem Bemühen ein Ende setzten.

Nachdem mein Haar wieder zu wachsen anfing und hin und wieder sogar gekämmt wurde, bekam ich wieder Interesse an meinem Aussehen. Die Nebenwirkungen der Medikamente ließen langsam etwas nach, und ich sah nicht mehr ganz so furchterregend aus. Ich war jedoch noch immer zu dünn und hatte Untergewicht, und meine Knochen drückten sich durch die Haut und verursachten häßliche, offene Geschwüre.

*

Diana White, eine Freundin vom Gymnasium und von „Young Life", besuchte mich jetzt regelmäßig. Sie war ein feinfühliges, fürsorgliches Mädchen mit einem lebensbejahenden, freundlichen Wesen. Und sie war Christin. Sie wirkte glücklich und fröhlich. Dennoch war sie ebenso praktisch wie optimistisch. Ihre Lebensanschauung bestand nicht aus flotter, leichtfertiger Naivität. Statt dessen begegnete sie Schwierigkeiten und Niedergeschlagenheit mit ihrer eigenen starken

81

Persönlichkeit. Ihre Hilfsbereitschaft und ihr fröhliches Wesen gewannen sofort Anerkennung bei den Menschen, mit denen sie zu tun hatte. Dianas Augen leuchteten, wenn sie sprach. Ihr Lächeln war wohltuend. In ihrer Gegenwart konnte ich freier atmen.

Ich wußte ihre Besuche um so mehr zu schätzen, als Jackie – zu der Zeit in eigene Schwierigkeiten verstrickt – mich nicht mehr so häufig besuchen konnte. Dianas Aufmunterungen erfrischten mich, und wenn sie aus Gottes Wort vorlas, füllte sich auch die Leere, die dadurch entstand, daß mich Dick wegen seines Studiums nicht mehr so häufig besuchen konnte. Auch Jason verschwand aus meinem Leben. Von anderen hörte ich, daß er mit einem Mädchen ginge, das er auf dem College kennengelernt habe, und daß er wohl auch ernste Absichten mit ihr habe.

Ich war dankbar dafür, daß die Krankengymnastik Teil der täglichen Routine wurde. Dadurch kam doch wieder mehr Abwechslung in mein tägliches Einerlei.

Zuerst kam die Krankengymnastin, Barbara Marshall, zu mir, um an meinen gelähmten Gliedern zu arbeiten. Aber nach einigen Wochen wurde ich täglich für zwei Stunden in den Krankengymnastikraum gefahren.

Beim Anblick dieses großen Raumes wurde ich an eine Folterkammer erinnert. Ich entdeckte bizarre Maschinen und Apparate zum Strecken, Ziehen und Beugen unbrauchbar gewordener Arme, Beine und Körper. So seltsam der Eindruck aber auch sein mochte, den dieser Raum auf mich machte, er hatte doch eine überwiegend positive Bedeutung für mich: Hier würde ich laufen lernen, so wie die anderen, die sich an Krücken und Gehgittern übten.

Joe Leroy, ein kräftiger Physiotherapeut mit großer Geduld, führte mich in dem Krankengymnastikraum herum und zeigte mir, was sich abspielte, wenn die Krankengymnastin

82

versuchte, meine Glieder so weit wie irgend möglich zu bewegen, um Muskelschwund zu verhindern.

„Schau mal", sagte er ruhig, „dieses ganze Flach-auf-dem-Rücken-Theater hat einen Sinn." Dann fuhr er fort, mir zu erklären, wie mir das Biegen, Drehen und Strecken meiner Arme und Beine und meines schlaffen Körpers in allen möglichen Stellungen helfen würde. „Es hält deine Muskulatur elastisch", erklärte Joe.

„Aber ich kann doch gar nichts fühlen. Wieso macht es denn etwas aus, wenn meine Glieder steif werden?" fragte ich.

„Das wird zum Problem für die Durchblutung – der Kreislauf verschlechtert sich. Außerdem wird der Körper steif, wenn die Muskeln schwinden. Deine Arme und Beine werden dünner, und schließlich wächst der Körper ganz schief", sagte Joe und zeigte auf Patienten, die geschoben, gezogen und gehoben werden mußten.

Die Krankengymnastin arbeitete zwanzig Minuten täglich mit mir, um meine Muskeln wieder elastisch zu machen, obwohl sie nie wieder funktionstüchtig werden würden. Der nächste Schritt in der Gymnastik zielte darauf ab, mich aus meinem Sandwich-Bett wieder in ein richtiges Bett zu verlegen.

Dann kamen mörderische Übungen, um mir das Aufsitzen im Bett beizubringen. Sie befestigten mich auf einem schrägen Brett und hoben das Kopfende an und senkten meine Beine. Als sie mich ganz langsam über die Horizontale hinaushoben, spürte ich, wie mein Blut aus dem Kopf abfloß und mich eine Welle von Übelkeit überkam.

„Warten Sie! Gehen Sie nicht höher! Ich halte es nicht mehr aus!" schrie ich.

Einige wenige Sekunden mit erhobenem Kopf waren schon zuviel für mich, nachdem ich sechs Monate flach gelegen hatte.

„O Joe", schluchzte ich, „ich dachte, ich würde ohnmächtig! Werde ich mich denn nie wieder aufsetzen können?"

„Sicher wirst du das, Joni. Es braucht nur alles seine Zeit. Wir hatten dich nur um etwa 45 Grad hochgedreht. Wir werden es noch einmal etwas länger probieren. Wenn du es dann einige Minuten so aushalten kannst, werden wir den Winkel des Bretts noch etwas vergrößern. Bis zum Erntedankfest sollst du wenigstens im Stuhl sitzen können", sagte Joe fröhlich.

Earl, ein anderer Pfleger, nickte und sagte: „Siehst du, dein Körper ist das flache Liegen so gewohnt, daß sich dein Kreislauf im Laufe der Zeit darauf eingestellt hat." Er unterstrich seine Erklärung mit weitausholenden Armbewegungen. „Wenn wir deinen Oberkörper heben, fließt das Blut aus dem Kopf ab, so daß du meinst, du klapptest zusammen. Tun wir das aber ganz langsam und allmählich, ‚erinnert‘ sich dein Herz wieder an seine Aufgabe und fängt wieder an, seine Arbeit aufzunehmen. Dein Kreislauf erholt sich wieder, und es wird wieder Blut in deinen Kopf gepumpt."

So trainierten wir jeden Tag ein bißchen länger, bis ich auf dem schrägen Brett „aufsitzen" konnte, ohne daß es mir schwarz vor den Augen oder übel wurde.

Eine Bestandsaufnahme von meiner Muskelkraft und meinem Empfindungsvermögen wurde gemacht. Die Ärzte und Krankengymnasten stellten fest, daß ich Gefühl in Kopf, Genick und Schultern bis in das Schultergelenk hinein hatte. Ein leichtes Kribbeln war in den Oberarmen und im Brustkorb zu spüren, als ob diese Körperteile eingeschlafen wären.

Diana kam dazu, als ich solche Fortschritte in der Krankengymnastik machte, und ermutigte mich. Ihr Optimismus wirkte ansteckend. Jedesmal, wenn sie mich besuchte, hatte sie neue Ermunterungen aus der Bibel.

„Hör mal", rief sie. „In Johannes 16,23 und 24 steht: ‚So

ihr den Vater um etwas bitten werdet in meinem Namen, so wird er es euch geben. Bisher habt ihr um nichts gebeten in meinem Namen. Bittet, so werdet ihr empfangen, daß eure Freude vollkommen sei.' Ist das nicht großartig?"

„Ja, wirklich. Hm – vielleicht tut Gott etwas Besonderes. Hast du schon von unserer Gemeinde gehört?" fragte ich.

„Gemeinde?" fragte Diana. „Nein. Was ist denn passiert?"

„Unsere Gemeinde hat für mich eine Gebetsversammlung einberufen, die die ganze Nacht durchgehen soll. Sie wollen für meine Heilung und Wiederherstellung beten", erklärte ich ihr.

„Au, das ist ja toll! ‚Bittet, so werdet ihr empfangen!'", wiederholte Diana.

Die Übungen mit der Krankengymnastin verursachten in meinen Fingern ein leichtes Kribbeln. Dadurch wurde ich noch weiter ermutigt. Obwohl die Finger noch immer taub und gelähmt waren, verspürte ich doch ein schwaches Gefühl in ihnen. „Gott fängt an, mich zu heilen!" jubelte ich.

Am Abend der Gebetsversammlung drängten sich Freunde vom Gymnasium, Lehrer, Eltern und Freunde meiner Freunde in die Reformierte Episkopale Kirche. In jener Nacht schlief ich in der festen Erwartung ein, am nächsten Morgen geheilt aufzuwachen.

So geschah es natürlich nicht. Also überlegte ich, ob der Herr wohl meinen Glauben prüfen wollte und sich Heilungsprozeß und vollständige Wiederherstellung langsam und nicht plötzlich und übernatürlich vollziehen würden.

Kamen Diana, Jay und „Young-Life"-Freunde zu mir zu Besuch, machte ich nach außen hin den Eindruck, als sei alles in Ordnung und ließ mir keine Enttäuschung und Ungeduld anmerken. „Der Herr wird mich heilen", versicherte ich ihnen. „Wir wollen nur weiter beten und ihm vertrauen."

„Oh, Joni", sprudelte der eine oder andere meiner Besucher dann heraus. „Du bist vielleicht tapfer! Ich wünschte, ich hätte deinen Glauben!"

Dann lächelte ich liebenswürdig, betete aber inständig zu Gott, er möge mich doch schnell heilen.

5

Im Dezember war ich noch immer schwach, mager und an den Druckstellen voller Geschwüre, doch hatte mir die Krankengymnastik soviel Übung im Sitzen eingebracht, daß ich für einen Tag nach Hause durfte.

Ich wählte mir den Weihnachtstag, und die Vorbereitungen dafür brachten mich außer Rand und Band. Als man mir die Nachricht brachte, daß ich für einen Tag nach Hause gehen dürfte, war ich in der folgenden Nacht so aufgeregt, daß ich kein Auge zutun konnte. Ich lag in der Dunkelheit und versuchte, mich an das letzte Weihnachtsfest vor dem Unfall zu erinnern. Ich war mit Dick im Schnee spazierengegangen, hatte am Heiligen Abend den Gottesdienst in der Kathedrale besucht, dann hatten wir Schneemänner gebaut, später vor dem Kamin heiße Schokolade getrunken, Weihnachtslieder gesungen, und ich hatte den Gesang mit meiner Gitarre begleitet. Wie würde es wohl in diesem Jahr werden?

Endlich kam Weihnachten! Jay half der Schwester, mich für die Heimfahrt anzuziehen. Ich trug den hübschen dunklen Hosenanzug, den ich mir auf unserer Familienfahrt in den Westen unmittelbar vor meinem Unfall gekauft hatte; er hing wie ein Sack um mich herum. Jay schenkte mir eine hübsche blonde Perücke, die ich über meinem Haar tragen konnte, das noch immer nicht lang genug zum Frisieren war.

Vater fuhr bis vor den Eingang von Green Oaks und wartete dort. Dann trugen mich Joe und Earl in den Wagen. Sie gaben meinen Angehörigen genaue Anweisungen, wie ein Tetraplegiker im Wagen zu transportieren ist.

„Mir ist nie der Gedanke gekommen, daß das Fahren in einem Auto gefährlich sein könnte", sagte ich und fügte hinzu: „Außer natürlich, wenn man in einen Unfall verwickelt wird."

„Du brauchst nicht einmal einen Unfall zu haben, um dich zu verletzen", warnte mich Joe. „Siehst du, du kannst als Gelähmte nicht ohne Hilfe im Auto sitzen. Rutscht der Wagen, bremst er plötzlich, oder biegt er um eine Ecke, wirst du mit dem Schwung mitgetragen. Du kippst um und schlägst mit dem Kopf vielleicht an der Tür oder auf dem Armaturenbrett auf oder wirst gegen die Windschutzscheibe geschleudert, wenn du vorn sitzt." Er erklärte uns, wie ich mit dem Sicherheitsgurt des Wagens zu befestigen sei, und riet den Mitfahrern, mich in jedem Fall festzuhalten, insbesondere vor Kurven, beim Anfahren und Halten.

Nichts passierte auf dem Heimweg, obwohl die Fahrt aufregend und voll interessanter kleiner Begebenheiten zu sein schien. *Jetzt ist es Winter. Zwei volle Jahreszeiten sind vorübergegangen, ohne daß ich zu Hause gewesen bin.*

„Na, jetzt sind wir ja gleich da", bemerkte Jay, als der Wagen an der letzten Kreuzung abbog.

Ich schaute die Straße entlang – das Gymnasium, das Haus meiner Klavierlehrerin, die Apotheke – alles war so, wie ich es noch in Erinnerung hatte. Ein Gefühl von Heimweh überkam mich.

Nach einigen Minuten waren wir die steil ansteigende Allee vor unserem Haus hinaufgefahren und in die Hintereinfahrt eingebogen. Vater und Jay hoben mich behutsam aus dem Wagen und trugen mich ins Haus.

Das Heimweh wurde stärker. Das Haus war für die Feiertage geschmückt, und ein großer, duftender Tannenbaum stand im Speisesaal, wo ich übernachten sollte. Mutter hatte ein Krankenhausbett organisiert und es dort aufgestellt.

Ich dachte an mein altes Zimmer, das genau über dem Speisesaal lag und das so viele Erinnerungen an meine geheimsten Gedanken, Gebete und Hoffnungen barg. Natürlich konnten mich meine Lieben nicht die enge, gewundene Treppe zu meinem alten Zimmer hinauftragen. Ich würde also für eine Nacht im Speisesaal schlafen.

Mutter hatte den riesigen Eßtisch an die Wand gerückt, um den Raum gemütlicher zu machen.

Als Vater dieses Haus baute, tat er es in dem Bewußtsein, daß wir immer viele Gäste bewirten würden. Der Speisesaal war wirklich ein kleiner Saal – zwei- bis dreimal so groß wie ein gewöhnliches Speisezimmer –, etwa vierzig Quadratmeter, und der Tisch war so groß, daß vierzehn Menschen bequem daran Platz hatten.

Ein prasselndes Feuer im Steinkamin, hübscher, duftender Weihnachtsschmuck, Kerzen und Lichter – das alles erfüllte

Das Haus, welches Jonis Vater seiner Familie in Baltimore gebaut hat

den Raum mit Glück und Freude. Es war fast zuviel für meine Sinne. Die Bilder, Gerüche und Geräusche wirkten berauschend. Während meines Aufenthalts im Krankenhaus und in Green Oaks hatte ich nach Geist, Seele und Leib gelitten und vieles entbehren müssen. Jetzt wurde ich von einem solchen Glückstaumel erfaßt, daß sich das Zimmer auf einmal wie im Kreis um mich drehte.

Ich war leider nur kurze Zeit in der Lage, aufrecht zu sitzen, daher entpuppte sich das Krankenhausbett als sehr zweckmäßig. Halb liegend, halb sitzend nahm ich darauf Platz. In meinem Hosenanzug und der blonden Perücke sah ich beinahe „menschlich" aus, fühlte mich aber dennoch meines Aussehens wegen sehr gehemmt – besonders wegen meiner Beine. Es kam mir vor, als ragten sie ungeschickt und widerlich in die Gegend.

„Würdest du mich bitte zudecken, Mutter?" bat ich.

„Ist dir kalt, Liebling?"

„Nein, ich möchte nur zugedeckt sein. Ich sehe schrecklich aus!"

„Unsinn", erwiderte sie. „Du siehst sehr hübsch aus. Stimmt's, Jay?"

„Selbstverständlich", rief meine Schwester zurück.

„Ich möchte aber doch zugedeckt sein. Hol doch bitte die braune Decke und lege sie mir auf die Beine. Ich möchte nicht, daß Leute kommen und mich anstarren. Bitte!" Ich bestand darauf.

„Schon gut, Joni, ganz, wie du willst", sagte Mutter seufzend, legte die Decke auf mich und schlug sie mir um die Beine.

Der eigentliche Grund, weshalb ich meine Beine bedeckt haben wollte, waren aber gar nicht die Menschen. Vielmehr war es so, daß mich meine Beine ständig daran erinnerten, wie anders dieses Weihnachtsfest im Gegensatz zu den früheren

90

war. Ich konnte es einfach nicht ertragen, dauernd meine Beine zu sehen.

An diesem Tage kam Dick mit seinen Angehörigen und Freunden zu uns, und die Zeit verging wie im Flug.

Zuerst ärgerte ich mich darüber. Dann aber war ich auch dankbar dafür, denn ich wurde ständig an frühere Weihnachtsfeste erinnert und war wegen der Veränderung in meinem Leben doch sehr traurig.

Ich konnte nicht mehr einfach in den Schnee hinauslaufen oder mit den Nachbarn Weihnachtslieder singen. Diese und andere Freuden würden mir für immer versagt bleiben – und alle schienen es zu spüren. Es gab keine Tränen – zumindest damals nicht –, doch ein Hauch der Traurigkeit hing über uns allen, und das war fürchterlich.

Erst als ich wieder in meinem Bett in Green Oaks lag, erlaubte ich mir zu weinen. Dann gab es kein Halten mehr.

B.J., Betty, Denise und Ann waren ebenfalls zu einem eintägigen Weihnachtsbesuch zu Hause gewesen.

Eigentlich waren die Feiertage für alle, ob sie nun irgendwo hingehen konnten oder in Green Oaks bleiben mußten, gleich traurig, denn alle wurden von Erinnerungen an frühere und bessere Zeiten gequält.

Ich versuchte, meine Gefühle über meinen Aufenthalt zu Hause zu ergründen. Ich war überglücklich gewesen, nach Hause zu kommen, war aber sehr ernüchtert worden, als ich mich in der bekannten und vertrauten Umgebung sah.

Als die Schwester am nächsten Tag ins Zimmer kam und mich untersuchte, sagte sie: „Joni, ich fürchte, daß das für eine ganze Weile dein letzter Besuch zu Hause war."

„Warum denn das?"

„Weil seitdem alle Geschwüre an den Druckstellen an deinen Hüften und an deinem Rücken wieder offen sind. Deine Knochen stehen vor und reiben die Haut durch. Sie können überhaupt nicht zuheilen, wenn wir dich nicht wieder ins Sandwich-Bett legen", sagte sie einfach.

„Aber darf ich mich dann überhaupt nicht mehr aufsetzen?" bettelte ich.

„Tut mir leid, nein. Gerade beim Aufsetzen spannt die Haut, und die Folge ist Durchliegen. Wir müssen wenigstens solange warten, bis alles abgeheilt ist."

★

Dick besuchte mich so oft wie möglich. Von der Universität Maryland bis Green Oaks und zurück mußte er etwa hundert Kilometer zurücklegen. Er kam immer per Anhalter. Ich merkte, daß mein Unfall auch an seinen Nerven zu zerren begann. Er war fast genauso am Ende seiner Kraft wie ich.

„Dick", sagte ich eines Tages zu ihm, „wir hängen zu sehr an der Vergangenheit. Das dürfen wir nicht. Wir können die Zeit auf dem Gymnasium nicht mehr zurückholen."

Er blickte mich traurig an und nickte. „Aber es wird doch wieder besser werden. Du wirst bald –"

„Nein!" rief ich. „Es wird nie mehr besser werden. Verstehst du denn nicht? Mit mir wird es nicht besser! Kannst du das nicht sehen?"

Wieder wurde ich von Selbstmordgedanken gequält. Hier saß ich wie eine Raupe, die sich in einer Segeltuchdecke verpuppt hatte. Ich konnte nur meinen Kopf bewegen und war schon fast eine Leiche. Es bestand kein Fünkchen Hoffnung, jemals wieder laufen zu lernen. Ich würde niemals ein normales Leben führen und Dick heiraten können. Es ist sogar wahrscheinlich, daß er für immer aus meinem Leben verschwindet, überlegte ich. Ich wußte vor lauter Verzweiflung nicht, wie ich diesem Leben – aufwachen, essen, fernsehen, schlafen – noch einen Sinn abgewinnen sollte.

Warum in aller Welt soll ein Mensch gezwungen werden,

solch ein blödes, langweiliges Leben zu leben? Ich betete darum, bei irgendeinem Unfall ums Leben zu kommen, um nur nicht weiterleben zu müssen. Die seelischen Qualen waren genauso unerträglich wie die körperlichen Schmerzen.

Doch auch diesmal ergab sich für mich keine Möglichkeit, Selbstmord zu begehen. Eine grenzenlose Verzweiflung packte mich. Ich war mutlos, zugleich aber auch wütend über meine Hilflosigkeit. Oh, wie ich mir Kraft für meine Hände wünschte, um etwas, irgend etwas, unternehmen zu können, um diesem Elendsleben ein Ende zu setzen! Tränen der Angst, Verzweiflung und Wut trugen nur noch zu meiner Mutlosigkeit bei.

Noch eine weitere Komplikation ergab sich, die mir das Leben unerträglich machte. Die Geschwüre an den durch meine vorstehenden Knochen entstandenen Druckstellen heilten nicht. Die Ärzte meinten, ein chirurgischer Eingriff sei die einzige Möglichkeit, mit diesem Problem fertig zu werden. So wurde ich am 1. Juni 1968 zur Operation wieder ins Stadtkrankenhaus gebracht. Das ganze Unternehmen war eine Bestätigung dafür, daß meine Verletzung endgültig war, denn die Ärzte würden die Spitzen der vorstehenden Knochen an den Hüften und am Kreuzbein niemals wegoperieren, wenn auch nur die geringste Hoffnung bestanden hätte, daß ich jemals wieder laufen könnte.

Der Chirurg, Dr. Southfield, erklärte mir die Operation. „Da du kein Gefühl hast, werden wir keine Narkose brauchen. Wenn du aber den Anblick des Blutes scheust –"

„Ist schon in Ordnung", sagte ich schroff. „Ich habe das alles ja schon einmal durchgemacht. Vergessen Sie bitte nicht, daß ich schon beinahe ein Jahr hier bin. Es gibt nicht viel, was ich noch nicht gesehen hätte. Es gibt wohl auch kaum etwas, was man mit mir nicht schon angestellt hätte. Schneiden Sie ruhig drauflos!"

Ich beobachtete, wie Dr. Southfield mit dem Skalpell meine Hüfte aufschnitt. Das Blut spritzte heraus, als er Haut- und Muskelgewebe zurückklappte. Assistenten reichten ihm die verschiedenen chirurgischen Instrumente, nach denen er verlangte.

Nach wenigen Minuten vernahm ich ein seltsames Kratzgeräusch, als er an meinem Hüftknochen meißelte und die scharf hervorspringenden Kanten abfeilte, die die Ursache für meine Druckstellen und die Geschwüre waren.

Wenn ich mich vor der Operation auch sehr überlegen gezeigt hatte, so gingen mir die Geräusche der Operation doch auf die Nerven. Mir wurde übel. Ich begann zu singen, um meine Aufmerksamkeit von der Operation abzulenken. Aus Leibeskräften schmetterte ich ein schreckliches Repertoire pessimistischer Lieder in den Raum.

,,Kannst du nicht etwas anderes singen – etwas Fröhlicheres?" fragte Dr. Southfield schließlich.

,,Nein!" schnauzte ich und setzte mein Konzert fort.

Nach einer Weile wurde ich umgedreht, und der Chirurg begann, an meinem Kreuzbein zu arbeiten. Er kratzte und feilte auch hier die Knochenvorsprünge weg. Endlich vernähte er alle Schnittwunden. Dann wurde ich untersucht, verbunden und nach Green Oaks zurückgebracht.

Nachdem die Operationsnähte und die Geschwüre verheilt waren, durfte ich mich langsam wieder aufsetzen. Earl legte mich vorsichtig im Bett zurecht und versuchte, mir beim Aufsetzen behilflich zu sein.

,,Es geht los, Joni", sagte er. ,,Fang schön langsam an. Wir wollen doch nicht, daß dir wieder schwindlig wird und du in Ohnmacht fällst, nicht wahr?"

,,Stimmt."

,,Vorsicht jetzt!"

,,Wie denn, Earl? Ich sitze ja! Wie ist es denn?"

Earl antwortete nicht. Nach kurzer Zeit trug er mich in mein Sandwich-Bett zurück.

„O bitte, laß mich doch im richtigen Bett, Earl", bettelte ich. „Ich habe so lange darauf gewartet, mich wieder aufsetzen zu können. Wenn du dir Sorgen machst, ich könnte in Ohnmacht fallen –"

„Tut mir leid, Joni. Ich muß dich wieder zurücktragen. Die Operation hat nichts gebracht. Deine Wirbelsäule hat die Operationswunden wieder aufgerissen. Du blutest."

★

Während ich in den nächsten Wochen in meinem Sandwich-Bett lag, gab ich endgültig alle Hoffnung auf, jemals wieder laufen zu können. Ich setzte dafür aber alle Willenskraft ein, um zu lernen, wie ich meine Hände wieder gebrauchen könnte. Hätte ich das erst einmal geschafft, wäre ich doch nicht mehr so hilflos. Ich wäre nicht mehr so sehr auf Jay oder Diana angewiesen, die mir beim Waschen und Bürsten meiner Haare halfen. Oder einfach beim Essen. Könnte ich nur etwas – irgend etwas – allein tun, käme ich mir nicht mehr so hilflos vor.

„Du kannst mit deinem Mund manche Dinge tun, für die du normalerweise deine Hände gebrauchst", meinte die Arbeitstherapeutin Chris Brown eines Tages, nachdem sie sich meine Klagen angehört hatte. „Du hast doch in der Arbeitstherapie Leute gesehen", fügte sie hinzu, „die schreiben lernten, indem sie einen Stab oder einen Bleistift zwischen ihren Lippen hielten. Das kannst du auch lernen."

„Nein", sagte ich „das ist ja abscheulich. Demütigend. Das werde ich nicht tun!"

Chris versuchte nicht, mich zu überreden. „Vielleicht tust du's doch eines Tages", meinte sie.

Später kam Jay zu Besuch. Obwohl sie lächelte und sich zu

beherrschen schien, hatte sie wieder geweint. „Hallo, Schwesterchen", sagte sie.

„Du hast geweint, Jay."

Jay nickte. Sie hatte mich nie mit ihren eigenen Problemen belasten wollen und ihre Gefühle vor mir verborgen. Schließlich hatte ich aber doch herausbekommen, daß sie in ihrer Ehe Schwierigkeiten hatte. Jetzt war ihre Scheidung endgültige Tatsache.

Mechanisch sagte sie: „Es ist vorbei. Es wird schon gehen, Joni. Mach dir keine Sorgen."

„Aber –"

„Wirklich. Mach dir keine Sorgen." Jay wechselte das Thema. „Hier, ich hab dir was zu naschen mitgebracht." Sie machte eine Tüte auf, die voller Krapfen war. Sie nahm einen heraus und hielt ihn mir hin. „Deine Lieblingskrapfen!"

Wir unterhielten uns eine ganze Stunde und lasen zusammen eine Illustrierte durch, die sie unter meinem Bett ausbreitete.

Als sie sich dann zum Gehen fertigmachte, schaute sie mir ernst in die Augen und sagte: „Joni, ich möchte – ich möchte, daß du zu mir und meiner kleinen Kay ziehst, wenn du aus dem Krankenhaus kommst."

„Wir wollen es uns überlegen", erwiderte ich. „Wir überlegen es uns, in Ordnung?"

Sie küßte mich auf die Wange und fuhr mir mit dem Handrücken über die Stirn. Lächelnd ging sie.

Langsam ging mir die Bedeutung dessen auf, was Jay gesagt hatte. Ich dachte lange über ihre Bemerkung und ihr Angebot nach, nahm mir aber vor, keine Pläne zu schmieden. Dennoch beruhigte mich der Gedanke, bei Jay zu wohnen.

Als Dick später zu Besuch kam, rollte er mein Sandwich-Bett in das Spielzimmer, damit wir uns besser unterhalten könnten. Wir probierten ein neues Verhältnis aus – eine

Nur-Freundschaft. Obwohl sich keiner von uns eine Änderung in unserem Verhältnis anmerken ließ, wußten wir doch, daß wir keine Aussichten für ein Verhältnis von Mann und Frau hatten. Zuerst mußte ich meine Hände wieder gebrauchen lernen. Dann würde ich wieder Rehabilitation durchmachen müssen, und das würde alles lange dauern. Darum vermieden wir es, über Dinge wie Liebe und Heirat zu reden.

Wenn mich Dick besuchte, war sein Augenmerk meistens darauf gerichtet, mich zu ermutigen. Dazu las er mir aus einer modernen Übersetzung des Neuen Testaments vor. Die Botschaft darin war klar und deutlich zu verstehen: Glaube, Hoffnung, Vertrauen.

Doch ich wies dies alles als zu oberflächlich zurück. Für den Durchschnittsmenschen, der auf seinen Füßen stehen konnte und mit den Dingen des täglichen Lebens, mit Versuchungen und Zweifel zu kämpfen hatte, mochte das ganz gut sein. Was aber hatte Gott *mir* zu sagen? Ich lag eingeschlossen in mein Sandwich-Bett und war völlig hilflos!

Diana las mir oft aus dem Alten Testament vor. Dann versuchte ich, mich mit den Propheten zu identifizieren. Wie Jeremia dachte ich, daß der Zorn Gottes im Gericht über mich ausgegossen wäre.

Ich las mich durch die Klagelieder hindurch und identifizierte mich völlig mit dem Leid, von dem Jeremia geschrieben hatte: ,,Des Nachts weint sie unaufhörlich, und ihre Tränen laufen ihr über die Wangen hinab; sie hat unter allen ihren Liebhabern keinen Tröster" (Klagelieder 1,2). *O Gott, wie wahr ist das! Und ich kann mir nicht einmal die eigenen Tränen abwischen!*

,,Denn der Herr hat ihr Trübsal verursacht um ihrer vielen Übertretungen willen" (Klagelieder 1,5). *Ja! Ich habe seine Moralgesetze verletzt. Jetzt folgt die Strafe.*

,,Schauet und sehet, ob ein Schmerz sei wie mein Schmerz,

der mich getroffen, mit welchem mich der Herr bekümmert hat am Tage seines grimmigen Zorns!" (Klagelieder 1,12). *Niemand anders wird so bestraft. Warum hat Gott mir das nur angetan?*

„Er sandte ein Feuer von der Höhe, das alle meine Gebeine durchdrungen hat" (Klagelieder 1,13). *Meine Verletzung beim Tauchen – die Lähmung!*

„Er hat mich zu einer Ruine gemacht, ich bin krank immerdar" (Klagelieder 1,13). *Wut – Schwäche und Angst.*

„Er hat meine Kraft gebrochen" (Klagelieder 1,14). *Ein Jahr im Bett und für immer vollständig auf Schwestern und Pfleger angewiesen.*

„Meine Augen sind ausgeweint, mein Inneres kocht; mein Herz schmilzt…" (Klagelieder 2,11). *Wieviel kann ich noch ertragen? Ich bin am Ende!*

„Nur gegen mich kehrt er immer wieder den ganzen Tag seine Hand" (Klagelieder 3,3). *Warum, o Gott, warum? Warum?*

„Er hat mein Fleisch und meine Haut verschlungen und meine Knochen zermalmt" (Klagelieder 3,4). *Die Druckstellen, die Geschwüre, die Nähte, die Knochenchirurgie…*

„Er hat rings um mich her Gift und Drangsal aufgebaut" (Klagelieder 3,5). *Und ich bin noch immer von Segeltuch, Katheterschläuchen und Urinbeuteln umgeben.*

„In dunkeln Höhlen läßt er mich wohnen wie längst Verstorbene" (Klagelieder 3,6). *Ich bin in diesem düsteren Krankenhaus eingesperrt, wo wir wie lebende Leichen auf den Tod warten.*

„Er hat mich eingemauert, daß ich nicht herauskommen kann; mit ehernen Ketten hat er mich beschwert" (Klagelieder 3,7). *Ich sitze in der Falle! Sandwich-Bett, Gurte und Kopfzangen…*

„Ob ich auch schreie und rufe, verstopft er doch die Ohren

vor meinem Gebet" (Klagelieder 3,8). *O Gott, warum kümmerst du dich nicht um mich?*

"Und du hast meine Seele aus dem Frieden verstoßen" (Klagelieder 3,17). *Er hat mich verlassen!*

*

Wer oder was ist Gott? Sicherlich kein persönliches Wesen, das sich um den einzelnen kümmert, überlegte ich. Was nützt der Glaube, wenn deine Gebete auf taube Ohren stoßen?

Meine Zweifel wurden allmählich so stark wie mein Groll. Lasen Diana oder Dick eine biblische Verheißung vor, schaltete ich einfach ab. "Das klingt alles viel zu sehr nach Patentlösung", sagte ich ihnen. "Diese Verse versprechen viel zuviel. Sie können nur oberflächliche Bedeutung haben. Erklärt mir doch mal, wie sich mein Hierliegen von mehr als einem Jahr zum Guten auswirken soll! Welches Gute? Wo? Wann? Ich will nichts mehr hören!"

Und dann gab es Leute in Green Oaks, die noch ein gut Teil zu meinem Gefühl der Hilflosigkeit und Niedergeschlagenheit beitrugen. Frau Barber, eine der Nachtschicht-Helferinnen, hatte in ihrer Familie schwierige Verhältnisse und war deshalb ständig gereizt und verbittert. Oft ließ sie gemeine und obszöne Bemerkungen fallen, die denen, die ihr in den Weg kamen, wehtaten und sie beleidigten. Für Frau Barber waren wir keine Patienten, die der Pflege bedurften, sondern Störenfriede, die ihr nur Arbeit machten.

Eines Abends kam sie in unser Zimmer und fegte wütend meine Bilder vom Belüftungsapparat, der in der Nähe meines Bettes stand. "Wie zum ... soll ich diesen ... Belüfter anstellen, mit all diesem ... drauf?" zischte sie.

Die Bilder hatten schon wochenlang dagestanden und die Funktion des Apparates in keiner Weise beeinträchtigt.

Sie suchte eine Fotografie von Dick heraus und sagte

schreckliche Dinge über ihn – daß er in alle möglichen schmutzigen Affären verwickelt sei. Ihre Perversitäten ekelten mich an, und ich schimpfte zurück.

Sie trat an mein Sandwich-Bett heran und knurrte mich wütend an: „Ich sollte dich eigentlich bis zum Morgen so liegen lassen und nicht umdrehen. Um dir aber zu zeigen, was für ein netter Mensch ich bin, will ich es doch tun." Mit diesen Worten schwenkte sie mich rücksichtslos herum.

Sie hatte nicht die übliche Vorkehrung getroffen und nicht nachgesehen, ob meine Arme auch eingesteckt waren. Einer war nicht befestigt, und als sie mich umdrehte, schlug meine Hand heftig gegen das Bett.

Obwohl meine Hand gelähmt und gefühllos war und ich deswegen auch keine Schmerzen empfand, schwoll sie doch an, und es bildete sich ein großer Bluterguß.

Sie ließ den verletzten Arm herunterhängen und eilte aus dem Zimmer, um sich anderen Aufgaben zuzuwenden.

Aufgeregt, ängstlich und zornig schluchzte ich still vor mich hin.

„Ich habe gesehen, was sie getan hat, Joni", sagte B.J. „Du solltest es der Oberschwester melden."

„Ja. Ich habe alles gehört. Du solltest dich über sie beschweren", fügte Denise hinzu.

„Ich kann mich doch aber nicht über sie beschweren. Dann stellt sie etwas anderes an", schluchzte ich.

Am nächsten Tag kam Mutter zu Besuch. Sie erkundigte sich gleich nach meiner geschwollenen Hand.

Ich versuchte, es geringschätzig als Unfall abzutun, doch meine Zimmergenossinnen erzählten Mutter, was vorgefallen war.

Wütend ging Mutter geradewegs zur Oberschwester und beschwerte sich lautstark.

Spät am Abend kam Frau Barber in unser dunkles Zimmer,

100

trat leise an mein Bett und kam mit ihrem Gesicht dicht an meinen Kopf. Dann zischte sie mir ins Ohr: „Wenn du mich jemals wieder verpetzt, du …, dann werde ich sehen, daß dich das teuer zu stehen kommt! Hast du mich verstanden, du …?"

Das war keine bloße Drohung. Ich war entsetzt und hatte schreckliche Angst, daß mir etwas Furchtbares zustoßen könnte, falls ich mich noch einmal beschweren würde.

Außer den wenigen, die wie Frau Barber die Patienten und deren Pflege haßten, gab es auch andere, die sich wirklich um uns bemühten; doch hatten die wenigsten genügend Zeit. Die Schwestern schienen nur Zeit zu haben, Medikamente auszugeben und Stuhlgangkurven nachzutragen. Die meisten Hilfskräfte waren überarbeitet und dazu schlecht bezahlt und hatten demzufolge auch kein Interesse an uns.

Solche Vorkommnisse trugen noch mehr zu meiner Niedergeschlagenheit bei.

Jim Pollard war ein intelligenter junger Tetraplegiker, der die gleichen Fragen stellte wie ich. Seine Muskeln waren so geschädigt, daß er seinen Kopf nicht ganz geradehalten konnte; er fiel sehr leicht auf die linke Schulter. Seine Stimme und sein Geist waren aber völlig in Ordnung.

„Wenn es keinen Gott gibt, der sich persönlich um mich kümmert, was hat dann alles überhaupt für einen Sinn?" fragte ich ihn.

„Das ist es ja gerade", erklärte er mir. „Ich habe viel gelesen und studiert. Ich habe mich eingehend mit Religion und Philosophie befaßt. Das Leben hat absolut keinen Sinn. Es ist sinnlos. Absurd."

„Warum soll ich dann eigentlich noch leben?" fragte ich weiter. „Warum nicht einfach Selbstmord begehen? Und warum begeht dann die ganze menschliche Rasse nicht einfach Selbstmord, wenn doch alles sinnlos ist?"

„Oh, es kann schon einen Sinn haben. Manche Menschen

101

glauben an Gott, und das gibt ihrem Leben einen Sinn. Wenn es aber hart auf hart geht – wie bei uns hier –, dann merkt man, wie nichtssagend Religion doch letzten Endes ist", sagte er mit tiefer Überzeugung.

„Aber glaubst du denn, daß das Leben überhaupt keinen Sinn hat?"

„Für uns wahrscheinlich nicht. Menschen mit gesunden Gliedern können essen, arbeiten, sich lieben – alles mögliche tun. Ihrem Glück nachgehen, verstehst du?"

Ich nickte.

„Aber bei uns ist das doch wohl ganz anders. Für uns ist das Leben auf seinen einfachsten Nenner gebracht. Für uns gibt es keinen Grund weiterzuleben."

„Warum bist du dann noch am Leben?"

Jim zuckte die Schultern. „Ich habe wahrscheinlich einfach nicht genügend Schneid, mich selbst um die Ecke zu bringen. Außerdem könnte das Leben doch einen Sinn haben. Man müßte ihn nur finden."

„Wie denn?"

„Unser Gehirn. Unser Denkvermögen. Ich habe Spaß daran, meinen Geist zu entwickeln. Was soll mir noch mein Körper? Vielleicht finde ich einen gewissen Reiz darin, intelligent zu sein."

„Vielleicht", wandte ich ein. „Aber was ist mit all den anderen? Sie werden geboren. Sie leben und sterben. Die Existenz scheint ihr einziges Ziel zu sein. Wozu das Ganze?"

„Da fragst du mich zuviel, Joni", antwortete er. „Lies doch mal ein paar von meinen Büchern! Ich habe was da von Sartre, Marx und anderen großen Denkern."

Ich las alles und entfernte mich dadurch nur immer weiter von Gott und jeder Hoffnung. Der Sinn des Lebens ist, daß das Leben keinen Sinn hat. Ein Leben ohne ewiges Ziel, ohne Gott, führt zur Verzweiflung. Das sah ich ein; ich wußte aber nicht, was ich sonst hätte glauben sollen. Hatte Gott, sofern es einen Gott gab, mir nicht den Rücken zugewandt?

Jim fuhr fort, mich in der Lehre des Agnostizismus, Sammelbegriff für alle philosophischen Lehren, die eine rationale Erkenntnis des Göttlichen oder Übersinnlichen leugnen, zu unterrichten. „Schau mal, Joni, nichts kann jemals einen Sinn haben. Das mußt du zuerst akzeptieren. Das Leben ist launisch und vergänglich. Arbeit, Familie, Freundschaft – alles das sind nur Etappen auf dem Wege zum Tod. Du existierst nur eine kurze Zeit; wenn du etwas vom Leben haben willst, hole es dir jetzt. Glaube bloß nicht, daß du irgend etwas für ein Leben nach dem Tode aufheben kannst."

„Aber das Schlimme ist, Jim", unterbrach ich ihn, „daß ich schon auf dem Gymnasium gemerkt habe, daß mich Vergängliches auf die Dauer nicht befriedigt."

„Und was ist mit deinem Unfall? Der ist gewiß nicht vergänglich", war seine bissige Antwort. „Du hast mir erzählt, daß sich nach der Bibel selbst deine Lähmung noch zum Guten wenden würde. Wie denn?"

„Ich – ich weiß es nicht. Das ist es ja, was mich an Gott zweifeln läßt. Wenn er wirklich existierte, würde er es mir doch irgendwie zeigen. Dann hätte ich das Gefühl, daß das Ganze einen Sinn hat!"

Jim sagte: „Du wächst einfach über dein Verlangen nach Religion und Gott hinaus, Joni. Hast du eins der Bücher gelesen, die ich dir gegeben habe?"

„Ja. Ich habe ‚Siddhartha' und Kafkas ‚Prozeß', ‚Bio-Ethik' und eh – ‚Des Menschen Suche nach dem Sinn' gelesen. Alle. Ich habe jeden existentialistischen Schriftsteller gelesen, den du mir gegeben hast", sagte ich.

„Oh, alle Achtung! Dann solltest du ja allmählich wissen, daß der Gedanke an einen Gott, der sich persönlich um uns Menschen kümmert, lachhaft ist."

„Soweit bin ich noch nicht, Jim. Ich weiß es nicht. Ich habe alles gelesen, was du mir gegeben hast. Diese Bücher untermauern ja deine Ansichten ganz schön, aber –"

„Aber du hast Angst. Du denkst, Gott sitzt da oben im Himmel und wartet darauf, dir einen neuen Schlag zu versetzen, wenn du an ihm zweifelst. Nun, dann sag mir mal eins, Joni. Wenn es einen Gott gibt, was könnte er dir denn noch antun? Schlimmeres gibt es doch nicht mehr! So sehe ich es wenigstens. Ich bin ein Krüppel. Für immer. Ich werde nie wieder auf meinen Füßen stehen können. Was wird Gott tun, wenn ich nicht mehr an ihn glaube? Mich zur Hölle verdammen? Ich bin bereits in der Hölle! Nein, es gibt keinen Gott, Joni. Keinen Gott", schloß er wehmütig, als hege er immer noch die Hoffnung, daß es doch einen Gott gäbe. Aber Jim war von seinem Unglauben überzeugt und hatte sich damit abgefunden: „Es gibt keinen Gott."

Ich betete inbrünstig: „O Gott, ich habe die Wahl zwischen zwei Möglichkeiten: Entweder bist du da, oder du bist nicht da. Existierst du nicht, sehe ich keinen logischen Grund zum Weiterleben. Ich möchte wissen, ob Menschen, die glauben, bloß an etwas Bedeutungslosem festhalten. Warum soll ich mir weiterhin etwas vormachen? Mein Leben ist sinnlos. Der einzige Zweck meines Lebens scheint Verzweiflung zu sein. Was soll ich tun, Herr? Ich möchte so gern glauben, aber ich habe nichts, woran ich mich klammern kann. O Gott, du mußt mir zeigen, daß du da bist!"

Ich war völlig durcheinander. Gedanken, Philosophien, logische, rationale, intellektuelle Überlegungen schossen mir durch den Kopf, nur, um genauso schnell von ebenso stichhaltigen Argumenten wieder umgeworfen zu werden. Was war richtig? Was war falsch?

Wo war die Wahrheit? Ich kam mir vor wie in einem Irrgarten und wußte weder aus noch ein. *Verliere ich jetzt auch noch*

den Verstand, wie ich schon meine Glieder verloren habe?
Müde vom Grübeln, fielen mir schließlich die Augen zu.

Plötzlich überkam mich von irgendwoher eine tiefe Ruhe.
Ein Gedanke – oder eine Erinnerung – tauchte in mir auf und
flüsterte meinem zermarterten Gehirn die Worte zu: „Einem
festen Herzen bewahrst du den Frieden, weil es auf dich vertraut."

So schlief ich ein.

6

Diana besuchte mich immer häufiger. Schließlich kam sie so oft, daß einige Besucher sie für eine Krankenhaus-Angestellte hielten.

Eines Tages legte sie die Bibel, aus der sie gerade vorgelesen hatte, beiseite und sagte: „Joni, ich habe mich entschlossen, hier freiwillig zu arbeiten, damit ich dich besser betreuen kann."

„Aber Diana, du kannst doch nicht dein Studium aufgeben!" protestierte ich.

„Ich habe viel darüber gebetet, Joni. Ich glaube, daß Gott es von mir verlangt. Siehst du, ich weiß nicht, was für Pläne Gott für meine Zukunft hat. Ich werde jetzt mein Studium zunächst für ein Semester unterbrechen und Gott um seine weitere Führung bitten", erklärte sie mir.

„Ja, aber —"

Diana unterbrach mich. „Kein Aber. Während der Zeit, wo ich Gottes Willen zu erkennen suche, werde ich hier freiwillig arbeiten — wenigstens bis zum Herbst."

„Diana, das ist sehr lobenswert. Bist du aber auch überzeugt, daß das richtig ist?" fragte ich.

Sie nickte. Ihre Augen blitzten vor Entschlossenheit. „Ja. Ich habe mich dazu entschlossen und dabei echten Frieden gefunden."

Es war schön, Diana im Krankenhaus als Freiwillige um mich zu haben. Sie beschäftigte sich außer mit mir auch mit anderen Patienten und beobachtete die Schwestern und Therapeuten, um auch wirklich eine Hilfe sein zu können.

106

Währenddessen geriet ich auf geistlichem Gebiet immer mehr in eine Sackgasse. In meinem Wunsch, auch gegenüber anderen Gedankengängen, die nichts mit dem Glauben an Gott zu tun hatten, offen zu bleiben, geriet ich in zunehmende Verwirrung. Je mehr ich las, desto mehr geriet mein Glaubensleben durcheinander. Gab es denn gar keine Klarheit und Wahrheit? Was ich von Sartre, Hesse und Marx gelesen hatte, brachte mir keine Erleuchtung.

Je weiter ich meinen Geist diesen Philosophien, die nichts mit Gott zu tun hatten, öffnete, desto mehr entfernte ich mich von Gott.

Endlich gelangte ich zu der Überzeugung, daß mich diese Schriften nicht weiterbringen könnten und daß ich daraus nichts lernen konnte. Mein Suchen führte mich schließlich zur Bibel zurück. Ich begann zu spüren, daß Gott eben doch Wirklichkeit ist und daß er etwas mit mir vorhatte.

„Meine Gedanken sind nicht eure Gedanken. Meine Wege sind nicht eure Wege", rief er mir durch sein Wort zu. Ich mußte einfach verstehen lernen, daß ich den Sinn und Zweck meines Lebens nur dann begreifen konnte, wenn ich bereit war, die Allmacht Gottes voll anzuerkennen.

„Wie meinst du das?" fragte Diana, als wir dieses Thema eines Tages zusammen diskutierten.

„Nun, ich habe versucht, in der Welt einen Sinn zu erkennen, indem ich nach Dingen suchte, zu denen ich eine Beziehung knüpfen konnte. Ich wollte Sinn und Zweck in meinem Leben sehen. Die Bibel sagt aber, daß es der Sinn und Zweck unseres Lebens ist, Gott zu verherrlichen. Mein Leben hat also einen Sinn, wenn ich Gott verherrliche", erklärte ich.

„Ja, ich verstehe", sagte Diana. „Wie willst du diese Absicht aber in die Tat umsetzen?"

„Darüber bin ich mir noch nicht klar. Ich weiß nur, daß ich bis jetzt versucht habe, im Mittelpunkt zu stehen, so daß sich die Welt sozusagen um mich drehen mußte. Das will und muß ich ändern."

„Hm, die Antwort auf diese Fragen finden wir doch in der Bibel", bemerkte Diana. „Wenn du dort suchst, wirst du den Willen Gottes erkennen."

„Ja", erwiderte ich, „aber ich verliere die Geduld, weil ich das Leben nicht so sehe, wie Gott es sieht. Ein Jahr im Sandwich-Bett kommt mir wie ein Jahrhundert vor – ein Jahr ist für Gott aber keine lange Zeit, nicht wahr? Sein Maßstab ist die Ewigkeit. Vielleicht benötigt alles viel mehr Zeit, als ich gedacht habe."

„Und was kommt dann als nächstes, Joni?"

„Ich weiß es nicht. Ich glaube, ich muß jede Hürde einzeln für sich nehmen. Ich bin ja gelähmt und weiß nicht, warum mir Gott dieses Unglück widerfahren ließ. Vielleicht werde ich den Grund aber auch nie erfahren. Vielleicht sollte ich mich davon auch nicht mehr aufhalten lassen."

„Dann konzentriere dich doch darauf, hier herauszukommen", riet mir Diana.

„Ja, das muß ich ja wohl. Ich habe Angst, Diana. Und wahrscheinlich habe ich deswegen Angst, weil ich nicht weiß, was werden wird, wenn ich nach Hause zurückkehre."

„Aber Joni, darin liegt doch gerade die Bedeutung unseres Vertrauens gegenüber unserem himmlischen Vater." Sie lächelte, ihre Augen strahlten vor Freude über die Wahrheit, die sie soeben neu entdeckt hatte. „Du brauchst nicht zu wissen, weshalb dir Gott etwas widerfahren läßt. Tatsache ist, daß Gott genau weiß, was er tut, und das allein zählt. Vertraue nur auf ihn, daß er alles zum Guten wenden wird – wenn nicht jetzt, dann später."

„Wie meinst du das?"

„Würde es dir weiterhelfen, wenn du wüßtest, weshalb Gott es zugelassen hat, daß du gelähmt bist? Ich bezweifle es.

108

Quäle dich also nicht damit herum, daß du nach einem tieferen Grund für diesen Unfall suchst", schalt sie mich.

„Was soll ich deiner Meinung nach denn dann tun?"

„Hm, da ist zum Beispiel die Therapie. Du weißt ja, wie du dich bis jetzt um die Arbeitstherapie herumgedrückt hast. Du hast gesagt: ‚Wozu soll ich denn mit einem Pinsel schreiben lernen, den ich mit dem Mund halten muß?' Nun, wenn Gott den endgültigen Sinn und Zweck aller Dinge kennt, kann er auch deinem Leben einen Sinn verleihen. Du darfst aber nicht gegen ihn ankämpfen."

„Ich mache aber doch Fortschritte in der Krankengymnastik. Warum soll ich denn mit meinem Mund schreiben lernen? Ich warte doch darauf, daß ich meine Hände wieder gebrauchen kann!"

„Aber", fragte Diana vorsichtig, „aber was wird, wenn du deine Hände nicht wieder gebrauchen lernst?"

Ich antwortete nicht sofort. Diese Möglichkeit kam für mich überhaupt nicht in Betracht. Ich dachte: Ich kann ein oder mehrere Jahre meines Lebens verlieren und hier liegen. Ich kann sogar meine Beine opfern und den Rest meines Lebens in einem Rollstuhl verbringen. Ich will mich nicht beschweren. Aber, Gott, du willst mir doch nicht etwa auch noch meine Hände vorenthalten und mich daran hindern, ein halbwegs normales Leben zu führen! Du willst mich doch nicht für immer in diesem Zustand lassen?

„Joni!"

„Ja?"

„Vielleicht sollten wir jetzt nicht an die Zukunft denken", sagte Diana leise, als ob sie meine Gedanken lesen könnte. „Wir werden immer nur einen Schritt auf einmal tun, wie du es vorgeschlagen hast."

„Ich habe vielleicht doch nicht entschlossen genug das Ziel verfolgt, hier herauszukommen. Das ist ja immerhin ein Rehabilitationsheim. Ich will mich mehr darauf konzentrieren, hier herauszukommen!"

Am nächsten Tag sagte ich meiner Arbeitstherapeutin Chris Brown, daß ich lernen wollte, bestimmte Dinge mit dem Munde zu verrichten.

Chris war genauso freundlich, fröhlich, hilfsbereit und aufmunternd wie meine beiden Gymnastik-Helfer Joe und Earl. „Es ist ja meine Aufgabe", erklärte sie mir, „dir dabei behilflich zu sein zu lernen, wie du mit der Welt da draußen fertig werden kannst."

„Ist das alles?" witzelte ich.

„Nun, du wirst dabei die eigentliche Arbeit leisten müssen. Meine Aufgabe ist demgegenüber kinderleicht."

„Was wollen Sie mir denn beibringen?"

„Hm, wie wär's zunächst mit dem Schreibenlernen?"

„Okay, Chris, was soll ich tun?"

„Nimm diesen Bleistift in den Mund. Halte ihn mit deinen Zähnen – so." Chris zeigte es mir. Um es vorzuführen, nahm sie einen Bleistift in den Mund und legte mir auch einen zwischen die Zähne.

„Okay. Gut. Siehst du, es ist ganz einfach. Halt, nicht so fest! Beiß die Zähne nicht so zusammen, sonst bekommst du einen Schreibkrampf im Gaumen", ulkte sie. „Halte den Stift so, daß er nicht herunterfällt, aber doch fest genug, daß du ihn unter Kontrolle hast. Siehst du?"

„Mmm-mmff", nuschelte ich zum Zeichen, daß ich sie verstanden hatte.

Chris brachte mir das Zeichnen von Linien, Kreisen und anderen Figuren bei.

Zuerst waren diese recht krakelig und zittrig, aber allmählich, nach vielen Übungsstunden, beherrschte ich den Zeichenstift immer besser.

Endlich konnte ich Buchstaben schreiben. Mit Entschlos-

i wird von zwei Rettungsschwimmern an Land gebracht. Aufnahme während der Dreh-
eiten für die Szene, in der Joni aus der Chesapeake Bay gezogen wird.

Jonis Angehörige warten im Krankenhaus auf den ärztlichen Befund. Von links nach rechts: Jonis Schwester Kathy (Sarah Rush), ihr Freund Butch (Jeff Austin), Jonis Freund Dick (Cooper Huckabee), ihre Mutter (Jay MacIntosh), Vater (Bert Remsen) und Schwester Jay (Kathry DeHetre).

Hauptdarstellerin des Films ist Joni Eareckson selbst. Der Film wurde produziert von World Wide Pictures unter William F. Brown, dem Präsidenten der Gesellschaft, und Frank R. Jacobson als Produzenten und James Collier als Direktor.

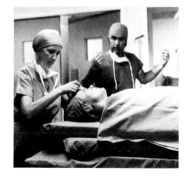

Ein Arzt und eine Krankenschwester bereiten Joni für die Operation vor.

Jonis Angehörige überraschen sie an ihrem 18. Geburtstag mit einem Geburtstagskuchen. Joni liegt auf dem Sandwich-Bett.

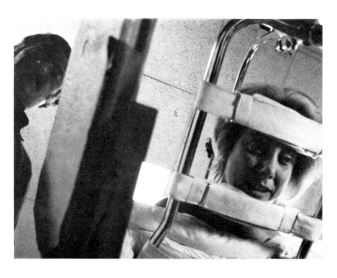

Joni mit dem Gesicht nach unten in ihrem Sandwich-Bett.

Joni darf Weihnachten zu Hause bei ihren Lieben verbringen.

Immer noch auf dem Sandwich-Bett bekommt Joni Besuch von ihrem Freund Dick (Cooper Huckabee).

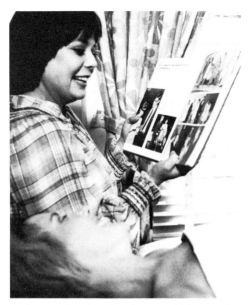

Jonis Freundin Diana (Louise Hoven) blättert neben
Joni in dem Jahrbuch der Woodlawn High School.

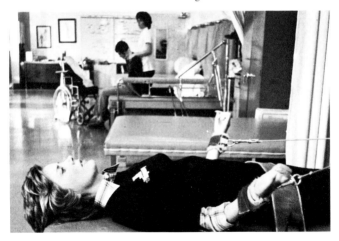

Joni arbeitet an ihrer Rehabilitation. Sie trainiert ihre Schultermuskeln.

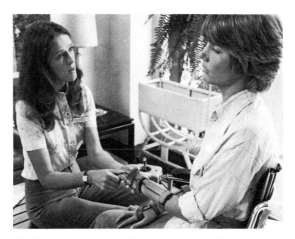

Eine Krankengymnastin (Cloyce Morrow) eröffnet Joni, daß sie nie wieder ihre Hände gebrauchen kann.

Joni übt an der Staffelei im Rehabilitationszentrum, um mit dem Mund schreiben und malen zu lernen.

Im Kampf, sich an ein Leben als Behinderte zu gewöhnen, öffnet Joni ihr Herz einem aufmerksamen jungen Mann, Don Bertolli (Michael Mancini).

Don Bertolli hebt Joni in sein Kabrio, um sie auszufahren.

Joni liegt hilflos am Boden, nachdem ihr elektrischer Rollstuhl umgestürzt ist.

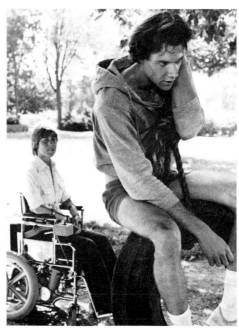

Joni spricht mit ihrem Freund Steve Estes (Richard Lineback).

Joni und ihre Schwester Jay (Kathry DeHetre).

Joni gibt einer neuen Zeichnung den letzten Schliff.

senheit und Konzentration schrieb ich einen Brief an Mutter und Vater. Er war nur kurz, und die Buchstaben sahen aus wie Krähenfüße, aber man konnte es doch Schrift nennen!

Das Gefühl, etwas geleistet zu haben, führte bei mir zu einer etwas optimistischeren Lebenseinstellung. Personal und Patienten bejubelten jedes Stückchen Fortschritt. Das stärkte mein Selbstvertrauen ungeheuer. Allmählich bekam ich Spaß an der Therapie.

Im September wurde ich zu einer zweiten Rückenoperation ins Krankenhaus gebracht. Ich wollte das eigentlich gar nicht, aber die vorstehenden Dornfortsätze meiner Wirbelsäule verhinderten, daß die Geschwüre an Rücken und Gesäß zuheilten.

Dieses Krankenhaus lag nur etwa eine Meile von unserem Haus in Woodlawn entfernt. Der Gedanke, meinen Lieben so nahe zu sein und doch nicht nach Hause gehen zu können, machte mir schwer zu schaffen.

Diesmal war die Operation ein Erfolg, und ich dankte Gott dafür. Dennoch standen mir noch vierzehn Tage im Sandwich-Bett bevor. In dieser Zeit hatte ich außerdem einen Kampf mit der Grippe durchzustehen.

Ich las sehr viel in diesen Tagen. Anstelle der negativen, atheistischen Bücher, die ich früher gelesen hatte, wandte ich mich jetzt der Bibel und nützlicher Literatur mit christlichem Gedankengut zu. Während ich las, wurde Mutter nicht müde, mir geduldig die Bücher zu halten. ,,Mere Christianity'' von C. S. Lewis war eine erfrischende Abwechslung und ein guter Ausgleich für all das, was ich vorher gelesen hatte. Es war eine riesige Hilfe für meine geistliche Einstellung.

An meinem Geburtstag, dem 15. Oktober, wurde mir ein besonderes und höchst willkommenes Geschenk zuteil: Ich durfte endlich wieder auf dem Rücken liegen! Es war einfach großartig. Diana, Mutter und Vater, Jay und Dick – alle besuchten mich. Obwohl ein Wechsel in meiner Beziehung zu Dick eingetreten war, besuchte er mich so treu wie eh und je.

Allmählich wurde der Aufenthalt in Green Oaks etwas leichter für mich. Da die Operation erfolgreich verlaufen war, sollte ich mich allmählich an den Gebrauch eines Rollstuhls gewöhnen. Auch auf verschiedenen Gebieten der Therapie sollte es Erleichterungen geben.

Außerdem wirkte es sehr ermutigend auf mich, als ich sah, daß etliche Patienten Green Oaks verließen. Einige meiner querschnittgelähmten Freunde waren rehabilitiert und entlassen worden. Sie sollten nun ihren Weg zurück ins Leben finden. Das war mir ein großer Ansporn, so daß ich mit neuer Entschlossenheit an die Rehabilitation ging.

Chris Brown war nur zu gern bereit, diese neue Phase der Begeisterung und Energie auszunützen. „Sollen wir jetzt nicht mal etwas Künstlerisches herstellen, wo du doch schon so gut mit dem Mund schreiben kannst?"

„Etwas Künstlerisches?" fragte ich ungläubig.

„Ja. Du hast mir doch Zeichnungen von früher gezeigt. Du arbeitest gern schöpferisch. Du könntest zum Beispiel diese Keramikplatten da bemalen; das gibt schöne Geschenke."

Ich sah zu, wie eine gelähmte Frau einen Pinsel im Mund hielt und Farbe auf eines der tönernen Stücke klatschte. Es kam mir so nutzlos vor – wie ein Kinderspiel. „Ich weiß nicht", bemerkte ich leise.

„Ach, komm schon, versuch's doch einmal!" drängte Chris.

„Na, gut."

Ich versuchte es mit dem Malen, verschüttete Farben und schmierte ungeschickt aussehende Muster auf die Lehmtafeln. Das Ganze war sehr entmutigend. Am Anfang schien mir jede Minute vergeudet. Als die Platten aber aus dem Trockenofen kamen, sahen sie halbwegs annehmbar aus. Und – wie beim Schreiben –: Mit ständiger Übung ging es allmählich besser. Nach ein paar Wochen hatte ich verschiedene Weihnachtsgeschenke für Angehörige und Freunde fertiggestellt.

Ich wußte natürlich nicht, was sie von den Schalen für Nüsse und Süßigkeiten halten würden: Mir gefielen sie aber recht gut. Schließlich bedeutete es eine tiefe Befriedigung für mich, daß ich alles allein hergestellt hatte.

Eines Tages brachte mir Chris etwas feuchten Ton.

„Wozu ist das denn?"

„Ich möchte, daß du ein Bild darauf zeichnest."

„Wie denn? Mit dem Bleistift im Mund?"

„Versuche es mit dem Griffel."

„Was soll ich denn machen? Soll ich etwas schreiben?"

„Male doch etwas, was deine Stimmung widerspiegelt. Einfach etwas, was dir gefällt."

Vorsichtig schätzte ich die Entfernung zwischen mir und dem Ton, prüfte dessen Nachgiebigkeit mit dem Griffel und

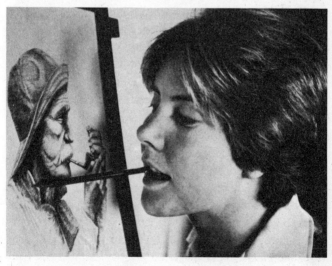

Joni vor ihrer Staffelei – mit dem Munde zeichnend

versuchte dann, etwas einzugravieren. Ich sagte zu Chris: „Das letzte Mal, wo ich versuchte, etwas zu zeichnen, war auf unserer Reise in den Westen vor meinem Unfall. Schon als ich noch ein Kind war, hat mich Vater zum Zeichnen angehalten. Er hat sich das Malen selbst beigebracht."

Ich sprach auch darüber, daß es mir besonders viel Freude bereitet hatte, Landschaftsbilder mit Holzkohle zu skizzieren. Im Westen hatte ich meinen Zeichenblock mit Skizzen von Bergen, Pferden, Menschen und Tieren gefüllt.

Ich erinnerte mich an einzelne Szenen. Dann versuchte ich, mir den unbewußten Ablauf beim Zeichnen ins Gedächtnis zurückzurufen. Das geschaute Bild wird über den Geist verarbeitet, der die Hände anleitet, die Szene auf Papier zu bringen. Meine Hände hielten also den Schlüssel zu meinem künstlerischen Talent. Taten sie das wirklich?

Ich blickte auf die einfache Skizze, die ich eben fertiggestellt hatte. Es war eine Strichzeichnung von einem Cowboy auf einem Pferd, die in den weichen Ton geritzt war. Es war nicht besonders schöpferisch oder beeindruckend, aber es war ein Anfang.

Chris schien über meinen ersten Versuch zu staunen. „Joni, das ist ja großartig! Du hast echte Begabung!" Freudestrahlend meinte sie: „Du hättest das schon früher machen sollen. Du mußt wieder zur Kunst zurückfinden."

„Aber das war doch, als ich meine Hände noch gebrauchen konnte", wandte ich ein.

Sie schüttelte den Kopf. „Das ist egal. Hände sind Werkzeuge, nichts anderes. Geschick und Begabung sind im Gehirn. Wenn du einmal Übung hast, kannst du mit dem Mund genauso gute Arbeit leisten wie mit den Händen!"

„Ach – wirklich?"

„Ja. Willst du's versuchen?"

„Natürlich! Los, versuchen wir's!"

Das war ein wirklich befriedigender Tag für mich. Zum erstenmal seit beinahe anderthalb Jahren war es mir möglich gewesen, mich wieder einmal schöpferisch zu betätigen. Ich war ganz aufgeregt und schöpfte neue Hoffnung.

Auch mein seelischer Zustand besserte sich allmählich. Früher hatten sich Ärger und Zorn in Verbitterung umgewandelt. Ich hatte gedacht: Wie kann ein liebender Gott – sofern ein solcher existiert – solch ein Elend zulassen? Mein Suchen auf anderen Gebieten hatte keine vernünftige Antwort gebracht. Doch nachdem ich mich wieder der Bibel zugewandt hatte, schmolz meine Verbitterung und machte einem tiefen Frieden Platz.

Ich war wütend darüber gewesen, daß mein Leben auf die Grundbedürfnisse, Atmen, Essen und Schlafen, zusammengeschrumpft war. Dann entdeckte ich aber, daß sich, im Grunde genommen, die ganze Menschheit im gleichen Boot befand. Das Leben aller Menschen drehte sich im gleichen sinnlosen Kreis – nur daß sie in ihren Möglichkeiten nicht so eingeengt waren wie ich. Außerdem ließen sie sich durch oberflächliche Dinge von der Tatsache ablenken, daß sie sich in einer Tretmühle befanden. Sie waren mit Beruf, Schule, Familie und Freizeitbeschäftigungen ausgefüllt, so daß ihnen nicht bewußt wurde, daß ihr Leben letzten Endes auf die gleichen Elemente reduziert war wie meines auch – atmen, essen, schlafen.

Langsam wurde mir bewußt, daß Gott doch Interesse an mir nahm. Ich war wohl eine Art „Versuchskaninchen", eine Vertreterin der Menschheit, an der die Wahrheit getestet werden sollte. Alle Ablenkung und alles Überflüssige war weggefallen. Gott hatte alles entfernt und mich allein auf mich gestellt. Mein Leben war auf die absoluten Grundbedürfnisse reduziert.

Und jetzt? Was soll ich mit meinem Leben anfangen? überlegte ich. Ich besitze zwar keinen Körper, dennoch bin ich ein

115

Mensch. Ich muß einen neuen Sinn in meinem Leben finden, Weisung von Gott, nicht nur eine vorübergehende Befriedigung. Zu welchem Zweck bin ich am Leben geblieben? Wie kann ich Gott verherrlichen? Was will er, daß ich tun soll?

Ja, es muß einen Gott geben, der sich persönlich um mich kümmert. Er ist vielleicht nicht bereit, sich mir auf spektakuläre Weise zu offenbaren – warum sollte er das auch? Ich bin doch nicht besser als die anderen Menschen, die auch Gott und den Sinn ihres Lebens durch Glauben und nicht durch Schauen finden müssen. Sollte es bei mir anders sein?

Ich erzählte Diana von meinen Überlegungen. „Bis jetzt ergibt eigentlich nichts einen Sinn, Diana. Ich weiß nicht, was Gott vorhat, ich glaube aber, daß er Wirklichkeit ist und nicht nur Bescheid weiß, sondern auch Verständnis hat. Meine Gedanken gehen jetzt in eine andere, positive Richtung. Ich bin zwar noch immer verwirrt, aber früher neigte ich in meiner Verwirrung zum Zweifeln, und jetzt möchte ich lieber vertrauen."

„Vielleicht hat es etwas mit deinem Gebet vor dem Unfall zu tun?" deutete Diana an.

„Welches Gebet?"

„Weißt du nicht mehr? Du erzähltest mir doch, daß du kurz vor deinem Unfall gebetet hättest: ‚Herr, tue etwas in meinem Leben, das mich ändert und umkrempelt.' Vielleicht ist dies Gottes Antwort auf dein Gebet."

„Das habe ich mich auch schon gefragt. Es könnte sein. Es ist aber auf jeden Fall nicht das, was ich als Erhörung erwartet habe. Gott hat wohl seinen eigenen Zeitplan", sagte ich und fügte hinzu: „Ich kenne sein Ziel nicht, das er mit all diesem verfolgt. Ich werde doch wahrscheinlich nie wieder laufen können. Und das Schlimmste ist: Wie soll ich jemals wieder fröhlich sein können? Das macht mir am meisten zu schaffen."

„Nicht wieder fröhlich sein zu können?"

„Ja. Eines habe ich von diesen existentialistischen Schriftstellern gelernt: Der Mensch kann nicht mit Verzweiflung leben. Glaubst du, daß ich jemals wieder glücklich sein werde, Diana?"

„Ich weiß es nicht, Joni. Ich weiß es wirklich nicht."

Mit allem Ernst setzte ich jetzt mein Bibelstudium fort und las dazu andere christliche Literatur. Die Werke von Francis Schaeffer und C. S. Lewis wirkten, verglichen mit Marx, Hesse und den anderen unchristlichen Schriftstellern, wie eine frische Brise auf mich. Ich lernte, das Wort Gottes direkt auf mein Leben anzuwenden. Dabei erfaßte mich eine tiefe Dankbarkeit gegen Gott. Zum erstenmal wurde mir aus der Bibel klar, daß mein Leben einen Sinn hat. Meine eigenen „Feuerproben" waren jetzt ein wenig leichter zu ertragen, wenn ich – besonders beim Lesen der Psalmen – sah, wie ich in Gottes Plan hineinpaßte. „Der Herr wird ihn [mich] auf seinem [meinem] Siechbett erquicken" (Psalm 41,4).

Am schlimmsten war es nachts. Vielleicht war tagsüber die Therapie schlecht gelaufen. Oder es war niemand zu mir zu Besuch gekommen. Oder Frau Barber war wieder einmal ungezogen gewesen. Was auch immer gewesen sein mochte, ich hatte dann das Bedürfnis zu weinen. Das machte mich aber noch verzweifelter, denn ich konnte ja nicht einfach weinen. Es war niemand da, der mir die Tränen aus den Augen gewischt oder mir die Nase geputzt hätte. Da munterte mich dann die Heilige Schrift auf, und ich wandte die Zusagen Gottes auf meine eigenen, speziellen Bedürfnisse an.

In diesen schweren mitternächtlichen Stunden stellte ich mir vor, Jesus selbst stände neben meinem Sandwich-Bett. Ich sah ihn als eine starke Persönlichkeit, die mir Trost zusprach: „Siehe, ich bin immer bei dir. Wenn ich dich so geliebt habe, daß ich für dich gestorben bin, glaubst du dann nicht, daß

117

meine Liebe stark genug ist, dich weiterzuführen und nicht loszulassen, auch wenn du gelähmt bist?" Dieser Trost war so stark und wirklichkeitsnah, daß ich spürte: Der Herr ist jetzt bei mir. Neben mir in meinem Zimmer! Das war der Trost, den ich brauchte.

Mir wurde deutlich, daß der Herr Jesus ja tatsächlich Verständnis für meine Lage aufbringen konnte. In den schmerzhaften, schrecklichen Stunden, in denen er auf den Tod hatte warten müssen, hatte er sich ja auch nicht zu rühren vermocht; auch er war gelähmt gewesen.

Jesus wußte, was es bedeutet, sich nicht bewegen, sich nicht die Nase kratzen, nicht das Gewicht verlagern, sich nicht die Augen trocknen zu können. Er war am Kreuz völlig hilflos gewesen. Er konnte Arme und Beine nicht bewegen. Also wußte er genau, wie einem in solcher Lage zumute war.

„Da wir nun einen großen Hohenpriester haben, der die Himmel durchschritten hat, Jesus, den Sohn Gottes, so lasset uns festhalten an dem Bekenntnis! Denn wir haben nicht einen Hohenpriester, der kein Mitleid haben könnte mit unseren Schwachheiten, sondern der in allem gleich (wie wir) versucht worden ist, doch ohne Sünde" (Hebräer 4,14–15).

Vor meinem Unfall „brauchte" ich Jesus Christus nicht. Jetzt aber brauchte ich ihn dringend. Als ich noch gehen und stehen konnte, hielt ich es nicht der Mühe wert, ihn bei meinen Entscheidungen um Rat zu fragen – welche Party oder Freundin ich besuchen oder welches Fußballspiel ich mir ansehen sollte, und so weiter. Ich dachte, er hätte an solchen Belanglosigkeiten überhaupt kein Interesse. Jetzt aber, da mein Leben auf die primitivsten Lebensbedürfnisse reduziert war, nahm er vollen Anteil daran, weil er sich um mich kümmerte. Tatsächlich war er die einzige zuverlässige Realität.

Diese Zusicherungen, die für mich wie neu waren, wirkten beruhigend auf mich. Ich glaube, sie halfen auch Jay, als ich im

Blick auf ihre persönlichen Schwierigkeiten mit ihr darüber sprach.

Mein Zeichnen, im Stil noch völlig auf meine Stimmungen abgestellt und einfach in der Ausführung, besaß eine größere therapeutische Wirkung, als ich erwartet hatte. Als Zeugnis für meine neue Einstellung zum Leben zeichnete ich alle meine Zeichungen mit PTL – „Praise the Lord" (Preist den Herrn!). Es sollte der Ausdruck meines Glaubens an die mir

Eine von Jonis Zeichnungen

zuteil werdende göttliche Führung sein, ein ganz einfacher Versuch, ihm die Ehre für seine Hilfe zu geben.

Allmählich interessierte ich mich wieder für meine äußere Erscheinung. Nach meinem Erlebnis im Krankenhaus hatte ich alle Spiegel gemieden. Jetzt waren mir Jay und Diana dabei behilflich, mein Haar zu ordnen, mein Gesicht zurechtzumachen, passende, nette Kleidung auszusuchen und sie mir anzuziehen – kurz, Wege zu finden, um mein Äußeres anziehender zu gestalten.

In der Krankengymnastik durfte ich mit Versuchen zum Aufsitzen anfangen. Wieder kamen Schwindel und Übelkeit über mich, als mich meine Helfer in meinem neuen Bett in eine Sitzstellung brachten und meine Beine über den Bettrand hängen ließen. Das Ganze ging sehr langsam vor sich, doch bald konnte ich fast aufrecht sitzen. Dann benutzte ich, wie schon früher, das schräge Brett, um mich langsam wieder an das Sitzen in senkrechter Haltung zu gewöhnen. Meine lange Zeit ungenutzten Muskeln mußten es neu lernen, meinen Kopf aufrecht zu halten.

Nachdem sich mein Innen-Ohr und die Halsmuskeln an das Aufrechtsitzen gewöhnt hatten, konnte ich in einem Rollstuhl sitzen. Meine Beine wurden mit elastischen Binden umwickelt, um eine Venenentzündung zu vermeiden. Auch sollten Embolien, die durch das Festsetzen von Blutgerinnseln in den Bein- und Hüftschlagadern hervorgerufen werden konnten, nach Möglichkeit ausgeschlossen werden. Zur Stützung meines Oberkörpers wurde mir ein enges Korsett angepaßt, das es mir ermöglichte, mich aufzusetzen und bequem zu atmen.

Ich freute mich über meine Fortschritte besonders deswegen, weil ich über die Weihnachtsfeiertage nach Hause gehen durfte. Weihnachten 1968 – ein ganzes Jahr war vergangen, seit ich zuletzt daheim gewesen war! Diesmal sollte ich für ein paar Tage nach Hause fahren dürfen.

Kurz vor Weihnachten brachten mir Mutter und Vater eine interessante Neuigkeit.

„Joni, wir haben von einem neuen Krankenhaus in Kalifornien gehört", sagte Vater. „Es heißt ‚Rancho Los Alamos' und liegt in Los Angeles. Sie machen dort bemerkenswerte Fortschritte in der Behandlung von Gelähmten."

„Die Rehabilitationsmethoden dort sind sehr fortschrittlich", fügte Mutter hinzu. „Sie haben es geschafft, Menschen beizubringen, wie sie ihre Arme und Beine wieder gebrauchen können. Sogar in den sogenannten unmöglichen Fällen."

„Oh, herrlich!" rief ich begeistert. „Laßt uns hinfahren! Können wir das?"

„Wir haben schon dorthin geschrieben und erwarten bald Antwort. Ich glaube aber, daß es günstig aussieht", sagte Vater. „Leider können wir nicht selbst mitkommen, aber wir haben mit Jay gesprochen; sie würde gern mitgehen. Sie könnte dort bleiben und sich eine kleine Wohnung in der Nähe mieten."

„Das hört sich ja großartig an", rief ich aufgeregt. „Laßt uns doch darum beten, daß Gott es möglich macht. Das wäre ein tolles Weihnachtsgeschenk!"

Es wurde ein aufregendes Weihnachtsfest. Ich war kräftig genug, um ein paar Tage zu Hause bleiben zu können. Es war ein schönes Gefühl, wieder einmal in einer normalen Umgebung zu sein.

Als mich Dick bat, mit ihm ins Kino zu gehen, war ich ganz entzückt.

Aber so sehr ich mich auch danach sehnte, wieder normal zu sein, es war einfach nicht möglich.

Dick legte seinen Arm um mich, und ich wußte es nicht einmal. Er drückte mich herzlich – liebevoll –, doch ich spürte nichts. Ich hatte nur Augen für den Film.

Endlich fragte er: „Fühlst du denn überhaupt nichts?"

„Was?"

„Das." Er drückte mich erneut.

„Nein", sagte ich leise und schämte mich. „Es tut mir leid."
Ich wollte doch seinen Arm – seine Berührung – so gern spüren!

Auf der Fahrt nach Hause mußte Dick den Wagen plötzlich
anhalten, und ich schlug mit dem Kopf heftig auf das Armaturenbrett auf. Ich konnte mir nicht helfen – mich nicht einmal
allein aufrichten. Ich hatte mir nicht weiter wehgetan, aber
mein Stolz und mein Ich waren tief verletzt.

Dick machte sich heftige Vorwürfe, daß das passieren
konnte. „Warum habe ich bloß nicht daran gedacht, dich festzuhalten!"

„Dick, bitte mach dir keine Sorgen! Du mußt dich ja erst
daran gewöhnen. Ich bin doch nicht verletzt. Das soll uns nicht
den Abend verderben."

Wir kamen ohne einen weiteren Zwischenfall nach Hause.

Während mich Dick ins Haus rollte, sagte ich: „Dick, ich
danke dir. Was haben wir für Spaß gehabt! Es – es war beinahe so wie früher. Zum erstenmal seit anderthalb Jahren
habe ich wieder etwas Normales getan. Ich danke dir, Dick."

„Es hat mir auch Spaß gemacht", sagte er schlicht und einfach, beugte sich vor und küßte mich auf die Stirn. „Ich freue
mich, daß es dir gefallen hat." Mit seinen immer mitfühlenden
Augen blickte er mich lächelnd an.

Ja, es hatte Spaß gemacht. Und doch war es nicht wirklich
wie „früher" gewesen. Wir benahmen uns gezwungen und
ungeschickt mit dem Rollstuhl, und ich fragte mich: Kann
denn überhaupt alles jemals wieder normal werden? Ich gab
mir selbst das Versprechen, alles in meinen Kräften Stehende
zu tun, um das zu erreichen – zumindest von meiner inneren
Einstellung her.

Welch ein Gegensatz zum vergangenen Weihnachtsfest!

Vor einem Jahr durfte ich nur einen Tag zu Hause sein. Da hatte ich mich wegen meines Aussehens noch so geschämt, daß ich mich in den Hintergrund verzog und meine Beine mit einer alten braunen Decke zudeckte. In diesem Jahr trug ich neue Strümpfe und einen orangefarbenen Pullover mit einem dazu passenden, modisch kurzen Cordrock. Mein Haar, obwohl immer noch kurz, war in einer fraulichen Frisur aufgesteckt. Ich kam mir wirklich wieder wie ein weibliches Wesen vor, nicht mehr wie ein in Krankenhauswäsche gestopfter Körper!

Diesmal wollte ich auch nicht mehr nach Green Oaks zurück.

„Du mußt nicht, Joni", sagte Vater.

„Was?"

„Du mußt nicht nach Green Oaks zurück. Wir haben gerade Nachricht von Kalifornien bekommen. Rancho Los Alamos hat einen Platz für dich frei. Wir fliegen nächste Woche, nach Neujahr, hin."

Ich fing an zu weinen. „O Vati, ich bin ja so glücklich! Der Herr ist wirklich ein lebendiger Gott. Er erhört Gebete."

„Mutter und ich fliegen mit dir, und Jay fährt mit dem Wagen hin und trifft uns dann dort."

„Ich kann es gar nicht fassen, daß es wirklich losgeht."

Rancho Los Alamos – dort werde ich meine Hände zurückbekommen! dachte ich.

7

Der Flug nach Kalifornien wurde ein denkwürdiges Ereignis. Immerhin war es mein erster Flug, und ich flog der Hoffnung entgegen. Bald würde ich meine Hände gebrauchen lernen – Dick und ich könnten unser früheres Verhältnis wieder aufnehmen und heiraten. Endlich schien sich Gottes endgültiger Plan für mein Leben abzuzeichnen.

Als wir in Los Angeles ankamen – etwa 3 000 Meilen (fast 5 000 Kilometer) von den eiskalten, vereisten Straßen Baltimores entfernt –, war das Wetter mild und sonnig. Ich war sofort davon überzeugt, daß es mir hier gefallen würde.

Ich erinnerte mich an die tiefe Enttäuschung, die der erste Eindruck von Green Oaks in mir hervorgerufen hatte, und vermied es bewußt, mir gleich ein Bild von Rancho Los Alamos zu machen.

Zu meiner Überraschung war Rancho sehr hübsch und personalmäßig gut besetzt. Viele Hilfskräfte und Angestellte waren College-Studenten, die sich hier das Geld für ihr Studium verdienten. Es waren auch Mädchen unter ihnen, und ich freute mich, wieder mit Menschen meines Alters und ähnlichem Bildungsweg Umgang haben zu können.

Auch von der Ordnung und Arbeitsweise, die ich hier vorfand, war ich sehr beeindruckt. In Green Oaks waren immer alle sehr beschäftigt, überall herrschte eine hektische Eile, ein Zeichen für Überforderung. Hier gab es keine Hektik. Obwohl jeder vollauf zu tun hatte, geschah alles zum Wohle der Patienten und nicht auf ihre Kosten. Ich bin überzeugt, daß der Grund darin lag, daß es in Rancho ausreichend Personal gab, das auch gut bezahlt wurde.

Mutter und Vater blieben so lange, bis ich mich einigermaßen eingelebt hatte, dann kehrten sie nach Baltimore zurück. Jay bezog mit Kay in der Nähe von Rancho Los Alamos eine gemietete Wohnung.

Eines Abends, etwa eine Woche nach meiner Ankunft, vernahm ich Tumult im Korridor. Ich bemühte mich, die Stimmen zu erkennen. Nein, ein Irrtum war ausgeschlossen: Diana, Dick und Jackie stürmten in mein Zimmer!

„La, la, la", sang Diana heftig gestikulierend.

„Wir fühlten uns so einsam", bemerkte Dick grinsend.   „Freust du dich, uns zu sehen?" fragte Jackie.

„Oh, ihr seid eine Bande! Wie seid ihr nur hierhergekommen?"

„Mit dem Auto", sagte Diana.

„Ohne Unterbrechung", fügte Dick hinzu. „Darum sind wir auch so dreckig."

„Ja", sagte Jackie lächelnd. „Wir haben in Nevada getankt und sind seitdem ohne Pause durchgefahren. Wir wollten heute abend noch vor Ende der Besuchszeit hier sein!"

„Die letzten fünfzig Meilen sind wir nur mit Abgasen gefahren", sagte Dick lachend.

„Ihr seid einfach unmöglich!" rief ich.

Es war eine lebhafte, stürmische Begrüßung. Die Besuchszeit wurde an jenem Abend stark überzogen. Meine Besucher berichteten mir in allen Einzelheiten über ihre Reise. Alle redeten auf einmal, flegelten sich der Reihe nach auf meinem Bett herum und unterstrichen ihren Redeschwall mit wilden Gesten und ansteckendem Gelächter.

Jay und Kay kamen später auch noch dazu und luden meine Freunde prompt ein, in ihren Schlafsäcken auf dem Rasen vor ihrer Wohnung zu übernachten.

★

In Rancho setzte für mich die Behandlung vom ersten Tage an ein. Sie bestand zunächst darin, mich so selbständig wie möglich zu machen. Es wurden mir Stützen für die Unterarme angepaßt, und man lehrte mich, die Rücken- und Schultermuskulatur zum Bewegen der Arme einzusetzen. Durch das „Umpolen" einiger Muskeln lernte ich es, meine Arme bis zu einem gewissen Grad zu heben und zu senken, doch Finger und Handgelenke lernte ich nicht bewegen.

Ich lernte aber, selbständig zu essen. Ein Löffel wurde im Winkel von 45 Grad gebogen und an meiner Armstütze anmontiert. Durch die Bewegung meines Armes konnte ich den Löffel auf einen mit Essen gefüllten Teller herablassen, etwas davon aufnehmen und zum Munde bringen.

Diese Bewegungen – siebzehn Jahre meines Lebens fließend, leicht und unbewußt durchgeführt – erfolgten jetzt ungeschickt und mit großer Schwierigkeit und bedurften äußerster Konzentration. Wenn ich also den Löffel hob und in die Speisen auf meinem Teller gleiten ließ, konnte ich essen. Die Bewegung glich der eines Löffelbaggers. Oft ließ ich fast alles vom Löffel fallen und brachte kaum etwas in meinen Mund. Dennoch war es ein aufregendes Erlebnis, zum erstenmal seit anderthalb Jahren wieder selbständig essen zu können!

Allmählich wurden meine Bewegungen fließender. Ich probierte das Essen dann auch mit einer in gleicher Weise gebogenen Gabel, jedoch mit mäßigem Erfolg. An sich bedeutet es nicht viel, einen Bissen Kartoffelbrei zum Munde zu führen, aber für mich war dieses Erfolgserlebnis sehr bedeutsam.

Mein Arzt in Rancho war ein erfolgreicher junger Spezialist, dessen Methoden neu und vielleicht auch ein wenig unorthodox waren.

„Ich danke Ihnen, daß Sie meine Freunde nicht fortgeschickt haben, nachdem sie hier hereingeplatzt sind, Herr Doktor", sagte ich.

„Ich möchte nicht, daß irgend jemand deine Freunde weg-
schickt", erwiderte er. „Ich möchte sogar, daß sie kommen –
so oft wie möglich."

„Tatsächlich?"

„Ja. Ich möchte, daß sie dich während des gesamten Be-
handlungsablaufes beobachten und soviel wie möglich von
der Ursache deiner Behinderung verstehen lernen."

„Heißt das, daß sie mir auch während der Krankengymnastik und Arbeitstherapie zuschauen dürfen?"

„Bei allem. Siehst du, Joni, ich möchte, daß deine Angehörigen und Freunde deine Reaktionen, deine Bedürfnisse und
Probleme so gut kennenlernen wie wir."

„Warum denn, Herr Doktor?"

„Um deine Betreuung immer mehr vom Krankenhaus unabhängig zu machen", sagte er.

„Möchten Sie, daß sie mich pflegen lernen?"

„Ganz richtig. Und ich möchte auch, daß du dir im Blick auf
deine Entlassung ein realistisches Ziel setzt."

„N-nach Hause?" stotterte ich.

„Ich meine, du solltest darauf hinarbeiten, daß du hier bis
zum 15. April fertig bist."

„Zum 15. April! Aber das ist ja schon in drei Monaten!
Werde ich denn bis dahin so weit sein?"

„Das liegt an dir. Bist du gewillt, hart auf das Ziel hin zu arbeiten?"

„Und ob!"

Das Ganze schien unglaublich. Ich war es nicht gewohnt,
mit eigener Energie so zielbewußt meine Rehabilitation an-
zugehen. In Green Oaks wußte ich nie, was geschah und ob
überhaupt etwas geschah. Ich war gezwungen worden, meine
Hoffnungen auf ein Minimum zurückzuschrauben, und hatte
darum überhaupt keine Pläne geschmiedet. Ich nahm einfach
jeden Tag so, wie er kam. Diesmal aber gab es ein Ziel, das ich

erreichen sollte, und zwar schon in drei Monaten. Mir brummte der Kopf. Ich träumte lebhaft von dem bevorstehenden Nachhausegehen.

Eine Studentin mit Namen Judy, die jeden Tag ein paar Stunden als Helferin in Rancho arbeitete, freundete sich mit mir an. In ihrer geistlichen Entwicklung war sie viel weiter fortgeschritten als ich, darum unterhielt ich mich öfter mit ihr über den Herrn Jesus Christus, in der Hoffnung, daß sie mir etwas von ihrem tiefgegründeten Vertrauen vermitteln könnte.

Judy studierte auf einem Bibelseminar in der Nähe und war gerne bereit, mir etwas von ihrer Erkenntnis der biblischen Wahrheit mitzuteilen. So hatte ich bald das Gefühl, auf allen Lebensgebieten Fortschritte zu machen.

Eines Morgens betrat Judy mein Zimmer und schob einen leeren Rollstuhl vor sich her. „Du hast jetzt so viel Sitzübungen gemacht, daß du einen Rollstuhl benützen könntest."

„Tatsächlich? Kann ich ihn denn fortbewegen? Wie denn?"

„Siehst du diese acht Gummiknöpfe an der Außenseite der Räder?"

Ich nickte.

„Also, dann paß auf! Laß deine Arme neben den Rädern herunterhängen und lege deine Hand gegen die Gummiknöpfe. Siehst du?"

„Ja, ja. Und weiter?"

„Denk daran, daß wir deine Schultermuskeln trainiert haben. Wenn du deine Schultermuskeln bei der Bewegung mitwirken läßt, kannst du deine Arme gegen die Gummiknöpfe am Rad drücken. Es wird langsam gehen und ermüdend sein, bis du es richtig gelernt hast."

„Okay, wann fange ich damit an?"

„Jetzt gleich. Du kannst jetzt zur Krankengymnastik fahren", sagte Judy.

„Aber ich habe doch erst um neun Uhr Krankengymnastik. Jetzt ist es gerade erst sieben Uhr."

Judy grinste. „Genau", sagte sie.

Das ist wirklich ein langsames und ermüdendes Vorankommen, dachte ich. Ich war an den Stuhl festgebunden, damit ich nicht herausfiel, und es war gut, daß es so war. Ich probierte jede Bewegung aus, an die ich mich entsinnen konnte, um meine Armmuskulatur durch die Schultermuskulatur zu ersetzen. Ich brauchte tatsächlich zwei Stunden, um den Rollstuhl etwa neun Meter in Richtung auf die Krankengymnastik zu bewegen. Als ich angekommen war, war ich erschöpft und atemlos und hatte keine Kraft mehr für krankengymnastische Übungen.

Judy war aber dort, wartete auf mich und lächelte mich wegen meiner Anstrengung freundlich an. „Wunderbar!" sagte sie lebhaft.

„Wirklich? Braucht jeder so lange?"

„Beim erstenmal schon", nickte Judy. „Viele geben völlig auf – und einige fallen sogar aus dem Stuhl."

Ich war stolz und fühlte mich durch diesen Erfolg angeregt. Es war das erstemal seit anderthalb Jahren, daß ich mich aus eigener Kraft vorwärtsbewegt hatte.

Mit viel Übung gelang es mir, meine Geschicklichkeit mit dem Rollstuhl und auch die Geschwindigkeit zu verbessern. Doch gab es auch ein paar Rückschläge. Einige Male rannte ich gegen die Wand und blieb dreißig oder vierzig Minuten stecken, bis mich jemand erlöste.

Endlich gab man mir einen Rollstuhl mit elektrischem Antrieb. Welch ein Gefühl der Freiheit verlieh mir dieser Rollstuhl! Er wurde elektrisch über einen Schaltkasten gesteuert, den ich mittels meiner Armstütze bedienen konnte. Allmählich konnte ich so geschickt damit umgehen, daß ich praktisch in dem Rollstuhl lebte.

Die kalifornische Gemeinde, zu der das Krankenhaus gehörte, hatte ihre Bürgersteige rollstuhlgerecht konstruiert; selbst die Rinnsteine waren leicht abfallend angelegt, um einen problemlosen Rollstuhlverkehr zu ermöglichen. Es verlieh mir ein Gefühl der Befriedigung und Unabhängigkeit, wenn ich für andere Patienten, die sich nicht frei bewegen konnten, zum Schnellimbiß fuhr. Es war jedoch immer noch beschämend, wenn mich die Menschen auf der Straße anstarrten oder ich ihre Bemerkungen anhören mußte. Ebenso demütigend war es für mich, wenn ich, dort angekommen, nicht in der Lage war, das Geld für die Bestellung hinzuzuzählen. Der Manager des Restaurants war es aber gewohnt, Behinderten zu helfen. Mit Leichtigkeit und Humor wurde er mit jeder Schwierigkeit fertig. Er packte die Sachen fest in meinen Schoß, holte sich das Geld aus meiner Handtasche und erklärte lachend, daß ich bald für das Ontario-500-Rennen aufgestellt würde.

Ich ließ mich zwar nicht für das Rennen in Ontario aufstellen, veranstaltete aber selbst einige Rennen.

Rick, ein anderer Tetraplegiker, besaß auch einen elektrischen Rollstuhl. Da wir beide eine ähnliche Vergangenheit hatten, mußte dies bald zu einem Wettkampf führen.

„Ich kann mit meinem Stuhl schneller fahren als du mit deinem", prahlte ich eines Tages.

„Ach ja? Das glaubst auch nur du! Sollen wir ein Wettrennen machen?"

Ein Summen erklang, als unsere Stühle im „Hundertmeterlauf" den Korridor entlang und um die nächste Ecke herum in Richtung Ausgang rasten. Das Ergebnis war ein „Unentschieden".

„Wir müssen eine längere Rennstrecke haben, um überhaupt in Fahrt zu kommen", meinte Rick grinsend. „Laß uns doch mal von dieser Gebäudeecke bis zum anderen Ende des

Korridors und um die Ecke herum bis zum Vordereingang fahren. Machst du mit?"

„Klar!" sagte ich.

Judy und eine weitere Helferin taten, als ob sie unsere Ausgelassenheit nicht bemerkten, und liefen auf der entgegengesetzten Seite des Korridors entlang.

„Auf die Plätze!" rief ich Rick zu. „Fertig! Los!"

Wir schossen beide gleichzeitig davon und rasten wie verrückt den Korridor entlang.

„Drängele mich nicht weg, Eareckson!" lachte Rick. „Bleib gefälligst auf deiner Seite der Straße!"

Während wir lachend und lärmend an den Zimmern vorbeisausten, schauten die Patienten amüsiert unserem Spiel zu.

Zuerst ging Rick in Führung, dann ich, dann wieder Rick. Kopf an Kopf gingen wir in die „Kurve", die rechtwinklige Abbiegung zum nächsten Korridor.

Ich fegte um die Ecke, ohne das Tempo zu verlangsamen. Als ich um die Ecke raste, tauchte plötzlich eine Schwester vor mir auf, die ein Tablett mit Flaschen und Medikamenten trug. Stocksteif vor Schreck blieb sie stehen. Ich schrie: „Aufpassen!"

Zu spät. Das Tablett flog im Bogen davon und landete klirrend auf dem Fußboden, und mein Stuhl klemmte die schreiende Schwester an der Wand fest.

Ich versuchte, den Motor zu stoppen, indem ich auf den Schaltkasten schlug, aber ich benahm mich ungeschickt und konnte den Strom nicht abschalten.

Die Räder drehten sich, die Schwester schrie, und Rick lachte hysterisch.

Als Strafe für mein waghalsiges Fahren entzog man mir für eine Weile die Fahrerlaubnis. Als ich sie zurückerhielt, durfte ich nur noch im kleinsten Gang fahren.

Diana, Dick und Jay neckten mich ein paar Tage lang deswegen. Aus ihren „paar Tagen" Besuch waren allmählich drei Wochen geworden. Doch dann mußten sie in den Osten zurückkehren. Es war ein trauriger, aber doch hoffnungsvoller Abschied. Ich versicherte ihnen, daß sie mich kurz nach dem 15. April zu Hause erwarten könnten.

Ehe mich Dick zusammen mit den anderen verließ, drückte er mich fest an sich. „Ich möchte dir nur sagen, daß ich dich sehr liebhabe. Ich kann es kaum erwarten, dich im April wiederzusehen!"

Ein starkes Gefühl der Sicherheit und Beruhigung durchströmte mich, als mich Dick in seinen Armen hielt. Das gab mir Grund, optimistischer in die Zukunft zu sehen. Der Augenblick würde kommen, wo wir wieder mehr als nur befreundet sein würden. Hätte ich nur meine Hände schon zurück! Dick und ich hofften weiter, und wir beteten um nichts anderes. Vielleicht gab es doch noch eine gemeinsame Zukunft für uns beide.

Am 15. April hatte ich in der Rehabilitation wirklich mein Ziel erreicht. Man teilte mir mit, daß ich nach Hause entlassen werden könnte. Eine ernste Frage blieb aber noch unbeantwortet.

„Herr Doktor, ich habe hart gearbeitet, um meine Hände wieder gebrauchen zu können. Jetzt frage ich mich, ob ich das jemals erreichen werde."

„Nein, Joni. Du wirst deine Hände nie wieder gebrauchen können", sagte er mir schonungslos. „Du hörst am besten auf zu hoffen und gewöhnst dich an den Gedanken."

Diese Worte waren das genaue Gegenteil von dem, was ich hören wollte – worum ich gebetet hatte. Ich war nicht bereit, der Tatsache ins Auge zu sehen, daß ich zeitlebens an Händen und Füßen gelähmt sein sollte, für immer abhängig, für immer hilflos.

Letztlich war die Nachricht nicht so furchtbar überraschend

für mich. Wahrscheinlich hatte ich es die ganze Zeit geahnt; dennoch hoffte ich unentwegt, daß sich in Rancho Los Alamos eine Wunderheilung vollziehen würde.

Mit tränennassen Augen schrieb ich Dick einen Brief, worin ich ihm erklärte, was mir der Arzt mitgeteilt hatte.

„Aus irgendeinem Grund ist Gott nicht auf unsere Gebete eingegangen. Dick, ich werde meine Hände nie wieder gebrauchen können. Das bedeutet, daß ich für alle Zeit von anderen abhängig und hilflos sein werde. Ich kann niemals eine Ehefrau werden. Ich weiß, daß Du mich liebst – so wie ich Dich liebe. Dennoch muß Gott irgend etwas anderes mit uns im Sinn haben. Laß uns weiterhin Freunde bleiben, Dick. Ich möchte jetzt aber, daß Du frei bist, eine andere Verbindung einzugehen. Gehe mit anderen Mädchen aus und vertraue auf Gott, daß er Dir das richtige Mädchen zuführt. Ich kann diese Frau nie sein. Es tut mir leid, Dick, aber ich kann es nicht verantworten, Dich als Partner in einem so hoffnungslosen Verhältnis festzuhalten. Laß uns an unserer Freundschaft genug haben."

Ich unterschrieb diesen Brief nicht mit „Deine Joni", wie ich dies in allen anderen Briefen getan hatte. Diesmal unterschrieb ich einfach mit „Joni".

Es war nicht leicht für mich, diesem besonderen Verhältnis zu Dick einfach ein Ende zu setzen. Tatsache war, daß ich sogar Angst davor hatte. Ich liebte ihn, wollte ihn ja gar nicht verlieren, wußte aber doch ganz genau, daß ich ihn nicht heiraten konnte – wenigstens nicht jetzt und nicht in diesem Zustand. Meine Lähmung wäre eine zu große Bürde für ihn gewesen, und eine Bindung ohne Aussicht auf eine Ehe wäre ihm gegenüber ungerecht gewesen. Es schmerzte tief, als ich zu der Einsicht kam, daß mich Dick nie würde heiraten können. Aber es wurde mir auch klar, daß ich endlich aufhören müsse, über die in der Vergangenheit abgegebenen Versprechen, die einfach nicht gehalten werden konnten, nachzugrübeln.

Ich hatte mich zwar mit meinem Schicksal abgefunden, nie wieder laufen zu können, doch hatte ich immer noch geglaubt, einen Platz unter jenen Behinderten einnehmen zu können, die trotz ihres Handikaps in der Lage waren, Auto zu fahren, Mahlzeiten zuzubereiten, mit den Händen zu arbeiten und den Geliebten zu umarmen. So hatte ich gehofft, daß ich fähig sein würde, mich selbst zu baden, ein Glas Wasser zu trinken, mein Haar auszubürsten und zu frisieren. Zwar keine großen Leistungen, gewiß, aber doch Dinge, die den Unterschied zwischen einem Behinderten und einem völlig auf andere Angewiesenen ausmachen.

Ganz allmählich wurde mir die grausame Wirklichkeit meiner Verletzung bewußt: Ich würde zeitlebens an allen vier Gliedmaßen gelähmt bleiben.

8

Nach meiner Rückkehr aus Kalifornien dankte ich Gott oberflächlich und formal für seine Absicht, die er damit verfolgte, daß er mir den Gebrauch meiner Hände nicht zurückgegeben hatte. Deshalb konnte ich ja Dick auch nicht heiraten. Langsam verfiel ich wieder dem Zynismus und zweifelte an der Wahrheit von Römer 8,28.

Mutter und Vater freuten sich, mich wieder zu Hause zu haben, und ich freute mich, wieder bei ihnen sein zu dürfen. Innerlich aber war ich verbittert und voll Groll, daß Gott meine Gebete um die Bewegung meiner Hände nicht erhört hatte.

Diana verbrachte viel Zeit bei uns zu Hause. Sie betreute mich und versuchte, mich zu ermutigen. „Ich weiß, daß man dir in Rancho Los Alamos gesagt hat, daß du nie wieder laufen oder deine Hände gebrauchen könntest; du kannst aber nicht einfach aufgeben", redete sie auf mich ein.

„Warum denn nicht?" erwiderte ich schwerfällig.

„Du mußt mit dem arbeiten, was dir verbleibt."

„Mir ist ja nichts geblieben."

„Sag das doch bitte nicht!" schalt Diana. „Ich habe Menschen in Green Oaks und Rancho gesehen, die viel schlechter dran waren als du – blind, stumm, taub. Einige hatten sogar ihr Denkvermögen verloren – sie lebten wie Tiere. Denen ist nichts mehr geblieben, Joni. Du aber hast noch deinen Verstand, deine Stimme, deine Augen und Ohren. Du hast alles, was du brauchst. Und du wirst das, was du hast, voll einsetzen, wenn ich hier etwas zu sagen habe", bestimmte sie.

„Na, wir werden sehen", meinte ich.

Dick kam zu Besuch, aber unsere Unterhaltung wirkte un-geschickt und gekünstelt. Er hatte meinen Brief nie beantwor-tet, nie gesagt: „Ja, Joni, du hast recht. Wir können nicht hei-raten, weil ich mit den Problemen, die deine Behinderung mit sich bringt, nicht fertig werde."

Endlich schnitt er eines Abends das Thema an. „Joni, mir ist es egal, ob du wieder ganz gesund wirst oder nicht. Wirst du nicht gesund und habe ich das Glück, dich heiraten zu dürfen, dann werde ich wohl der einzige Mensch auf der Welt sein, dem Gott eine Frau gibt, die an einen Rollstuhl gefesselt ist."

„Wie kannst du nur so etwas sagen? Ein Geschenk soll das sein?"

„Natürlich. Ich betrachte dich und dein Leben als einen be-sonderen Segen."

„Als Segen?" unterbrach ich ihn.

„Jawohl, als Segen, denn Gott schenkt nur Gutes", erwi-derte Dick schlicht.

„Nein, Dick, daraus wird nie etwas. Meine Lähmung – das ist zuviel, um damit fertig zu werden. Es ist fast zuviel für mich, wieviel mehr für dich."

„Aber die Last teilen heißt doch, sie für jeden von uns leich-ter machen."

„Das klingt zwar schön, ist aber unrealistisch", erwiderte ich.

Dick schwieg. Er wollte das, was ich sagte, nicht wahrha-ben. Er stellte sich das Ergebnis so vor, wie er es sehen wollte, nicht, wie es in Wirklichkeit sein würde.

Endlich, mit Tränen in den Augen, lächelte er und nickte. „Ich glaube, du hast recht. Vielleicht kann ich nicht damit fer-tig werden. Vielleicht bin ich nicht stark genug dafür –"

Später ging Dick wieder mit anderen Mädchen aus. Häufig brachte er seine neuen Freundinnen zu mir nach Hause, um

136

sie mir vorzustellen. Einige seiner Rendezvous bestanden aus nichts anderem als einem Besuch bei mir.

★

Ich zog mich in mich selbst und die Einsamkeit unseres Hauses zurück. Nachdem ich so lange fortgewesen war, gefiel es mir in dem alten Haus mit seinen schönen Erinnerungen. Doch aus irgendeinem Grund fühlte ich mich nicht mehr zu Hause; ich kam mir im eigenen Haus fehl am Platz vor.

Dieser Zustand löste unheimliche Gefühle in mir aus, ähnlich wie die Depressionen, die mich in den ersten schweren Monaten nach meinem Unfall überfallen hatten.

„Was ist denn los, Schatz?" fragte mich Vater eines Tages.

„Ich – ich weiß es nicht, Vati. Ich bin einfach traurig – deprimiert."

Vater nickte.

„Ich weiß nicht, ob ich mich jemals an meine Lähmung gewöhnen kann", sagte ich. „Immer wenn ich meine, ich hätte es geschafft, erleide ich einen Rückfall."

„Nun, laß dir Zeit, Joni. Wir wollen alles tun – alles, um dir zu helfen. Das weißt du ja." Seine glänzenden Augen und sein lächelndes Gesicht strahlten Ermutigung aus.

Ich seufzte tief und sagte: „Das, was mich am meisten bedrückt, ist meine Hilflosigkeit. Ich schaue mich hier im Hause um und sehe überall Dinge, die du gemacht, geschaffen hast. Es ist wirklich traurig, daß ich kein Erbe hinterlassen kann wie du. Wenn du einmal nicht mehr bist, wirst du uns ein schönes Haus, Malereien, Steinmetzarbeiten, Kunstwerke hinterlassen. Sogar die Möbel hast du gemacht. Ich kann all das nie machen. Ich werde meiner Nachwelt nichts Wertvolles hinterlassen können."

Vati zog für einen Moment die Stirn kraus, dann grinste er wieder. „Du siehst das alles falsch, Joni. Diese Dinge, die ich mit meinen Händen gemacht habe, bedeuten im Grunde nichts. Es ist viel wichtiger, daß du Charakterstärke entwickelst. Daß du etwas von dir selbst zurücklassen kannst. Und seinen Charakter formt man nicht mit den Händen."

„Vielleicht hast du recht, Vati."

„Natürlich habe ich recht."

„Aber warum läßt Gott das alles zu? Schau dir unsere Familie an. Wir haben mehr als genug an Kummer mitbekommen – zuerst mein Unfall, dann Jays Scheidung, jetzt die kleine Kelly (meine Nichte hatte Gehirnkrebs und war dem Tode nahe). Es ist so ungerecht", jammerte ich.

Vati legte seine Hände auf meine Schultern und schaute mir in die Augen. „Vielleicht werden wir das ‚Warum?' unserer Nöte niemals ergründen können, Joni. Sieh mal, ich bin kein Pastor oder Schriftsteller, und ich weiß nicht, wie ich das, was uns zustößt, beschreiben soll. Aber, Joni, ich muß einfach glauben, daß Gott weiß, was er tut."

„Ich weiß es nicht", wandte ich ein.

„Schau mal. Wie oft hast du jemanden fromm beten hören – wir haben es oft genug selbst getan –: ‚Herr, ich bin ein großer Sünder. Ich hätte die Hölle und dein Verdammungsurteil verdient. Aber ich danke dir, daß du mich erlöst hast.' In einem Atemzug sagen wir Gott, daß wir seine Güte nicht verdient haben, und danken ihm für die Errettung. Sobald wir aber Sorgen oder Leid zu ertragen haben, werden wir verbittert und machen Gott Vorwürfe: ‚Herr, was tust du mir an?' Siehst du? Ich glaube, wenn wir zugeben, daß wir eigentlich das Schlimmste – die Hölle – verdient haben, und durch unsere Trübsal dann eine Ahnung davon bekommen, was Hölle bedeuten könnte, dann sollten wir doch versuchen, unser Leid zu ertragen. Meinst du nicht?"

„Glaubst du, daß ich es verdient habe, gelähmt zu sein – daß mich Gott bestraft?"

„Natürlich nicht, mein Schatz. Das wurde am Kreuz erledigt. Ich kann auch keine Erklärung dafür geben, warum dies alles geschieht. Ich muß einfach glauben, daß Gott weiß, was er tut. Vertraue auf ihn, Joni. Vertraue auf ihn."

„Ich will's versuchen", sagte ich kleinlaut.

★

Als nach dem Frühling der Sommer ins Land zog, wurde es mit meiner Gemütsverfassung nicht besser. Ich hatte in Rancho Los Alamos ein Wunder von Gott erwartet. Ich war davon überzeugt gewesen, daß er mir den Gebrauch meiner Hände zurückgeben würde. Als das nicht geschah, fühlte ich mich betrogen. Gott hatte mich enttäuscht. Also war ich böse auf Gott.

Um mich an ihm zu rächen, fand ich einen Weg, ihn zusammen mit meiner ganzen Umwelt aus meinem Sinn zu verbannen: Ich ging auf launisch-depressive Phantasie-„Ausflüge". Entweder schlief ich bis spät in den Tag, um träumen zu können, oder ich machte während des Tages Nickerchen, um meinen Träumen und Phantasie-Vorstellungen nachzuhängen. Durch intensive Konzentration war es mir möglich, Gegenwart und Wirklichkeit völlig auszuschalten.

Ich versuchte, mir jedes einzelne Detail aus meinen früheren Erlebnissen ins Gedächtnis zu rufen. Ich konzentrierte meine gesamte geistige Kraft darauf, diese Erlebnisse immer und immer wieder zu durchleben.

In diesen Träumereien weckte ich die Erinnerung an jedes körperliche Behagen, das ich jemals empfunden hatte – das Gefühl, weiche, abgetragene Jeans zu tragen, das warme Prikkeln einer Dusche, das Liebkosen des Windes auf meinem Gesicht, das Gefühl der Sommersonne auf der Haut. Schwimmen. Reiten. Das quietschende Geräusch des Sattelleders zwischen meinen Schenkeln. Keine dieser kleinen

Freuden war an sich schlecht. Ich benutzte sie aber dazu, Gott aus meinen Gedanken zu verbannen.

Eines Tages saß ich in meinem Rollstuhl vor der Ranch, unserer Farm in Sykesville. Meine Freunde, die zu uns auf Besuch gekommen waren, hatten Pferde gesattelt und waren davongeritten. Ich war mir selbst überlassen und schwamm in Selbstmitleid. Ich verglich mein Los mit dem ihren. Wie hatten sie es so gut! Die warme Sommersonne schimmerte durch die Zweige der großen Eichen und tanzte in hellen Farben auf dem saftigweichen Rasen zu meinen Füßen. Ich schloß die Augen und ließ im Geiste einen ähnlichen Tag vor ein paar Jahren an mir vorüberziehen.

In meinen Gedanken war ich wieder mit Jason zusammen und ritt mit ihm über duftende Wiesen dem Walde entgegen, um an einem einsamen Ort haltzumachen. Ich schwelgte in der Erinnerung an uneingeschränkte Freuden und aufregende, sinnliche Befriedigung – Gefühle, die zu genießen mir damals wie heute eigentlich verboten waren.

Als mich der Heilige Geist anklagte, rebellierte ich noch mehr. ,,Was für ein Recht hast du, mir zu verbieten, an so etwas zu denken? Du bist es ja, der mich so weit gebracht hat! Ich habe ein Recht, an das alles zu denken. Ich werde sinnliche Gefühle und Freuden nie wieder zu spüren bekommen. Aber meine Erinnerungen kannst du mir nicht nehmen."

Je mehr ich jedoch über diese und andere Erlebnisse nachdachte, desto mehr zog ich mich in mich selbst zurück. Ich war mutlos und verbittert und gab Gott die Schuld, daß mir diese Erinnerungen so viel bedeuteten.

Dann versuchte ich, mich an anderen Erinnerungen zu weiden. Als ich eine Freundin in deren Elternhaus besuchte und neben dem Schwimmbecken saß, freute ich mich über die Empfindungen, die ich im Wasser gehabt hatte: die Wonne des mich umgebenden Wassers, das Schwimmen in dem kühlen Naß, das Auftauchen aus dem Wasser und das erfrischende Einatmen der Luft in meine Lungen, das nasse, strähnige Haar auf meinem Kopf, das Sonnen auf der warmen Schwimmbeckenumrandung. Dann rief ich mir ins Gedächtnis zurück, wie die winzigen, warmen Wasserperlchen in schmalen, kitzelnden Bahnen an meinen Armen und Beinen hinunterrollten.

Ich haderte mit Gott. Ich versuchte, jede winzige körperliche Freude in meinem Gedächtnis aufzuspüren, und warf sie ihm voll Bitterkeit vor. Ich konnte mich einfach nicht mit der Wirklichkeit – Gottes Willen, wie man mir sagte – abfinden. Sollte ich das alles nie wieder erleben oder empfinden dürfen?

Nach außen hin zeigte ich eine Maske der Fröhlichkeit. Innerlich aber kannte meine Rebellion gegen Gott keine Grenzen.

*

Diana kam, um den Sommer über bei uns zu wohnen. Zuerst merkte sie nichts von meinen Gedanken-„Ausflügen". Doch dann bekam sie den Eindruck, daß meine Anfälle von Niedergeschlagenheit außer Kontrolle gerieten, gerade, als ob ich mich in einem Traumzustand befände.

„Joni! Hör auf damit! Wach auf!" schrie Diana eines Tages. Sie schüttelte mich heftig an den Schultern.

Langsam kehrte ich wieder in die Wirklichkeit zurück. „W-was ist?"

„Joni, was ist denn los? Ich habe mit dir gesprochen, und du hast einfach an mir vorbei ins Leere gestarrt. Bist du krank?"

„Nein. Laß mich in Ruhe! Laß mich einfach in Ruhe!"

„Das wird dir nicht helfen. Du kannst der Wirklichkeit nicht ausweichen", sagte Diana. „Du mußt der Wahrheit ins Auge sehen. Du kannst sie nicht aussperren. Die Vergangenheit ist tot, Joni. Aber du bist am Leben."

141

„Bin ich das?" erwiderte ich zynisch. „Das ist doch kein Leben."

Ab und zu riß mich Diana schimpfend aus meinen Phantasie-Trips in die Wirklichkeit zurück; doch genauso oft entkam ich ihr wieder. Ich merkte, daß das Einnicken am besten klappte, wenn das Zimmer abgedunkelt war und der Belüftungsapparat leise lief. Er wirkte wie ein hypnotisierendes Geräusch, das mich die Welt um mich her vergessen ließ. Es dauerte nicht lange, da befand ich mich wieder im erwünschten Traumzustand und durchlebte in Gedanken die Vergangenheit mit ihren Freuden und Gefühlen.

Endlich sah ich ein, daß ich mit meinen rebellischen Wutausbrüchen Gott gegenüber nicht weiter kam. Ich erkannte, daß auch das Sünde ist. Vor meinem Unfall bestand meine Sünde darin, daß ich Dinge tat, die Gott nicht gefielen. Jetzt hatte ich keine Möglichkeit, meine sündigen Gedanken in die Tat umzusetzen. Ich sah ein, daß es Sünden der Tat, aber auch der Gedanken gibt. Vor der Tat bauen Gedanken und Sinne die Grundlage für unsere Auflehnung gegen Gott. Mir wurde klar, daß Zorn, Wollust, Aufbegehren, obwohl „nur" geistige Vorgänge, dennoch Sünde waren. Sünde beging ich also nicht nur in meinen Taten, sondern sie war ein Bestandteil meines ganzen Seins. Obwohl ich keine Möglichkeit hatte, mit der Tat gegen Gott zu rebellieren, sündigte ich dennoch. Die Sünde war einfach ein Teil meiner selbst.

Ich wußte, daß ich mich genau in dem Zustand befand, den der Apostel Paulus als „fleischlich" – im Gegensatz zu „geistlich" – beschrieben hat. Ich befand mich in einem unmöglichen Zustand – unglücklich und nicht in der Lage, mir selbst oder Gott zu gefallen. „Die Gesinnung des Fleisches ist Feindschaft wider Gott; denn sie ist dem Gesetz Gottes nicht untertan... Die aber im Fleische sind, vermögen Gott nicht zu gefallen" (Römer 8,7–8).

Noch sich selbst! sagte ich mir verzweifelt. Ich sah ein, daß mich meine Depressionsanfälle und Fluchtversuche in die Welt der Phantasie nur noch tiefer in Not und Verzweiflung führten.

Ich verstand nicht, was mir Gott zeigen wollte. Also betete ich wie früher schon einmal: „Herr, ich weiß, daß du etwas mit meinem Leben vorhast. Ich brauche aber Hilfe, um deinen Willen zu erkennen. Ich brauche Hilfe, um dein Wort kennenzulernen. Bitte, Gott, tue etwas in meinem Leben, daß ich dir diene und dein Wort besser verstehen lerne."

9

Es war im Sommer 1969, zwei Jahre nach meinem Unfall. Ich dachte über alles nach, was mir in diesen zwei schweren Jahren widerfahren war. Bei dieser Inventur meines geistlichen Lebens fand ich, daß dieses fast nur aus Höhen und Tiefen – meistens jedoch aus Tiefen – bestanden hatte. Ich hatte erst kürzlich die schlimmste Depression seit meinem Unfall überwunden und wußte, daß ich bald erneut abrutschen würde, wenn ich nicht irgendwie Hilfe durch gereifte Menschen erführe. Es war nur eine Frage der Zeit.

In körperlicher Hinsicht hatte ich in der Rehabilitation wirklich gute Fortschritte gemacht, und doch stand es jetzt fest, daß ich nie wieder laufen, nie wieder meine Hände gebrauchen könnte, daß ich für immer von den Schultern an abwärts gelähmt und nie wieder in der Lage sein würde, mich selbst zu versorgen. Es war offensichtlich, daß ich im Blick auf mein körperliches Wohlbefinden und auf jede körperliche Funktion für immer von anderen abhängig sein würde. Diese Abhängigkeit an sich hätte schon ausgereicht, mich in einen neuen Depressionsanfall abrutschen zu lassen.

Ich sprach mit Diana einige Male über meine Sorgen. „Dieses fatale Gefühl der Hoffnungslosigkeit und Wertlosigkeit quält mich, Di", sagte ich. „Ich schreie zum Herrn, daß er etwas mit meinem Leben anfängt und mir zeigt, daß es dennoch für ihn wertvoll ist."

„Ich habe auch so ernsthaft darum gebetet, Joni", erwiderte sie und fügte hinzu: „Weißt du, ich werde einmal einen Freund mitbringen; den mußt du kennenlernen."

„Wen denn? Warum denn?"

„Steve Estes. Du kennst ihn nicht, aber er steht geistlich genau am anderen Ende wie du. Er hat eine solche Liebe für den Herrn und kennt sich so gut in der Bibel aus, daß er wirklich eine Hilfe für dich sein könnte."

„Vielleicht", sagte ich ohne viel Begeisterung.

„Er ist jung. Genauer gesagt: Er ist noch auf dem Gymnasium."

„Auf dem Gymnasium? Diana! Dann ist er ja noch ein Kind?"

„Nein, urteile noch nicht. Warte, bis du ihn gesehen hast."

Steve Estes kam noch am gleichen Abend zu Besuch. Als er durch die Tür ins Zimmer trat, verflog sofort alle Voreingenommenheit.

Steve ragte hoch über meinem Rollstuhl auf. Seine durchdringenden grünen Augen gaben mir sofort das Gefühl von Offenheit und Wärme. In der darauf folgenden Einführungsunterhaltung verflog alle Befangenheit vollständig. Er bewies Reife und angenehmes Selbstbewußtsein, und seine Haltung mir gegenüber fiel mir besonders auf.

Viele Menschen, die mir zum erstenmal begegnen, kommen sich in Gegenwart des Rollstuhls befangen und unbeholfen vor. Er schüchtert sie ein oder veranlaßt sie, mich zu bedauern. Es bedarf gewöhnlich mehrerer Besuche und Gespräche, bis die Besucher den Rollstuhl vergessen und in der Lage sind, eine normale Unterhaltung zu führen. Leider bringen es manche Besucher nicht fertig, diesen Punkt zu überwinden, und ich bleibe infolgedessen ebenfalls befangen und gehemmt.

Steve aber benahm sich völlig natürlich, so daß ich mich vom ersten Augenblick an wohlfühlte. Er sprach schnell, drückte sich mit lebhaften Gesten aus und schien von allem begeistert. Während wir uns unterhielten, teilte er mir seine

Ansichten über die Bibel mit – Gedanken, die ihn bewegten und mich zum Nachdenken brachten.

„Joni", meinte er ernsthaft, „ist es nicht großartig, was Gott im Leben mancher Menschen getan hat und auch heute noch tut?"

Was? Bei wem? Wo? Ich schämte mich, ihm die Fragen so zu stellen, wie sie mir gerade in den Sinn kamen.

Es spielte aber gar keine Rolle. Steve beantwortete sie, ohne daß ich etwas sagte.

„Jugendliche erleben phantastische Dinge durch ‚Young Life' in Woodlawn, und bei uns in der Gemeinde haben wir gesehen, wie der Geist Gottes viele wirklich lebendig macht. Ein Ehepaar stand kurz vor der Scheidung – Gott führte sie wieder zusammen. Ein Bursche war schwer rauschgiftsüchtig, und Jesus Christus erlöste ihn. Ein Mädchen war innerlich völlig durcheinander, und der Herr Jesus brachte sie wieder zurecht. Du solltest sie heute mal sehen!"

Die Geschichten sprudelten nur so aus ihm heraus, wie Maschinengewehrfeuer, und ich begann, die Gegenwart der Kraft Gottes zu spüren. Jesus Christus hatte im Leben verschiedener Menschen wunderbar gewirkt, und diese Tatsache und ihre Bedeutung färbten auf Steve und durch sein Erzählen auch auf mich ab.

Steve selbst hatte es erlebt, wie sich Gottes Liebe und Kraft in einem Menschen auswirken können. Sein Glaube, seine Energie und seine geistliche Reife waren offensichtlich Eigenschaften, die ihn stark von mir unterschieden. Er strahlte Vertrauen, Liebe zu Jesus Christus und ein gesundes Selbstbewußtsein aus. Ich war erstaunt darüber, daß ein Sechzehnjähriger über so viel geistliches Einfühlungsvermögen und über so viel Vernunft verfügte. Als Zwanzigjährige war ich noch lange nicht so weit wie er. Etwas war an ihm – eine Art Lebensqualität –, die ich auch gern gehabt hätte. Er strahlte

Selbstsicherheit und Autorität aus. Er sprach mit tiefer Überzeugung von dem Herrn Jesus Christus und gab mit schlichter, einfacher Kraft Zeugnis von dem Glauben, den nur Jesus Christus einem Menschen geben kann.

„Steve, was du mir da erzählst, ist wie eine ganz frische, neue Wahrheit", sagte ich freudig erregt. „Komm doch bitte wieder und erzähle mir mehr."

„Klar. Das will ich gern tun."

„Kannst du mir helfen, das auch zu bekommen, was du hast? Ich bin ja Christin, aber da gibt es so viel, was ich von Jesus noch nicht weiß. Du besitzt viel mehr geistliche Kraft und biblisches Wissen als ich."

„Joni, was würdest du sagen, wenn ich jeden Mittwoch zu dir käme und mit dir die Bibel studieren würde?"

„Großartig", antwortete ich.

Diana lächelte und nickte. „Ich werde auch dabei sein, und vielleicht würden Jay und die anderen auch kommen. Ist dir das recht?"

„Natürlich", lächelte Steve.

Seltsam. Hier war ein Junge, eben erst sechzehn, der einer Gruppe junger Erwachsener Unterricht über den christlichen Glauben erteilen wollte. Niemand stellte seine Autorität und Fähigkeit für diese Aufgabe in Frage. Er hatte schon damals die Redegewandtheit und die göttlichen Gaben, die jeder Pastor haben sollte. Alle erkannten seine Führungsqualitäten an.

Steve schätzte diese Herausforderung hoch ein. Er sagte: „Joni, in deinem Haus fühle ich mich so richtig wohl. Es ist wie eine Freizeit – die Atmosphäre ist so, als ob ich mit Francis Schaeffer in L'Abri wäre."

Er spürte, daß ich – und einige andere – die grundlegenden Lehren des Christentums – das Wesen Gottes, die Göttlichkeit Jesu Christi, Sünde, Buße und Erlösung – noch nicht rich-

147

tig verstanden hatte. Diese Dinge wurden nun die Hauptthemen unseres wöchentlichen Bibelstudiums.

„Im Epheserbrief", erklärte er uns, „sagt Paulus, daß wir ein phantastisches Erbteil erlangt haben: Gott hat uns in Christus auserwählt, ehe noch die Welt geschaffen wurde. Er schuf uns nach seinem Ebenbild. Dabei hatte er ein ganz bestimmtes Ziel im Auge. Gott will, daß wir in unserem geistlichen Leben wachsen und zunehmen. Viele Menschen wissen nicht genau, was geistliche Reife wirklich ist. Kann jemand viele Bibelverse auswendig, wird er oft für geistlich gehalten. Eine große Erkenntnis biblischer Wahrheiten zu haben, ist aber noch keine echte geistliche Reife. Echtes geistliches Leben bedeutet, Gottes Wort in die Tat umsetzen – ihm gehorchen und ihn nicht als ein schönes Ideal hinstellen."

Während Steve die biblischen Wahrheiten mit uns durchging, wurde mir allmählich die Oberflächlichkeit meines eigenen Glaubenslebens bewußt. Meine geistlichen Hoch- und Tiefpunkte konnten genauso wie mein körperlicher Zustand in Kurven erfaßt werden. Ich nahm mir fest vor, das jetzt zu überwinden und damit auf positive Weise fertig zu werden. Langsam fing ich an, geistliche Grundsätze zu erkennen und mein Leben nach ihnen auszurichten.

Als ich mit Gott allein war, wurde mir klar, wie ich mich von ihm zurückgezogen und ihm den Rücken zugewandt hatte. Ich bekannte: „Herr, ich habe mich geirrt, als ich versuchte, dich aus meinem Leben zu verbannen. Vergib mir, Gott. Ich danke dir für das Verständnis, das du mir neu für dein Wort gegeben hast. Bitte vergib mir und führe mich zu dir zurück – zurück zur Gemeinschaft mit dir." Der Heilige Geist führte mich in eine tiefe Buße. Danach belehrte er mich. Mit jeder Woche wurden mir die biblischen Wahrheiten größer. Ganz langsam lernte ich es, das Leben von Gottes Warte aus zu sehen.

Ich erkannte auch, daß das Wort Gottes ein Handbuch für

vernünftige Lebensführung ist. Gott gibt uns keine Anweisungen, ohne einen Grund dafür zu haben.

Auch wurde mir klar, daß Gott in der Heiligen Schrift auch Warnungen ausspricht, zum Beispiel, daß Sex vor der Ehe gegen seinen Willen ist. Offensichtlich gibt es in der Bibel viel mehr Warnungen vor verbotenem Geschlechtsverkehr als vor anderem sündhaften Verhalten wie beispielsweise Klatschsucht, Mißgunst, Lügen und Zorn. Von diesen Dingen sagt die Bibel: „Widerstehet dem Teufel" (Jakobus 4,7); stellt euch zum Kampf gegen sie und überwindet sie. Im Blick auf sexuelle Sünden sagt die Bibel aber: „Fliehet!" (1. Korinther 6,18). Wäre ich gehorsam gewesen und hätte der Versuchung widerstanden, wäre ich später nicht von Gelüsten und Verlangen gepeinigt worden, die nie befriedigt werden konnten. Sie waren wie ein unlöschbarer Durst nach etwas Unerreichbarem. Wie oft ich mich auch aus der Wirklichkeit flüchtete, um in meiner Phantasie noch einmal alles zu durchleben, es konnte doch nie ein echtes Erlebnis sein. Die Gefühle waren nur schattenhaft und unbefriedigend.

Aus meinem Verhältnis mit Jason mußte ich eine schmerzhafte Lehre ziehen. Ich litt Qualen – nicht, weil ich etwas Häßliches oder Abscheuliches getan hätte, ganz im Gegenteil. Körperliche Liebe ist schön und erregend. Sondern weil ich Dinge vorweggenommen hatte, die der Ehe vorbehalten sind. Ich hatte voller Gier in Erinnerungen geschwelgt.

Ich kenne andere Mädchen, die darüber bittere Tränen vergossen haben. Sie haben erfahren müssen, daß der voreheliche Geschlechtsverkehr Gewissensbisse und Schuldgefühle hervorruft, die ein sonst glückliches Leben stark belasten und eine sonst gut funktionierende Ehe zerstören können.

Aber mit Gottes Hilfe tat ich jetzt Buße, erlangte Vergebung und ließ alles hinter mir. Ich bat um seine Führung und um die Willenskraft, diesen Gedanken nicht mehr nachzuhängen. Außerdem bat ich um geistliche Kraft, damit ich mich nicht in Selbstmitleid erginge und alten Erinnerungen nachjagte. Ich besann mich auf die Aufforderung, das Vergangene ein für allemal zu vergessen und meine Aufmerksamkeit auf die Gegenwart zu richten. Dabei berief ich mich auf die Verheißung der Heiligen Schrift, daß Gott unsere Übertretungen für immer von uns nimmt (Psalm 103,12).

Ich faßte den Entschluß, mich möglichst von allen Erinnerungen aus der Vergangenheit freizumachen. Ich verschenkte meine geliebten Hockey- und Lacrosse-Schläger, verkaufte mein Pferd Tumbleweed und löste mich von allen Gegenständen, die mich noch an alte Erinnerungen fesseln konnten.

So war ich gezwungen, auf Gott zu vertrauen. Ich hatte keine andere Möglichkeit mehr, als ihm für das zu danken, was er aus meiner Zukunft machen würde.

Als ich dann betete und mich wirklich auf ihn verließ, enttäuschte er mich nicht. Früher hatte ich gesagt: „Herr, ich will deinen Willen tun, und natürlich ist es dein Wille, daß ich wieder auf die Füße komme oder zumindest lerne, meine Hände wieder zu gebrauchen." Ich traf die Entscheidung darüber, was Gott mit mir tun sollte, und rebellierte, wenn die Sache nicht so verlief, wie ich es mir vorgestellt hatte.

Jetzt weinte ich über diese verlorenen Monate, die so voll von Verbitterung und sündigem Verhalten gewesen waren. Ich betete darum, Gott möge mich doch seinen Willen für mein Leben erkennen lassen. Was war Gottes Wille für mein Leben? Um das herauszubekommen, mußte ich daran festhalten, daß alles, was bisher geschehen war, ein Teilstück dieses Planes war. Ich las: „Seid in allem dankbar, denn das ist der Wille Gottes in Christus Jesus für euch." Es war Gottes Wille für mich, ihm für alles dankbar zu sein? In Ordnung. Ich vertraute jetzt blindlings darauf, daß das die Wahrheit sei. Also dankte ich Gott für das, was er tat und noch tun würde.

150

Als ich so meine ganze Aufmerksamkeit auf die Worte der Heiligen Schrift richtete, brauchte ich mich nicht mehr von der Wirklichkeit zurückziehen. Gefühle schienen nicht mehr wichtig. Phantasien nachzuhängen, körperliche Empfindungen und Gefühle wahrzunehmen, war nicht mehr notwendig, denn ich lernte erkennen, daß alles vergänglich ist und daß ich solchen Gefühlen nur vorübergehend entsagen mußte. Die Bibel macht uns deutlich, daß unser Leib irdisch ist. Folglich war auch meine Lähmung nur an den irdischen Leib gebunden. Als ich mich vom Irdischen lösen und mich auf die Ewigkeit einstellen konnte, wurden alle Sorgen und Nöte darüber, daß ich an einen Rollstuhl gefesselt war, nebensächlich.

Steve zeigte mir aus der Bibel, daß Gott die Dinge völlig anders sieht als wir. In Hebräer 12,1 werden wir dazu ermutigt, das Leben mit Geduld zu ertragen. 2. Korinther 5,15 erinnert uns daran, daß unser Körper nur vorübergehend die Herberge für unsere Seele und unsere Persönlichkeit ist. Philipper 1,29 sagt, daß manche gerufen werden, für ihn zu leiden – vielleicht sogar die „Feuerprobe" zu erdulden, wie der Autor des 1. Petrusbriefes es ausdrückt: „Geliebte, lasset euch die unter euch entstandene Feuerprobe nicht befremden, als widerführe euch etwas Fremdartiges; sondern je mehr ihr der Leiden Christi teilhaftig seid, freuet euch, damit ihr auch bei der Offenbarung seiner Herrlichkeit frohlocken könnt" (1. Petrus 4,12–13).

Steve führte mich in die Heilige Schrift ein; gleichzeitig half er mir dabei, meine Leiden und Schmerzen im Licht Gottes zu sehen.

„Die Menschen, die zu leiden haben", erklärte mir Steve, „sollten ihre Aufmerksamkeit darauf richten, daß sie das Richtige tun und dabei ihr Leben Gottes Fürsorge übergeben. Natürlich sollen wir das alle tun; und doch sagt die Bibel ausdrücklich, daß die, die schwere Prüfungen durchzumachen haben, ganz besonders für Jesus Christus leben sollten."

In meinen Phantasien und Träumereien hatte ich vergangene Erlebnisse gesucht, weil ich der harten Wirklichkeit entfliehen wollte. Aber aus biblischer Sicht ist nicht einmal die Gegenwart Wirklichkeit. Eines Tages wird es für uns ein Leben geben, das ein Höchstmaß an Wirklichkeit darstellt; aber wir können diese Wahrheit nur im Glauben ergreifen. Nur das, was wir durch den Glauben sehen, ist echte Wirklichkeit.

Durch Steves Unterricht, der sich oft bis in die Nacht hinzog, profitierten wir alle und machten in unserem geistlichen Leben Fortschritte.

Diana wohnte zunächst weiter bei uns, kehrte aber im Herbst ins College zurück, um Psychologie zu studieren. Dort lernte sie das „Spiel mit vertauschten Rollen", durch das man ein besseres Verständnis für Menschen in den verschiedenen Lebenslagen erlangen sollte.

Eines Abends, nach unserem Bibelstudium, tauschten wir untereinander die Rollen, um für eine Stunde „in die Schuhe des anderen zu schlüpfen". Diana und ich tauschten die Plätze. Jemand trug mich aufs Sofa, während Diana im Rollstuhl Platz nahm.

„Wißt ihr, das ist komisch", fing Diana das Gespräch an, als sie meine Rolle spielte. „Ihr scheint euch vor dem Rollstuhl zu fürchten. Jeder scheint einen gewissen Abstand wahren zu wollen. Es kommt mir so vor, als ob um den Stuhl herum ein leerer Raum wäre, den keiner betreten möchte."

„Das ist interessant", fügte ich hinzu. „Ich dachte gerade eben, daß mir die Menschen weniger unbeholfen vorkommen, wenn ich auf dem Sofa sitze."

Wir sprachen über den Rollstuhl und welchen Eindruck er auf die verschiedenen Menschen macht. Die typische Reaktion Fremder ist, daß sie ein Gefühl der Herablassung demjenigen gegenüber merken lassen, der ihrer Ansicht nach irgendwie minderwertig ist. Ich nehme an – das habe ich schon früher einmal gesagt –, daß die Menschen meinen, wenn man körperlich behindert ist, müsse man auch geistig unterbelichtet sein.

Diana, Dick und Jay hatten sich so an den Rollstuhl gewöhnt, daß sie sich nicht mehr daran störten. Sie benahmen sich so zwanglos, daß das Spazierenfahren mit mir häufig in ein Spiel ausartete. Sie schoben mich mit einer Hand oder gaben mir einen Schubs und liefen neben dem Stuhl her. Sie taten dies, um die spießbürgerlichen, verknöcherten Ansichten, die manche den Menschen in Rollstühlen gegenüber hegen, abzubauen. Wenn der Rollstuhl auch nur etwa 62 cm breit ist, so machen die Menschen auf dem Bürgersteig doch so viel Platz, daß ein Auto vorbeifahren könnte. Dieses unterschwellige Gefühl der Verlegenheit trägt nur dazu bei, die Hemmungen des an den Rollstuhl Gefesselten zu verstärken. Er kommt sich dick und tolpatschig vor.

Häufig starren mich Menschen an, ohne es zu wollen, besonders wenn der Rollstuhl ihrer Meinung nach zu schnell gefahren wird. Offensichtlich scheint es allgemein gültige Ansicht zu sein, daß man einen Menschen im Rollstuhl wie eine Ladung kostbarer antiker Vasen behandeln muß.

In den Kaufhäusern oder auf der Straße kamen oft ältere Damen auf mich zu, schnalzten mit der Zunge und sagten etwa: „Ach, du armes, liebes, tapferes Mädchen!“ Dann lächelte ich sie sehr höflich an, obwohl ich große Lust gehabt hätte, ihnen meine tatsächlichen Gefühle zu zeigen – die nicht immer sehr liebevoll waren!

Wenn andere Menschen beim Anblick des Rollstuhls Probleme hatten, tat ich alles in meiner Macht Stehende, um ihnen diese Befangenheit zu nehmen. Während unseres Bibelstudiums ließ ich mich von Dick aufs Sofa tragen. War der

Rollstuhl nicht mehr zu sehen, schüchterte er die Menschen auch nicht mehr ein. Wenn ich auf dem Sofa saß und die Beine auf ein Fußkissen gelegt hatte, sah ich wie ein „normaler" Mensch aus.

Was als einfaches Experiment für angewandte Psychologie begann, wurde für mich allmählich zur Gewohnheit. Ich genoß es, auf diese Weise Teil der Gruppe zu sein, und freute mich darüber, daß es alle beruhigte.

Diana ging dann zu einem weiteren Experiment in unserem Spiel mit vertauschten Rollen über. Diesmal sah ich meine Lage so, wie sie die anderen sahen. Diana saß im Rollstuhl und ich auf dem Sofa. „Joni, ich hätte gern ein Glas Wasser", sagte Diana und stellte sich hilflos.

In ihre Rolle versetzt, merkte ich etwas, was ich von meinem Rollstuhl aus nie bemerkt hatte: Ich ärgerte mich. „Mensch, ich bin so richtig in diese Fernsehsendung vertieft. Kannst du nicht warten, bis die Werbung kommt?" fragte ich.

„Ja – ich glaube schon", seufzte Diana.

Alle lächelten verständnisinnig.

Ich sagte: „Bin ich denn wirklich so? Du liebe Zeit, das tut mir aber leid! Jetzt sehe ich auf einmal, wie egoistisch ich bin, ohne es zu wissen. Ich werde mich bemühen, von jetzt an etwas mehr Rücksicht auf euch zu nehmen."

Es tat auch meiner Selbstsicherheit als Frau gut, wenn ich ab und zu aus dem Rollstuhl herauskam. Im Rollstuhl fühlte ich mich manchmal steif und unbeholfen, auf der Couch war ich viel entspannter und unbefangener.

Eines Abends vor dem Fernsehen streckte sich Dick aus und legte seinen Kopf in meinen Schoß. Es gelang mir, mein Armgerüst abzunehmen und Dicks Haare mit meiner Hand zu streicheln. Ich fühlte natürlich nichts, aber Dick fühlte es. Er entspannte sich und genoß die Aufmerksamkeit, die ihm ein Mädchen bewies.

154

Diese angenehmen Augenblicke wurden nur durch Kellys Krankheit verdüstert. Sie wurde fast täglich schwächer. Aber ich konnte ihr Schicksal und mein eigenes leichter ertragen, weil ich im Glauben wuchs und an Verständnis zunahm.

Steve kam weiterhin, oft einige Male in der Woche. Sein Unterricht über die einfachen Lehren der Bibel wurde mir allmählich unentbehrlich. Früher hatte ich die biblische Lehre fast ohne Fragen zu stellen akzeptiert. Ich hatte sie mir aber nicht als meine eigene Erfahrung angeeignet. Ihre Wahrheit hatte ich nicht geprüft. Während meiner Depression in Green Oaks hatte ich philosophische und theologische Ansichten untersucht, weil es mir nicht mehr möglich war, eine Lehre ohne Prüfung zu übernehmen. Hier wurden meine Fragen, schon während ich sie stellte, beantwortet. Steve erklärte die biblischen Zusammenhänge so gut, daß es mir vorkam, als spräche der Herr selbst zu mir.

Die Tatsache, daß Steve in mein Leben gekommen war, sah ich als gezielte Antwort auf das verzweifelte Gebet, das ich unmittelbar, bevor ich ihn kennenlernte, an Gott gerichtet hatte.

Unter anderem sprachen wir auch über die Wiederkunft Jesu Christi. Steve wies darauf hin, daß Jesus eines Tages wiederkommen werde und daß ich dann einen funkelnagelneuen Körper bekäme. Jesus Christus würde mir einen verherrlichten Körper geben, der all das würde tun können, was ich früher gekonnt hatte – wahrscheinlich sogar noch mehr. Eines Tages würde ich wieder ein Gefühl haben! *Ich werde nicht ewig gelähmt sein!*

Durch diese Aussicht erübrigte es sich für mich, zu Phantasieausflügen und Träumereien meine Zuflucht nehmen zu müssen.

Steve half mir dabei, das Auf und Ab in meinem geistlichen Wachstum zu beenden. „Suchet, was droben ist", las er aus

155

Kolosser 3. „Trachtet nach dem, was droben, nicht nach dem, was auf Erden ist." Da mich die Hoffnung erfüllte, daß ich eines Tages einen neuen Körper haben würde, fiel es mir leicht, meine Wünsche auf himmlische, ewige Dinge auszurichten. Ich hatte die irdischen Dinge – wie zum Beispiel den Gebrauch meines Körpers – bereits verloren, darum war es verhältnismäßig leicht für mich, diese Wahrheit anzunehmen. Obwohl ich zu einem Leben im Rollstuhl „verurteilt" war, wußte ich, daß ich eines Tages frei und gesund sein würde.

„Steve", sagte ich, „allmählich sehe ich in meinem Rollstuhl eher ein Werkzeug Gottes als eine Tragödie. Ich glaube, daß mir Gott in dieser Richtung noch mehr beibringen will."

Steve lehrte mich, Gottes Wort in die Praxis umzusetzen und auf seine Verheißungen und Gebote einzugehen. Ich las in der Bibel und sagte bewußt: „Dies ist Gottes Wille." Verstandesmäßig war mir die Bedeutung völlig klar. Gefühlsmäßig mußte ich diese neue Wahrheit erst ausprobieren, mit meinem eigenen Willen in Übereinstimmung bringen. „Ja, dies ist Gottes Wille", sagte ich und fügte hinzu: „für mich."

„Herr, ich vertraue dir, daß du mich durch diese Situation siegreich hindurchbringst", betete ich. Die Heilige Schrift bekam für mich eine ganz persönliche Bedeutung. Hiob hatte leiden müssen, also waren seine Aussprüche angesichts meiner Bedürfnisse überzeugend. Jeremia hatte leiden müssen, also konnte ich auch von ihm lernen. Da Paulus Auspeitschungen, Schiffbruch, Verhaftung und Krankheit hatte ertragen müssen, fühlte ich mich auch mit ihm verbunden. Ich fing an, das zu verstehen, was die Bibel „Gemeinschaft der Leiden" nennt.

Ich lernte Bibelabschnitte auswendig, die eine große Bedeutung für mich hatten. Weil ich solche Abschnitte gut verstand, die meine Bedürfnisse ansprachen, fiel es mir viel leichter, Gott im Blick auf mein Leben zu vertrauen. Selbst in Zeiten des Kleinglaubens und der Verzweiflung konnte ich mich auf die Tatsache stützen, daß „Gott weiß, was er tut", wie Vati häufig sagte.

Durch das Auswendiglernen von Gottes Verheißungen lernte ich, daß mich der Herr aus dieser Ausbildung in der Schule des Leidens auch einmal herausnehmen würde – aber erst zu einem ihm gefälligen Zeitpunkt. Der Apostel Paulus schrieb, daß der Schlüssel zum Erfolg fortwährendes Bemühen sei. Auf dem Höhepunkt seines Lebens und seiner Hingabe an Jesus Christus gestand er, das Ziel noch nicht erreicht zu haben.

Wahrscheinlich, überlegte ich, ist mein Leiden und Lernen ein lebenslänglicher Wachstumsprozeß. Er wird erst dann beendet sein, wenn ich Jesus Christus im Himmel begegnen werde.

Für mich gab es viel nachzuholen. Sollte das Leben für mich überhaupt eine Bedeutung haben, mußte ich soviel wie möglich lernen – und nicht nur geistliche Wahrheiten. Ich mußte mir auch akademisches Wissen aneignen. Ich mußte einen Weg finden, wie ich der Gesellschaft von Nutzen sein konnte.

Diana und Jay waren mir bei meiner Wiedereingliederung in die Gesellschaft gern behilflich. Es war erfrischend und aufregend, neue Menschen und Orte kennenzulernen. Allmählich gewöhnte ich mich auch an meinen Rollstuhl samt dem Angestarrtwerden und der Befangenheit der Leute. Es war angenehm und gesund für mich – nach Geist, Seele und Leib –, den Sommer an der frischen Luft zu verbringen. Nachdem ich zwei Jahre hindurch in verschiedenen Krankenhäusern eingesperrt gewesen war, hatte ich fast vergessen, was es im Freien alles zu hören, zu sehen und zu riechen gibt. Diese neuen Eindrücke belebten meine ausgedörrte Gefühlswelt. Aber das hatte auch Nachteile. Ich ermüdete schnell und war gezwungen, nach den Ausflügen lange auszuruhen.

Steve machte mir Mut, das neue Verständnis für mein Leben in Worte zu kleiden – die neuen Erkenntnisse in die Praxis umzusetzen. Er bat mich, meinen Glauben und meine Erfahrungen mit dem Christentum der Jugendgruppe seiner Gemeinde zu bezeugen.

Der Gedanke, vor fünfzehn Teenagern zu sprechen, jagte mir einen Schrecken ein. Damals war ich durch meine Krankheit noch äußerst schüchtern. Als die Zeit der Jugendstunde herankam, war ich furchtbar nervös. Ich blickte zu diesen jungen Menschen mit den selbstbewußten Gesichtern auf und war so erschlagen, daß ich fast kein Wort herausbrachte.

„Ich – äh – ich bin Joni Eareckson und – äh – äh –" Mein Kopf war leer. *Was soll ich bloß sagen?*

Die jungen Leute waren höflich. Sie kicherten nicht und spotteten auch nicht.

„Ich – ich – äh – ich möchte euch erzählen – äh – was mir Jesus Christus bedeutet. Äh – seht ihr, er ist für mich sehr – wirklich. Ich – äh – hatte – äh – viele Schwierigkeiten – äh – aber ich – ich meine, er – er ist treu geblieben. Und – äh – ich hoffe, ihr kennt ihn, so wie ich ihn kenne."

Mein Hals war trocken, mein Gesicht brannte, und mir fiel nichts mehr ein, was ich noch hätte sagen sollen. Ich schlug die Augen nieder und sagte nichts mehr.

Nach einer fürchterlich peinlichen Pause machte Steve dort weiter, wo ich aufgehört hatte. Irgendwie fügte er die Stücke aneinander und brachte einen Sinn hinein. Ich war erleichtert und beeindruckt zugleich, daß er die Situation hatte retten können.

Später erklärte ich ihm entschieden: „Das werde ich nie wieder tun, solange ich lebe!"

„Quatsch!" entgegnete Steve. „Dir fehlt einfach die Erfahrung. Mir ging es genauso, als mich ein Freund zum erstenmal bat, bei einer Straßenevangelisation Zeugnis abzulegen."

„Tatsächlich?"

„Ich stotterte und gackste mir etwas zusammen. Ich hatte das Gefühl, meine Zunge sei geschwollen."

„Ich besitze weder deine Redegabe noch deine Geistesgegenwart. Ich kann es einfach nicht."

„Du solltest studieren", sagte er und gab mir einen gutmütigen Klaps aufs Knie. „Auf der Universität von Maryland kannst du die Vorlesungen im Rollstuhl besuchen. Die haben eine ganze Menge Behinderte dort. Das sollte dir keine Schwierigkeiten bereiten."

„Hm-mmm. Vielleicht hast du recht."

Steve grinste und nickte.

„In Ordnung", gab ich nach. „Wenn mir Jay und Diana dabei helfen, gehe ich in diesem Herbst aufs College."

Im September begann ich, an ein paar Vorlesungen der Universität teilzunehmen. Jay und Diana gingen mit und machten für mich Notizen. Ich schrieb mich für „Interpretation", „Stilistik" und „Rhetorik" ein. Meine Reden handelten von Dingen, die mir bekannt waren und über die ich mit Leichtigkeit diskutieren konnte: wie man Beziehungen zu Behinderten knüpft, den Rollstuhl akzeptiert und was für Erfahrungen man als Christ machen kann.

Langsam wurde ich sicherer, besonders als ich merkte, daß man für das, was ich sagte, Interesse hatte. Tief in meinem Innersten spürte ich, daß mich Gott vorbereitete. Eines Tages würde ich irgendwo das Gelernte gebrauchen können.

Damals wuchs auch mein Verständnis für geistliche Wahrheiten. Dieses neue Verständnis ermöglichte mir den Sieg über die Erinnerung an vergangene Sünden, Versuchungen und Depressionen. Gott schenkte mir den Sieg über meine sündige Natur, indem er mich mehr und mehr erkennen ließ, wie wichtig seine Realität und Gegenwart für mich ist.

Das Phantasieren hörte völlig auf. Weil mich Gottes Gegenwart vollständig erfüllte, hatte ich es nicht mehr nötig, die Erinnerungen an Vergangenes neu zu durchleben. Ich war so weit gekommen, daß mein Körper nicht mehr nach den Empfindungen verlangte, die ich einst für so wichtig gehalten hatte. Gott hatte mich von dem Bedürfnis, anfassen oder fühlen zu müssen, befreit. Dennoch sorgte er dafür, daß ich nicht ohne Freude blieb. So konnte mir ein Kaschmir-Pullover an meiner Wange oder eine Umarmung von jemandem, den ich mochte, oder die beruhigende Bewegung eines Schaukelstuhls ein tiefes Gefühl von Dankbarkeit vermitteln. Auch Empfindungen, die mir Gott zuteil werden ließ, wenn ich im Freien war, erfüllten mich mit Freude, etwa der Wind, der mir durchs Haar fuhr, oder die Sonne, die mir warm ins Gesicht schien, sogar die Regentropfen, die mir ins Gesicht schlugen. Ich war für alles dankbar, was er mir gab.

10

Im Februar starb meine Nichte Kelly an einem Gehirntumor, der ihr jahrelang Schmerzen bereitet hatte. Für mich unterstrich ihr Tod die Bedeutung jeder einzelnen Seele.

Ich hatte gerade erst begonnen, in meinem geistlichen Leben Boden unter den Füßen zu bekommen. Daher wirkten die Fortschritte, die Kelly in ihrem Glaubensleben machte, obwohl sie erst fünf Jahre alt war, ermutigend auf mich. Ich sah die Kraft göttlicher Liebe in ihrem kleinen Leben an der Arbeit. Ihre Krankheit brachte uns als Familie einander näher und führte uns auch näher zum Herrn Jesus Christus.

Wir alle hatten mit der Zeit eingesehen, daß Kellys Tod unabwendbar war, und hatten Frieden darüber bekommen. Das bedeutete jedoch nicht, daß uns der Schmerz über ihren Verlust nicht arg mitgenommen hätte. Auch da haben wir oft gefragt: „Warum, o Gott?"

Kellys Mutter war meine Schwester Linda. Sie litt am meisten. Kurz nachdem Kelly krank wurde, ließ ihr Mann sich von ihr scheiden. So wurde sie mit zwei Söhnen, für die sie aufzukommen hatte, und mit dem todkranken Kind alleingelassen. Die Welt schien für sie zusammenzubrechen, und lange Zeit hatte sie keine Kraft, mit ihrem Leid fertig zu werden.

Durch Kellys Tod und meine Lähmung lernte ich immer deutlicher erkennen, daß es nur zu Kummer und Verzweiflung führt, wenn man versucht, nach den Gründen für Gottes Handeln zu forschen. „Warum, o Gott? Warum mußte Kelly sterben? Warum wurde ich gelähmt? Warum dürfen die anderen am Leben bleiben und gesund sein?" Außerhalb des alles umfassenden Planes Gottes finden wir auf solche Fragen keine Antwort.

Wir sind nicht immer für die Situation verantwortlich, in die wir manchmal hineingeraten. Aber wir sind sehr wohl dafür verantwortlich, wie wir reagieren. Wir können uns völlig der Verzweiflung überlassen und mit selbstmörderischen Gedanken umgehen, oder aber wir blicken auf zu einem Gott, der keine Fehler macht und der alles unter Kontrolle hat. Er ist in der Lage, unsere bitteren Erfahrungen zu unserem Besten zu wenden und uns in das Ebenbild Jesu Christi umzuwandeln (2. Korinther 3,18).

Gott lenkt die Umstände. In meinem Fall benutzte er sie dazu, sich selbst und seine Treue unter Beweis zu stellen. Nicht jedem wird dieses Vorrecht zuteil. Ich hatte das Gefühl, daß es nur wenige Menschen sind, die Gott auf so besondere Art liebhat, daß er ihnen Erlebnisse dieser Art zutraut. Dieses Wissen beruhigte und tröstete mich. So verließ ich mich immer mehr auf seine Liebe und übte mich in meinem frisch gelernten Vertrauen. Ich erkannte, daß meine Verletzung kein Unglück, sondern ein Geschenk war, das Gott dazu benutzte, um mir bei meiner Umwandlung in das Bild Jesu Christi behilflich zu sein. Das bedeutete letztlich Befriedigung, Freude – ja sogar Glück.

Bei unserem gemeinsamen Bibelstudium verglich Steve eines Tages die Ereignisse in meinem Leben mit denen, die das Leben des Apostels Paulus gekennzeichnet hatten: ,,Ich will aber, Brüder, daß ihr wisset, wie alles, was mir begegnet ist, nur mehr zur Förderung des Evangeliums ausgeschlagen hat" (Philipper 1,12).

Über diesen Gedankengang dachte ich eines Abends nach, während sich Steve damit zu schaffen machte, das Feuer im Kamin zu schüren. Er erinnerte mich daran: ,,Joni, was dir passiert ist, wird die Sache Gottes vorantreiben! Paulus hatte seine Gefängnisketten, du hast deinen Rollstuhl. Du kannst dich freuen, weil er dich für seine Zwecke leiden läßt." Daraufhin setzte sich Steve und blätterte in seiner Bibel. „Denn euch wurde in bezug auf Christus die Gnade verliehen", las er dann vor, „nicht nur an ihn zu glauben, sondern auch um seinetwillen zu leiden" (Philipper 1,29).

Der Gedanke überwältigte mich, daß das, was mir passiert war, „zur Förderung des Evangeliums ausgeschlagen hat". Ich fing an, meinen Glauben mehr Menschen als bisher zu bezeugen. Auch wurde mir klar, daß das Wort Gottes nicht wie ich gefesselt oder in Ketten gelegt werden konnte (2. Timotheus 2,9).

Jetzt brachte ich jedes aufkommende Problem in einen mir verständlichen Zusammenhang. Ich vertraute einfach auf Gott und rief mir ins Gedächtnis, daß alles in meinem Leben nach der Formel Andrew Murrays geschah: nach Gottes Willen, unter seinem Schutz, zu meinem Besten und zu seiner Zeit. Dazu hatte ich noch sein Versprechen, daß er mir nicht mehr aufbürden würde, als ich zu tragen vermochte.

Sobald ich einsah, daß die Umstände von Gott bestimmt werden, erkannte ich auch, daß die Wahrheit nur wirklich gelernt werden kann, wenn man sie praktisch anwendet.

Im 2. Thessalonicherbrief las ich: „Wir sind Gott allezeit zu danken schuldig." Manchmal aber wollte ich nicht danken. Gefühlsmäßig war mir einfach nicht danach zumute. Dennoch konnte ich den Entschluß fassen zu danken, wenn auch das Gefühl weniger beteiligt war.

„Immerhin", überlegte ich eines Tages mit Steve, „bin ich zwei Jahre lang jeden Morgen in einem Krankenhaus aufgewacht. Wenn ich auch sonst keinen Grund zum Danken hätte, so doch den, daß ich nicht mehr dort sein muß."

Also machte ich es mir zur Gewohnheit, Gott zu danken, auch wenn mir nicht nach Danken zumute war.

Nach einiger Zeit passierte etwas Seltsames: Es wurde mir ein Bedürfnis zu danken.

„Selbst deine Lähmung könnte ein Segen sein", bemerkte Steve während einer unserer Zusammenkünfte.

„Ein Segen?"

„Natürlich."

„Das weiß ich nicht", gab ich zurück. „Ich habe schon viel erreicht, wenn ich meinen Unfall als etwas ansehe, was Gott letztlich zum Guten gewendet hat. Ich habe aber noch nicht das Gefühl, daß er mir zum Segen geworden ist."

In den folgenden Wochen las ich sehr viel über die göttliche Allmacht. Das Wissen, daß Gott allmächtig ist, beruhigte mich ungemein. Dieses Wissen erleuchtete auch meine Seele. Ich konnte mich in einem ganz neuen Licht sehen. Ich fühlte mich geborgen und sicher. Gott hatte mein ganzes Leben in seiner Hand.

★

Im Frühling besuchte Steve mit seinen Eltern ein Seminar, auf dem der Wert unseres „Ich" anhand der Bibel erklärt wurde. Als mir Steve eines Nachmittags ein paar Bücher brachte, die ich lesen sollte, teilte er mir einige Gedanken darüber mit.

„Joni, jetzt mußt du doch allmählich ermessen können, wie wertvoll du für Gott bist", sagte er, indem er die Bücher auf den Tisch fallen ließ.

„Ja, ich glaube schon. Weshalb?"

„Hm, ich glaube, du bist immer noch nicht mit deiner Selbsteinschätzung fertig."

„Ich bin nicht mit meiner Selbsteinschätzung fertig? Wie meinst du das denn?"

„Du spielst dich immer herunter – gehst immer in die Defensive", erwiderte er.

Steve hatte natürlich recht. Ich blickte noch immer an ge-

164

sunden, aktiven und attraktiven Menschen hoch. Jeder, mit dem ich mich verglich, schnitt besser ab als ich.

„Aber das geht jedem so, wenn wir es zulassen, daß die Gesellschaft uns unseren Wert diktiert", erklärte Steve und setzte sich auf den Klavierstuhl. „Wir verlieren immer, wenn wir uns an den Meinungen und Maßstäben anderer messen. Und es gibt so viele Maßstäbe, wie es Menschen gibt. Ein Sportler beurteilt dich nach deinen sportlichen Fähigkeiten, ein Student nach deiner Intelligenz, der junge Mann, mit dem du ausgehst, nach deinem Aussehen. Das Ganze ist ein sinnloser Kampf", sagte er und schlug zur Betonung einen falschen Akkord auf dem Klavier an. „Wir dürfen uns nicht darum kümmern, was die Menschen denken. Nur Gottes Maßstäbe zählen."

Das stimmte. Gott wußte, daß ich Hände und Füße, Arme und Beine hatte, die nicht funktionierten. Er wußte, wie ich aussah. Aber das spielte im Grunde keine Rolle. Worauf es ankam, war nur die Tatsache, daß ich als sein Geschöpf nach seinem Ebenbild erschaffen worden war und daß er mit mir noch nicht am Ende war (Epheser 2,10).

In den folgenden Tagen dankte ich ihm für „mich" – was immer ich im Blick auf Geist, Seele, Wesensart und selbst meinen Leib darstellte. Ich dankte ihm für mein Aussehen und für alles, was ich tun oder nicht tun konnte. Während ich damit beschäftigt war, fügte sich die Lehre von seiner Allmacht wie bei einem Puzzlespiel zusammen, so daß alles an der richtigen Stelle lag.

Mein Leben bekam jetzt einen Sinn. Aber nicht nur das. Ungeahnte neue Möglichkeiten taten sich vor mir auf, von denen wie bei einem Eisberg zehn Prozent über, neunzig Prozent unter der Oberfläche lagen. Es war ein überwältigender Gedanke; ein völlig neues Gebiet meines Lebens, das noch gar nicht entwickelt war, eröffnete sich mir.

„Joni, ich habe diesen Begriff aus einer Illustration des Leiters des ‚Instituts zur Lösung von Jugendkonflikten‘ benutzt. Er sagte, unser Leben sei wie ein Gemälde, das Gott malt. Häufig sprängen wir jedoch von der Staffelei herunter, ergriffen den Pinsel und wollten selbst weitermalen. Aber wenn wir das tun, bekommen wir nur eine schlechte Kopie des Meisterwerkes, das er aus unserem Leben machen wollte.“

Steve fügte diesem Gedanken noch etwas hinzu. „Joni, dein Körper – im Rollstuhl – ist nur der Rahmen des Portraits, das Gott von dir malt. Aber man geht ja nicht durch eine Kunstgalerie, um Rahmen zu bewundern. Man richtet seine ganze Aufmerksamkeit auf Qualität und Charakter der Gemälde.“

Das leuchtete mir ein. Ich konnte also völlig beruhigt sein, brauchte mir nicht mehr so viele Gedanken um mein Aussehen zu machen. Gott „malte“ das Bild von mir genau so, daß ich das Wesen Jesu Christi, das in mir war, ausstrahlte. Das verlieh auch dem Rollstuhl einen ganz neuen Sinn. Zunächst war er für mich eine furchtbare Last und Prüfung gewesen. Dann, als ich sah, wie Gott in meinem Leben am Werk war, wurde er zum Werkzeug Gottes. Ich konnte ihn als einen Segen betrachten. Zum erstenmal seit meinem Unfall mit seinen furchtbaren Folgen war es mir möglich, in dem Rollstuhl etwas zu sehen, was meinem Leben Freude verleihen könnte.

Mit diesem neuen Verständnis und meiner positiveren Selbsteinschätzung setzte auch das Interesse an meinem Aussehen wieder ein. Jay und Diana waren mir beim Frisieren und Fertigmachen behilflich, und wir überlegten zusammen, daß wir bessere und passendere Kleider kaufen wollten. Dabei entdeckte Jay, daß Hosen, die sieben bis acht Zentimeter zu lang waren, beim Sitzen nicht über die Knöchel hochrutschten.

Ich war an dem Punkt angelangt, wo ich mit meiner Lage tatsächlich zufrieden war. Ich hatte ja erst einmal damit angefangen, mit meinem Willen Gott zu danken. Jetzt konnte ich es auch, weil mein Herz mich trieb. Mein Rollstuhl war zu einem positiven Bestandteil meines Lebens geworden.

11

Im Sommer 1970 fuhren Diana, Jay und Sheri Pendergrass, ein dreizehnjähriges Mädchen aus der Nachbarschaft, und ich nach Philadelphia, um an einem Gothard-Seminar, das Steve warm empfohlen hatte, teilzunehmen. Die Vorlesungen waren mir eine große Hilfe, mit den Gedanken, die ich mir über mich selbst gemacht hatte, fertig zu werden. Während des Seminars kam auch das Thema „Quellen des Ärgers" zur Sprache. Dabei lernte ich erkennen, daß Gott gewisse Umstände in unserem Leben zuläßt, um damit wie mit einer Feile die rauhen Kanten unseres Charakters abzuschleifen und zu Edelsteinen zu formen.

„Verärgerung wird durch Menschen und Umstände hervorgerufen", rief Diana mir nach einer Vorlesung zu. „Daher ist es wichtig, Unannehmlichkeiten nicht nur auszuhalten, sondern auch in geistlicher Haltung darauf zu reagieren."

„Ja", sagte ich leise. „Es hat wirklich lange gedauert, bis ich diese Wahrheit erkannt habe. Es reicht nicht, daß ich alles einfach ertrage, was Gott mir zu tragen aufgibt. Ich muß alle Umstände auch dazu ausnützen, daß Gott geehrt wird – und daß ich mich dadurch christusähnlicher machen lasse."

„Das ist nicht einfach", bemerkte Jay.

„Junge, da hast du recht", fügte Sheri hinzu. „‚In geistlicher Haltung darauf zu reagieren,‚ so steht es da. Aber das ist bestimmt nicht einfach!"

„Nun, probieren wir es doch einmal aus", riet Diana. „Wenn Ärger in uns aufsteigen will, laßt uns doch einmal nicht nachgeben und nicht zulassen, daß Satan den Sieg über unsere Gefühle davonträgt!"

Während der nächsten Pause schien es mir, als wollte Gott mir eine erstklassige Gelegenheit geben, die Sache mit den „Quellen des Ärgers" auszuprobieren. Da ich an einen Rollstuhl gefesselt bin, muß ich viel Flüssigkeit zu mir nehmen, damit meine Nieren richtig funktionieren und die Abbauprodukte aus meinem Körper wegschwemmen können. Darum muß ich ständig einen Blasenkatheter haben, der an einem Beutel angeschlossen ist, in dem der Urin gesammelt wird und der dann in regelmäßigen Abständen geleert werden muß. Sheri versorgte mich an dem Tag, entleerte den Beutel, vergaß aber, ihn wieder anzuschließen.

Kurz darauf sah ein Mann, der vor uns saß, auf den Fußboden, drehte sich dann zu uns um und sagte: „Fräulein, ich glaube, da stimmt was nicht."

„O nein!" Ich blickte nach unten und sah ein Bächlein den Mittelgang hinunterlaufen. Ich lief rot an und spürte ein übles, flaues Gefühl in der Magengegend. Ich merkte, wie Ärger in mir hochstieg – Ärger gegen Sheri, gegen den ganzen Kram mit dem Rollstuhl, gegen viele Dinge. Plötzlich erinnerte ich mich an die Lektion, die ich gerade gelernt hatte. Es schien mir, als hätten wir alle durch dieses beschämende Ereignis eine Lektion am Objekt zu lernen, die die Wahrheit des ganzen Themas beweisen sollte.

Auch andere, ähnliche Themen, die in diesem Seminar behandelt wurden, hatten eine nachhaltige Wirkung auf mein Leben.

Die Tatsache, daß ich ledig und behindert bin, macht mir meine Abhängigkeit von meinen Eltern und Schwestern besonders deutlich. Dennoch bin ich eigentlich keine Ausnahme. Es liegt kein Fehler darin, daß unser Leben und unsere Erfahrungen so sind, wie sie eben sind – selbst bis hin zu der Frage, wer unsere Eltern sind und wie viele Geschwister wir haben. All das ist Teil des Planes und der Zielsetzung Gottes.

Das trifft jedenfalls auf mein Leben zu. Jede meiner Schwestern ist für mich etwas Besonderes; dennoch ist jede anders in ihren Fähigkeiten, Geschicklichkeiten und Charaktereigenschaften.

„Wenn ich nicht jede einzelne meiner Schwestern um ihrer selbst willen lieben kann, wie soll ich dann jemals jemanden anders mit seinen Charaktereigenschaften lieben können?" überlegte ich mit meinen Freunden.

„Das leuchtet ein", sagte Diana.

„Ja", fügte Jay leise hinzu.

„Jay", sagte ich langsam, „ich fange jetzt erst an einzusehen, wie wenig ich dich, Kathy und Linda liebgehabt habe. Ich habe eure Liebe so selbstverständlich hingenommen. Du räumst auf, wenn meine Freunde gehen, kochst, putzt und beschwerst dich nie. Es tut mir leid, daß ich so dickfellig gewesen bin. Vielleicht kann ich meine Freunde dazu bringen, nach ihrem Besuch selbst aufzuräumen – vielleicht, daß sie sogar das Geschirr und die Gläser selbst abwaschen."

Jay lächelte und umarmte mich. Ich hatte einen wunden Punkt berührt. Sie schien mir sehr dankbar zu sein.

„Und ich bin auch Kathy und Butch gegenüber ziemlich lieblos gewesen, seitdem sie verheiratet sind. Ich meine – nun, sie ist Lehrerin an einer Schule, und ich verstehe wahrscheinlich nicht genug von ihren Problemen, um mich in sie hineindenken zu können. Ich will mich aber bemühen, das zu ändern. Werdet ihr für mich beten?"

„Sicherlich, Joni. Wir müssen füreinander beten, weil wir uns ja alle ändern wollen", sagte Sheri.

Die wichtigste Einsicht, die ich während der Seminarvorlesungen empfangen hatte, bestand darin, zu verstehen, daß stabile zwischenmenschliche Beziehungen erarbeitet werden müssen. Ich versprach Gott – und mir –, auf meine Familienangehörigen mehr Rücksicht zu nehmen und ihre Bedürfnisse mehr zu respektieren. Mir wurde klar, daß das, was sich zwischen mir und meinen Familienangehörigen abspielte, in gewissem Sinn ein Prüfstein für meinen Umgang mit den Menschen draußen in der Welt darstellte. Es ist nicht einfach, zu Hause natürlich und gleichmütig zu sein. Aber wenn es dort klappt, warum dann nicht auch anderswo?

Die Fähigkeit, in Liebe mit allem fertig zu werden, ist der Maßstab, mit dem Gott den Erfolg unserer Beziehungen zueinander mißt. Dieser Grundsatz ändert sich nicht, ganz gleich, ob es sich um das Verhältnis zwischen Mann und Frau, zwischen Mutter und Tochter, Vater und Sohn oder irgendein anderes Verhältnis, in das uns Gott gestellt hat, handelt.

Durch meine Verletzung und ungewöhnliche Behinderung drehte sich bisher die Welt nur um mich. Ich genoß die Aufmerksamkeit, die man mir schenkte, und die Bedienung durch andere. Jetzt aber erkannte ich meinen Egoismus und gab mir Mühe, mich zu ändern – meine Welt dazu zu bringen, sich um andere zu drehen.

Indem ich das tat, lernte ich, Angehörige und Freunde nicht als etwas Selbstverständliches hinzunehmen, sondern für alle ihre Gefälligkeiten von Herzen dankbar zu sein. Als Folge dieser bewußten Anstrengung, in meinen Beziehungen unverändert freundlich zu bleiben, insbesondere mit meinen Familienangehörigen, sahen die Freunde, die mich besuchten, daß ich allen gegenüber die gleiche Joni Eareckson war.

Eine Freundin sagte mir einmal: „Ich glaube, du kannst dich doch deinen Angehörigen gegenüber ruhig einmal gehenlassen und brauchst dir keine Sorgen zu machen, was andere darüber denken."

Ich war anderer Meinung. „Das ist genauso, als würden wir uns die Freiheit nehmen zu sündigen. Wir kennen doch Menschen, die sonntags fromm sind, sich aber während der ganzen Woche wie Teufel benehmen. Es ist genauso, als würdest du sagen: ‚Mir ist meine Familie völlig gleichgültig. Ich brauche ihr gegenüber weder Liebe noch Geduld aufzubringen. Sie sind's nicht wert.' 'Ich glaube, wenn Jesus Christus dadurch, wie ich mich anderen gegenüber verhalte, gesehen werden soll, muß er zuerst in meiner Haltung gegenüber meinen Angehörigen gesehen werden."

Ich merkte, daß Gott nicht aufhörte, an mir zu arbeiten. Er half mir, mit meiner Vergangenheit fertig zu werden, die er mir ja durch den Tod und die Auferstehung Jesu Christi vergeben hatte. Obwohl ich noch immer ziemlich ängstlich war, wußte ich doch, daß Gott in meinem Leben wirkte. Er hatte mir nicht nur die Strafe für meine Sünde erlassen, sondern wollte mich auch von ihrer Gewalt über mich befreien.

Schließlich erkannte ich auch, daß Gottes Geist in mir wirkte, um meinem Leben einen christusähnlichen Charakter zu verleihen. Darum konnte ich ihm im Blick auf die Zukunft völlig vertrauen. Er würde seine Erlösung in mir voll zur Auswirkung bringen. Natürlich würde ich das erst in der Ewigkeit völlig begreifen.

*

Meine künstlerische Tätigkeit nahm während der Zeit meines geistlichen Wachstums keinen besonderen Platz in meinem Leben ein. Obwohl ich mich öfters durch Malen oder schöpferisches Spiel entspannte, war für eine künstlerische Tätigkeit kein Platz in meinem Zeitplan. Es war lediglich ein Vergnügen, dem ich aus Freude an der Sache nachging, genauso, wie es mit meiner Liebe zur Musik der Fall war.

Während des Sommers 1970 lernte ich Dick Rohlfs und die Brüder Chuck und Dave Garriot kennen. Sie kamen in Steves Bibelkreis. Bald bildeten Dickie, Dick, Craig, Diana und ich eine Singgruppe. Craigs Baßgitarre hallte von der gewölbten Wohnzimmerdecke wider, und oft wurde die Musik so laut, daß wir die Fenster öffnen mußten. Oft saßen Mutter und Vater auf den Stufen der Treppe, die zum Wohnzimmer führte, und klatschten und sangen mit, häufig bis nach Mitternacht, bis wir alle zu heiser waren, um noch weiterzumachen. Mit der Zeit sangen wir so gut, daß wir für „Young Life", „Youth for Christ" (Jugend für Christus) in Klubs, Kirchen und anderen Veranstaltungen singen konnten.

★

Etwa zur gleichen Zeit wurde ich gebeten, im „Young-Life-Klub" der in der Nähe gelegenen Stadt Randallstown mitzuarbeiten. Ich willigte ein und bezeugte den jungen Leuten mit frohem Herzen, was Gott jetzt in meinem Leben und durch mein Leben vollbrachte. Die geistlichen Lektionen, die ich gelernt hatte, waren für jeden anderen Christen auch wichtig. Mir lag daran, diesen eifrigen, hellwachen Teenagern das weiterzugeben, was Gott mich gelehrt hatte, ohne daß sie das gleiche Leid zu ertragen hatten, das ich ertragen mußte.

Ich verstand sie und ihre Probleme. Bis vor wenigen Jahren war ich ja selbst ruhelos, ungewiß und suchend gewesen. Ich konnte in vielerlei Hinsicht mit ihnen fühlen und verstand ihre Nöte – Schüchternheit, Übergewicht und andere Schönheitsfehler, geschiedene Eltern und viele andere Probleme.

„Gottes Wort ist wahr", erzählte ich einer Gruppe von Mädchen. „Ich weiß, daß es wahr ist, weil ich es erfahren habe. Ich habe erlebt, daß es so ist."

Sie hörten mir aufmerksam zu, während ich ihnen von den Entgleisungen meiner Gefühle und meinen geistlichen Erfolgen berichtete. Viele von ihnen kamen daraufhin zu dem Bibelkreis, den wir auf der Ranch in Sykesville eingerichtet hatten. Um das Eis zu brechen, ließen wir uns alle möglichen Unterhaltungsspiele einfallen, die darauf abgestimmt waren, die

Mädchen nicht nur zum Vergnügen, sondern auch für die anschließende Bibelarbeit zusammenzubringen.

★

In jenem Sommer gingen Jay und ich als Mitarbeiter in das „Young-Life"-Ferienlager nach Colorado. Das Lager, Frontier Ranch genannt, war in den zentralen Rocky Mountains gelegen. Es war das erste Mal seit meinem Unfall, daß ich wieder einmal in der frischen Gebirgsluft sein konnte. Ich aalte mich in der Sonne und trank die Schönheit der Rocky Mountains mit ihrem Tannenduft in mich hinein. Natürlich konnte ich bei dem Wandern, dem Reiten und Bergsteigen nicht mitmachen, und das tat den jungen Menschen leid. Als sie aber sahen, daß ich nicht unglücklich darüber war, sondern ihnen zufrieden zuschauen konnte, waren sie wieder fröhlich.

„Möchtest du nicht das alles mitmachen können?" fragte mich ein junges Mädchen.

„Hm, eigentlich nicht. Ich freue mich einfach, daß ich hier draußen sein darf und in Gottes freier Natur über seine Größe und Güte nachdenken und beten kann. Ich bin nicht traurig darüber, daß ich nicht mitmachen kann. Die anderen Mitarbeiter können ja auch nicht in allem, was ihr unternehmt, Schritt halten!"

Allmählich fanden sich die Mädchen damit ab, daß ich an meinen Rollstuhl gefesselt war. Sie bemühten sich, mich soweit wie möglich in ihre Unternehmungen einzubeziehen. Obwohl sie wußten, daß ich nach dem Zapfenstreich nicht nach ihnen sehen konnte, nutzten sie das niemals aus. Sie behandelten mich stets wie ein normales menschliches Wesen.

Bei den Zusammenkünften, Ausflügen und besonders beim Bibelstudium forderten wir die Jugendlichen auf, für Jesus Christus zu leben. Wir halfen ihnen dabei, sich ein Bild davon zu machen, wie sie ihre gottgegebenen Gaben und Fähigkeiten in den Dienst Jesu Christi und seines Reiches stellen könnten.

Ein Mädchen zum Beispiel wollte mir helfen. Debbie – sie hat inzwischen Chuck Garriot geheiratet – wurde Krankengymnastin. Ich glaube nicht, daß diese Idee unbedingt von mir stammte. Doch habe ich sie wissen und spüren lassen, daß sie mit ihren Gaben anderen helfen könnte.

Gegen Ende des Sommers veranstalteten wir eine Abschiedsparty für Steve. Mich bewegten gemischte Gefühle, denn einerseits freute ich mich, daß er zur Bibelschule ging, andererseits war ich traurig darüber, daß damit auch unser geistlicher Gedankenaustausch zu Ende sein würde.

„Er wird nicht aufhören", tröstete mich Steve. „Schau mal, ich hab mal irgendwo gelesen, daß nichts von Gott stirbt, wenn ein Mann Gottes stirbt. Du kannst das auch so auslegen: Niemand ist unersetzlich. Gott geht nicht, wenn seine Kinder gehen. Joni, halte deinen Blick nur weiter auf Gott und nicht auf mich gerichtet."

„Aber Steve, ich habe im letzten Jahr so viel von dir gelernt. Du hast mich mit Paulus und den großen christlichen Schriftstellern bekannt gemacht. Ich freue mich für dich – und ich werde für dich beten, wenn du auf dem Columbia Bible College bist –, aber ich werde dich sehr vermissen. Gott hat dich dazu benutzt, um mein Leben völlig umzukrempeln. Ich habe mich in diesem Jahr an dich als an meinen geistlichen Führer gewöhnt."

„Hör mal, das ist nicht wahr, Joni! Gott hat mich bloß benutzt. Der Heilige Geist war dein eigentlicher Lehrmeister."

Steve verabschiedete sich und ging zur Bibelschule. Trotz seines Zuspruchs und seiner vielen Briefe fehlte er mir sehr. Er hatte aber insofern recht, daß ich weiter lernen und wachsen konnte, wenn ich mich auf den Heiligen Geist verließ, der mir Anleitung und Verständnis schenken würde.

12

Im Herbst 1970 wurde mein Leben interessanter und abwechslungsreicher. Steve war auf der Bibelschule, und andere Freunde studierten oder standen kurz vor der Heirat, nur ich war allein geblieben. Für mich gab es keine Heiratsaussichten. Ich mußte mich mit dem Gedanken abfinden, daß ich nach Gottes Plan ehelos bleiben sollte. Die vorhandene christliche Literatur war in dieser Hinsicht enttäuschend für mich, da die meisten Schriftsteller davon ausgingen, es sei Bestimmung der Frau, eines Tages zu heiraten. Nur wenige Bücher – wenn überhaupt – erteilten praktische Ratschläge für die Frau, die ihr Leben lang ledig bleiben will oder muß.

Ich hatte ja jeden Gedanken an eine Ehe mit Dick aufgegeben, und doch hatte ich auf diesem Gebiet noch immer tiefsitzende Vorbehalte. Doch hatte ich das Gefühl, daß meine Entscheidung richtig war. Ich hatte kein Recht, ihn zu heiraten – es sei denn, Gott gab mir dieses Recht als besondere Gabe zurück. Diese Möglichkeit schien aber in weite Ferne gerückt und höchst unwahrscheinlich zu sein. Also bemühte ich mich, mein Schicksal ohne Verbitterung oder negative Einstellung aus Gottes Hand zu nehmen.

Wenn eine meiner Freundinnen heiratete, war ich häufig als Brautführerin dabei, oder ich trug bei der Feier ein Lied vor. In solchen Augenblicken stiegen Gefühle in mir auf, die ich längst überwunden geglaubt hatte.

Ich vermute, daß ich tief in meinem Innern doch immer noch auf den richtigen Mann wartete – auf den Mann, der mit meiner Behinderung und dem Rollstuhl fertig werden könnte.

„Herr, du weißt, daß ich mich mit meinem jetzigen Zustand abgefunden habe. Ich glaube aber, daß ich mich immer fragen werde, ob du nicht doch einen Mann für mich bestimmt hast."

*

Viele meiner Freunde waren inzwischen verheiratet, da war es oft schwierig, mich in ihre Lage zu versetzen. Sie hatten andere Interessen. Sie waren dabei, ein eigenes Heim und eine eigene Familie zu gründen. Sie waren zu sehr mit sich selbst beschäftigt, um sich mit den Interessen, die wir einst gemeinsam hatten, auseinanderzusetzen. Aber ich war reif genug, das als natürliche Entwicklung unserer Freundschaft anzusehen. Ich wurde deswegen nicht trotzig und verbittert, hatte aber doch das Gefühl, einsam und allein zu sein.

So fragte ich mich manches Mal, ob Gott mir je einen Mann zuführen würde, der mich um meiner selbst willen liebte und gewillt war, sein Leben an mich zu binden. Könnte ich als Ledige jemals glücklich werden? Hatte ich nicht schon genug durchgemacht? Würde mich Gott weiter auf die Probe stellen und es zulassen, daß ich für den Rest meines Lebens ledig bleiben mußte? Solche Fragen machten mich innerlich unruhig. Tiefe Einsamkeit umgab mich.

„O Gott", betete ich, „bring doch bitte irgend jemanden in mein Leben, der mir die Leere überbrücken hilft."

„Warum? Ist meine Gnade nicht genug für dich?"

Da wurde mir klar, daß es mir um die Erfüllung meiner Wünsche und nicht um den Willen Gottes ging. Aber hatte Jesus nicht gesagt: „Wenn ihr etwas in meinem Namen bitten werdet, so werde ich es tun!"?

Kurz darauf, bei einem Mitarbeiter-Treffen von „Young Life", lernte ich Donald Bertolli, einen Freund Dicks, kennen.

„Don ist von Pimlico und arbeitet an Kindern und Jugendlichen von der Straße", sagte der Leiter, als er Don vorstellte. „Unsere Gemeinde unterstützt die Arbeit an Jugendlichen aus den dortigen Minderheitsgruppen."

Donald war ein gutaussehender, robuster Mann, italienisch-assyrischer Abstammung, mit großen, dunklen, braunen Augen. Er schien voller Kraft und Energie zu sein. Obwohl er älter war als die meisten von uns – er war siebenundzwanzig, während ich erst einundzwanzig Jahre alt war –, schien ihm das Zusammensein mit uns Freude zu machen.

Wenn er sprach, tat er es häufig im Stil einer Fragestellung. Seine rauhe, brüchige Stimme verriet seine Vergangenheit als Straßenjunge. Er mißtraute schlagfertigen Antworten und bohrte dauernd nach dem Kern der Wahrheit. Er sprach zögernd und etwas schüchtern, beinahe so, als hätte er Angst, seine innersten Gedanken mitzuteilen. Während er Fragen stellte, machte er oft eine Pause, um zu überlegen. Wenn er etwas sagte, tat er es mit ungeheurer Konzentration, schien aber nicht leicht umzustimmen oder zu überzeugen zu sein.

Stellte jemand fest: „Aber so ist es nun mal", unterbrach Donald ihn mit der Bemerkung: „Das ist eine faule Ausrede! Nichts muß so sein, nur weil es schon immer so gewesen ist."

Ich war nicht nur von seinem guten Aussehen und seiner Intelligenz beeindruckt, sondern auch von seinem reifen Zeugnis für Jesus Christus und von seiner Charakterfestigkeit.

Nach der Versammlung kam Donald und unterhielt sich kurz mit mir. In diesen wenigen Augenblicken merkte ich, daß wir vieles gemeinsam hatten. Er sprach über seine Interessen: Sport, Gott und Dienst für Jesus Christus.

„Joni, laß uns noch mehr miteinander sprechen. Kann ich dich einmal besuchen?"

„Selbstverständlich. Komm, wann immer du Lust hast."

Es war eine Höflichkeitseinladung. Ich hatte sie schon vielen anderen gegeben, die auch mit mir sprechen wollten. Als er dann bereits am nächsten Morgen in aller Frühe vor der Tür stand, war ich völlig überrascht.

„Es ist jemand da, der dich sprechen möchte. Ich weiß nicht, wer es ist, aber er sieht wirklich gut aus!" sagte Jay, die mich aufweckte, in gedämpftem Ton.

„Wer denn? Wie spät ist es denn?" fragte ich gähnend.

„Neun Uhr. Er sagt, er heißt Don."

„Sage ihm, ich werde bald fertig sein. Gib mir nur eine Minute, um wach zu werden." Als Langschläferin wachte ich gewöhnlich um diese Zeit auf.

Jay ging ins andere Zimmer und unterhielt sich ein paar Minuten freundlich mit ihm, entschuldigte sich dann aber und sagte, sie müsse mir beim Aufstehen, Anziehen und Fertigmachen behilflich sein.

„Guten Morgen", sagte ich eine halbe Stunde später fröhlich, als mich Jay in das andere Zimmer fuhr.

„Hallo!" sagte Donald. Er sprang aus dem Sessel und kam mir entgegen. „Ich hoffe, ich störe nicht, aber du hast mich doch eingeladen, nicht wahr?"

„Natürlich habe ich dich eingeladen. Mein Tag fängt gewöhnlich um diese Zeit an; also störst du auch nicht."

Donald begann zu erzählen. Als er aufhörte, um Atem zu holen, war es Mittag. Ich hatte noch nicht gefrühstückt und hatte Hunger; er machte aber keine Anstalten, sich zu verabschieden.

„Donald, möchtest du zum Mittagessen bleiben?" fragte ich.

„Ja, sehr gern, wenn es dir nichts ausmacht."

Jay bereitete etwas zum Mittagessen vor, während wir uns weiter unterhielten.

Eigentlich hörte ich meistens zu. Ich erfuhr manches über Donald, seine Familie und wie er den Herrn Jesus kennengelernt hatte, aber auch vieles aus seiner Arbeit mit den kleinen

Farbigen in Pimlico und von seinen Ideen über den Dienst für Jesus Christus.

„Donald, möchtest du auch zum Abendessen bleiben?" fragte Jay später.

„Ja, sehr gern, wenn es Ihnen nichts ausmacht."

Wir unterhielten uns während des Abendessens, und endlich, nach dem Essen, erhob sich Donald und ging.

„Kann ich dich wieder mal besuchen?" fragte er.

„Ja – nun." Ich zögerte, weil ich dachte, er würde morgen früh wieder vor der Tür stehen. „Morgen habe ich Vorlesungen im College."

„Laß mich dich hinfahren."

„Hm – vielen Dank, Donald, aber Jay fährt mich gewöhnlich hin. Sie kennt meine Gewohnheiten und Bedürfnisse."

„In Ordnung. Nun, der Besuch hat mir wirklich Freude gemacht. Laß uns das doch wiederholen."

„Gern."

Am nächsten Tag kam er vor dem College-Gebäude auf uns zu und verbrachte den Tag mit uns.

Zuerst fühlte ich mich von seiner scheinbaren Aufdringlichkeit etwas abgestoßen. Am dritten Tag aber kam er erneut zur Ranch, und da gefiel er mir doch wieder ganz gut.

Bei der nächsten Sitzung der „Young-Life"-Mitarbeiter war er wieder anwesend – lächelnd, schmuck und gutaussehend.

Im Verlauf des Abends gerieten Diana und ich in eine freundschaftliche, aber erhitzte Diskussion über irgendeine unbedeutende theologische Frage. Viele der jungen Leute, die dort waren, nahmen Partei und mischten mit. Donald aber zog sich zurück.

Das war seltsam, denn an dem Kursus nahmen auch einige Christen teil, die gerade erst zum Glauben gekommen waren. Darum nahm ich bestimmt an, daß er sich zu Wort melden und

die Verwirrung, die Diana und ich mit unserer Debatte her-
aufbeschworen hatten, beenden würde.

Endlich machten wir Schluß. Donald erhob sich und sagte
zu mir: „Joni, ehe du dich schlafen legst, schlage doch bitte 2.
Timotheus 2,14 auf und lies den Vers. Ich glaube, er hat dir
einiges zu sagen." Damit verabschiedete er sich.

Aufgeregt suchte ich meine Bibel. „He, großartig! Warum
hat er mir denn diesen Vers nicht schon vorher genannt?"
sagte ich in der Meinung, es sei eine Schriftstelle, die mir helfen würde, Diana davon zu überzeugen, daß ich im Recht war.
Jemand hatte den Vers gefunden und las ihn mir vor: „Daran
erinnere, und bezeuge ernstlich vor dem Herrn, daß man nicht
um Worte zanke, was zu nichts nütze ist als zur Verwirrung
der Zuhörer."

Ich war zutiefst betroffen und bedauerte sehr, über eine
Kleinigkeit gestritten zu haben. Am meisten reute mich aber
meine eigene Unreife.

Die Kehrseite der Medaille wurde mir aber auch sofort klar.
Donalds Reife, sein Feingefühl und seine Klugheit beein-
druckten mich sehr. Ich sah in ihm eine Autorität, und er
wurde mir immer sympathischer. Ich dachte während der
nächsten Tage oft an ihn.

Bei unserer nächsten Zusammenkunft tauschten wir Grüße
aus und teilten uns sofort gegenseitig mit, wieviel wir uns
schon bedeuteten.

„Joni, wo ich her bin, da hackt eine Krähe der anderen die
Augen aus. Jetzt bewege ich mich schon einige Jahre in christlichen Kreisen. Aber es ist komisch, auch da habe ich nie erlebt, daß sich Menschen Liebe erzeigen. Ich fühle mich sehr zu
dir hingezogen."

„Ich mag dich auch, Donald. Noch nie ist mir jemand begegnet, der so schnell Freundschaft mit mir geschlossen hätte.
Gewöhnlich schreckt der Rollstuhl die Leute ab. Es dauert

eine ganze Weile, bis jemand mit meiner Behinderung fertig wird. Lernt er mich aber erst einmal kennen, vergißt er auch den Rollstuhl. Mit dir ist es aber ganz anders – als ob du den Rollstuhl überhaupt nicht gesehen hättest."

„Joni, ich weiß nicht – ich nehme an, daß es an meiner Vergangenheit liegt –, aber ich kann meine Gefühle nicht verbergen. Ich werde mich nie hinter aufgeblasenen Reden oder Scheinheiligkeit zu verstecken versuchen. Ich werde dich nie betrügen."

Während der folgenden Wochen und Monate sahen wir uns sehr viel. Ehe der Sommer zu Ende ging, nahm mich Donald mit nach Ocean City. Er stand neben mir an der Uferpromenade, während wir die frische, salzige Meeresluft einatmeten und den Stimmen der Möven und der donnernden Wellen lauschten.

Alte Erinnerungen wurden wach – das Gefühl des Sandes zwischen den Zehen, die Erfrischung durch die über mir zusammenschlagende Brandung. Ich seufzte, saß in meinem Rollstuhl und war darauf gefaßt, zusehen zu müssen, wie Donald an meiner Stelle freudig davonschwamm.

Plötzlich, als ahnte er meine Stimmung, begann er, meinen Rollstuhl von der Uferpromenade in den Sand zu schieben. Die Räder fuhren sich fest, aber er war stark und kräftig und pflügte buchstäblich Furchen durch den Sand bis an das Wasser. Hier war der Boden fester, und der Rollstuhl ließ sich leichter vorwärtsschieben.

Aber Donald blieb nicht stehen! Er schob mich unbekümmert weiter, bis mir das Wasser an die Beine reichte.

„Donald! Was machst du denn?" schrie ich.

Der Rollstuhl stand direkt in der Brandung. Ich war über dieses improvisierte Bad im Meer erschrocken, doch zugleich auch überglücklich.

Die Menschen am Strand schauten diesem seltsamen

Schauspiel zu und wußten nicht, ob sie sich einmischen und diesem „Wahnsinnigen", der „das arme verkrüppelte Mädchen" ertränken wollte, wehren sollten oder nicht. Mein Lachen und meine offenkundige Freude beruhigten sie jedoch, und sie wandten sich wieder ihren eigenen Beschäftigungen zu.

Donald hob mich hoch und trug mich hinaus, den brechenden Wellen entgegen. Ich konnte ja das Wasser nicht spüren, spürte aber, daß mein Herz wie verrückt schlug.

Nach diesem Erlebnis in Ocean City schwebte ich in höheren Regionen. Zum erstenmal seit meinem Unfall hatte mir Donald das Gefühl gegeben, ich sei ein normaler Mensch. Der Rollstuhl war ihm nicht im Weg – es gab keine Bemitleidung oder peinliche Ratlosigkeit. Er behandelte mich so, wie er jede Frau, die ihm gefiel, behandelt hätte. Er war kräftig, aber immer zart und gab mir ein Gefühl der Sicherheit. Ich wußte einfach, er würde mir niemals etwas zustoßen lassen.

Durch Donalds Verhalten fühlte ich mich auch wieder attraktiv und fraulich. Zum erstenmal seit meinem Unfall kam ich mir wie eine Frau vor. Ich gefiel jemandem, der frauliche Schönheit an mir wahrgenommen hatte.

Im Herbst nahm mich Donald auf Picknicks und Wanderungen mit. Er schob meinen Rollstuhl, soweit es auf den Wegen möglich war. Wurde der Weg zu eng, klappte er den Stuhl einfach zusammen, hob mich auf seine Arme und trug mich zum Gipfel des Hügels empor. Dort angekommen, breitete er eine Decke aus, und wir machten Picknick und betrachteten die Schönheit der Landschaft.

Wir unterhielten uns stundenlang, tauschten unsere Gedanken über Gottes Wort aus und sprachen darüber, welche geistliche Erfahrung jeder von uns gemacht hatte. Es war eine romantische, schöne Zeit. Und jedesmal kamen wir uns näher.

Allmählich machte ich mir Sorgen darüber, wohin meine wachsende Zuneigung Donald gegenüber führen sollte. Ich wußte, ich mußte mich davor hüten, mich in ihn zu verlieben, ihm zu nahe zu kommen. Alles, was über eine „platonische" Liebe hinausging, war undenkbar.

Als der Frühling 1971 herankam, waren wir oft und viel zusammen. Häufig nahm er mich mit zu seiner Arbeit auf der Straße. Da konnte ich zusehen, wie er sich um die Kinder kümmerte, und war von ihm als Mensch noch mehr beeindruckt. Durch seine starke Persönlichkeit war er jeder Situation gewachsen. Er war selbstsicher, aber nicht herrschsüchtig.

Eines Tages war ich im Freien und malte in der warmen Frühlingssonne an einem Bild, als sich Donald vorbeugte und mir leise „Ich liebe dich" zuflüsterte.

Ganz in meine Zeichnung vertieft, sagte ich: „Ich liebe dich auch, Donald", doch in dem gleichen Tonfall, als hätte ich gesagt: „Ja, du bist mir auch ein lieber Freund, Donald."

„Joni, ich glaube, du verstehst mich nicht." Er stockte und sah mir tief in die Augen. „Joni, ich habe mich in dich verliebt." Er beugte sich vor, nahm mein Gesicht in beide Hände und küßte mich.

Ich war erschrocken. Ich konnte ihn nicht wiederküssen, ohne mir über die Bedeutung meines Tuns klar zu sein. Bei einer anderen Frau galt so ein Kuß vielleicht nur als flüchtiger Freundschaftsbeweis. Bei mir jedoch, die ich an den Rollstuhl gefesselt war, bedeutete ein Kuß eine Verpflichtung. Ich wollte Donald die Bürde einer solchen Verpflichtung nicht auferlegen, ohne ihn an die Konsequenzen zu erinnern.

„Sieh mal, Donald, das ist –"

„Aber ich liebe dich."

„Ich – ich weiß nicht." Ich hatte Angst. Eine Verbindung, die mehr als Freundschaft bedeutete, war undenkbar. „Du –

184

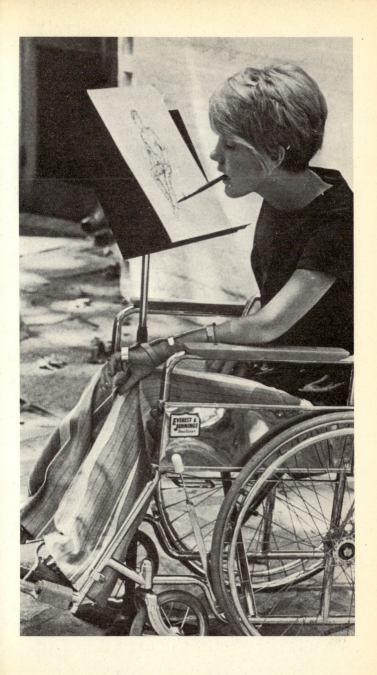

äh – wir werden damit nicht fertig." So mutig und selbstsicher sich Donald auch in meiner Gegenwart gab, wußte ich doch, daß auch er mit den Schwierigkeiten, die meine Lähmung mit sich brächte, letzten Endes nicht fertig werden würde.

Später erzählte ich den Vorfall Diana und Jay. Während ich ihnen von meinen Gefühlen berichtete, gaben sie sich beide übermäßig beschützerisch und vorsichtig.

„Paß auf, Joni! Geh nicht zu weit mit Donald", meinte Jay. „Sonst habt ihr beide darunter zu leiden."

„Joni", fügte Diana hinzu, „ich weiß, er meint es ernst und betrügt dich nicht. Ich weiß, daß du dich in seiner Gegenwart wohlfühlst, und ich habe das Empfinden, daß er dich wirklich mag. Aber lieben? Das ist etwas ganz anderes. Sieh dich vor! Bitte sei vorsichtig!"

13

Im gleichen Sommer, in dem ich Don kennenlernte, hatte Diana einen jungen Mann namens Frank Mood kennen und lieben gelernt. Diana und Frank heirateten im Juni 1971 und bezogen ein Haus in der Nähe unserer Familienranch in Sykesville. Ungefähr zur gleichen Zeit lud mich Jay ein, mit ihr zusammen in die Familienranch zu ziehen.

Das war ein zweihundert Jahre altes Haus aus Stein und Holz, in dem vor über hundert Jahren einmal die Sklaven untergebracht worden waren. Vater hatte es renoviert. Es war ein altmodisches kleines Häuschen mit zwei Schlafzimmern und lag auf einer Erhöhung, von der man einen Ausblick auf das malerische Flußtal hatte. Auf der Ranch zu wohnen würde bedeuten, daß ich viel mit Jay, Diana und Frank oder Kathy und Butch zusammen sein würde. Sie alle könnten sich dabei in meiner Betreuung abwechseln.

Als es abgemacht war, daß ich mit Jay zusammen wohnen sollte, baute Vater noch einen Flügel an das Haus an. Es war ein riesiger Raum, der für den gleichen Zweck gedacht war wie das Haus in Woodlawn: Unsere Freunde konnten kommen und gehen, wie es ihnen paßte. In der Ecke befand sich ein herrlicher Kamin. Die Außenwände hatten riesige Fenster mit einem Blick über die schöne Landschaft. Die Innenwände waren mit Regalen verkleidet, die Vater selbst geschnitzt hatte. Die Mitte des Raumes wurde von einem riesigen eichenen Eß- und Konferenztisch beherrscht, an dem wir alle unsere Arbeiten ausführen konnten.

Schon als junges Mädchen hatte ich die Ranch geliebt. Jetzt

187

gefiel sie mir noch mehr. Sie verlieh meinem Leben ein Gefühl der Ruhe und der Schönheit.

Auch Donald fühlte sich wohl in der Ranch. Immer häufiger besuchte er mich hier. Zusammen unternahmen wir Fahrten nach Ocean City, machten Picknicks, Wanderungen über die Hügel und andere Ausflüge. Ich machte mir niemals Gedanken darüber, mit ihm irgendwo hinzugehen, weil ich wußte, daß er jeglicher peinlichen Lage gewachsen war. Er war kräftig genug, mich allein zu tragen. Er half mir beim Essen und Trinken. Er leerte den Beutel an meinem Bein und konnte mich im Rollstuhl zurechtsetzen.

Wenn ich mit ihm zusammen war, war ich ausgeglichen und entspannt. Er fühlte sich von den körperlichen Folgen meiner Lähmung nie abgestoßen und von dem Rollstuhl nie belästigt. Er behandelte mich wie einen normalen Menschen, scherzte und spielte mit mir, forderte mich heraus und reizte mich, als wäre ich nicht gelähmt.

Wenn irgend jemand mit den körperlichen und seelischen Problemen meines Leidens fertig werden kann, dann ist es Donald, dachte ich. Die Möglichkeit, daß doch noch ein Mann in mein Leben treten könnte – nicht als Bruder in Christus, sondern als Verehrer –, beunruhigte und reizte mich zugleich.

Diana und Jay warnten mich davor, mich näher mit Donald einzulassen.

Später erzählte mir Diana von einem ähnlichen ernsten Gespräch unter vier Augen, das sie mit ihm geführt hatte. „Donald, ich möchte dir sagen, daß Jay und ich uns Sorgen darüber machen, was sich zwischen dir und Joni abspielt", hatte sie gesagt.

„Sorgen? Wieso?" fragte er.

„Jawohl. Dir scheint es mit Joni ernst zu sein. Hast du dir einmal überlegt, was das für sie bedeutet?"

„Ja, das habe ich", erwiderte Donald. „Ich habe sehr ernsthaft darüber nachgedacht. Ich würde nicht wagen, sie zu ermutigen, wenn es mir nicht ernst wäre. Diana, ich bin in Joni verliebt."

„Aber, Donald, normalerweise schmieden zwei Menschen, die sich verliebt haben, Pläne für eine spätere Heirat und denken darüber nach, wie sie ihr Leben gemeinsam verbringen wollen."

„Ja, ich weiß, Diana, ich bin mir aller Schwierigkeiten bewußt. Ich habe über alle Probleme, die durch eine Bindung entstehen könnten, nachgedacht und um Klarheit gebetet. Ich weiß, welche Konsequenzen es haben wird, wenn wir heiraten. Aber ich kann es schaffen. Ich würde sie auf der Stelle heiraten, wenn sie mich haben wollte."

Als mir Diana von dieser Unterhaltung berichtete, war sie sich noch immer nicht sicher. „Joni, ich freue mich wirklich für dich, aber –"

„Ich weiß, Diana", versicherte ich ihr. „Ich bin selbst voll gemischter Gefühle. Auf der einen Seite liebe ich ihn wirklich und bin fest überzeugt: Wenn irgend jemand mit solch einer Ehe fertig werden kann, dann ist es Donald. Andererseits glaube ich, daß es wohl unmöglich ist, überhaupt damit fertig zu werden."

„Liebst du ihn denn?"

„Ja, ich glaube, daß ich das tue. Ich bin selbst darüber erschrocken. Aber, weißt du, es ist so schön!"

Als unsere Liebe wuchs, erwog ich die Folgen dieser Verbindung immer wieder.

„Wir reden von einer schrecklich wichtigen Verpflichtung, Donald", sagte ich ihm eines Tages, als wir zu einem Ballspiel fuhren.

„Ich weiß. Wir werden aber damit fertig, Joni. Wir haben beide einen starken Willen und wissen uns zu helfen. Wir können es schaffen."

„Aber eine Heirat –"

„Das ist genauso wenig ausgeschlossen wie irgend etwas anderes. Ich könnte für dich sorgen – dich baden, die Mahlzeiten zubereiten, putzen. Wir könnten einen Wohnwagen kaufen, wo alles kompakt und leicht zu handhaben ist. Wenn wir es uns dann einmal leisten können, werden wir uns nach etwas Besserem umsehen – vielleicht sogar Koch- und Putzhilfe einstellen. In der Zwischenzeit könnte ich das machen. Ich kann schon für dich sorgen."

Wir fuhren in den Park und blieben vor dem Spielfeld stehen.

„Ich könnte aber niemals restlos glücklich sein, ohne auch als Frau ganz für dich da zu sein. Ich möchte deine Mahlzeiten zubereiten und deine Bedürfnisse befriedigen können. Ich möchte fähig sein, meine Liebe als Frau voll zum Ausdruck zu bringen."

„Hm, ich bin wahrscheinlich ein emanzipierter Mann. Wenn ich für dich koche und sorge, wird mir das nichts von meiner Männlichkeit rauben. Und was Geschlechtsverkehr anbelangt – nun, ich habe gehört, daß dieses Kapitel überbetont wird", sagte er lächelnd. „Mach dir keine Sorgen, Joni. Sex ist so wichtig auch nicht. Ich werde schon damit fertig."

Ich war nicht überzeugt. Ich war der Meinung, daß auch das Geschlechtliche einen wichtigen Platz in der Ehe einnimmt. Als ich aber länger über das Problem nachdachte, kam mir der Gedanke: Vielleicht hat Donald recht. Immerhin glaube ich ihm, wenn er sagt, er würde mit dem Problem fertig. Ich habe gelernt, seinem Urteil zu vertrauen.

Ich erinnerte mich auch an die Vorträge, die für die Querschnitts- und Vollgelähmten in Rancho Los Alamos während meiner Rehabilitationszeit gehalten wurden. Ärzte belehrten uns über die Möglichkeit, einen Partner zu lieben, ja sogar Kinder zu bekommen. Daß unser Körper gelähmt war, bedeutete nur, daß wir keine körperlichen Gefühle mehr besaßen; die körperlichen Funktionen waren dadurch nicht beeinträchtigt.

„Aber du weißt, daß ich nichts fühlen kann", rief ich Donald ins Gedächtnis. „Ich glaube nicht, daß ich wirklich in der Lage wäre, dich ganz zu befriedigen. Ich kann meiner Liebe und Zärtlichkeit nicht so Ausdruck geben, daß es deinen Bedürfnissen entspräche. Ich selbst käme mir in meinem eigenen Körper wie in einer Falle vor. Wir würden wohl beide unser Leben lang verzweifelt und enttäuscht sein."

„Ich sagte schon, es ist nicht so wichtig." Damit holte er meinen Rollstuhl aus dem Wagen, hob mich hinein und fuhr fort: „Es gibt Menschen, die mit schlimmeren Problemen zu kämpfen haben. Wir werden das schon hinkriegen."

„Ich – ich weiß nicht. Vielleicht schon. Wenn du mir sagst, daß du mit einer solchen Ehe fertig werden kannst, will ich dir das gern glauben. Ich – ich bin von mir aus bereit, mich dir anzuvertrauen."

Donald lächelte zärtlich und nickte. Er vergaß die Spieler auf dem Feld und hielt mir sein Gesicht zu einem Kuß entgegen.

Diesmal nahm ich seine Geste auf und erwiderte seinen Kuß voll Hingabe und Vertrauen. Mir wurde fast schwindlig vor Glück und Freude. Das ist zu schön, um wahr zu sein, dachte ich. Donald trat genau in dem Augenblick in mein Leben, in dem mich Diana, meine beste Freundin, verließ, um zu heiraten und eine eigene Familie zu gründen.

Gott hatte mir einen Menschen geschenkt, dem ich wirklich etwas bedeutete, jemanden, der zutiefst davon überzeugt war, daß wir unser ganzes Leben zusammenbleiben könnten.

„Dies ist Gottes schönster Plan für mein Leben", sagte ich zu Jay, nachdem ich an jenem Abend nach Hause gekommen war. „Das Beste, was er für mich aufgehoben hat! Nach all den

Jahren geduldigen Wartens, in denen ich mein Los als Behinderte – und dazu noch als Unverheiratete – getragen habe, hat Gott jetzt meine Geduld und mein Vertrauen belohnt. Donald ist die Antwort auf meine Gebete!"

Ich war außer mir vor Freude. Selbst als ich noch auf meinen Füßen stehen konnte, war ich nie so glücklich gewesen. Voll Begeisterung sprachen Donald und ich davon, wie wir unser Leben miteinander führen und Jesus Christus gemeinsam dienen wollten.

Als ich daran dachte und über den Willen Gottes in dieser Hinsicht nachsann, schlug ich meine Bibel auf. Wo immer ich sie aufschlug, sprangen mir Verse in die Augen, die meine Überlegungen bestätigten.

„Jede gute Gabe und jedes vollkommene Geschenk kommt von oben herab" (Jakobus 1,17).

„Donald ist mein ‚vollkommenes Geschenk‘ vom Herrn", sagte ich zu Jay.

Sie schüttelte den Kopf. „Ich weiß nicht, Joni. Lies nicht mehr hinein, als da steht!"

Ich schrieb ein Lied, in welchem ich meine Gedanken zum Ausdruck brachte, und gab es Donald:

> „Ich erwachte heute morgen und erblickte Licht
> – hell, gelb und zart –,
> und da dacht' ich, es wäre angebracht,
> dir, o Gott, für den Morgen zu danken – und für dich.
>
> Hier liege ich und träume
> von nebelverschwommenen Farben,
> und lächelnd fahre ich fort,
> dir, o Gott, für den Morgen zu danken – und für dich.
>
> Ich hänge meinen Gedanken und Träumen nach –
> Träumen von Vergangenheit und Zukunft –,

doch schließlich danke ich
dir, o Gott, für die Gegenwart – und für dich."

Ich war einfach überglücklich. Ich hatte nie geglaubt, daß mich irgend jemand als Frau lieben könnte, solange ich an den Rollstuhl gefesselt war. Wahrscheinlich war ich deshalb so erregt und aufgewühlt, als es dann doch geschah.

*

Kurz vor Weihnachten jenes Jahres hatten Donald und ich unseren ersten Streit. Wir waren viel und lange zusammen gewesen, und ich fing an, Besitzansprüche geltend zu machen. Ich regte mich schon auf, wenn er seiner Arbeit nachgehen mußte. Ich wollte ihn immer um mich haben; sein Leben sollte sich um mich drehen.

Kamen hübsche junge Mädchen von der Gemeinde oder der Jugendgruppe zu Besuch, wurde ich eifersüchtig, wenn er mit ihnen lachte und sich mit ihnen unterhielt. Ich wurde neidisch, weil ich nicht auf den Füßen stehen und mit ihnen um seine Beachtung wetteifern konnte.

Es fiel mir immer schwerer, meine Aufmerksamkeit auf Gottes Wort und das Gebet zu richten. Es war schwierig, über geistliche Dinge zu sprechen, nachdem ich an ihm herumgenörgelt hatte: ,,Warum hast du mich gestern abend nicht besucht?" Mit derZeit vernachlässigte ich mein Gebetsleben immer mehr. Gleichzeitig wurde ich von dem Verlangen nach Donald fast verzehrt.

Donald reagierte laut und heftig. Er schrie mich an, daß ich mich wie ein dummes Schulmädchen benähme. Ich sagte ihm, daß es mir leid täte und daß ich seiner Liebe nicht mehr so viel abverlangen wollte. Aber aus irgendeinem Grund, den ich mir selbst nicht erklären konnte, erfaßte mich eine heimliche Angst.

Donald war der Ansicht, daß wir beide Urlaub voneinander brauchten. Er plante für 1972 eine Fahrt nach Europa. Ich widersetzte mich heftig und faßte seine Pläne so auf, als ob er einen bestimmten Grund hätte, mich zu verlassen.

„Ich bin lediglich der Meinung, daß wir uns für einige Zeit trennen sollten, Joni", erklärte er mir. „Bitte lege nichts anderes hinein. Außerdem", fügte er hinzu, „habe ich die Reise schon lange einmal machen wollen. Die Jungens und ich werden wahrscheinlich nie wieder eine ähnliche Gelegenheit bekommen."

Dickie und Dave Filbert reisten mit ihm nach Europa. In meinem Herzen stand ich alle möglichen unsinnigen Ängste aus. Zum erstenmal machte ich mir um unser Verhältnis enrsthaft Sorgen. Was, wenn er mich verläßt? Wenn er mit den Problemen doch nicht fertig werden kann? Wenn nun doch nichts aus einer Heirat wird?

Die Europareise dauerte etwa drei Wochen. Während dieser Zeit erhielt ich Briefe von vielen Orten in der Schweiz, Deutschland und Frankreich. Die Mitteilungen waren alle gleich – daß er sich nach mir sehnte, mich liebte und sich wünschte, mich bei sich zu haben.

Nach seiner Rückkehr aus Europa stürmte er mit den Worten ins Haus: „Ich habe mich so nach dir gesehnt, daß ich es kaum abwarten konnte, dich wiederzusehen!" Er war zurückgekommen – liebevoller und empfindsamer als je zuvor.

Donald und ich überlegten uns, ob nicht die Möglichkeit bestände, daß ich doch noch geheilt werden könnte. Bis jetzt hatte ich meine Lage aus Gottes Hand angenommen. Mein Wunsch, eine vollwertige Frau zu sein, brachte mich jetzt aber dazu, mich energisch auf die Verheißungen zu berufen, die mir der Herr in seinem Wort gegeben hatte. *Er läßt es immerhin zu, daß wir Leiden und Krankheiten durchmachen, um uns dadurch etwas zu lehren. Ich habe durch meinen Unfall viel ge-*

lernt. Jetzt aber, da ich alles gelernt habe, was er für mich zum Lernen vorgesehen hatte, könnte er mich eigentlich heilen.

Dies sollte ein neues Abenteuer im Glauben werden – die nächste Phase meiner geistlichen Entwicklung.

Natürlich konnte ich durch eine medizinische Behandlung nicht geheilt werden – meine Verletzung war unheilbar. Dennoch wußte ich, daß für Gott nichts unmöglich ist. Hatte er nicht durch Jesus Christus Lähmungen aller Art geheilt? Er hatte sogar Tote auferweckt.

Auch heute gibt es noch Wunderheilungen. Ich habe von vielen völlig unheilbaren und sogar tödlichen Erkrankungen oder Verletzungen gehört, die durch ein Wunder geheilt wurden.

Donald und ich lasen Jakobus 5 und andere Bibelstellen und richteten unsere Aufmerksamkeit auf den Gedanken, daß es Gottes Wille sein könnte, daß ich geheilt würde. Gott schien durch Johannes 14 und 15 und andere Bibelstellen zu uns zu sprechen, und wir beteten voll freudiger Erwartung und Dankbarkeit.

Wir waren der Auffassung, wir könnten den Willen Gottes durch die Umstände, den Glauben an Gottes Liebe, die Zusagen in seinem Wort und das Vertrauen auf die Kraft des Heiligen Geistes erkennen. Mit neuer Zuversicht schauten wir in unsere gemeinsame Zukunft.

,,Wir sind absolut davon überzeugt, daß Gott mich heilen will", sagte ich zu Diana.

,,Joni, diese ganze Sache entgleitet dir! Du bedrängst Gott – du erpreßt ihn. Du bist nicht realistisch", entgegnete sie.

,,Diana, ich bin überrascht, daß du so etwas sagst. Ich hätte gedacht, du hättest mehr Glauben. Du mußt glauben, daß Gott mich wirklich heilen will", tadelte ich sie.

Donald und ich beteten, daß Gott die Umstände doch so lenken möge, daß unser Vertrauen auf ihn gestärkt werde. Ich teilte meinen Freunden nach und nach mit, daß mich Gott bald heilen werde. Sooft Donald und ich zusammen waren, beteten wir darum, daß es bald geschehen möge.

„Herr, wir haben Glauben. Wir vertrauen deinem Wort, daß du uns gesund haben willst, damit wir dir besser dienen können", betete Donald.

„Ich danke dir für alle Lektionen in Geduld und Vertrauen, die du mir durch mein Leid erteilt hast, Herr. Und ich danke dir für das, was du tun willst, um durch meine Heilung aufgrund deiner Verheißung deinen Namen zu verherrlichen", fügte ich hinzu.

Während wir weiterhin um meine Heilung beteten, nahmen wir uns vor, einen Gottesdienst zu besuchen, in dem nach Jakobus 5 für Kranke gebetet wurde.

Einige Freunde fuhren mich in die Gemeinde. Älteste kamen und legten mir die Hände auf und salbten mich mit Öl – genau nach dem biblischen Gebot. Sie lasen mir Verheißungen aus der Bibel vor und beteten für mich.

Voll Zuversicht, Ergebenheit und Hingabe beteten Donald und ich und glaubten fest, daß Gott mich heilen würde.

Ich erwartete keine sofortige Heilung, sondern eher ein langsames Genesen, da meine Rehabilitation ja schon zwei Jahre in Anspruch genommen hatte. So war es ganz logisch anzunehmen, daß mich Gott allmählich wiederherstellen würde.

Nach verschiedenen Besuchen solcher Heilungsgottesdienste wurde es uns jedoch allmählich klar, daß ich nicht geheilt werden würde. Ich konnte mich zwar damit abfinden, war aber doch verzweifelt – wahrscheinlich mehr um Donalds als um meiner selbst willen.

Donald war still und in sich gekehrt. Er schien alles Geschehene in Frage zu stellen und neu zu bewerten. Es war bitter, besonders für ihn, nachdem wir so viele Hoffnungen an das Glaubensgebet geknüpft hatten. Er ließ sich zwar nichts anmerken, zog sich aber mehr und mehr zurück. Das nahm ich ihm übel und beobachtete ihn wieder mit eifersüchtigen Blikken.

Als Steve in den Semesterferien nach Hause kam, diskutierten er, Diana und ich über die möglichen Gründe, die Gott bewogen haben mochten, unsere Gebete nicht zu erhören.

„Was meinst du, weshalb dich Gott nicht geheilt hat?" fragte Diana.

„Ich weiß es nicht."

Steve unterbrach uns. „Weißt du, ich habe darüber nachgedacht, als ich kürzlich Hebräer 11 gelesen habe. Kennst du die Stelle?"

„Ja, sie handelt von den Gläubigen", antwortete ich.

„Dort ist von zwei Arten von Menschen die Rede – von solchen, deren Glaube belohnt wurde, und anderen, deren Glaube nicht belohnt wurde. Die einen erlebten alle möglichen wunderbaren, phantastischen Dinge. Die anderen aber ‚ließen sich martern und nahmen die Befreiung nicht an' oder erfuhren keine sichtbare Belohnung."

„Und du glaubst, ich gehöre zu der letzteren Gruppe?" fragte ich.

Steve beugte sich vor, um zum Kern zu gelangen. „Hm – hm. Ich glaube schon. Vorerst zumindest. Aber nicht für immer. 2. Korinther 5 erzählt von dem herrlichen Auferstehungsleib, den du einst anstelle deines nutzlosen irdischen Körpers bekommen wirst. Wir leben jetzt in einer ‚Hütte', einem vorübergehenden Wohnsitz. Eines Tages aber werden wir einen neuen Leib haben – himmlische Leiber, die makellos sind und ewig bestehen werden."

„Aber wie ist es dann mit den Versen, die wir über den Glauben gelesen haben?" wandte ich ein.

Steve umklammerte meine Knie, um seinen Worten Nachdruck zu verleihen – als ob ich es hätte fühlen können. „Aber das will ich ja gerade sagen! Erinnerst du dich an den Glaubensheiler, der dir gesagt hat: ‚Ich glaube, es ist Gottes Wille, daß Sie geheilt werden!'?"

„Ja."

„Nun, ich glaube das auch. Ich glaube, daß es der Wille Gottes für jeden Menschen ist, geheilt zu werden. Vielleicht haben wir aber einfach einen anderen Zeitplan als Gott. Ich glaube, daß Gott heilen will; doch hat die Heilung offensichtlich keinen Vorzug gegenüber anderen Dingen. Du wirst geheilt werden – aber wahrscheinlich nicht eher, als bis du deinen Herrlichkeitsleib erhältst."

„Aber andere sind doch geheilt worden", wandte ich ein.

„Ja, ich weiß. Ich stelle Gottes Souveränität auch nicht in Frage", erwiderte Steve.

Diana fügte hinzu: „Wenn Gott aber jemanden auf übernatürliche Weise heilt, muß er doch einen Grund dafür haben. Es scheint zum Beispiel viele Fälle von Wunderheilungen in Übersee zu geben – in Kulturkreisen, wo Missionare an der Arbeit sind. Wenn Menschen das geschriebene Wort Gottes nicht besitzen, brauchen sie vielleicht sichtbare Zeichen – du weißt schon, ‚Zeichen und Wunder' –, um zu Jesus Christus zu finden."

„Ja, das könnte schon sein", antwortete ich.

Steve fuhr fort: „In unserem Land wäre das weder passend noch notwendig. Die Sensationspresse würde sich der Sache bemächtigen und das Ganze verdrehen. Gott würde nicht die Ehre gegeben werden, und der ganze Sinn der Heilung wäre verloren."

Diana nickte. „Wir mißverstehen die Bibel in gefährlicher Weise, wenn wir kategorisch annehmen, es sei der Wille Gottes, daß alle Menschen gesund seien. Offensichtlich ist nicht jeder gesund."

„Richtig. Wir versuchen, vollkommen zu sein, haben das Ziel aber noch nicht erreicht. Wir sündigen noch immer. Wir erkälten uns noch immer. Wir brechen uns noch immer die Beine und das Genick", sagte ich und fügte hinzu: „Je mehr ich darüber nachdenke, desto mehr gelange ich zu der Überzeugung, daß Gott nicht alle gesund haben will. Er benutzt unsere Probleme zu seiner Ehre und zu unserem Wohl."

Während ich darüber nachdachte, fielen mir ein paar Familien ein, in denen Jesus Christus wirklich im Mittelpunkt stand und die doch von Unglück und Krankheit heimgesucht wurden. Viele, die den Herrn Jesus Christus von Herzen lieben, müssen oft viel Schweres durchmachen.

Heutzutage und in unseren Breiten gründen sich die menschlichen Beziehungen zu Gott auf sein Wort und weniger auf „Zeichen und Wunder".

„Weißt du", meinte Steve, „es besteht wirklich kein Unterschied in der Kraft Gottes. Vielleicht besitzt du in deinem Rollstuhl ein höheres Maß an Glaubwürdigkeit, als wenn du gesund wärst."

„Wie meinst du das?"

„Erinnerst du dich an das griechische Wort für die Kraft Gottes? Ich glaube, es ist ‚dúnamis‘."

„Ja, daher haben wir unser Wort ‚Dynamit‘."

„Oder ‚Dynamo‘", sagte Steve. „Beide bedeuten große Kraft. Das eine ist explosive Energie, das andere bedeutet gelenkte, nützliche Energie. Ein Heilungsgeschehen wäre gleich einem explosiven Freisetzen göttlicher Kraft, die dich aus dem Rollstuhl holt. Aber drin zu bleiben, setzt ebenfalls Kraft voraus – gelenkte Kraft, die dich durchströmt und es dir möglich macht durchzuhalten."

Während der nächsten paar Monate unterhielten Donald und ich uns über all dies und vieles mehr. Aber ein Thema vermieden wir – unsere gemeinsame Zukunft.

Eines Tages, als Donald mich besuchte, war er auffallend schweigsam. Ich spürte, daß ihm etwas auf dem Herzen lag. Schließlich sagte er mit leiser Stimme: „Joni, ich gehe in diesem Sommer als Mitarbeiter in ein ‚Young-Life'-Ferienlager oben in New York. Ich reise morgen ab. Ich bin nur gekommen, um Auf Wiedersehen zu sagen."

Ich dachte: Das ist gut. Unser Verhältnis ist in letzter Zeit etwas gespannt geworden. Wir müssen uns beide voneinander erholen – wie bei der Europareise. Doch war ich über die Betonung etwas überrascht, die er auf die Worte „Auf Wiedersehen" gelegt hatte.

„Was soll das heißen, auf Wiedersehen? Du wirst ein paar Wochen weg sein, aber –"

„Nein, Joni. Das ist das Ende. Es tut mir leid. Wir hätten niemals zulassen sollen, daß sich unser Verhältnis so entwikkelt, wie es der Fall war. Ich hätte dich niemals küssen dürfen. Wir hätten das, was wir zusammen getan haben, niemals tun dürfen. Wir hätten nie von der Ehe sprechen oder auch nur davon träumen sollen. Es war alles ein Fehler."

„Ein Fehler! Was soll denn das heißen? Du bist es doch gewesen, der mich ermutigt hat! Ich war ja von Anfang an skeptisch. Du hast mich geküßt und umarmt. Ich ließ mich von der Angst zur Hoffnung treiben, weil du mir gesagt hattest, daß du mich liebst und daß wir gemeinsam unser Leben aufbauen wollten. Donald, ich war so tief mit dir verbunden, wie ich es mit keinem meiner Angehörigen je war. Und jetzt willst du mich einfach sitzen lassen – einfach so? Jetzt sagst du, es sei alles ein Fehler gewesen? Daß du nur mit mir gespielt habest?" Meine Stimme zitterte, während ich verzweifelt versuchte, meine Gedanken in Worte zu kleiden.

Vor Wut und Verzweiflung hätte ich mich am liebsten auf ihn geworfen und mit meinen Fäusten auf ihn eingeschlagen. Aber ich konnte nur dasitzen und schluchzen.

„Ich habe nicht mit dir gespielt, das schwöre ich", sagte Donald mit fester Stimme. „Ich hatte von ganzem Herzen geglaubt, es schaffen zu können. Ich habe mich aber geirrt. Es ist unmöglich. Es war alles ein Irrtum."

O lieber Gott, was ist los? Ist das denn wirklich wahr? Panik ergriff mich bei dem Gedanken, daß Donald auf der anderen Seite des Zimmers stand und Auf Wiedersehen sagte. Was war nur passiert? Er war in mein Leben getreten und hatte mich dazu gebracht, mich anziehend und nützlich – eben wie eine Frau – zu fühlen. Ich glaubte nicht, daß ich irgend jemandem noch einmal so viel bedeuten könnte wie ihm. Ich hielt es nicht für möglich, einen anderen je so lieben zu können wie ihn.

Ich bemühte mich, meine Tränen hinunterzuschlucken. „Vielleicht brauchen wir nur Zeit, um das alles zu überlegen."

„Nein, Joni. Ich habe lange und ernsthaft genug nachgedacht. Es gibt kein Zurück. Es ist vorbei. Es tut mir leid." Mit diesen Worten wandte er sich um und ging zur Tür.

„Donald! Laß mich nicht allein! Donald, warte!"

„Auf Wiedersehen, Joni", sagte er leise und schloß die Tür hinter sich.

„Nein! O mein Gott, warum läßt du das zu? Warum tust du mir so weh?"

14

So schied Donald mit einem einfachen „Auf Wiedersehen"
aus meinem Leben. Mein Herz raste. *Wie kann er nur so grausam sein, nachdem er so lieb und zartfühlend gewesen ist?*

Als ich mich jedoch etwas beruhigt hatte, sah ich ein, daß er
überhaupt nicht hatte grausam sein wollen. Es war einfach
seine Art, nicht viel Federlesens zu machen – „keine Heuche-
lei", so hatte er gesagt.

Ich wußte, daß es ein endgültiger Abschied sein würde. Er
hatte mir keine Hoffnung gemacht. Auf lange Sicht gesehen,
war das die kürzeste und schmerzloseste Methode, die er anwenden konnte.

Ich fand heraus, daß Dick und Donald, gute Freunde seit ihrer Schulzeit, miteinander über das Problem gesprochen hatten. Dick, der in seinem Verhältnis zu mir selbst ähnliche Nöte
hatte durchstehen müssen, hatte Donald davor gewarnt, mir
gegenüber die Herrschaft über seine Gefühle zu verlieren.

„Ich weiß genau, was Don durchzustehen hatte", erzählte
er mir später. „Auch ich war verwirrt und innerlich zerrissen,
als du mir damals von Kalifornien aus schriebst, daß du einfach nur ‚gut befreundet' mit mir sein wolltest. Ich wußte genau, was das bedeutete. Dabei war ich damals – wie heute –
sehr in dich verliebt. Ich weiß aber auch, daß du recht hattest.
Ich wäre nicht in der Lage gewesen, mit deiner Verletzung fertig zu werden. Ich weiß es nicht. Aber ich war gewillt, mein
Leben an dich zu binden. Vielleicht wußtest du besser als ich,
daß ich nicht damit fertig werden konnte. Ich weiß es nicht.
Auf jeden Fall – seit wir in den vergangenen zwei Jahren bloß

gute Freunde gewesen sind, habe ich mich für Don und dich wirklich gefreut, als ihr euch verliebtet. Ich betete darum, daß Don schaffen möchte, was ich nicht schaffen konnte, und daß ihr beiden wirklich glücklich zusammen würdet."

„Was lief denn falsch?" fragte ich.

„Ich weiß es nicht. Ich spürte, daß Don daran zweifelte, ob er ein Recht hätte, ein Verhältnis mit dir aufrechtzuerhalten. Ein paarmal vertraute er mir an, daß er wünschte, er hätte seine Gefühle für dich nie so offen gezeigt. Ich nehme an, daß er – weil er älter und reifer ist als ich – das einsah, was ich damals nicht einsah: daß ein Mann auf die Dauer eben doch nicht mit dem Rollstuhl fertig werden kann."

Mein wundes Herz schmerzte noch mehr, als ich laufend über andere Freunde von Don hörte. Er schrieb Briefe an Jugendliche, die wir beide betreut hatten. Ich wurde böse und lehnte mich dagegen auf, daß junge Leute, mit denen wir zusammen gebetet und denen wir gemeinsam geholfen hatten, Don noch immer nahestanden und ich nicht.

Ich war davor gewarnt worden, meinen Gefühlen für Donald freien Lauf zu lassen. Jay und Diana hatten oft genug auf mich eingeredet, doch ja vorsichtig zu sein, aber ich wollte ja nicht hören. Jetzt waren alle meine Träume und Hoffnungen auf eine Ehe restlos zerstört.

Warum, o Gott? Ich verstehe nicht, warum!

In mir tobten die verschiedensten Gefühle: Zorn gegen Donald, Groll gegen Freunde, die ihm nahestanden, und Selbstmitleid.

Eine junge Gymnasiastin, erst seit kurzem Christin, die Donald und ich betreut hatten, kam zu Besuch, um mir einen Brief vorzulesen, den sie von Donald erhalten hatte. Darin teilte er ihr mit, welch wunderbare Dinge Gott in seinem Leben tat. Sie wußte natürlich nicht, was sich zwischen uns abgespielt hatte. Sie war lediglich vorbeigekommen, um mit mir über diese frohe Nachricht von Donald zu plaudern. In mir aber erwachte der Neid, und heiße Tränen rannen mir die Wangen herunter.

Als sie gegangen und ich mir selbst überlassen war, schämte ich mich meiner Haltung. Ich verarbeitete diesen Ärger nicht auf geistliche Weise. Um Trost zu finden, wandte ich mich einer bekannten Bibelstelle zu – 1. Korinther 13, dem Hohelied der Liebe. Mein Gehirn aber spielte mit Worten.

„Wenn ich mit Menschen- und Engelzungen redete und wäre voll Lust, so bin ich ein tönendes Erz oder eine klingende Schelle. Und wenn ich weissagen kann und alle Geheimnisse weiß und alle Erkenntnis habe, und wenn ich allen Glauben besitze, so daß ich Berge versetze, wäre aber voll Lust, so bin ich nichts. Und wenn ich alle meine Habe austeile und meinen Leib hergebe, damit ich verbrannt werde, wäre aber lüstern, so nützt es mir nichts... Lüsternheit ist unanständig, sie sucht das Ihre, sie läßt sich erbittern, sie rechnet das Böse zu; sie freut sich über die Ungerechtigkeit... sie duldet nichts..."

Indem ich die Worte „Lust" oder „Lüsternheit" für „Liebe" einsetzte, sah ich, was in unserem Verhältnis schiefgelaufen war. Mich hatte nach Donald „gelüstet" – nach seiner Zeit, seiner Beachtung, seiner Gegenwart –, weil ich meinte, ein Recht darauf zu haben. Ich erkannte, daß Lüsternheit eine böse, gierige Leidenschaft ist, ein Verlangen nach etwas, auf das ich nicht verzichten wollte. Schließlich verlor ich alles, was ich auf so eigennützige Weise in Besitz nehmen wollte.

Jetzt wurde mir die Wahrheit von 1. Korinther 13 erst richtig deutlich. Wahre Liebe ist selbstlos, diszipliniert, beherrscht, geduldig und gütig.

In meiner Verwirrung und Bestürzung fing ich an, bitterlich zu schluchzen. Diesmal jedoch trieb mich mein Schmerz zum Herrn Jesus Christus und nicht zu Selbstmitleid und ichbezogener Selbstbetrachtung. Ich schlug Bibelstellen auf, mit deren Hilfe ich frühere Enttäuschungen überwunden hatte, und las sie immer wieder.

Ich meinte, den Vögeln nicht mehr zuhören zu können. Sie riefen Erinnerungen an die schöne Zeit in mir wach, als Donald und ich stille Stunden der Zurückgezogenheit im Wald verbracht hatten. Ich gab mir die größte Mühe, Donald bewußt aus meiner Erinnerung zu verbannen. Es war schon schwierig genug, im Freien zu sein und mit allen auf mich einstürmenden Erinnerungen fertig zu werden.

Ein ganzes Jahr hatte ich mich auf die Erfüllung eines Herzenswunsches eingestellt: Donald zu heiraten. Ich hatte geglaubt, unser Plan sei ein Teilstück des vollkommenen Planes Gottes für unser Leben. Dann, in einer Stunde, zerbrachen meine Hoffnungen so endgültig, daß auch nicht das kleinste Fünkchen Hoffnung übrigblieb.

Ich erinnerte mich, wie Steve das dritte Kapitel der Klagelieder Jeremias erwähnt hatte. Er meinte damals: ,,Joni, Gott muß seine Gründe haben. Jeremia sagt: ,Es ist einem Manne gut, in seiner Jugend das Joch zu tragen.' Vielleicht wird dein Leben in späteren Jahren wertvoller sein, wenn du diese Erfahrung jetzt durchmachst."

,,Herr", betete ich, ,,wo ist die ,vollkommene Gabe' geblieben, von der ich in deinem Wort gelesen habe? Was tust du?"

Ich erinnerte mich an Bibelstellen, wo Petrus und Johannes so fragten, wie ich es jetzt tat. ,,Was geht es dich an?" war die einfache, sehr direkte Erwiderung des Herrn gewesen. Jesus hatte Petrus nicht verwöhnt oder ihm erlaubt, in Selbstmitleid zu schwelgen.

Der Herr sagte im Grunde: ,,Was geht das dich an? Es ist völlig egal. Richte deine Augen nur auf mich."

Ich lernte, daß Gottes Wahrheit nicht immer gütig und bequem ist. Manchmal beinhaltet seine Liebe zu uns Härte und strengen Tadel.

205

Ich las noch andere Verse. So sagt der Apostel Jakobus: „Achtet es für lauter Freude, wenn ihr in mancherlei Anfechtungen geratet." Das erinnerte mich an die Lektionen, die mich Gott im Krankenhaus und in den darauffolgenden Jahren gelehrt hatte: „Seid dankbar in allen Dingen... Alle Dinge werden zum Besten dienen..."

Ich zwang mich, Gottes Wort wieder intensiv zu studieren. Da gab es kein trostloses Selbstmitleid, kein Schwimmen in Tränen. Gott stellte mich lediglich vor eine erneute Prüfung: ob ich seiner Wahrheit, seiner Liebe und seinen Absichten vertraute.

*

Briefe, die Donald an unsere gemeinsamen Freunde schrieb, waren durchsetzt von seinem Zeugnis, wie Gott in seinem Leben wirke. Er berichtete von aufregenden Erlebnissen, durch die er in seinem geistlichen Leben wachsen durfte.

Allmählich wurden aus Wochen Monate.

Nach dem langen Sommer schrieb er seinen Freunden von einer hübschen jungen Frau, die er während der Arbeit im Ferienlager kennengelernt hatte.

Ich spürte den Stachel des Schmerzes, als ich die Nachricht erhielt, daß sich Donald in ein anderes Mädchen verliebt hatte. Der Herr aber schien mir zu sagen: „Was geht es dich an?"

Ich schrieb Steve, der auf der Bibelschule war, und schüttete ihm mein Herz aus. Er schrieb zurück und sicherte mir sein Mitgefühl und seine Gebete zu. Sein Brief schloß mit einer Verheißung aus dem 40. Psalm: „Deine Gnade und Wahrheit mögen mich allezeit behüten!" Damit brachte er zum Ausdruck, daß das für mich besonders gelte, wie groß der Schmerz des Lernprozesses auch sei. Gott behandele uns doch immer mit Liebe.

Diese und andere Bibelstellen hielten mich in jener schweren Zeit aufrecht.

Es war eine tiefe Enttäuschung für mich, daß ein Leben mit Donald offensichtlich nicht dem Willen Gottes entsprach. „Aber, Herr, wenn nicht Donald, so glaube ich doch, daß du etwas Besseres für mich hast. Ich will dir vertrauen, daß du mir diese bessere Gabe schenken wirst." Ich erinnerte mich daran, daß ein Prediger einmal gesagt hatte: „Gott schließt niemals eine Tür, ohne ein Fenster zu öffnen. Er gibt uns immer etwas Besseres, wenn er uns etwas nimmt." Diese Verheißung nahm ich für mich in Anspruch.

Rückblickend ist es offenkundig, daß Gott es besser wußte. Ich hatte eben in die jeweiligen Umstände, in die Heilige Schrift, kurzum in alles, die „gewünschte" Bedeutung hineingelesen, um Donald für mein Leben zu gewinnen. Es war doch sehr einfach zu sagen: „Gott will, daß wir glücklich sind", und dann Bibelstellen so hinzubiegen, daß sie unseren Wünschen entsprechen. Im Grunde genommen hatte ich wohl doch die ganze Zeit über gewußt, daß es nichts werden würde. Aber ich klammerte mich an den Gedanken, es sei der Wille Gottes, daß Donald sein Leben an mich binden sollte.

Nach meinem Unfall hatte ich mich zuerst an Dick, danach an Jay, dann an Diana und zuletzt an Donald gehängt. Ich brauchte ihre Liebe und Unterstützung zur Befriedigung meiner gefühlsmäßigen Bedürfnisse. Jetzt endlich fühlte ich mich frei. Jetzt endlich war ich völlig unabhängig, weil ich völlig von Gott abhängig war.

Eines Tages, als ich in der frischen Luft in meinem Rollstuhl saß, hing ich diesem Gedanken nach. „Herr", betete ich, „ich wünschte, ich hätte das schon früher eingesehen. Wenn ich doch nur immer daran gedacht hätte, daß mir deine Gnade genügt!"

Als ich auf dem stillen, schattigen Rasen saß, fiel mir Vers um Vers ein, die mich trösteten. „Bitte, Herr, werde mir doch jetzt ganz real!"

Da durchströmte mich ein tiefer Friede und eine große innere Freude. Ich schaute auf. Geradezu als Symbol der Liebe und des Trostes Gottes flatterte in diesem Augenblick ein Schmetterling hoch oben von den Bäumen herab, bis auf wenige Zentimeter vor mein Gesicht. Ich war freudig erschrokken.

„Herr, Dank sei dir für deine Güte! Daß du den Schmetterling gerade in diesem Augenblick sandtest, war eine besonders tiefsinnige Art, deine stille, wunderbare Gegenwart zu bezeugen."

Ich nahm mir vor, jedesmal, wenn ich einen Schmetterling sähe, an Gottes Güte zu denken.

In vielen stillen Stunden, die ich zurückgezogen mit meinem Herrn verbrachte, dachte ich über diesen höchst ungewöhnlichen Sommer nach. Es drängte mich, im Freien zu sitzen und über Gottes Plan mit meinem Leben nachzudenken.

Um mich bei meinen Gedanken auch zu beschäftigen, wandte ich mich wieder meiner künstlerischen Tätigkeit zu. – Ich fand neues Interesse am Malen, und es schien so, als ob meine Arbeiten besser würden. Es lag eine Qualität in den Bildern, die vorher nicht darin zu finden gewesen war. Ich weiß nicht genau, woran es lag, aber anderen fiel der Unterschied ebenfalls auf.

Die Umstellung ging nur langsam vor sich, doch war es auch nicht so schwierig, wie ich es erwartet hatte. Ich sah Donald in einem neuen Licht und mit größerem Verständnis. Er hatte das getan, was ihm richtig schien. Er hatte uns beiden wehgetan, denn ich wußte jetzt, daß er genauso gelitten haben mußte wie ich.

Wir waren beide den ernsten Folgen unseres Verhältnisses gegenüber blind gewesen. Wenn man verliebt ist, sucht sich

208

Joni – PTL

die Liebe in Taten auszudrücken. Sind wir daran gehindert, flüchten wir uns in ein Wunschdenken, daß „alles schon irgendwie gutgehen wird". Man wird zwar von lieben Freunden gewarnt, will ihnen aber keinen Glauben schenken.

Viele junge Menschen sperren sich gegen die Wirklichkeit. Sie wissen, daß irgend etwas nicht in Ordnung ist, daß aus einem bestimmten Verhältnis einfach nichts werden kann. Dennoch machen sie weiter, wie wir es auch getan haben, weil sie von ihrem Wunschdenken überzeugt sind.

Rückblickend danke ich Gott für unser Verhältnis. Es gibt so viele Dinge, die ich nie erlebt hätte, wenn Donald nicht in mein Leben getreten wäre und mich wieder verlassen hätte. Deshalb danke ich dem Herrn Jesus Christus für diese Erfahrung. Besonders dankbar bin ich dafür, daß mir Gott geholfen hat, mit der Trennung fertig zu werden, ohne daß Gefühle der Verbitterung und Verzweiflung zurückgeblieben sind.

Selbst Donalds neue Liebe nahm ich mit ehrlicher Freude zur Kenntnis. Er hatte endlich auch Gottes vollkommenen Willen für sein Leben erkannt.

Eines Abends, in unserem Bibelstudienkreis, kam ein Freund auf mich zu. „Joni, ich möchte dir etwas sagen, ehe du es von anderen erfährst."

„Jimmy, du brauchst mir nichts mehr zu sagen. Ich weiß Bescheid."

„Du weißt Bescheid? Du hast schon gehört, daß Donald sich verlobt hat? Wie denn?"

„Ich weiß nicht." Ich lächelte. „Ich wußte es einfach, das ist alles."

Ich war überrascht, wie Gott mir half, mit Leichtigkeit mit dem fertig zu werden, was eigentlich eine schmerzhafte, peinliche Erfahrung hätte sein müssen.

Als Donald seine Sandy, eine hübsche junge Witwe, die ihren Mann durch einen Unfall verloren hatte, drei Wochen

210

später zum Bibelstudienkreis mitbrachte, saßen wir nebeneinander.

Sie wußte schon von mir. Bei jeder anderen Gelegenheit wäre diese Begegnung – gelinde ausgedrückt –peinlich gewesen. Sie war eine stattliche, hübsche Frau, deren dunkler Teint Donalds gutes Aussehen noch zu unterstreichen schien.

Ich wandte mich ihr zu und sagte: ,,Sandy, es freut mich wirklich, Sie kennenzulernen. Ich möchte Ihnen sagen, daß ich mich ehrlich für Sie und Donald freue.''

Sie lächelte und bedankte sich.

Ich sagte zu ihr: ,,Ich bete jeden Abend für Sie beide. Ich preise Gott für alles, was er in unser aller Leben getan hat. Ich freue mich über Sie beide – besonders über Ihren Wunsch, dem Herrn Jesus Christus zu dienen.'' Jedes Wort war mir ernst.

Freunde und Angehörige, die von der Liebe zwischen Donald und mir wußten, staunten über meine Haltung. Sie hatten damit gerechnet, ich würde eine Szene machen. Und sicherlich wäre das auch geschehen, hätte ich Gott nicht die Situation in die Hand gegeben.

Ich fing an, das Leid in einem neuen Licht zu sehen – nicht als eine Prüfung, der man möglichst aus dem Wege gehen sollte, sondern als eine Gelegenheit, Gottes Liebe, Gnade und Güte zu erfahren.

*

In der zweiten Hälfte des Jahres 1972 veränderte sich mein Leben mehr als in irgendeinem anderen Lebensabschnitt – einschließlich der vorausgegangenen fünf Jahre im Rollstuhl.

Als Donald aus meinem Leben schied, war niemand da, auf den ich mein Vertrauen setzen konnte – außer auf Gott. Und da sich der Herr vorher immer als treu erwiesen hatte, vertraute ich ihm auch jetzt.

15

Im Herbst 1972 fing ich an, ernsthafte Fragen wegen meiner Zukunft zu stellen. „Herr", fragte ich, „wenn kein Studium, kein Donald, was dann? Was hast du mit mir vor?"

Ich glaubte einfach daran, daß Gott mir etwas Besseres geben würde, wenn er mir etwas anderes nahm. Das hatte ich aus meinen Erfahrungen, bei denen ich mich auf die Allmacht Gottes verlassen hatte, gelernt. „Habe deine Lust an dem Herrn", sagt der Psalmdichter, „vertraue auf ihn allezeit." Als ich das tat, wurde es für mich leichter, echte Dankbarkeit für alles aufzubringen, was er in mein Leben legte – Gutes und Böses.

Die Leiden und Schmerzen der vergangenen Jahre waren die Zutaten gewesen, die mir geholfen hatten, geistig und geistlich zu wachsen. Ich fühlte mich sicher und unabhängig, wenn ich in allem, was meine körperlichen und geistlichen Bedürfnisse betraf, meinem Gott vertraute.

Leid und Schmerz haben einen Sinn. Wir sehen das zwar nicht immer so deutlich. Der Apostel Paulus litt für Jesus Christus. Gefängnis, Auspeitschung, Steinigung, ein Schiffbruch und einen „Dorn im Fleisch" mußte er ertragen. Der Segen des Leides, wie ihn J.B. Phillips nach Römer 5,3–5 interpretiert, ist: „Wir können jetzt und hier schon voller Freude sein, selbst in unseren Prüfungen und Schwierigkeiten. In der richtigen Haltung angenommen, verleihen uns eben diese Dinge geduldiges Durchstehvermögen. Dies wiederum bildet einen reifen Charakter, und solch ein Charakter schafft eine beständige Hoffnung, eine Hoffnung, die uns niemals enttäuschen wird."

Ich glaubte, daß Gott in meinem Leben wirkte, um Niedergeschlagenheit und Schmerzen in Gnade und Weisheit zu verwandeln.

Alle diese Erfahrungen fanden nun sichtbaren Ausdruck in meinen künstlerischen Arbeiten. Zuerst hatte ich aus Vergnügen gemalt, dann, um die Zeit auszufüllen, und jetzt, um meine Gefühle über das, was Gott in mir wirkte, zum Ausdruck zu bringen. Ich hatte irgendwie das Gefühl, daß meine künstlerische Ausdrucksweise in den Plan Gottes hineinpaßte. Vielleicht würde daraus das „Bessere" werden.

Daß meine Zeichnungen von den Menschen bewundert wurden, nur weil sie von jemanden stammten, der im Rollstuhl saß und den Zeichenstift mit dem Mund führte, war das Letzte, was ich wollte. Meine Arbeit sollte an sich gut sein – sowohl in künstlerischer als auch in handwerklicher Hinsicht.Deshalb war ich auch sehr erfreut, sogar stolz darüber, daß meine Arbeiten in einer örtlichen Kunstausstellung gezeigt wurden – und zwar wegen ihrer Qualität und nicht, weil ich behindert war.

Zum erstenmal stürzte ich mich mit ganzer Kraft in meine künstlerische Tätigkeit. Ich skizzierte Dinge um ihrer Schönheit willen und nicht solche, die meine Gefühle oder Schmerzen widerspiegelten. So entstand eine ganze Sammlung von Zeichnungen von Tieren, Szenen und Menschen, in denen Freude und Zuversicht zum Ausdruck kamen. Darum wurde sie von den Menschen auch gut aufgenommen. Die Skizzen von Kindern, Bergen, Blumen und Waldtieren waren wegen ihrer Schönheit anziehend und wirkten erfrischend.

Ich war aufrichtig überzeugt, daß Gott mich soweit gebracht hatte und daß er noch mehr Segen für mich bereithalte. Ein, zwei Jahre zuvor hätte ich es noch nicht geglaubt, jetzt aber war ich dort angelangt, wo das „Bessere" im Ledigsein zu finden war. In 1. Korinther 7 las ich, daß es für einige eine höhere Berufung als zum Ehestand gibt. Eine alleinstehende Frau kann eher auf ihre Heiligung bedacht sein, weil sie weniger abgelenkt wird als eine verheiratete Frau, die ihren Mann, Familie und Haushalt zu versorgen hat. Von den Haushaltspflichten war ich ja sowieso befreit. Wahr blieb natürlich, daß mir die Freuden und Vorrechte, die mit der Ehe verbunden sind, versagt blieben; doch hatte Gott diese durch andere Freuden ersetzt, so daß ich mehr als ausgefüllt war. Ich verfügte über die Freiheit, zu kommen und zu gehen, ohne mich an einen Zeitplan halten zu müssen, der auch andere mit einbezog. Ich konnte verreisen, bis spät abends arbeiten, lesen, mich unterhalten, schlechthin tun, was mir gerade Spaß machte. Es war eine großartige Freiheit.

Manche Leute sagten mir: ,,Sie hatten keine andere Wahl, als ledig zu bleiben. Deshalb können Sie sich auch viel leichter damit abfinden als ich. Daher sind Sie auch so fröhlich. Ich aber fühle mich einsam, enttäuscht und unausgefüllt.''

,,Ich bin nicht so überzeugt, daß es für mich leichter ist'', sagte ich dann. ,,Jeder, der damit rechnen muß, unverheiratet zu bleiben, sollte ganz besonders auf die Weisheit Gottes vertrauen. Weil ich ihm nicht vertraute, sondern versuchte, im Blick auf mein Verhältnis zu Donald seinen Willen zu beeinflussen, wurde ich enttäuscht. Als ich aber keine andere Wahl hatte, als mich und meine Umstände aus Gottes Hand zu nehmen und ihm zu vertrauen, wurde es leichter für mich. Wenn wir zu Gottes Führung ja sagen, werden wir von quälenden Überlegungen, Sorgen und verzweifeltem Suchen befreit. Wenn wir nicht wissen, was uns die Zukunft bringt, und uns darüber Sorgen machen, ernten wir nur Kummer und Verbitterung.''

,,Soll das heißen, daß ich die Hoffnung auf eine glückliche Ehe einfach aufgeben soll?'' fragte mich ein junges Mädchen einmal.

„Ich will nur folgendes sagen: Wenn man das Alleinsein aus Gottes Hand nimmt, ist man nicht mehr enttäuscht, auch wenn man nicht weiß, was die Zukunft bringt", erwiderte ich. „Das ist natürlich der schwerste Teil. Sich mit dem Gedanken abfinden zu müssen, für immer allein zu bleiben, mit allen Opfern, die das mit sich bringt, ist gewiß nicht einfach. Hat man sich aber einmal dazu durchgerungen, wird das Leben als unverheiratete Frau viel leichter."

„Das hört sich an, als wolle man den Gedanken an eine Heirat aufgeben", meinte sie.

„Vielleicht ist es das auch. Das soll aber nicht heißen, daß Gott uns nicht eines Tages doch erlaubt zu heiraten. Vielleicht tut er es, vielleicht auch nicht. Das spielt aber keine Rolle, wenn wir Gott die Entscheidung und Wahl überlassen. Wir vertrauen seinem Urteil, daß denen, die Gott lieben, alles zum Guten mitwirkt."

„Aber ich habe doch Bedürfnisse, die erfüllt werden müssen! Ich habe doch ein Recht zu heiraten!"

„Nur Gott kann uns sagen, wo unsere Rechte und Bedürfnisse liegen. Du mußt ihm dieses Recht zugestehen.

Fang an, als Alleinstehende zu leben, und ordne in deiner Arbeit und in deinem Leben alles dem Ziel unter, daß du ihm dienen und ihn ehren willst. Dann wird dir Gott ein reiches und befriedigendes Leben schenken, das ist gewiß. Dann kann es so sein, daß er dir statt eines Partners für dein Leben viele Freunde gibt, die deine geistigen und geistlichen Bedürfnisse befriedigen und dich deine Einsamkeit vergessen lassen."

„Erlebst du das so, Joni?"

„Ja. Und es wird noch besser. Vielleicht gibt dir Gott doch noch die Gelegenheit zum Heiraten, wenn du dieses Problem völlig an ihn abgegeben hast. Vielleicht wird er noch jemanden in dein Leben bringen. Doch wenn du dich an diese Hoffnung klammerst und andauernd an die Möglichkeit denkst, daß es doch noch nach deinen Wünschen gehen könnte, wirst du ganz gewiß enttäuscht sein und bleiben."

Jugendliche hörten mir respektvoll zu, wenn ich diese Ansichten mit ihnen besprach. Doch konnte ich in ihren Augen immer etwas von Vorbehalt und Zurückhaltung lesen. Es fiel ihnen einfach schwer einzusehen, daß die Bürde des Alleinseins schöner sein könnte als die Freuden einer Ehe.

„Die Bibel sagt im 1. Korintherbrief: ,Was kein Auge gesehen und kein Ohr gehört und keinem Menschen in den Sinn gekommen ist, was Gott denen bereitet hat, die ihn lieben'", rief ich ihnen ins Gedächtnis zurück. „Der Apostel vergleicht an dieser Stelle den natürlichen mit dem geistlichen Menschen, doch glaube ich, daß wir das auch auf unsere Zukunft anwenden dürfen."

„Wie meinst du das?" fragte mich eines Tages ein junges Mädchen.

„Nun, wir malen uns oft die schönsten Liebeserlebnisse, Zärtlichkeiten und Gefühle aus, die uns mit einem jungen Mann verbinden könnten – all die schönen Dinge, von denen wir gehört haben und die in unserem Herzen und in unseren Sinnen haften geblieben sind. Gott aber sagt: ,Die sind gar nichts, verglichen mit dem, was vor euch liegt.' Ich weiß noch immer nicht, was das bedeutet. Aber ich habe bereits gelernt, daß Gott die Betonung nie so sehr auf die Gegenwart legt – es sei denn als Vorbereitung auf die Zukunft. Wir besitzen nur ein sehr begrenztes Empfinden für die Wirklichkeit. Das soll nicht heißen, daß ich nur noch an den Himmel und das Leben nach dem Tod denke. Es hilft mir aber, die Dinge im richtigen Licht zu sehen."

„Aber glaubst du denn nicht, daß das nur für dich zutrifft, weil du in einem Rollstuhl sitzt?" fragte mich dann oft jemand.

„Nein, das glaube ich nicht. Das ist eine allgemeine Wahrheit. Viele Menschen, die nicht in einem Rollstuhl sitzen, müssen mit dem Alleinsein genauso fertig werden wie ich. Das kann zu dauernder Verbitterung und Enttäuschung führen oder aber eine Quelle der Freude sein."

„Du glaubst also, daß du niemals heiraten wirst?"

„Nein, ganz bestimmt nicht. Ich weiß nicht, ob ich jemals heiraten werde oder nicht. Ich bin aber zufrieden, ob ich nun heiraten werde oder nicht."

„Hm, und was ist mit uns, die wir noch nicht soweit sind, daß wir unser Los so leicht annehmen können wie du?"

„Wenn ihr ledig seid und keine Aussicht habt, in absehbarer Zukunft zu heiraten, lebt einfach so, als sei es Gottes Wille, daß ihr ledig bleibt, bis er euch mit einem Mann zusammenführt oder etwas Besseres für euch bereithält."

„Ähnelt ein bißchen dem Vers, den du gerade vorgetragen hast: ‚Was kein Auge gesehen und kein Ohr gehört.‘ Stimmt's?" fragte jemand.

„Ja. Manchmal erinnere ich mich lebhaft an frühere Gefühle und Erlebnisse – wie ich auf einem grasbewachsenen Feldweg ging, in einem klaren, kühlen Fluß schwamm, einen steilen Berg bestieg, an Blumen roch oder auf einem Pferd ritt. Das alles habe ich erlebt, als ich noch auf meinen Füßen stand. Gott aber sagt mir, daß all das nicht wert ist, mit der zukünftigen Herrlichkeit, die er für mich bereitet hat, verglichen zu werden. Es ist so, wie ich schon einmal gesagt habe: Die Zukunft ist die einzige Wirklichkeit, die zählt. Das einzige, was wir in den Himmel mitnehmen können, ist unser geistliches Leben. Wir werden ihn sehen, an den wir geglaubt haben, aber wir werden einer Prüfung durch Feuer unterzogen werden. Nur das wird von unserem Wesen und unseren Werken bleiben, was den Herrn Jesus Christus verherrlicht hat."

Ich war für alle Gelegenheiten dankbar, die sich mir boten,

um zu erklären und zu bezeugen, wie Gott in meinem Leben wirkte. Langsam sah ich einen tiefen Sinn in seinen Führungen und war glücklicher als je zuvor. Meine Erfahrungen gaben mir schöpferische Energie und Reife, wie ich sie vorher nicht besessen hatte. Meine künstlerischen Arbeiten wiesen Qualität und fachliches Können auf.

Ich experimentierte mit verschiedenen Arten von Papier, Federn, Bleistiften und Holzkohle. Ich probierte verschiedene Methoden und Techniken aus und entschied mich zuletzt für das Material, das mir am geeignetsten erschien. Ich benutzte eine spitze Flair-Zeichenfeder und skizzierte damit sorgfältig, wobei ich mich gewissenhaft kontrollierte. Die Zeichnungen gab ich dann Freunden und Bekannten als Hochzeits- oder Weihnachtsgeschenke.

Die Nachfrage nach meinen Werken hielt mich ständig beschäftigt. Ich hatte aber bis jetzt noch keine Möglichkeit gefunden, wie ich aufgrund meiner Arbeit zu einem Einkommen gelangen und finanziell unabhängiger werden konnte.

Da besuchte eines Tages ein leitender Versicherungsangestellter meinen Vater in dessen Büro in der Stadt. Neill Miller ist ein energischer, gutmütiger, aber erfolgreicher christlicher Geschäftsmann. Er ist als Versicherungsinspektor für die Aetna-Lebens- und Unfallversicherungsgesellschaft tätig und arbeitet nebenbei noch aktiv in ein paar Wohltätigkeitsvereinen in Baltimore mit. Neill Miller sieht dort Möglichkeiten, wo andere Hindernisse sehen. Durch seine Bemühungen konnten im ganzen Land bekannte Persönlichkeiten für Projekte, die er vertrat, gewonnen werden. Oft stellten sie dann ihre Dienste und Talente freudig zur Verfügung.

Während eines Besuches bei meinem Vater bemerkte er eine meiner Zeichnungen, die an der Wand hing. ,,Diese Zeichnung gefällt mir gut, Herr Eareckson. Ist es ein Original?'' fragte er.

218

„Ja. Meine Tochter hat das gemalt", erwiderte Vater.

„Tatsächlich? Die ist ja eine richtige Künstlerin! Das Bild zeigt sehr viel Charakter und realistisches Detail. Sie besitzt einen originellen Stil. Das Bild zeigt ungewöhnliche Disziplin", bemerkte Herr Miller.

„Vielen Dank. Ich werde es ihr ausrichten." Dann fügte Vater hinzu: „Es wird Sie vielleicht interessieren, daß Joni – das ist meine Tochter – gelähmt ist. Sie muß die Feder im Mund halten, wenn sie zeichnet."

„Das ist ja noch erstaunlicher!" Herr Miller stand auf, um die Zeichnung näher zu untersuchen. „Ausgezeichnet! Einfach ausgezeichnet!"

„Sie hat nie eine formale Ausbildung genossen", erklärte Vater. „Ich habe mich den größten Teil meines Lebens etwas mit Kunst befaßt, und wahrscheinlich hat sie dieses Interesse von mir geerbt. Ihren Stil und ihr Talent hat sie aber selbst entwickelt."

„Hat sie ihre Bilder schon einmal ausstellen lassen?" fragte Herr Miller.

„Nein, noch nicht richtig – nur bei ein paar Feierlichkeiten. Sie zeichnet, weil es ihr Freude macht, aber meistens nur für die Familie und ihre Freunde."

„Aber wir können ein solches Talent doch nicht unbeachtet lassen!" rief Herr Miller begeistert. „Ob sie wohl etwas dagegen hätte, wenn ich eine kleine Kunstausstellung für sie veranstalten würde?"

„Aber nein. Ich bin überzeugt, daß sie sich sehr darüber freuen würde."

„Fein! Lassen Sie mich sehen, was zu tun ist. Ich melde mich wieder."

Später rief Herr Miller Vater an und teilte ihm mit, daß er eine kleine Ausstellung in einem in der Nähe gelegenen Restaurant arrangiert habe. Vater brachte alle Originale, an de-

220

nen ich in den vergangenen Monaten gearbeitet hatte, in das Town-and-Country-Restaurant in der Innenstadt von Baltimore. Dieses Restaurant ist ein elegantes Lokal, wo sich Geschäftsleute und hohe politische Persönlichkeiten treffen.

Ich erwartete eine kleine Schar von Menschen, die sich meine Zeichnungen ansehen, sich unterhalten und dann wieder gehen würde. So war es bislang bei anderen Ausstellungen gewesen. Im stillen hoffte ich jedoch, daß ein oder zwei Zeichnungen verkauft werden könnten.

Am Morgen der Ausstellung fuhren Jay, Diana und ich in die Stadt. Man hatte uns gebeten, gegen zehn Uhr an Ort und Stelle zu sein.

Als Jay in die South-Street in Richtung auf das Restaurant einbiegen wollte, war die Straße gesperrt.

„Das ist ja seltsam", bemerkte ich. „Es sind doch gar keine Straßenarbeiten im Gang. Warum sperren die denn eine Hauptverkehrsstraße einfach ab?"

„Ich weiß es nicht. Ich werde in diese Seitenstraße einbiegen und mich dann nach drüben durchlavieren", meinte Jay.

„Warte mal. Da kannst du auch nicht durch! Dort steht ein Verkehrspolizist und regelt den Verkehr."

„Es muß irgend etwas mit der Handelskammer zu tun haben", bemerkte Diana.

„Ja. Vielleicht ist es eine Parade zu Lincolns Geburtstag oder so etwas ähnliches", fügte Jay hinzu.

„Es muß eine Parade sein. Schau mal!" rief ich.

„Eine große Blaskapelle. Toll! Schade, daß wir zu der Ausstellung müssen. Wir könnten sonst zuschauen", sagte Jay lächelnd.

„Vielleicht kannst du hier abbie –" Ich beendete den Satz nicht.

Wir sahen es alle gleichzeitig und trauten unseren Augen nicht. Die Blaskapelle stand vor dem „Town and Country".

221

Und vor dem Gebäude prangte eine riesige Fahne, auf der stand: „Joni-Eareckson-Tag." Ein Fernsehkamerateam stand wartend herum, dazu eine wachsende Menschenmenge.

„O nein! Was ist denn bloß los?" schrie ich entsetzt. „Jay, schnell! Bieg in diese kleine Seitenstraße ein, ehe sie uns sehen!"

Der Wagen kam zwischen den Gebäuden zum Stillstand, weit genug von dem Trubel entfernt.

„Was soll ich nur machen?" fragte ich Jay. „Das ist ja nicht zu fassen. Was hat der bloß gemacht?"

„Mensch, Joni, er hat doch wohl von einer ‚kleinen Ausstellung' gesprochen, nicht wahr?"

Wir saßen ein paar Minuten da und überlegten, was zu tun sei. Als es offensichtlich wurde, daß wir keine andere Wahl hatten, als zu der Veranstaltung zu gehen, fuhr Jay den Wagen rückwärts auf die Straße und vor das Restaurant.

Innerlich betete ich, daß mich Jay in ihrer eigenen Nervosität nicht fallen lassen möge, als sie und Herr Miller mich aus dem Wagen und in meinen Rollstuhl hoben.

Mit verhaltenem Atem sagte ich: „Herr Miller, was haben Sie bloß angestellt?"

Doch noch ehe er etwas erwidern konnte, war ich bereits umzingelt. Berichterstatter der Baltimorer Zeitung „News American" und der lokalen NBC-Fernsehstation stellten mir Fragen.

Ich blinzelte und versuchte schüchtern, meine Gedanken zu sammeln.

Ein von einem livrierten Chauffeur gefahrener Herr reichte mir einen wunderschönen Strauß Rosen. Ein Beamter des Rathauses verlas eine Proklamation des Bürgermeisters, die eine lokale Kunstwoche ankündigte, in welcher ich anläßlich der Feierlichkeiten zum Joni-Eareckson-Tag geehrt werden sollte.

Ich war überwältigt und beschämt über so viel Aufmerksamkeit. Ich sagte zu Herrn Miller: „War das alles wirklich notwendig?", weil ich fürchtete, der Sinn dieser Ausstellung könnte verlorengehen oder falsch gedeutet werden, wenn die Aufmerksamkeit der Menschen ausschließlich auf den Rollstuhl gelenkt würde.

Als aber das Programm der Veranstaltung ablief, merkte ich, daß das keineswegs der Fall war.

Ich entschuldigte mich für mein voreiliges Urteil. Vielleicht war ich auf diesem Gebiet etwas zu empfindlich und fürchtete das Mitleid, das Menschen im Rollstuhl im allgemeinen entgegengebracht wird. Ich hatte es schon zu oft erlebt, wie schwierig es ist – und die National Paraplegic Association, die Nationale Vereinigung Querschnittgelähmter, bestätigt das –, von Menschen, die mich nicht kannten, als geistig ebenbürtig anerkannt zu werden.

Vielleicht reagiere ich auch in solchen Situationen zu heftig. Ich bin einfach im höchsten Maße daran interessiert, daß man mich, meine künstlerischen Arbeiten und mein christliches Zeugnis an sich schätzt. Ich möchte nicht, daß mein Rollstuhl die Aufmerksamkeit auf sich lenkt, wenn ich über die Kunst oder den Herrn Jesus Christus spreche. „Ich rege mich über den Rollstuhl nicht auf, also tun Sie es bitte auch nicht!", möchte ich am liebsten den Leuten zurufen.

Die Feierlichkeiten verliefen programmgemäß. Das Interesse an meinen künstlerischen Arbeiten ging keineswegs verloren. Die Fragen der Reporter bezogen sich hauptsächlich auf meine Arbeiten; der Rollstuhl diente nur als Hintergrund.

Herr Miller sagte mir: „Joni, du hast deine Erwartungen zu niedrig angesetzt. Du weißt überhaupt nicht, wie gut deine Bilder sind. Es tut mir leid, wenn dich dieser ganze Rummel zuerst in Verlegenheit brachte. Aber es ist einfach nicht meine Sache, etwas nur halb zu tun."

Nach den Feierlichkeiten erreichte die Aufregung ihren Höhepunkt, doch der Rest der Ausstellung verlief so, wie es bei solchen Anlässen üblich ist.

Die Leute fragten mich: „Woher nehmen Sie die Einfälle Ihrer Zeichnungen?" – „Wie lange benötigen Sie für ein Bild?" – „Haben Sie Kunst studiert?"

Als sich die Menge etwas verlief, brachte Herr Miller einen stattlichen, gut aussehenden jungen Mann zu mir und stellte ihn mir vor. Er hatte die Hände in den Taschen seines Sakkos vergraben und machte einen etwas betretenen Eindruck.

„Ich möchte gern, daß du dich mit ihm unterhältst, Joni", sagte Herr Miller und ließ uns in unserer Befangenheit allein.

„Es freut mich, Sie kennenzulernen", sagte ich. „Möchten Sie nicht Platz nehmen?"

Er setzte sich an den in der Nähe stehenden Tisch, ohne ein Wort zu sagen. Allmählich wurde mir unbehaglich zumute. Weshalb war er hier? Er schien nicht mit mir sprechen zu wollen. Meine Bemühungen, eine belanglose Unterhaltung in Gang zu bringen, verliefen erfolglos. Dennoch konnte ich an seinen Augen erkennen, daß ihn irgend etwas quälte.

Ich versuchte es noch einmal und fragte: „Was kann ich für Sie tun?"

„Nichts." Dann brummte er: „Ich bin einmal Feuerwehrmann gewesen. Jetzt kann ich aber nicht mehr arbeiten."

„Ach?" Was sollte ich jetzt sagen? „Äh – nun, möchten Sie mir etwas davon erzählen?"

„Es war ein Unfall." Er rutschte nervös auf dem Stuhl herum. „Sehen Sie", sagte er, „ich weiß nicht, weshalb ich hier bin. Miller hat mir gesagt, ich sollte kommen und einmal mit Ihnen sprechen, weil Sie es mit Ihrer Behinderung – äh – auch ziemlich – schwer haben."

„Ja, das kann man wohl sagen. Ich glaube, ich hätte mir das Leben genommen, wenn ich meine Arme hätte gebrauchen können. Ich war wirklich ganz tief unten. Aber –" Ich machte eine Pause, um ihm zu zeigen, daß ich noch immer nichts über sein Problem wisse.

Sein hübsches junges Gesicht war qualvoll verzerrt. Er zog die Arme aus den Taschen seines Sakkos. Aber er hatte keine Hände mehr – nur vernarbte Stummel, wo sie amputiert worden waren.

„Sehen Sie sich diese häßlichen Stummel an!" sagte er verzweifelt. „Ich habe meine Hände bei einem Brand verloren. Und ich kann nicht damit fertig werden." Seine Stimme verriet Verzweiflung, angestaute Wut und Verbitterung.

„Das tut mir leid", sagte ich. „Aber Herr Miller hatte recht. Ich glaube, ich kann Ihnen helfen."

„Wie denn?" fragte er schneidend. „Sie können mir doch meine Hände nicht zurückgeben!"

„Nein, das nicht. Ich möchte Ihnen keine Patentlösung anbieten. Aber ich war in derselben Lage wie Sie. Ich kenne den Zorn und das Gefühl, ungerecht behandelt worden zu sein. Es ist für einen Mann vielleicht noch schwerer – Sie wissen schon, unabhängig sein und sich selbst helfen wollen. Ich glaube, daß ich mich in Sie hineindenken kann."

Ich erzählte ihm etwas von meinen Erfahrungen im Krankenhaus und in Green Oaks und sagte ihm, daß seine Gefühle ganz natürlich seien.

„Aber wie sind Sie darüber hinweggekommen? Wie werden Sie mit Ihrer Behinderung fertig? Heute sind Sie fröhlich, überhaupt nicht zynisch. Woher nehmen Sie die Kraft, das durchzustehen?" fragte er.

„Tja, das ist eine ganz schöne Geschichte. Soll ich Ihnen davon erzählen?"

Er nickte.

Ich erzählte ihm, wie ich durch Jesus Christus Zugang zu Gott und seiner Kraft bekommen hätte, wie Gott in den letzten Jahren in meinem Leben gewirkt und mir geholfen hatte, mit meinen Ängsten und den Anforderungen des Lebens fertig zu werden. Dann bezeugte ich ihm die einfache Kraft des Evangeliums, von der ich als Fünfzehnjährige auf einem „Young-Life"-Camp gehört hatte.

Allmählich hellte sich sein Gesicht auf. Fast eine halbe Stunde lang sprach ich mit ihm über die Lektionen, die mir Gott beigebracht hatte. Als er sich verabschiedete, sagte er: „Vielen Dank, Joni. Neill Miller hatte recht. Sie haben mir geholfen. Ich will es noch einmal versuchen. Vielen Dank!"

Heute freut sich dieser junge Mann wieder seines Lebens. Er hält Vorträge an Feuerwehrschulen.

Währenddessen ging die Ausstellung im „Town and Country" ihrem Ende entgegen, und Neill Millers Idee entpuppte sich als der Start meiner künstlerischen Laufbahn. Am Abend hörte ich zu meinem großen Erstaunen, daß Originalzeichnungen zu fünfzig bis fünfundsiebzig Dollar pro Stück verkauft wurden. Insgesamt waren über tausend Dollar in der Kasse!

Durch die Veranstaltung wurde auch im Fernsehen von Baltimore über meine Werke berichtet. Zusätzlich zu der Berichterstattung lud man mich zu einer „Talk-Show" ein, bei der ich auch meine Werke zeigen durfte.

Seymour Kopf von der „News American" von Baltimore schrieb eine volle Spalte über mich. „Warum signieren Sie Ihre Zeichnungen mit ‚PTL'?" fragte er.

Meine Antwort gab er vollständig in seiner Spalte wieder. „Es bedeutet ‚Praise the Lord' – ‚Preis den Herrn'. Sehen Sie, Herr Kopf, Gott hat uns lieb. Er kümmert sich um uns. Denen, die Gott lieben, dienen alle Dinge – selbst das, was mir im Alter von siebzehn Jahren passierte – zum Besten. Gott ist gut zu mir gewesen. Er hat das Bild Jesu Christi in mich hineingelegt, und er ist die Ursache meiner Zufriedenheit und meiner

Diese Zeichnung ist ein Beweis für Jonis Interesse an Pferden

Geduld. Er hat meinem Leben einen neuen Sinn gegeben. Meine Werke sind der Beweis dafür, daß Gott jemandem wie mir Kraft geben kann, über die Verhältnisse hinauszuwachsen."

Im Laufe des Frühjahrs wurde ich eingeladen, mich an anderen lokalen Kunstausstellungen zu beteiligen.

Die Ausstellung in Baltimore öffnete mir auch die Tür zu christlichen Frauenvereinen, Schulen, Gemeinden und Bürgerzusammenkünften, wo ich dann nicht nur meine Arbeiten zeigen, sondern gleichzeitig auch ein Zeugnis für Christus ablegen durfte. Ich durfte sogar nach Washington fahren und das Weiße Haus besichtigen, wo ich der Frau unseres Präsidenten, Pat Nixon, eine meiner Zeichnungen überreichte. Weitere Auftritte in Rundfunk und Fernsehen wurden mir angeboten, und jeder neue Kontakt schien weitere Auftritte und Berichte nach sich zu ziehen.

Ich freute mich sehr, daß ich durch die wachsenden Verkaufszahlen meiner Bilder ein gewisses Maß an Unabhängigkeit erreichte. Jetzt würde ich wenigstens niemandem mehr eine finanzielle Last bedeuten, sondern konnte mein eigenes Geld verdienen. Ich begann sogar damit, eine Serie von Geschenkkarten mit Ausschnitten aus meinen Zeichnungen herzustellen, die gedruckt wurden und guten Absatz fanden. Wir nannten meine Firma „Joni PTL". Sie entwickelte sich außerordentlich gut.

Ungefähr um diese Zeit teilte mir ein guter Freund, Andy Byrd, sein Vorhaben mit, die Konzession für eine christliche Buchhandlung zu erwerben und eine solche zu eröffnen. Er fragte mich, ob ich an einer Partnerschaft interessiert sei. Wir sprachen mit Ken Wagner, der dann unser dritter Teilhaber wurde. Unser Vorhaben schien nicht nur vielversprechend, sondern auch erfolgversprechend zu sein. Es sollte ein gesundes geschäftliches Unternehmen werden. Um eine christliche

Buchhandlung für das westliche Baltimore hatten viele von uns schon lange gebetet.

Endlich, im September 1973, fand nach monatelanger Planung, viel Gebet und harter Arbeit die Eröffnung der Logos-Buchhandlung an der North Rolling Road, Nummer 1120, statt. Unmittelbar vor der Geschäftseröffnung, zwischen Kisten voll Material und Büchern, die mit Preisen ausgezeichnet werden mußten, beteten wir. Unser Einweihungsgebet galt den vielen Passanten, die dem Evangelium gleichgültig gegenüberstanden. Unser Geschäft sollte ein Zentrum christlicher Nächstenliebe werden – für alle, die Hilfe brauchten.

Ich benutzte das Geschäft als Zentrale für den Verkauf von Originalwerken und Kopien. Sie verkauften sich fast so schnell, wie ich sie malen konnte. Neben dem Bücherladen, den Vortragsterminen und Kunstausstellungen war es schwer, der Nachfrage gerecht zu werden.

Ich entwarf Traktate mit meinem Zeugnis, die ich drucken ließ und bei Kunstausstellungen verteilte. Diese Traktate erklärten meine ungewöhnliche Zeichenmethode und meinen Glauben an Jesus Christus. Sie wurden zu einem guten Werkzeug, mit dessen Hilfe ich Menschen, die vorübergehen wollten, aber dann doch stehenblieben, um die Bilder zu betrachten, die Kraft Gottes in meinem Leben bezeugen konnte.

Meine ganze Tätigkeit und alle meine Unternehmungen dienten dem einen Zweck, durch meine Kunst, menschlich betrachtet, unabhängig zu werden, und, was noch wichtiger ist, sie sollte dazu dienen, Gott die Ehre zu geben.

16

An einem herrlichen Spätsommermorgen des Jahres 1975 saß ich draußen vor der Ranch in Sykesville, als ich ans Telefon gerufen wurde.

„Fräulein Eareckson, ich rufe von der ‚Tagesschau' in New York an. Wir hätten Sie gern in unserem Fernsehprogramm, damit Sie Ihre Geschichte erzählen und Ihre Zeichnungen vorstellen können. Könnten Sie kommen?"

Vor Aufregung brachte ich kaum einen Ton heraus. Die Tagesschau?

„Selbstverständlich", erwiderte ich. „Ich werde gern kommen."

Jay stand neben dem Telefon und machte Notizen. Wir einigten uns zu einem Auftritt am 11. September.

Jay fuhr mich nach New York und nahm unsere Freundinnen Sheri Pendergrass und Cindy Blubaugh als Gehilfinnen mit.

Nachdem wir uns im Hotel eingerichtet hatten, fuhren wir ins Rockefeller Center, um mit dem Programm-Direktor zu sprechen. Er erklärte mir den ganzen Ablauf, und wir besprachen eventuelle Interviewfragen. Er bereitete mich geistig auf die Schau vor und gab mir auch etwa die Richtung an, in der die Fragestellung der Gastgeberin Barbara Walters verlaufen würde.

Früh am nächsten Morgen fand ich mich dann bei Barbara Walters ein. Scheinwerfer tauchten die Bühne in Helligkeit und Wärme.

Frau Walters lächelte und blickte rasch auf ihre Notizen.

„Entspannen Sie sich, Joni", sagte sie freundlich. „Sitzen Sie bequem?"

„Ja, danke."

„Prima."

„Fünfzehn Sekunden!" rief plötzlich jemand hinter den Kameras.

Ich war gar nicht so nervös, wie ich gedacht hatte. Wahrscheinlich lag der Grund dafür darin, daß ich mir über das, was ich sagen wollte, völlig im klaren war. Ich wußte zudem, daß mein Zeugnis von vielen Millionen Menschen gehört werden würde. Ich wußte nicht, welche Fragen mir Frau Walters stellen würde, doch wußte ich, daß es keine unbequemen Fragen sein würden.

„Zehn Sekunden."

„Herr", betete ich schnell, „gib mir Zuversicht, Weisheit und Sicherheit. Ich will, daß du verherrlicht wirst."

„Fünf."

Ich schluckte, benetzte meine Lippen und sah zu, wie der Kameradirigent mit den Fingern das Startzeichen gab.

Auf einer der Kameras ging ein rotes Licht an, und Frau Walters drehte sich in diese Richtung. „Wir möchten Ihnen eine Sammlung von Zeichnungen vorführen, die wir heute im Studio haben", sagte sie. „Und wie Sie sehen werden, sind es Zeichnungen, die offenbar mit großem künstlerischem Geschick und – wie man annehmen möchte – mit einer geschickten, sicheren Hand angefertigt wurden. Dem ist jedoch nicht so. Sie wurden auf ganz ungewöhnliche Weise hergestellt. Die Künstlerin ist Joni Eareckson aus Baltimore, Maryland." Dann wandte sie sich mir zu, und das Interview begann.

Ich kann mich nicht mehr an alle Einzelheiten dieses Interviews erinnern, außer daß Frau Walters das Ganze sehr natürlich gestaltete. Ihre Fragen waren interessant und wirkten auf keine Weise beängstigend. Ich mochte sie vom ersten Augenblick an und hatte das Gefühl, als sei sie eine alte Freundin von mir.

Während wir sprachen, nahm die Kamera meine ausgestellten Zeichnungen auf. Das Interview dauerte zehn Minuten. Während sich die mit uns verbundenen anderen Sender zu den Lokalnachrichten trennten, interviewte mich Frau Walters nochmals fünf Minuten für die Zuschauer von New York.

Ich war froh, daß ich alles sagen konnte, was ich mir vorgenommen hatte. Frau Walters bedankte sich bei mir und widmete sich dann den anderen Persönlichkeiten, die an diesem Tag für die Show vorgesehen waren.

Eleanor McGovern, die Gattin des Senators, war an jenem Morgen auch zu Gast. Wir unterhielten uns längere Zeit, nachdem die Show beendet war. Sie erzählte mir, daß ihr Gatte, der ehemalige demokratische Präsidentschaftskandidat, auch einige der Begriffe und Werte, die ich kennengelernt hatte, entdeckt habe.

„Das war noch während seines Theologie-Studiums, ehe er sich für Politik zu interessieren begann", erklärte mir Frau McGovern.

Wir unterhielten uns noch weiter über ihre eigenen geistlichen Ansichten, und ich gab ihr eine Zeichnung von Jesus Christus, die ich angefertigt hatte. Zum Schluß tauschten wir unsere Adressen aus, um miteinander in Verbindung zu bleiben.

Während die Techniker aufräumten, hatte ich endlich Zeit, über das Geschehene nachzudenken.

„Überlege doch bloß mal", bemerkte Jay, „du hast heute Morgen wahrscheinlich zu zwanzig oder dreißig Millionen Menschen über deinen Glauben gesprochen. Das war doch eine großartige Gelegenheit!"

Al Nagle, der Präsident, und John Preston, der Vize-Präsident der Paper-Mate-Abteilung der Gillette Company, hatten an jenem Morgen beide dem Programm zugesehen. Als sie bemerkten, daß ich Flair-Zeichenfedern benutzte, arrangierten sie einige Ausstellungen für mich.

Viele Zuschauer, die an jenem Morgen die Tagesschau gesehen hatten, schrieben mir. Einige wünschten Drucke meiner Bilder, andere bestellten Geschenkkarten, wieder andere stellten mir Fragen über meine Erlebnisse.

Meine erste Ausstellung, die Paper Mate finanzierte, fand in den eleganten Rubino-Gallerien an der LaSalle-Street in Chicago im Schatten des berühmten John-Hancock-Centers statt. Ich stellte meine Werke eine Woche lang aus und demonstrierte meine Zeichentechnik. In dieser Zeit wurde ich von der Chicago Tribune und Sun-Times interviewt. Ich trat auch im Studio der CBS-Fernsehstation in Chicago und in der „Lee Phillip Show" auf.

Als wir wieder nach Hause zurückkamen, empfing mich eine Flut von Post. Ich wurde mit Bitten um weitere Interviews überhäuft. Kunstausstellungen wurden für das Lincoln Center in New York und die Atlantic Richfield Plaza in Los Angeles anberaumt. Zahlreiche Gemeinden und christliche Gruppen nahmen Verbindung mit mir auf und baten mich, Vorträge zu halten. Die Zeitschriften „Women's Day", „People Teen" und „Coronet" baten mich um Interviews. „Campus Life", eine nationale Studentenzeitschrift, schrieb eine vielseitige Reportage über mich. „Moody Monthly" und „Christian Life" schrieben ebenfalls Berichte. Es folgten noch viele weitere Radio- und Fernsehauftritte.

Ich sah, wie Gott die Tagesschau dazu benutzt hatte, meine Grenzen zu erweitern und mir viele neue Möglichkeiten zum Zeugnis für ihn zu eröffnen.

NACHWORT

„Wäre es nicht phantastisch, wenn ich jetzt hier vor euch geheilt würde, aus meinem Rollstuhl aufstehen und mich auf meine Füße stellen könnte? Was wäre das für ein Wunder! Wir wären bestimmt alle begeistert und würden Gott loben. Es wäre ein Wunder vor unseren Augen. Wir würden die Macht und Kraft Gottes buchstäblich mit eigenen Augen sehen. Wäre das nicht toll?" Ich sprach vor einem Publikum von etwa 1600 jungen Menschen.

Ich machte eine Pause, um ihnen Gelegenheit zu geben, sich das Bild vorzustellen. Dann fuhr ich fort: „Doch ein noch viel größeres Wunder wäre es, wenn ihr jetzt an eurer Seele geheilt würdet, weil sich die Folgen davon bis in die Ewigkeit hinein auswirken. Würde mein Körper plötzlich und auf wunderbare Weise geheilt, könnte ich vielleicht in den nächsten dreißig oder vierzig Jahren auf meinen Beinen stehen, aber dann würde ich sterben. Die Seele aber lebt ewig. Von der Warte der Ewigkeit aus betrachtet, ist mein Leben wie das kurze Aufflackern einer Flamme, die sofort wieder erlischt."

Hinterher fragte mich jemand: „Glauben Sie denn, daß Sie so eigenwillig und widerspenstig waren, daß Gott erst dann anfangen konnte, in Ihrem Leben zu wirken, nachdem er Sie k.o. geschlagen und an einen Rollstuhl gefesselt hatte?"

Ich schüttelte den Kopf. „In den Psalmen wird uns gesagt, daß uns Gott nicht nach unseren Sünden und Missetaten behandelt. Mein Unfall war keine Strafe für meine Sünden – ganz gleich, ob ich sie verdient hätte oder nicht. Gott allein weiß, weshalb ich gelähmt bin. Vielleicht wußte er, daß ich letzten Endes glücklicher sein würde, wenn ich ihm diente. Wenn ich meine Beine noch gebrauchen könnte, weiß niemand, wie mein Leben verlaufen wäre. Ich hätte mich wahrscheinlich so durchs Leben geschlagen – Heirat, vielleicht sogar Scheidung – und wäre unzufrieden und enttäuscht gewesen. Als ich noch auf dem Gymnasium war, war ich voll Selbstsucht und baute mein Leben nicht auf bleibenden Werten auf. Ich lebte einfach in den Tag hinein – manchmal auf Kosten anderer."

„Und jetzt sind Sie glücklich?" fragte ein junges Mädchen.

„Das bin ich wirklich. Ich möchte um keinen Preis der Welt ein anderes Leben haben wollen. Gott schenkt nicht jedem so viel Aufmerksamkeit wie mir und greift nicht so deutlich in ein Leben ein, wie er es bei mir getan hat. Die meisten Menschen läßt er einfach laufen. Er schaltet sich nicht ein, obwohl er weiß, daß sie letzten Endes ihr Leben, ihre Gesundheit und ihr Glück zerstören. Das muß ihn schrecklich traurig stimmen. Ich bin Gott so dankbar dafür, daß er etwas unternommen hat, um meine Aufmerksamkeit auf sich zu lenken und mich umzukrempeln. Wissen Sie, Sie müssen sich nicht erst das Genick brechen, um Gott näherzukommen. Es ist jedoch leider so, daß die Menschen nicht immer auf die Erfahrungen anderer hören und von ihnen lernen wollen. Deshalb hoffe ich sehr, daß Sie aus meinen Erfahrungen lernen und nicht die bitteren Lektionen des Leids durchstehen müssen, wie ich es mußte, um etwas zu lernen."

In den Monaten nach unserer Reise nach Chicago erkannte ich in meinem Rollstuhl immer deutlicher ein Mittel zu einer ungewöhnlichen Unterrichtsgestaltung. Ich freute mich besonders zu sehen, wie viele junge Menschen ihr Leben nach einer Unterhaltung mit mir dem Herrn Jesus Christus übergaben. Auch dies gehörte zu dem „Besseren".

Jetzt verstand ich, weshalb sich Paulus „im Leiden freuen" konnte, weshalb Jakobus Anfechtungen für „lauter Freude" achtete und weshalb Petrus die „Feuerproben" nicht als etwas „Fremdartiges" ansehen wollte. All diese Nöte und Schwie-

Jonis Brief an alle Leser:

„Wir müssen bedenken, daß sich die Verheißung: ,Gott läßt alle Dinge zum Guten mitwirken' nur auf die Menschen bezieht, die Gott lieben, die zur Familie Gottes gehören. Durch unsere Sünden und unsere Auflehnung gegen Gott haben wir uns jedoch von ihm entfernt und sind seinem Gericht verfallen. Doch Gott sei gelobt, daß er seinen Sohn Jesus Christus an unserer Stelle dazu verurteilte, am Kreuz die Todesstrafe für meine und Ihre Sünden zu verbüßen. Wenn wir wirklich damit rechnen, daß Jesus Christus unsere Strafe getragen hat, und wir ihn als unseren Herrn anerkennen und ihm gehorchen, dürfen wir das ewige Leben und die Verheißung aus Römer 8,28 für uns in Anspruch nehmen.

Es ist meine Hoffnung, daß der Heilige Geist beim Lesen dieses Buches Ihr Herz und Ihren Sinn erleuchtet und für diese Wahrheit öffnet. Jesus lebt, und seine Kraft steht Ihnen zur Verfügung… Er beweist sich täglich in meinem Leben, und was könnte er nicht alles in Ihrem Leben bewirken! Gehören Sie zur Familie Gottes? Ich hoffe sehr, daß wir uns eines Tages in seiner Herrlichkeit begegnen werden!"

Joni PTL

It is important to remember that the promise "...God causes all things to work together for good..." only applies to those who love God, those who have been born into His family. However, due to our sin and rebellion we are alienated from God and subject to His judgment. Praise God though, that He sent His Son, Jesus to be judged on the cross — paying the death penalty for my sin and your sin! If we truly trust that our punishment was borne by Christ and obey Him as our Lord, we can be assured of eternal life and the promise of Romans 8:28.

It is my hope that in the course of reading this book, the Holy Spirit has enlightened your heart and mind to these truths. Jesus is alive and His power is available to you...He proves Himself daily in my life, and what more couldn't He do in your life! Are you a part of God's heavenly family? For indeed, I hope one day we shall meet in glory

Joni
PTL

rigkeiten hatten einen Sinn und führten dazu, daß Jesus Christus verherrlicht wurde.

Im stillen dankte ich Gott für die Fortschritte, die ich machen durfte. Ich dachte daran, wie mir vor ein paar Jahren jemand im Krankenhaus gesagt hatte: „Denk doch mal an die Kronen, die du dereinst im Himmel für deine Leiden tragen wirst."

„Ich will keine Kronen tragen", hatte ich bissig erwidert. „Ich will wieder auf meinen Füßen stehen können."

Jetzt dachte ich: Meine Güte, wenn ich Kronen bekomme,kann ich davon gar nicht genug bekommen, denn das ist das einzige, was ich dem Herrn Jesus geben kann, wenn ich ihn dereinst sehen werde.

Ich freue mich tatsächlich über Gelegenheiten, wo ich für ihn leiden kann, wenn ich dadurch fähig werde, Gott noch mehr zu ehren und zu preisen. Vielleicht klingt das anmaßend und leichtfertig. Ich bin aber heute tatsächlich davon überzeugt, daß meine Lähmung unwichtig ist.

Gott hat besondere Umstände hineinverordnet in mein Leben,um meinen Charakter nach seinen Gedanken zu formen und mich dem Herrn Jesus Christus ähnlicher zu machen. In 2. Korinther 1,4 finden wir einen weiteren Grund: um andere, die die gleichen Prüfungen wie ich durchmachen müssen, trösten zu können.

Weisheit besteht darin, Gott zu vertrauen, nicht zu fragen: „Warum läßt du das zu, o Gott?" Wenn ich dem Willen Gottes völlig ergeben bin, weiß ich genau, daß er mich führt. Das ist kein blindes, stures, stoisches Hinnehmen, sondern heißt Gott kennenlernen und wissen, daß er mein Vertrauen verdient. Ich selbst bin unbeständig und wankelmütig. Gott aber ändert sich nicht. Bei mir ging es auf und ab, ich war verbittert und voll Zweifel, Gott aber ist immer derselbe und immer voller Liebe.

Der Apostel Jakobus schrieb an Menschen, die kurz darauf von Löwen zerrissen wurden. Sicher war ihr Los viel härter als meins. Wenn das Wort Gottes ihren Bedürfnissen genügte, kann es auch meinen genügen.

Während ich dies schreibe, geht das Jahr 1975 gerade seinem Ende entgegen. Ich sitze in meinem Rollstuhl hinter dem Bühnenvorhang einer großen Kongreßhalle in Kansas City. Man hat mich gebeten, an diesem Abend vor nahezu zweitausend jungen Menschen in einer „Jugend-für-Christus"-Kundgebung zu sprechen.

Hinter dem schweren Vorhang, der mich vom Publikum trennt, hatte ich ein paar Minuten Zeit, nachzudenken und auf mein Leben zurückzublicken. In Gedanken habe ich die vergangenen acht Jahre noch einmal durchlebt. Bekannte Gesichter von Familienangehörigen und Freunden tauchten vor mir auf: Jay, Diana, Dick, Donald, meine Eltern, Steve – Menschen, die Gott in mein Leben geführt hat, um mich zu biegen und zu formen und mich mehr in das Bild Jesu Christi umzugestalten. Ich kann ihm für alles danken und tue es auch – für Lachen und Weinen, Tränen, Vergnügen und Schmerzen. All das gehört zum „Wachstum in der Gnade". Das junge Mädchen, das vor jeder neuen Situation aus der Fassung geriet, ist jetzt erwachsen und eine Frau geworden, die es gelernt hat, sich auf Gottes Allmacht zu verlassen.

Ich höre, wie Al Metzger, der Leiter der „Jugend-für-Christus"-Organisation, mich vorstellt. Plötzlich steht mir der Grund meines Hierseins wieder deutlich vor Augen. In den nächsten dreißig Minuten werde ich vor 2000 Jugendlichen sprechen und ihnen davon berichten, wie Gott einen unreifen, eigensinnigen Teenager in eine selbstbewußte junge Frau verwandelte, die gelernt hat, sich trotz ihres Leidens zu freuen. Ich werde eine einmalige Gelegenheit haben. Was ich ihnen sage, kann ausschlaggebend dafür sein, wo sie die Ewigkeit zubringen werden. So gehe ich ernst und gesammelt in diese Veranstaltung.

Ich werde mit ihnen über die Maßnahmen sprechen, die Gott in meinem Leben ergriffen hat, und seine Gründe dafür erklären, soweit ich sie bis jetzt verstehe. Ich möchte ihnen Gottes Liebe und seine Herrlichkeit groß machen, von der Realität der Sünde und Buße sprechen und ihnen erklären, weshalb Jesus Christus in diese Welt gekommen ist.

Al Metzger hat seine Einführung beendet. Chuck Garriott trägt meine Staffelei auf die Bühne, während seine Frau Debbie meinen Rollstuhl in das gleißende Scheinwerferlicht schiebt.

Während der Applaus nachläßt, ordne ich meine Gedanken und bete, der Heilige Geist möge meine Worte und Erfahrungen dazu benutzen, die Herzen meiner Zuhörer anzurühren. Ich hoffe, daß sich hier – wie auch in anderen Versammlungen – viele Jugendliche von Gott rufen lassen. Ich würde mich aber schon freuen, wenn wenigstens ein Mensch zu Jesus Christus finden würde.

Dann hätten sich die Leiden der vergangenen acht Jahre gelohnt.

JONI EARECKSON/STEVE ESTES

Der nächste Schritt

Illustriert von Joni Eareckson

INHALT

	Seite
Ein persönliches Wort an den Leser	6
Das Mosaik des Leidens	9
Ich kann dich verstehen	12
Viele Glieder – ein Leib	25
Wir leiden nicht umsonst	37
Unmögliche Heilige!	47
Gottes Schaufenster	57
Wenn niemand zuschaut	65
Gott zerbricht und formt uns	73
Aus den Mosaiksteinen entsteht ein Bild	93
Folgen und Vertrauen	94
Geteiltes Leid ist halbes Leid – geteilte Freude ist doppelte Freude	109
Ausharren	119
Meine Heilung in Gottes Plan?	131
Ich wollte, Gott würde mich heilen	132
Warum wurde ich nicht geheilt?	142
Satan hat Böses im Sinn – Gott aber hat Gutes im Sinn	158
Gebete und Verheißungen	176
Wenn die Mosaiksteinchen nicht zusammenpassen wollen	193
Gottes Gedanken sind höher als unsere Gedanken	194
Der Himmel	211

EIN PERSÖNLICHES WORT AN DEN LESER

Wer von Ihnen mein erstes Buch gelesen hat, wird sich daran erinnern, wieviel Zeit und Kraft ich gebraucht habe, bis ich meine Behinderung und ein Leben im Rollstuhl, das Gott für mich vorgesehen hat, annehmen und bejahen konnte. In diesem Buch entwickelte ich auch einige allgemeine Gedanken darüber, wie und was Gott durch unser Leiden wirkt. Ich war freudig überrascht, Tausende von Briefen von meinen Leidensgenossen zu erhalten, von Menschen, die wie ich mit Depression, Verzweiflung und Einsamkeit zu kämpfen haben. Viele schrieben, mein Buch hätte ihnen Mut gemacht und gezeigt, wie sie mit ihrem eigenen Leid fertig werden könnten. Nie hätte ich mir träumen lassen, daß es so viele verschiedene Nöte gibt. Ich erhielt Briefe von Eltern mit mongoloiden Kindern, von einsamen Witwen in Altersheimen, von Ehemännern, die sich in ihrer Verzweiflung das Leben nehmen wollten, von Hausfrauen, die dicht vor einem Nervenzusammenbruch standen, und von Jugendlichen, die sich durch unerlaubte Liebesverhältnisse ein schlechtes Gewissen eingehandelt hatten.

Zunächst kam mir die Aufgabe viel zu schwer vor, in diesem zweiten Buch Antworten auf so viele verschiedene Nöte zu geben. Vor allem sollte es ja für solche Menschen bestimmt sein, die sich hauptsächlich mit zwei Fragen herumquälen: Warum ist mir ein so schweres Schicksal auferlegt? und: Wie werde ich damit fertig? Dann wurde ich aber an die vielen erinnert, die mir damals bei meiner eigenen verzweifelten Suche und bei meinem Ringen mit Gott mit Rat und Tat zur Seite standen. Viele meiner Leser werden aus dem ersten Buch wissen, daß Gott einen jungen Mann namens Steve Estes gebrauchte, um meine Denkweise und meinen Glauben in einer besonderen Weise zu beeinflussen. Aus unserem Paulus-Timotheus-Verhältnis entstand in mir allmählich eine echte Liebe zu Gott und seinem Wort. Ich kenne Steve nun schon elf Jahre; und Gott schenkt mir durch diesen lieben Bruder immer wieder Trost und Ermutigung, aber auch neue Erkenntnisse und Einsichten. Der Same, der durch unsere Freundschaft in mein Leben hineingelegt wurde, trägt immer noch Frucht.

Da Gott Steve gebrauchte, um mir zu helfen, die Antwort auf viele meiner Fragen zu finden (dieselben Fragen, die mir in zahllosen Briefen gestellt werden), erschien es mir angebracht, meinen „Paulus" zu bitten, mir beim Schreiben dieses Buches behilflich zu sein. Mit großer Begeisterung und Freude haben wir unsere Aufgabe fertiggestellt. Wir haben uns sehr viel Mühe gegeben, viel geforscht und überlegt.

„Der Himmel" ist wohl mein Lieblingskapitel. Ach, wie sehr freue ich mich auf den Himmel! Als das wichtigste Kapitel würde ich das mit der Überschrift „Gottes Gedanken sind höher als unsere Gedanken" ansehen. Denn erst als ich anfing, Gott im richtigen Licht zu sehen, war ich in der Lage, mich mit meiner Krankheit auseinanderzusetzen. „Meine Heilung in Gottes Plan?" ist der Teil, mit dem ich am meisten Mühe hatte. Wenn Sie sich nicht mit dem Problem der Wunderheilung beschäftigen, können Sie dieses Kapitel ja überspringen. Aber ich muß sagen, daß diese Botschaft heute dringend notwendig ist.

Dieses Buch ist also ein weiterer Schritt, Sie an meinem Leben teilhaben zu lassen – ein Schritt hinein in weitere Kämpfe und Lektionen, Niederlagen und Siege. Ich behaupte keineswegs, alle Fragen im Blick auf das vielfältige Leid und Elend auf dieser Erde beantworten zu können. Doch ich möchte aus eigener Erfahrung berichten, wie Gott Menschen und Ereignisse benutzt hat, um sich mir deutlicher zu offenbaren, und wie ich gelernt habe, die mir auferlegten Prüfungen in der richtigen Haltung anzunehmen.

Ich möchte den Trost, den ich empfangen habe, weitergeben und bitte Gott, mein Leben und dieses Buch zu benutzen, um andere in ihren Prüfungen und ihrem Glaubensleben zu ermutigen und zu festigen. Vor allem bete ich darum, daß wir alle es noch besser lernen, Gott auch in unserem Leid die Ehre zu geben.

In der Liebe Jesu
Joni

Das Mosaik des Leidens

EINLEITUNG

Wieder wurde ich von Selbstmordgedanken gequält. Hier saß ich wie eine Raupe, die sich in einer
Segeltuchdecke verpuppt hatte. Ich konnte nur meinen Kopf bewegen und war schon fast eine Leiche.
Es bestand kein Fünkchen Hoffnung, jemals wieder
laufen zu können. Ich würde niemals ein normales
Leben führen und Dick heiraten können. Es ist sogar anzunehmen, daß er für immer aus meinem Leben verschwinden wird, überlegte ich. Ich konnte
mir beim besten Willen nicht vorstellen, wie ich diesem Leben mit Aufwachen, Essen, Fernsehen und
Schlafen noch einen Sinn abgewinnen sollte.

Warum in aller Welt soll ein Mensch gezwungen
werden, solch ein blödes, langweiliges Leben zu
führen? Ich betete darum, bei irgendeinem Unfall
ums Leben zu kommen, nur um nicht weiterleben
zu müssen. Die seelischen Qualen waren genauso
unerträglich wie die körperlichen Schmerzen.

Doch auch diesmal ergab sich für mich keine
Möglichkeit, Selbstmord zu begehen. Eine grenzenlose Verzweiflung packte mich. Ich war mutlos, zugleich aber auch wütend über meine Hilflosigkeit.
Oh, wie ich mir Kraft für meine Hände wünschte,
um etwas, irgend etwas, unternehmen zu können,
um diesem jämmerlichen Dasein ein Ende zu setzen
(Dezember 1967, aus dem Buch JONI).

Ich sitze auf unserem überdachten Balkon, von wo man eine schöne Aussicht auf die Hügel rings um unsere Pferdefarm hat, und nehme all die Gerüche und Laute dieses schönen Sommertages in mir auf. Es ist kaum zu glauben, daß ich einmal solche Gedanken gehabt habe. Ja, ich kann es fast nicht mehr nachempfinden. Ich bin zwar immer noch gelähmt; ich kann immer noch nicht gehen und muß mich immer noch baden und anziehen lassen. Aber ich bin nicht mehr verzweifelt. Und ich kann sogar ehrlich sagen, daß ich für mein Geschick dankbar bin.

Dankbar? Wie ist das möglich? Wie kam diese Veränderung zustande? Meine Kunst, meine Familie und meine Freunde halfen mir, mich aus meinen Depressionen herauszuholen. Doch vor allem habe ich es Gott und seinem Wort zu verdanken, daß ich heute für dieses Leben im Rollstuhl von Herzen dankbar sein kann. Er half mir, einen Teil der Steine zu dem Mosaikbild zusammenzusetzen, das mich anfänglich so erschreckt und verwirrt hatte. Es kostete zwar einige Mühe, doch rückblickend kann ich heute aus voller Überzeugung sagen, daß hinter der ganzen Not meiner Lähmung Gottes Liebe steht. Ich bin kein Versuchskaninchen und auch kein Objekt, das den Launen eines grausamen Schicksals ausgeliefert wäre. Gott hatte seine Gründe dafür, daß er mir diese Belastung schickte. Diese Erkenntnis änderte mit einem Schlag meine ganze Situation. Auch Ihr Leid ist nicht sinnlos. Gott weiß, warum er es Ihnen auferlegt hat.

1

ICH KANN DICH VERSTEHEN

Als es mir zum ersten Mal zum Bewußtsein kam, wie meine Lähmung mein ganzes Leben verändern würde, dachte ich: Mein Los ist das schwerste. Kein Mensch ist so übel dran wie ich! Wer ist schon auf eine so demütigende Behandlung angewiesen, sich baden oder den Urinbeutel leeren lassen zu müssen? Welches Mädchen kann sich noch nicht einmal an der Schulter kratzen oder sein Haar kämmen?

Natürlich merkte ich bald, daß sehr, sehr viele Menschen die gleichen oder sogar noch schwierigere Probleme haben. In den Krankenhäusern und Altersheimen auf der ganzen Welt müssen sich Tausende von Menschen täglich baden und ihre Urinflaschen leeren lassen. Viele Gelähmte können sich noch weniger bewegen als ich. Manche haben ihre Glieder ganz verloren, oder die Krankheit hat sie völlig verunstaltet. Wieder andere sind todkrank. Und obendrein haben manche dieser Leute Familien, die entweder nicht in der Lage sind, sie zu Hause zu pflegen, oder es nicht wollen. (Wenn sie überhaupt in der glücklichen Lage sind, Familien zu haben.)

Schließlich kam mir der Gedanke: Es gibt eine Art Leidensskala. Jeder Mensch befindet sich irgendwo auf dieser Skala, die von wenig bis viel reicht. Das ist wirklich wahr. Auf welcher Stufe der Skala wir uns auch befinden – das heißt, wieviel Leid wir auch zu ertragen haben – es gibt immer Menschen, die *unter* uns sind und weniger leiden, und solche, die *über* uns sind und mehr leiden als wir. Leider vergleichen wir uns im allgemeinen nur zu gern mit denen, die weniger zu ertragen haben. Auf diese Weise können wir uns selbst bemitleiden und so tun, als ob wir uns auf der obersten Stufe der Skala befänden. Aber sobald wir der Wirklichkeit ins Auge blicken und uns neben die stellen, die mehr leiden als wir, glänzen unsere Verwundeten-abzeichen nicht mehr so hell.

Etwa anderthalb Kilometer von meinem Eltern-haus in Baltimore entfernt, liegt ein schönes Kin-derkrankenhaus mitten in einer Landschaft von grünen Hügeln und riesenhaften Ulmen. Manchmal fuhr ich nach der Schule mit meinem Fahrrad dort vorbei, oder ich schlenderte durch das Herbstlaub und wirbelte lässig die Blätter auf. Ich freute mich an dem schönen Park und dachte selten an die Kin-der in dem Krankenhaus. Nie wäre mir der Gedan-ke gekommen, mich mit ihnen zu vergleichen, son-dern nur mit diesem oder jenem Mädchen in der Schule, das hübscher war als ich. Als Schülerin des Gymnasiums war ich vom Schulleben völlig in Be-schlag genommen, und es kam mir nie in den Sinn, daß meine Probleme im Vergleich mit den Nöten der Kinder, die manchmal jahrelang in diesem Haus verbringen mußten, völlig bedeutungslos wa-ren. Was kümmerten mich verkrüppelte Kinder? Oder was gingen mich die hungernden Kleinen in

Indien an, von denen meine Mutter abends vorlas? Ich hatte mich um Wichtigeres zu kümmern – Rendezvous, Freunde und Freundinnen oder Sport!

Doch kurz nach meinem Unfall wurde ich in eben diesem Krankenhaus einige Wochen lang behandelt und operiert. Als Gott *mich* auf der Skala des Leidens um einige Stufen hinaufsetzte – ja, da sah die Sache auf einmal anders aus. *Nun* waren die sterilen Gerüche und die Atmosphäre des Krankenhauses für mich nicht mehr bloße Theorie, sondern rauhe Wirklichkeit. Eine ganz neue Welt hatte sich mir aufgetan, es war jedoch alles andere als eine schöne Welt.

Schließlich kam ich zu der Ansicht, *daß Gott uns unter anderem auch zu dem Zweck schwerere Prüfungen schickt, damit wir ein Empfinden für Menschen bekommen, die wir sonst nie verstehen würden.*

Ich möchte Ihnen einen Grund nennen, warum das so wichtig ist. Oft habe ich die Beobachtung gemacht, daß schwergeprüfte Menschen durch die begeisterten Zeugnisse von Christen, denen es gut geht, abgestoßen wurden. Stellen Sie sich einmal vor, Sie lägen als todkranker Patient in einem Krankenhaus und würden von Ihrem Bett aus fernsehen. Wie würden Sie wohl reagieren, wenn ein attraktiver, talentierter junger Christ, der das Leben scheinbar nur von seiner besten Seite kennt, plötzlich auf dem Bildschirm erschiene und erzählte, wie Jesus Christus einem Menschen in allen Prüfungen des Lebens Sieg geben kann? Sicher würden Sie sich sagen: „Was weiß denn dieser Bursche schon vom Leben? Er ahnt ja nicht einmal, was Schmerzen sind. Wenn er meine Probleme hätte, wäre es bald vorbei mit seinem Reklamelächeln und seinem Geschwätz von wegen 'Jesus gibt dir Freude'."

Es wäre schön, wenn die Botschaft des Evangeliums um ihrer selbst willen angenommen oder abgelehnt würde. Doch in Wirklichkeit ist sie kaum von dem Menschen, der sie anbietet, völlig zu trennen.

Damit will ich wahrhaftig nicht sagen, daß Sie hinausgehen, sich das Genick brechen und einen Rollstuhl kaufen sollen, damit man Ihnen zuhört! Selbst als Gelähmte habe ich Menschen getroffen, die mir kaum zuhörten, wenn ich über das Leid sprach. Sie sahen nur den großen Unterschied zwischen meiner Gesundheit und ihrer chronischen Krankheit; sie sahen, daß ich viel reisen kann, während sie ans Bett gefesselt sind, daß mir meine Familie hilft, sie aber keine Angehörigen mehr haben.

Manche lassen sich eben am ehesten von einem Menschen ansprechen und trösten, der ein ähnliches Problem hat wie sie selbst. Ich kann nachempfinden, wie es einem Gelähmten zumute ist. Sie können das vielleicht nicht. Doch Sie können sich in Schwierigkeiten hineinversetzen, die mir fremd sind, zum Beispiel in Eheprobleme. Wir können als Christen gewöhnlich die Leute am besten erreichen, die weniger oder genauso viel wie wir durchmachen, nicht aber solche, die mehr zu tragen haben. Gott hat einen jeden von uns an den Punkt der Leidensskala gestellt, den er für richtig hält. Aber denken Sie daran: Er behält sich das Recht vor, uns jederzeit hinauf- oder hinabzuschieben, um uns neue Möglichkeiten des Dienens zu eröffnen.

Vor zehn Jahren gab ich mein Zeugnis in einer

Landgemeinde in Südpennsylvanien. Nach dem Gottesdienst unterhielt ich mich mit einigen Gemeindegliedern. Dabei beobachtete ich einen großen, gutaussehenden Mann, der mit seiner Familie im Hintergrund stand. Schließlich kam er auf mich zu und sprach mich an: „Entschuldige, Joni, ich bin Doug Sorzano. Ich wollte dir nur sagen, daß ich es dir trotz meines guten Willens nicht nachfühlen kann, was du durchmachst. Weißt du, eine Lähmung oder ein schrecklicher Unfall sind mir etwas ganz Fremdes. Ich habe eine hübsche Frau und liebe, gesunde Kinder – hier sind sie. Ich möchte Dich ihnen vorstellen."

Dann sagte er mir, wie tief er von allem, was er an diesem Abend gehört und gesehen habe, bewegt und beeindruckt sei. Aber er gab ehrlich zu, daß er das Ausmaß meines Leidens nicht erfassen könne. Er konnte einfach nicht sagen: „Ich weiß genau, was du durchmachst."

Später, auf dem Heimweg in unserem Wagen, beteten meine Begleiterinnen und ich, Gott möge mein Zeugnis benutzen, um Menschen zu helfen.

Wochen vergingen. Ich zeichnete und las und war hin und wieder zum Reden eingeladen.

Eines Nachmittags - es war vielleicht einen Monat nach meiner Begegnung mit Doug - rief mich eine Nachbarin der Familie Sorzano an, die an jenem Abend in Pennsylvanien in der Versammlung gewesen war. Sie teilte mir mit, daß etwas Schreckliches geschehen sei.

„Es war am letzten Sonnabend, Joni. Doug war schon immer ein Motorradfan und verbrachte einen großen Teil seiner Freizeit auf seinem Rad. Er fährt bestimmt gut. Aber diesmal wollten er und seine Freunde ein neues Waldgebiet durchkämmen."

„Erzähl weiter", sagte ich stockend.

„Nun, soweit wir erfahren konnten, sah er eine Kurve zu spät. Jedenfalls stieß er mit dem Vorderrad gegen einen Baumstamm, der im Dickicht lag. Er wurde ein ganzes Stück weit geschleudert..."

Ich hörte gespannt zu, aber meine Gedanken eilten dem Gehörten voraus. Kaum getraute ich mich zu fragen, wollte es aber doch wissen, und so unterbrach ich sie: „Ist er... äh... das heißt, hat er...?"

Sie erriet meine Gedanken und antwortete mitten im Satz. „Er hat sich einen Halswirbelbruch zugezogen."

Peinliche Stille.

Was für ein Schreck! Ich traute meinen Ohren kaum.

Zum Glück konnte sie nicht sehen, wie erschüttert ich war. Ich beherrschte mich, so gut ich konnte, und wollte etwas sagen, doch ich wußte nicht genau, was. Schließlich konnte ich nichts anderes tun, als ihr versprechen, dieser Familie in den nächsten Tagen telefonisch oder brieflich mitzuteilen, daß ich in dieser schweren Zeit für sie beten wolle.

Nach diesem Telefongespräch gab ich mir alle Mühe, mich an die kurze Unterhaltung mit Doug zu erinnern: „Ich habe noch nie einen schweren Unfall gehabt, Joni, habe eine hübsche Frau und liebe, gesunde Kinder. – Ich kann nicht nachfühlen, was du durchmachst."

Später erfuhr ich, daß dieser Mann vom Schultergürtel an abwärts gelähmt und völlig verzweifelt war.

17

Meine Schwester brachte Füller und Schreibpapier in mein Zimmer und half mir, an Doug und seine Familie einen Brief zu schreiben. Aber was soll man jemandem schreiben, der sich gerade das Genick gebrochen hat? Soll man Ratschläge erteilen? Nein, jetzt noch nicht. Oder auf Bibelstellen hinweisen? Gut, aber vielleicht wäre es angebracht, ein paar persönliche Zeilen zu schreiben. Was braucht ein Mensch wirklich, wenn er Schmerzen hat? Ich denke, er braucht Liebe und Verständnis. Ja, er braucht jemanden, der weiß, was er durchmacht. Und das weiß ich aus Erfahrung.

Ich bin so froh, daß ich Doug mit meinem Brief wirklich trösten konnte. Meine eigene Lähmung machte es mir möglich, mich in seine Lage zu versetzen und die Dinge aus seiner Sicht zu sehen. So konnte ich ehrlich sagen: „ Ich weiß genau, wie dir zumute ist."

Diese Worte sind wie Balsam für die Seele, aber nur dann, wenn sie durch unser eigenes Erleben glaubwürdig erscheinen. Die Leute spüren, ob wir sie wirklich verstehen *oder* nicht, ob wir die Angst, die ihnen im Nacken sitzt, mitempfinden können. Wenn uns die Worte: „Ich weiß, was Sie durchmachen", leicht von der Zunge gehen, klingen sie hohl und leer. Wenn sie aber aus dem Herzen kommen, können sie eine echte Hilfe bedeuten.

Jesus kam unter anderem auch zu dem Zweck auf die Erde, daß man ihm nicht den Vorwurf machen konnte, in der Herrlichkeit des Himmels hätte er keine Ahnung von den Leiden und Schmerzen der Menschheit. „ . . . denn worin er selbst gelitten hat, als er versucht wurde, kann er denen helfen, die versucht werden" (Hebräer 2,18). „Wir haben nicht einen Hohenpriester, der kein Mitleid haben könnte mit unsren Schwachheiten ... " (Hebräer 4,15). Wenn Jesus Not und Entbehrungen auf sich nahm, um der leidenden Menschheit zu zeigen, daß er nicht davor zurückschreckte, dann soll unser Leid dazu dienen, die Schmerzen anderer mitzufühlen. Deshalb habe ich gelernt, mein Unglück als ein besonderes Eingreifen Gottes zu sehen, das es mir ermöglicht, Menschen in einer ähnlichen Situation zu verstehen und zu trösten!*

Bis jetzt habe ich über unsere Beziehung zu solchen Menschen gesprochen, die mit größeren Schwierigkeiten zu kämpfen haben als wir, Menschen, die sich mit dem Tod, einer unheilbaren Krankheit oder dem Bankrott auseinandersetzen müssen (um nur ein paar Nöte zu nennen). Aber das ist nicht alles.

Einige Monate nach meinem Unfall merkte ich langsam, aber sicher, daß die kleinen Alltagssorgen meiner Freunde und Verwandten – abgebrochene Fingernägel, Zahnarztrechnungen, Heuschnupfen oder eingebeulte Kotflügel – für sie genauso real waren wie für mich meine Unbeweglichkeit. Da wurde mir allmählich klar: Jeder hat irgendeine Last zu tragen, niemand ist ausgenommen, und jeder empfindet diese Last als etwas Unangenehmes, wie viel oder wie wenig er auch zu tragen hat. Eine lästige Fliege kann uns für einen Augenblick ebenso

---

* Inzwischen hat sich Doug Sorzano mit seiner Lähmung abgefunden und trägt sein Schicksal in vorbildlicher Weise. Als ich am Telefon mit ihm sprach, erfuhr ich, daß er anderen Leidensgenossen seinen Glauben an Jesus bezeugt.

die Freude rauben wie ein gebrochenes Bein in einem Gipsverband.

Und da jeder mit mehr oder weniger großen Problemen und Schmerzen zu kämpfen hat, wendet sich die Bibel zweifellos an uns *alle*, wenn sie vom Leiden spricht. Die Gnade Gottes reicht für einen Gelähmten ebenso aus wie für einen Jungen, der traurig darüber ist, daß er nicht in die Fußballmannschaft aufgenommen wird. Eine Hausfrau, deren Kuchen mißlungen ist, und ein an Leukämie Erkrankter brauchen dieselbe göttliche Hilfe. Daraus können wir eine wichtige Lektion lernen, wenn es darum geht, anderen Leidenden eine Hilfe zu sein. Zwar können wir mit unseren Leidensgenossen, die dieselben Probleme haben wie wir, am ehesten mitfühlen, doch können wir auch eine große Ermutigung für solche sein, die einen schwereren Packen zu tragen haben als wir. Denn wir brauchen dieselbe Gnade, um mit unseren kleinen Problemen fertig zu werden, wie sie, um ihre großen zu meistern. Lassen Sie mich das an einem Beispiel erläutern.

Ich wohne auf einer schönen Farm im Herzen von Maryland, mitten in einem Hügel- und Weideland. In der ganzen Gegend findet man hier und da alte Ställe, Scheunen und Brunnenhäuschen, die vor Jahrzehnten erbaut wurden.

Ein solches Gebäude befand sich auch auf unserer Farm. Es war ein schöner alter Stall, den vor langer Zeit holländische Bauleute aus Pennsylvanien, die offensichtlich etwas von ihrem Handwerk verstanden, gebaut hatten. Zahllosen Stürmen hatte er getrotzt und Generationen kommen und gehen sehen. Mein Vater liebte den alten Stall und richtete sich dort eine Werkstatt ein, in der er allerlei Gegenstände aus Holz, Leder und Metall bastelte.

Doch vor etwa fünf Jahren, an einem Freitagabend im Sommer, änderte sich das alles mit einem Schlag. Meine Schwester Kathy, ihr Mann Butch und ich saßen gemütlich im Eßzimmer und plauderten bis in die Nacht. Während Butch lässig auf seiner Gitarre spielte, warfen wir hin und wieder durch das geöffnete Fenster einen Blick zum Sternenhimmel hinauf. Von draußen war das Zirpen der Grillen und andere ländliche Geräusche zu hören; alles schien in bester Ordnung zu sein. Plötzlich quietschten die Reifen eines Autos. Das mußte auf der engen, kurvenreichen Straße vor unserem Haus sein. Doch selbst darauf achteten wir kaum. Da rasen öfter mal junge Leute vorbei.

Aber an diesem Abend war es anders. Das Auto fuhr nicht am Haus vorüber, um dann in der Ferne zu verschwinden, sondern hielt an der Koppel bei unserem Stall. In der plötzlich eintretenden Stille blickte Butch verdutzt auf, wir sahen uns fragend an, und die Gitarre verstummte. Kathy trat ans Fenster und bemühte sich vergeblich, mit den Augen die Dunkelheit zu durchdringen. Außer einem Nachtfalter, der um die Lampe flatterte, rührte sich nichts.

Plötzlich fuhr der Wagen weiter.

Nach einer kleinen Weile meinte Kathy, sie sähe draußen ein Licht aufflackern ... und kurz darauf wieder. „Joni! Butch!" schrie sie auf einmal. „Der Stall brennt!" Butch rannte zum Telefon und suchte im Telefonbuch nach der Nummer der Feuerwehr.

Ich konnte natürlich nicht helfen und beobachtete Kathy, wie sie zur Tür hinaus und zum Stall rannte. Butch hinterher.

Inzwischen war die ganze Umgegend bereits taghell erleuchtet. Schwarze Rauchsäulen stiegen durch das alte Dach. Als die Feuerwehr schließlich kam, war es zu spät. Nach einer Stunde war von dem Stall nur noch ein rauchender Trümmerhaufen übriggeblieben.

Das Herz blutete mir, als ich am nächsten Tag meinen Vater, einen kleinen, siebzigjährigen Mann, der viel an Arthritis leidet, in der schwelenden Asche und dem Schutt herumstochern sah. Er suchte nach Resten von seinen Werkzeugen und Möbelstücken, die er im Laufe der Jahre angesammelt hatte. Sein einziger Trost war, daß wenigstens die alten steinernen Grundmauern die Feuerprobe überstanden hatten.

Doch Papa beklagte sich mit keinem Wort. Er war auch nicht niedergeschlagen oder machte Gott Vorwürfe. Statt dessen stürzte er sich sofort in die Arbeit und begann mit dem Wiederaufbau. In zwei Monaten hatte er einen neuen Stall gebaut – ein echtes Zeugnis seines unerschütterlichen Glaubens.

So unglaublich es auch klingen mag: Zwei Jahre später mußte unsere Familie dieselbe Tragödie noch einmal durchmachen. Es war in einer Sommernacht, wieder brannte der Stall! Diesmal wußten wir nicht, wie das Feuer entstanden war, doch die Folgen waren dieselben. Mit heulenden Sirenen rasten die Feuerwehrautos heran. Wieder mußten die Nachbarn die Pferde festhalten, damit sie in ihrer Angst nicht durch die Zäune brachen. Die herbeigeeilten Menschen konnten wegen der großen Hitze nicht näherkommen; und das Feuer versengte die Blätter der nahestehenden Bäume. Zum zweiten Mal sammelte Papa die Reste zusammen und fing wieder von vorn an. Er traute Gott zu, daß er wußte, was er tat.

Meine Schwestern und ich beobachteten tief bewegt, wie sich unser Vater ohne Murren dem Willen Gottes beugte und auch dieses erneute Unglück aus seiner Hand annahm. In seiner Charakterstärke war Papa besonders mir ein großes Vorbild und eine Ermutigung. Er hatte in diesen zwei Bränden viele wertvolle Dinge verloren, die ihm lieb gewesen waren. Und doch war dieser Verlust nicht so schlimm wie mein Unfall. Papa war noch nie gelähmt, und deshalb kann er nicht zu mir sagen: „Ich weiß, was du durchmachst." Seine Prüfungen waren auf der Stufenleiter des Leidens tiefer als meine. Aber durch die Art und Weise, wie er damit fertig wurde, lernte ich eine ganze Menge. Er murrte nicht und lehnte sich in keiner Weise gegen Gottes Willen auf. Dadurch kam ich zu der Überzeugung, *daß ein Christ nicht immer in demselben Ausmaß und in derselben Weise wie seine Mitchristen leiden muß, um ihnen eine echte Hilfe sein zu können* .

Von weitem beobachtete ich meinen Vater, wie er wieder im Schutt herumwühlte und seine Scheune zum zweiten Mal aufbaute. So wurde ich erneut daran erinnert, daß wir uns alle auf der Stufenleiter des Leidens befinden, der eine steht weiter oben, der andere weiter unten. Gott gibt manchen von uns besonders schwere Lasten zu tragen, so daß wir mit anderen, die sich in der gleichen Lage befinden, mitfühlen und ehrlichen Herzens sagen können: „Ich weiß, was du durchmachst". Doch es ist ebenso wahr, daß wir auch solche Menschen erreichen und trösten können, die viel mehr leiden als wir, wenn wir in unseren geringen Nöten Gott treu sind.

Das meinte der Apostel Paulus wohl, als er vor langer Zeit solche und ähnliche Gedanken mit folgenden Worten so treffend ausdrückte: „Gepriesen sei der Gott und Vater unseres Herrn Jesus Christus, der Vater der Erbarmungen und Gott allen Trostes, der uns tröstet in all unserer Drangsal, damit wir die trösten können, die in allerlei Drangsal sind, durch den Trost, mit dem wir selbst von Gott getröstet werden" (2. Korinther 1,3-4).

2

VIELE GLIEDER – EIN LEIB

Haben Sie schon einmal festgestellt, daß die besten Dinge im Leben am meisten mißbraucht werden können? Denken wir nur an das Feuer, eine der größten Entdeckungen des Menschen. Dieselbe Flamme, mit der ein Steak gegrillt wird, kann große Flächen wertvollen Waldbestandes in wenigen Minuten vernichten – oder einen Stall niederbrennen. Oder wenn wir an den Geschlechtstrieb denken, auch er kann zum Guten und zum Schlechten eingesetzt werden. Nach Gottes Plan soll er dazu beitragen, Mann und Frau aneinander zu binden, ihnen Freude zu bereiten und ihnen Kinder zu schenken. Doch wieviel Schuld, Herzeleid und Tränen wurden gerade durch den Mißbrauch des Geschlechtstriebs verursacht!

So verhält es sich auch mit dem Leiden. Zwar ist es ein Werkzeug in Gottes Hand, um unseren Charakter zu formen, aber es kann uns auch sehr ichbezogen machen. Ich habe viele Stunden damit verschwendet, daß ich mich selbst bemitleidete und mich der Vorstellung hingab, durch meinen Unfall habe Gott mich für meine Sünden bestrafen wollen. Er dachte gar nicht daran. Es war mir zwar damals noch nicht bewußt, doch die ganze Tragödie meiner Lähmung war und ist ein Beweis seiner Liebe zu mir und zu meinen Mitmenschen. Gott möchte uns durch unsere Prüfungen nicht nur befähigen, Mitgefühl füreinander zu empfinden, sondern uns wirklich gegenseitig aufzubauen.

Diese Lektion mußte ich im Winter 1975 lernen. Der Pastor einer großen Baptistengemeinde in Wichita in Kansas hatte mich zur Jahresmissionskonferenz seiner Gemeinde eingeladen, um dort mein Zeugnis zu geben. Mit Freuden sagte ich zu. Zum einen hatte ich gerade angefangen zu reisen, und es machte mir große Freude, von Ort zu Ort zu fliegen und vor den verschiedensten Menschen zu sprechen. Zum anderen hatte ich noch nie an einer Missionskonferenz teilgenommen, geschweige denn eine Ansprache gehalten. Ich wußte nicht viel von Mission und hatte mich noch nie mit Missionaren unterhalten. Ich bildete mir ein, das Leben eines Missionars bestünde hauptsächlich aus gefährlichen Märschen durch den Urwald, wobei sie mit ihren Buschmessern Schlangen töteten. Meine Reisebegleiterinnen, Sherry und Julie, wußten nicht mehr als ich. Während dann die Missionare berichteten, saßen wir drei in der hintersten Reihe der großen, überfüllten Kirche und waren ganz Ohr. Wer weiß, vielleicht erzählten sie etwas von Kannibalen!

Aber wissen Sie, was uns dabei klar wurde? Auch Missionare sind Menschen wie wir! Als wir die Berichte ihrer täglichen Kämpfe und Siege in Übersee, in Ländern wie Brasilien, Japan und den Philippinen, hörten, wurden wir uns der Verantwortung ihnen gegenüber bewußt. Schließlich waren wir ja eins mit ihnen in dem, was die Bibel den „Leib Christi" nennt, auch wenn wir Tausende von Kilometern voneinander entfernt wohnen. Das wurde besonders deutlich, als Christen, die aus dem kommunistischen Rumänien geflüchtet waren, den Konferenzteilnehmern ans Herz legten, wie sehr die Gläubigen hinter dem Eisernen Vorhang mit unseren Gebeten rechnen. Ich war so dankbar für die Berichte der Missionare, daß ich mich auf die Schlußversammlung am Sonntagabend freute, während der auch ich Gelegenheit haben sollte, ihnen etwas zu sagen.

Doch in dieser Woche trafen wir nicht nur Missionare. Jeden Abend saßen wir mit einer Anzahl Jugendlicher aus der Gemeinde zusammen und schlossen Freundschaft mit ihnen. Als dann nach der Samstagabendversammlung niemand von uns Lust hatte, nach Hause zu gehen, beschlossen wir, alle zusammen eine Eisdiele aufzusuchen. Es war bereits elf Uhr, doch wir hatten noch viel Spaß miteinander.

Nachdem wir unsere Milchmixgetränke ausgeschlürft und bezahlt hatten, zog mir Sherry den Mantel an und wir traten hinaus in die nächtliche Winterluft. Seit meinem Unfall arbeitet der „Thermostat" meines Körpers nicht mehr einwandfrei. Deshalb kann ich mich nur schwer an besonders hohe oder niedrige Temperaturen anpassen. Da der Parkplatz inzwischen leer war, bat ich Sherry, meinen Rollstuhl nach hinten zu kippen, damit wir wegen der Kälte möglichst schnell zum Auto kämen.

So glitten zwei lachende Gestalten in der Dunkelheit über den glatten Asphaltsee und steuerten auf den Leuchtturm in der Ferne, eine Straßenlaterne, zu. Die Schwärze der Nacht ließ keine Gefahr vermuten. Unsere Gedanken waren noch bei dem fröhlichen Zusammensein in der Eisdiele; wir dachten an nichts Böses. Wer hätte geahnt, daß sich an einer Stelle, ein paar Meter vor uns, Glatteis gebildet hatte, das wir im Dunkeln natürlich nicht sehen konnten?

Sherry stieß einen Schreckensruf aus. Sie glitt aus, der Wagen geriet ins Schleudern und fuhr nur noch auf einem Rad. Mit dem Gesicht voraus flog ich durch die Luft. Durch meine Lähmung konnte ich nicht einmal den Aufprall mit den Händen abfangen. Ich sah die Bordsteinkante auf mich zukommen und konnte nur noch das Gesicht verziehen und die Augen zusammenkneifen. Das alles spielte sich im Bruchteil einer Sekunde ab.

Mein Gesicht schlug so hart auf, daß ich buchstäblich Sternchen sah. Den Aufprall meines übrigen Körpers spürte ich nicht, aber ich merkte, wie ich neben unseren Ford-Kombi rollte.

„O nein!" hörte ich Sherry entsetzt rufen.

Es ist merkwürdig, in einem solchen Augenblick scheint sich alles zu verlangsamen. Jeden Ton hört man überdeutlich. Jede Kleinigkeit prägt sich unserem Gedächtnis unauslöschlich ein. „Komm hierher, Sherry!" Ich hörte gedämpftes Sprechen und Schritte auf dem Asphalt. Eine Geldbörse fiel klappernd zu Boden, Münzen rollten umher (das Geld für meine Karten und Zeichnungen, die wir am Abend verkauft hatten). „Oh, ihr ganzes Gesicht ist voll Blut!" schrie ein Mädchen.

Die jungen Leute umringten mich; doch ich sah sie nicht, weil ich die Augen fest geschlossen hielt, damit kein Blut hineinlief. Ich kann mich erinnern, daß ich meinen Hals leicht bewegte, um mich zu vergewissern, daß er nicht gebrochen war. Mit meiner Zunge überprüfte ich meine Zähne; keiner war ausgeschlagen, und auch mein Unterkiefer war noch heil.

Nun kniete ein Mädchen neben mir nieder, bettete meinen Kopf in ihre Hände und legte ihn in ihren Schoß. Es war Julie. Immer wieder fragte sie mich, ob alles in Ordnung sei, und ich nickte nur. An ihrem unterdrückten Schluchzen merkte ich, daß sie versuchte, ihr Weinen vor mir zu verbergen. Sie hielt es für ihre Pflicht, ruhig und stark zu bleiben.

Und plötzlich wurde ich mir meiner eigenen Verantwortung bewußt. In dieser Woche hatten mich einige der jungen Leute gefragt, wie ich es schaffte, das Leben in einem Rollstuhl zu bewältigen, und ich hatte ihnen erklärt, daß wir unsere Prüfungen ohne Murren annehmen müßten. Gemeinsam hatten wir in die Bibel geschaut und festgestellt, daß uns alle Dinge, auch schwere, unverständliche Wege, zum Besten dienen. Nun hatte ich die Gelegenheit, meine Worte in die Tat umzusetzen. Wie würde ich reagieren?

Die ganze Woche über hatte ich von diesen Missionaren gelernt, daß ich den anderen Gliedern des Leibes Christi gegenüber verpflichtet bin. „Hier steht jetzt ein Teil dieses Leibes", schoß es mir plötzlich durch den Kopf, *die Jugendgruppe und all die anderen. Sie schauen auf mich."*

Aber mein alter Mensch wollte sich nicht um „die anderen" kümmern, nur um sich selbst. Und ich fror gerade schrecklich und litt starke Schmerzen.

„Wieso muß gerade mir das passieren? Hatte ich nicht ohnehin schon mehr gelitten als die meisten von denen, die hier stehen? Warum kann Gott nicht jemand anders für seinen Anschauungsunterricht benutzen?"

Ich wußte, daß diese Gedanken nicht recht waren. Aber es ist schwer, Gott und seine Mitmenschen über das eigene Ich zu stellen, besonders dann, wenn man Schmerzen hat.

„Was geht es mich an, wie die anderen mein Verhalten in dieser Lage beurteilen? Mein Gesicht ist schließlich verletzt. Und warum muß ich gerade an meinem Kopf verletzt sein – dem einzigen Teil meines ganzen Körpers, an dem ich überhaupt noch Gefühl habe?"

Doch nun ermahnte mich der Heilige Geist. Ich wurde an das Wort Gottes erinnert: „Wisset ihr nicht, daß euer Leib ein Tempel des in euch wohnenden heiligen Geistes ist, welchen ihr von Gott empfangen habt, und daß ihr nicht euch selbst angehöret? Denn ihr seid teuer erkauft; darum verherrlichet Gott mit eurem Leibe!" (1. Korinther 6,19-20). Wer kümmerte sich darum, wie ich reagierte? *Gott* kümmerte sich darum. Hatte ich wirklich das Recht, mich über mein verletztes Gesicht zu beklagen? Nein. Mein Körper gehört mir ja gar nicht; Gott kann damit machen, was ihm gefällt. Er hat ihn mit dem Blut seines eigenen Sohnes erkauft.

Zunächst war es meine Pflicht, Gott die Ehre zu geben, indem ich diesen Freunden hier in der Praxis zeigte, was ich ihnen theoretisch erklärt hatte: Im Leben eines Christen gibt es keine Zufälle.

Wenn Gott uns etwas schickt, muß es sich letztlich zu unserem Guten auswirken.

„Oder zum Guten unserer Mitmenschen", überlegte ich. Tatsächlich! Manchmal haben wir als Christen überhaupt keine Wahl. Wenn wir uns richtig verhalten wollen, müssen wir so reagieren, wie Gott es haben will.

Als ich so auf dem kalten Asphalt lag, wußte ich auf einmal, was ich zu tun hatte. Es kam mir vor, als ob ich das schon zehntausendmal in meinem Leben getan hätte: Ich riß mich zusammen und dankte Gott im stillen für diesen „Unfall". „Lieber Gott, ich danke dir für das, was jetzt geschehen ist. Laß mich nicht zornig werden. Diese Jungen und Mädchen schauen doch zu ... Laß sie lernen, wie sie mit ihren Schwierigkeiten fertig werden können, indem sie sehen, wie ich mit diesem Schlag fertig werde. Dir soll alle Ehre gehören!"

Schließlich bekam ich die Gewißheit, daß Gott sich durch dieses Ereignis in irgendeiner Weise verherrlichen würde. Aber es war mir nicht bewußt, daß dies schon so bald geschehen sollte. Gott wirkte durch die selbstlose Liebe und Fürsorge, die mir alle erwiesen. Sie legten ihre Mäntel auf mich, um mich vor der Kälte zu schützen. Ein Mann merkte, daß ich mich noch nicht wohl fühlte, er kniete nieder, drückte mich fest an sich, um mich zu wärmen, und flüsterte: „Es wird alles gut werden." Andere stiegen ins Auto und beteten. Jemand bestellte einen Krankenwagen, und ein anderer benachrichtigte den Pastor der Gemeinde, in der wir zu Besuch waren.

Im Krankenhaus wurde ich geröntgt, und meine

Stirn wurde genäht. Langsam ging diese bewegte Nacht vorüber. Die Schmerzen, die mir meine Gehirnerschütterung und mein Nasenbeinbruch verursachten, ließen mich nicht schlafen. So hatte ich viel Zeit zum Nachdenken. *„Ich danke dir, Gott, daß du mich in deiner Hand gehalten und vor Schlimmerem bewahrt hast,"* betete ich.

Schließlich wurde ich entlassen, und man brachte mich in mein Hotelzimmer zurück. Erst in den frühen Morgenstunden nickte ich ein. Ich schlief unruhig und mußte alle zwei Stunden geweckt werden, damit mein Bewußtseinszustand überprüft werden konnte.

Am nächsten Tag erwachte ich kurz vor elf Uhr durch das Geräusch eines Haarföns im Badezimmer. Sherry schaute herein und fragte mit einem schwachen Lächeln: „Nun, wie geht's?"

„Gut, ich . . . oh . . . " sagte ich, aber der Schmerz erinnerte mich sogleich an den Sturz in der vergangenen Nacht. Körperlich ging es gar nicht so gut. Die Nähte taten weh, hämmernde Kopfschmerzen quälten mich, ich hatte zu wenig geschlafen, und mein Gesicht war geschwollen und blutunterlaufen. Doch ich befand mich in einem guten Gemütszustand. „Ich denke, es geht mir nicht schlecht. Was gibt's?"

„Wir dachten, wir wecken dich rechtzeitig auf, damit du ein wenig fernsehen kannst", flötete Julie und stellte die Antenne ein. „Der Pastor sagte uns, wir könnten den Gottesdienst im Fernsehen anschauen, da er jede Woche übertragen wird."

So stützten sie mir den Rücken mit Kissen ab, und wir schauten gespannt zu. Nach dem Chorlied

32

gab der Pastor bekannt: „Leider müssen wir Ihnen mitteilen, daß sich Fräulein Joni Eareckson gestern abend bei einem Sturz die Nase gebrochen hat und genäht werden mußte. Als ich nach dem Unfall im Ambulanzwagen mit ihr sprach, schlug ich vor, ihr Zeugnis heute abend ausfallen zu lassen, aber sie meinte, sie wäre doch dazu in der Lage. Wir bitten Sie alle, mit uns für sie zu beten."

Ich freute mich, daß für mich gebetet wurde. Doch als ich mich in die Kissen zurücklehnte, mußte ich lächeln. Die eigentliche Krise – die innere – war ja vorüber.

Als ich an diesem Abend in den überfüllten Versammlungsraum gefahren wurde, blieb mir einen Augenblick fast die Luft weg. Die Gänge waren voller Stühle, hinten standen Leute, und die Empore war überfüllt. Ich beschloß, nicht die sorgfältig vorbereiteten Notizen und Beispiele zu benutzen, die ich vor Wochen zusammengestellt hatte. Statt dessen las ich einige Schriftstellen vor, die mit dem Geschehen der vergangenen Nacht im Zusammenhang standen. „Ein wichtiger Dienst, den wir als Kinder Gottes einander erweisen können, ist, in unseren eigenen Prüfungen Sieg zu haben." Das kleine Mikrofon an meiner Bluse übertrug meine Worte in den Saal.

„Der Epheserbrief macht deutlich, daß wir uns um andere Christen kümmern sollen, weil wir eins mit ihnen sind. Den Gläubigen wird nie gesagt, eins zu *werden* : wir *sind schon* eins, und es wird von uns erwartet, daß wir dementsprechend handeln. Im 1. Korintherbrief, Kapitel 12, lesen wir, daß wir Christen in unserer Gesamtheit einem menschlichen

33

Leib ähneln, dessen Haupt Jesus Christus ist. Der Körper des Menschen ist das beste Beispiel für Zusammenarbeit. Jedes Glied braucht das andere. Wenn der Magen hungrig ist, entdecken die Augen Brot mit Würstchen, die Füße laufen zur Imbißstube, und die Hände nehmen ein Würstchen, tauchen es in Senf und stecken es in den Mund, von wo aus es in den Magen wandert. Das nenne ich Zusammenarbeit!"

Gekicher unter den Zuhörern.

"So können wir solche Stellen wie Epheser 4,16 verstehen. Wir Christen beeinflussen uns gegenseitig in geistlicher Hinsicht durch das, was wir persönlich sind oder tun. Kein Organ unseres Körpers kann bei Behinderung funktionieren, ohne daß auch die übrigen Organe beeinträchtigt sind. Ein verstauchter Fuß schränkt die Bewegung des ganzen Körpers ein, und der Kopf, der beim Fußballspiel einen Schuß auffängt und so vielleicht ein entscheidendes Tor verhindert, verschafft dem ganzen Körper Ehre. Die enge Beziehung zwischen uns Gläubigen hat etwas Geheimnisvolles an sich. Ihre Niederlagen sind meine Niederlagen, und Ihre Siege sind meine Siege."

Es war mucksmäuschenstill im Saal. Alle lauschten gespannt. Die Leute verstanden offensichtlich, was ich sagen wollte.

Ich fuhr fort: „Wenn wir also Jesus Christus – dem Haupt des Leibes, Ehre machen und unseren Glaubensgeschwistern – dem übrigen Leib – eine Hilfe sein wollen, müssen wir unsere Probleme so meistern, daß unsere Geschwister Nutzen davon haben. Gott hat Julie und mir gestern abend die

Kraft dazu geschenkt. Sie war mir ein Vorbild. Ich war anderen ein Vorbild. Gott will dasselbe auch durch Sie tun."

Und so benützte der Herr meinen Unfall in der vergangenen Nacht, um uns etwas von seinem weisen Plan deutlich zu machen, den er damit verfolgt, daß er seine Kinder leiden läßt. Er hat immer ihr Bestes, aber auch seine Ehre im Auge.

Etwa ein Jahr danach erhielt ich einen Brief von Steve. Ich war damals viel unterwegs und hatte ein wenig Heimweh. Seine aufmunternden Worte waren eine treffende Zusammenfassung dieser Lektion, die ich damals bei meinem nächtlichen Unfall auf dem Parkplatz gelernt hatte. Ich wurde wieder daran erinnert, daß uns unsere Nöte und Schmerzen keinesfalls zur Selbstbemitleidung berechtigten, sondern uns eine ausgezeichnete Gelegenheit bieten, anderen in Wort und Tat ein Vorbild zu sein. Hier ist ein Auszug aus diesem Brief:

„Also, Joni, wenn Du zehnmal in der Woche sprechen mußt, wenn Dein Kiefer ein bißchen lahm wird, weil Du Deinen Zuhörern soviel zulächelst, wenn Dein Rücken weh tut, wenn Du die große Sehnsucht verspürst, einmal wieder gehen zu können, und Du merkst, Du kannst es nicht sagen, weil die Leute es falsch auffassen würden, wenn Du Deine Freunde und Freundinnen vermißt, wenn Dein Interesse für die Bibel nachläßt, wenn Du Dich unsicher fühlst, wenn sich sündige Gedanken und Vorstellungen bei Dir einschleichen wollen, wenn Du versucht bist, Dich in Deinem Erfolg und Ruhm zu sonnen – kurz, wenn Du gern ein leichteres Kreuz tragen und nur ein bißchen vom Weg abweichen möchtest – gib nicht nach! Laß Dich nicht entmutigen und zur Sünde verleiten. Meine nur nicht, der Kampf sei umsonst; denn Du bist mir wirklich eine wichtige Stütze und ein Vorbild, wenn ich versucht bin, aufzugeben."

Wir stehen immer im Rampenlicht und werden beobachtet. Entweder wir spielen unsere Rolle gut und erbauen unsere Zuschauer, oder wir lassen uns von unseren eigenen bitteren Gefühlen leiten und machen damit dem „Bühnendichter" Schande. Wir haben die Wahl.

3

WIR LEIDEN NICHT UMSONST!

Wir prahlen gern damit, was für großartige Christen wir sind; aber wenn wir plötzlich in eine Lage kommen, in der es gilt, unseren Glauben zu beweisen, versagen wir oft. Neulich fand ich das in einer Witzzeichnung treffend dargestellt. Bei einem Fußballspiel rief ein Fan mittleren Alters, der auf der vordersten Bank saß, dem Trainer und den Spielern der verlierenden Mannschaft ständig gemeine Bemerkungen zu. Offensichtlich wollte er die in der Nähe sitzenden Zuschauer mit seinen überragenden Fachkenntnissen beeindrucken. Als der Trainer schließlich die Nase voll hatte, wandte er sich zur Zuschauertribüne und brüllte den Mann an: „Sie mit Ihren tollen Ratschlägen, gehen Sie doch für Oblonsky ins Spiel!" Peng! Das saß!

Wir Menschen weichen gern aus, wenn wir aufgefordert werden, unsere prahlerischen Worte in die Tat umzusetzen. Aber im Gegensatz zu unserem Freund auf der Zuschauerbühne steht *Gott* immer zu seinem Wort. Weil er tatsächlich groß und wunderbar *ist,* sucht er immer nach einer Gelegenheit, den Menschen diese Größe zu zeigen. Und die beste Gelegenheit dazu bietet sich ihm da, wo Menschen leiden. Am meisten verherrlicht er sich natürlich durch Wunder. Jesus ging umher und machte Blinde sehend, heilte Aussätzige, weckte Tote auf und tat unzählige Wunder, um die Not der Menschen zu lindern.

Die zwangsläufige Folge: „Als aber die Volksmenge das sah, verwunderte sie sich und pries Gott . . . " (Matthäus 9,8).

Doch wie steht es heute? Jesus ist nicht mehr körperlich unter uns. Die Zeit, in der er durch das Hügelland von Judäa zog und Wunder tat, ist endgültig vorbei. Zwar kann Gott auch heute noch in übernatürlicher Weise eingreifen (und manches Mal tut er es auch), doch ist das nicht die Regel. Heute benützt Gott das Leiden in einer anderen, weniger offensichtlichen, aber nicht weniger wirkungsvollen Weise, um sich zu verherrlichen.

So merkwürdig es auch klingen mag: Es scheint, daß Gott im Leben seiner Kinder längere dunkle Wegstrecken nicht nur zuläßt, sondern absichtlich verordnet. Dadurch entsteht der Eindruck, als schade er seiner eigenen Sache, denn das geschieht vor den Augen der Ungläubigen, die über das Christentum spotten: „Seht nur, wie dieser Gott, angeblich ein Gott der Liebe, seine Nachfolger behandelt!"

Aber wenn diese Leute dann weiter zusehen und die Christen beobachten, entdecken sie etwas Ungewöhnliches. Denn diese Nachfolger Jesu, denen Gott eine Prüfung nach der anderen schickt, beklagen sich nicht. Anstatt voller Empörung die Fäuste zu ballen und den zu verfluchen, der ein solches Elend zuläßt, preisen sie ihren Schöpfer.

Zuerst spottet die Welt: „Das wird bald anders werden!" Aber wenn die Prüfungen nicht aufhören und der Christ sich dennoch weigert, „Gott abzusagen und zu sterben", kann die Welt nur staunend zusehen. Das ist eine der wirksamsten Methoden, um Gott durch Leiden zu verherrlichen, denn er hat dann ja bewiesen, daß er sein Volk auch in schweren Prüfungen treu erhalten kann. Wenn uns der Glaube an Jesus nur ein schönes, behagliches Leben einbrächte, hätte die Welt keine Gelegenheit, eine eindrucksvolle Lektion über Gott zu lernen.

„Na, und? Was ist das schon?" würden die Menschen sagen. „Jeder kann sich schließlich eine Gefolgschaft beschaffen, wenn er alles für sie tut." Aber wenn ein Christ in Liebe und Treue an seinem Glauben festhält, obwohl Gott ihn scheinbar vergessen hat, wird das auf die Ungläubigen Eindruck machen. Dann müssen die Spötter erkennen, daß unser Gott eine Realität und auch in schweren Zeiten unseres Dienstes würdig ist.

In diesem Zusammenhang fällt mir ein Mädchen ein, dessen Leben ein gutes Beispiel dafür ist, was ich meine. Ich traf sie in Kalifornien in einer Buchhandlung, die in einer vornehmen Wohngegend lag. Viele Frauen und nett gekleidete Kinder mit blanken Gesichtern hatten sich eingefunden. Sie hatten sich der Reihe nach aufgestellt, um mich zu begrüßen und ein Autogramm für ihre Bücher zu erbitten.

Als ich den Füller in den Mund nahm, um meinen Namen in ein Buch zu schreiben, hörte ich ein Geräusch, das gar nicht zu dem allgemeinen Plaudern und geschäftigen Treiben in diesem Raum zu passen schien. Mit einem kurzen Blick über den Rand des Buches, das man mir hinhielt, entdeckte ich, woher dieses Geräusch kam.

39

Dort, am Ende der Schlange, saß eine stark entstellte junge Frau in einem Rollstuhl. Sie konnte keine Worte bilden und brachte deshalb nur ein mühsames Lallen hervor. In den verschiedenen Krankenhäusern, in denen ich gelegen hatte, war ich vielen Menschen begegnet, die durch irgendeine Krankheit nicht deutlich sprechen konnten. Meine Vermutung, eine Gehirnlähmung – eine schreckliche Krankheit – könnte die Ursache sein, wurde mir später bestätigt. Als die Kranke näher kam, sah ich ihre zitternden Hände und die verdrehten, knorrigen Füße. Der Speichel lief ihr aus dem Mund, weil sie keine Gewalt darüber hatte. Ihr Haar war verfilzt, und an der ungleichmäßig zugeknöpften Bluse konnte man sehen, wie schwer sie anzuziehen war. Ihre Behinderung hatte sie unansehnlich gemacht, um es mild auszudrücken.

Früher hatte ich mich in Gegenwart solcher Menschen gar nicht wohl gefühlt. Ihre Behinderungen erinnerten mich zu sehr an meinen eigenen Zustand. Aber mit Gottes Hilfe hatte ich solche Gefühle längst überwunden; ich freute mich nun darauf, dieser jungen Frau zu begegnen.

„Joni, ich möchte dir Nadine vorstellen", sagte die Schwester, die sie begleitete, als sie den Rollstuhl neben den meinen schob. In der nun folgenden Unterhaltung, bei der die Krankenschwester, so gut sie konnte, übersetzte, erfuhr ich, daß Nadine so alt war wie ich und auch an den Herrn Jesus Christus glaubte. Zwar hätte man wegen ihres entstellten Körpers meinen können, Nadine sei zurückgeblieben, doch sie war in Wirklichkeit eine in-

40

telligente, sehr belesene Frau, die gerne Gedichte schrieb.

An diesem Nachmittag gab mir Nadine einen Brief, in dem sie sich für einige Gedanken aus meinem Buch bedankte. Doch dann überreichte sie mir eine wahre Kostbarkeit – eine kleine Karte mit einem Gedicht und Engeln, die sie aus Weihnachtskarten ausgeschnitten hatte. Dabei hatte Nadine die Schere mit den Zehen ihres „guten" Fußes gehalten. Die Begegnung liegt nun einige Jahre zurück; doch die Karte hängt noch immer in meiner Wohnung.

Während Nadine sprach, eilten meine Gedanken zurück zu der Zeit, als ich verzweifelt im Krankenhaus gelegen und in zahllosen philosophischen Werken Antwort auf meine Fragen gesucht hatte. „Entweder ist Gott Liebe und möchte deshalb das menschliche Elend aus der Welt schaffen, es fehlt ihm aber die Macht dazu", argumentierten sie, „oder er hat die Macht, aber nicht die nötige Liebe. Vielleicht aber hat er weder das eine noch das andere. Auf jeden Fall nicht beides zusammen."

Man sollte meinen, ein solches Argument müßte das Herz eines denkenden Menschen wie Nadine treffen. Sie lebt in einer Klinik. Das Glück, von guten Freundinnen oder fürsorgenden Angehörigen umgeben zu sein, wird ihr wohl immer versagt bleiben. Die Ehe und all die Dinge, die der Mensch zu seinem Glück braucht, werden ihr wahrscheinlich nie vergönnt sein. Warum sagt jemand in Nadines Situation sich nicht von dem allmächtigen Gott der Liebe los, wenn er sie so behandelt? Sie müßte eigentlich völlig verzweifelt sein, und jedermann hätte Verständnis dafür, wenn sie in ihrem Leben kei-

41

nen Sinn mehr sähe. Allenfalls könnte man erwarten, daß sie sich tapfer in ihr Schicksal fügt und alle ihre Gefühle unterdrückt.

Aber als ich mich eine Stunde lang mit Nadine unterhalten hatte, war ich davon überzeugt, daß sie solchen Gedanken keinen Raum gegeben hatte! Aus eigener Erfahrung kennt Nadine die Freude am Herrn und den „Frieden Gottes, der allen Verstand übersteigt." Sie kann mit Paulus sagen: „. . . wenn auch unser äußerer Mensch zugrunde geht, so wird doch der innere Tag für Tag erneuert" (2. Korinther 4,16).

Was mich besonders beeindruckte, war, daß sie nicht nur an Gott glaubt, sondern ihn liebt. Der Gott, den sie kennengelernt hat, ist ihrer Liebe wert. Er bedeutet ihr eine solche Realität, daß sie froh und gern ihren Zustand erträgt, wenn das sein Wille ist.

Wird Gott durch Nadines Leiden verherrlicht? Ganz gewiß. Auf welche Weise? Durch eine Wunderheilung? Nein, ihr Leiden verherrlicht Gott, weil die Menschen, die sie näher kennen, zumindest eines anerkennen müssen: Nadines Herr muß ein ganz besonderer Herr sein, wenn sie ihm mit einer solchen Treue anhängt. Ich dachte bei mir selbst: „Wenn jemand einen Beweis dafür sucht, was Gottes Gnade und Macht in einem Leben bewirken können, sollte er diese Frau kennenlernen."

Skeptiker streiten manchmal ab, daß Gott die wahre Quelle des inneren Friedens solcher Christen wie Nadine ist. Sie halten alles, was sie von Gott, dem Himmel und der Freude am Herrn hören, für bloße Flucht vor der Wirklichkeit. Auch mir wurde hin und wieder vorgeworfen, der Glaube an Gott sei für mich so etwas wie eine seelische Krücke.

In solchen Fällen verweise ich einfach auf die Tatsachen: Schon für einen Stubenhocker und Bücherwurm ist es schwer genug, sich an ein Leben im Rollstuhl zu gewöhnen. Für einen tatkräftigen, jungen Menschen wie mich ist es noch viel schwerer. Als Gymnasiastin war ich ständig auf Achse – ich bin geritten, in meinem Sportwagen durch die Gegend gefahren, habe Hockey gespielt und manchen Unsinn gemacht. „Vor meinen Unfall konnte ich keine Minute stillsitzen", erzähle ich oft den Leuten. „Jetzt bin ich gezwungen, für den Rest meines Lebens stillzusitzen.

Keine Liste von Geboten und Verboten, keine von mir zurechtgezimmerte Religionsphilosophie, kein Glaube an irgendein „höheres Wesen" und kein theoretisches Glaubensbekenntnis konnte mir für mein Leben im Rollstuhl Hilfe und Frieden geben oder gar bewirken, daß ich für meinen Zustand dankbar bin. Entweder bin ich also verrückt, oder hinter all dem steht ein lebendiger Gott, der mehr ist als lediglich ein allgemein anerkannter theologischer Grundsatz. Er erweist sich in meinem Leben als ein persönlicher Gott. Das hat viele Menschen zum Nachdenken gebracht.

Manche Christen unter meinen Lesern werden sich jetzt vielleicht fragen: „Ach, es ist ja schön, wie Gott solche Menschen wie Joni und Nadine gebraucht, um sich zu verherrlichen. Aber ich habe keine ernsthaften Behinderungen. Mein Leben ist ziemlich normal. Was ist mit mir?" Glauben Sie doch ja nicht, daß Gott Ihren Prüfungen weniger

Bedeutung beimesse, weil sie nicht so schrecklich sind wie Nadines oder meine. Wenn Sie die Anfechtungen des täglichen Lebens mit freudigem Herzen bestehen, kann Ihre Haltung in Ihrer Umgebung dieselbe Wirkung haben.

Ich denke an meine Schwester Jay und meine Freundinnen Betsy und Sheryl, die mich oft auf meinen Reisen begleiten. Glauben Sie mir, diese Frauen wissen etwas von den Belastungen des Alltags! Zunächst müssen sie sich um alle meine körperlichen Bedürfnisse kümmern. Nur wer selbst einmal einen Gelähmten auf der Reise betreut hat, kann sich vorstellen, wieviel Arbeit da anfällt. Ihr Tag beginnt oft um fünf Uhr morgens; dann heißt es: raus aus den Hotelbetten, um rechtzeitig zur Vormittagsversammlung fertig zu sein. Erst kommen sie selbst an die Reihe, und dann müssen sie sich anderthalb Stunden lang mit mir abmühen. Sie helfen mir aus dem Bett, machen Gymnastikübungen mit mir, baden mich und ziehen mich an, putzen mir die Zähne, waschen mir die Haare und so weiter.

Doch damit nicht genug. Für die Fahrt muß ich vom Stuhl ins Auto gehoben werden. Dazu umfaßt eine meiner beiden Helferinnen meinen Oberkörper, während die andere meine Beine hochhebt. Mühsam heben sie mich auf den Sitz, rücken mich zurecht und schnallen mich fest. Inzwischen hat jemand anders meinen Rollstuhl zusammengeklappt und im Kofferraum des Wagens verstaut. Ich brauche Ihnen mein genaues Gewicht ja nicht zu verraten; doch Sie können sich vorstellen, daß ein Mensch, der sich nicht bewegen kann, eine schwere

Last ist. Wenn wir ankommen, geht es anders herum: Ich werde aus dem Auto in meinen Stuhl gehoben. Neulich mußten mich Betsy, Sheryl und Jay auf einer Reise nach Minneapolis an einem Tag fünfzehnmal rein und raus heben!

Hinzu kommt die seelische Belastung, die sie auf unseren gemeinsamen Reisen tragen müssen. Manche Leute sind so taktlos, daß sie *mich* wie eine Königin behandeln und fast so tun, als ob meine Schwester und meine Freundinnen Luft wären.

Früh aufstehen, um mich fertig zu machen, mich ins Auto zu heben und wieder heraus, und dabei von den anderen übersehen zu werden – vielleicht sind das in Ihren Augen keine richtigen„ Prüfungen", wie sie Nadine und mir auferlegt wurden. Wenn jedoch die Leute merken, wie diese Frauen ihre kleine, aber doch drückende Last ohne Murren und mit einem Herzen voller Liebe tragen, wird ihr Blick auf Gott gelenkt, und er bekommt die Ehre.

In gewisser Hinsicht sind Menschen wie Nadine, meine Schwester und Freundinnen die Hiobs unserer Zeit. Sie wissen ja, daß Hiob ein gerechter Mann war, den Gott mit allerlei Gütern gesegnet hatte. Er dankte Gott dafür, und das ärgerte Satan. Empört warf er Gott vor, Hiob diene ihm ja nur deshalb, weil er – Gott – ihm so viel geschenkt hätte. Sobald ihm jedoch Familie und Besitz genommen würden, werde er Gott ins Angesicht absagen. Mit anderen Worten: Satan behauptete, Hiob liege nichts an Gott, sondern nur an seinem Segen. Gottes Macht reiche nicht aus, jemanden um seiner selbst willen an sich zu binden.

So erlaubte Gott Satan, Hiob zu prüfen. Dieser

Mann verlor seinen Besitz, seine Gesundheit und seine Kinder. „Sage dich los von Gott und stirb!" drängte ihn seine Frau. Aber er weigerte sich. Mit unglaublicher Treue rief er aus: „Siehe, tötet er mich, ich werde auf ihn warten . . ." (Hiob 13,15).

Welch ein Zeugnis! Es läßt die Größe Hiobs erkennen, aber noch mehr die Größe des Gottes, dem seine Knechte auch in den härtesten Prüfungen die Treue halten. Diesem Wort aus dem Alten Testament entspricht das Wort von Paulus im Philipperbrief: „Ja, ich achte nun auch alles für Schaden gegenüber der alles übertreffenden Erkenntnis Christi Jesu, meines Herrn, um dessentwillen ich alles eingebüßt habe, und ich achte es für Unrat, damit ich Christus gewinne . . .!" (Philipper 3,8).

Die Schwierigkeiten, mit denen ich als lahmer Mensch zu kämpfen habe, nehme ich gern auf mich, wenn Gott durch meine Treue geehrt wird. Haben Sie einmal überlegt, daß auch Ihr Leben Gott ehren kann, wenn Sie in Ihrem „Rollstuhl" treu sind?

4

UNMÖGLICHE HEILIGE!

Eine beklemmende Stille erfüllte die große Festhalle des berühmten Fairbairnschlosses. Nicht der geringste Windstoß brachte die farbenprächtigen Banner an den massiven grauen Steinwänden zum Flattern. Über dem hohen mittelalterlichen Kamin hing das Wappenschild der königlichen Familie, und an der gegenüberliegenden Wand war – wie zur Herausforderung – die Standarte des benachbarten Herzogs Einar aufgepflanzt worden. Seit Monaten herrschte zwischen diesen beiden Mächten eine Spannung, die immer unerträglicher wurde. Auf diesem alljährlich stattfindenden Fest, an dem die Edelleute des ganzen Königreiches teilnahmen, hatte der Herzog seinen üblen Umsturzplan zu erkennen gegeben.

Sprungbereit stand der starke Prinz Eric an der Festtafel. Den mit Perlen besetzten Griff seines Schwertes hielt er fest umklammert. Diese Waffe hatte ihm sein Vater, der König, in den letzten Tagen seines Lebens vermacht. Auf der glänzenden Klinge spiegelte sich ein Sonnenstrahl, der durch das Fenster in der dicken Burgmauer drang. Es war das schönste Schwert im Land.

Drei Gefolgsleute des Herzogs umzingelten den Prinzen mit gezückten Schwertern wie Haie ihre

Beute. Sie lauerten darauf, Eric in einem unbedachten Augenblick zu überrumpeln. Der Prinz schaute mit lauerndem Blick von einem zum anderen, um zu sehen, wer als erster zuschlagen würde.

Da, der Klang von klirrendem Stahl! Zwei Soldaten stürmten auf den Prinzen los, doch er wehrte ihre Stöße mit seinem Schwert ab, wich jedem Stich geschickt aus und griff selbst mutig an.

Ein Stich . . . eine Wunde . . . Blut. Einer der Soldaten des Herzogs fiel zu Boden und ließ sein Schwert aus der Hand gleiten. Aber der Prinz konnte sich keine Sekunde lang dieses Teilsieges rühmen; er wandte sich zur Seite, um gegen die beiden anderen weiterzukämpfen.

Nun stand ein Mann auf jeder Seite von ihm. Während er die Hiebe des Feindes zur Rechten abwehrte, wagte er einen Blick über seine linke Schulter, um seine Lage zu überprüfen. Doch dabei hielt er sein Schwert nicht fest genug, und die großartige Waffe wurde ihm aus der Hand geschlagen.

Die Menge stieß einen Schrei des Entsetzens aus. Die Damen, die am Rand der Szene standen, hielten ihre Taschentücher vor den geöffneten Mund, und den Zuschauern blieb vor Schreck die Luft weg.

Doch halt! Wie ein Hirsch sprang der Prinz aus der Reichweite ihrer Klingen, zog den Dolch aus seinem Gürtel und ergriff den Leuchter aus Messing, der den Tisch zierte.

Zwar waren ihm die anderen zahlenmäßig überlegen, und er hatte viel schlechtere Waffen, doch sprang er wieder in den Kampf, verteilte Schläge mit der Lampe und griff seine Gegner mit seinem Dolch an. Er duckte sich, als ein Seitenhieb knapp seinen Kopf verfehlte, richtete sich wieder auf, wich dem Hieb seines Gegners aus und versetzte dem zweiten Soldaten einen tödlichen Schlag.

Jetzt packte den letzten Soldaten des Herzogs die Furcht. Er und Eric umkreisten sich schweigend. Als die Spannung ihren Höhepunkt erreicht hatte, stieß der Soldat zu.

Ein fadendünner Streifen zog sich über Erics Ärmel und wurde dunkelrot, als das Blut von der Wunde durchsickerte. Der Prinz wich Schritt für Schritt zurück, bis er schließlich an die Wand gedrängt wurde. Seine armseligen Geräte waren dem gewaltigen Schwert seines Gegners nicht gewachsen. Die Schläge fielen in immer schnellerer Folge. Bald würde er fallen.

Plötzlich schlug sein Gegner zu. Eric sprang nach links. Der Stoß, der sein Herz treffen sollte, streifte nur seine Seite. Das Schwert fuhr in die Wand. Doch bevor es der Soldat des Herzogs herausziehen und das Gleichgewicht wiedererlangen konnte, schlug Eric die Klinge mit seiner Lampe nach unten und warf seinen Dolch auf den Soldaten. Der packte das Messer, das sich in das Fleisch seiner Schulter gebohrt hatte und hob die andere Hand hoch, als ob er sagen wollte: „Nicht weiter!" Er gestand Eric den Sieg zu. Die Zuschauer umschwärmten den Prinzen und gratulierten ihm laut und herzlich. Sie stimmten ein Lied an, das noch viele Generationen nach ihnen singen sollten:

„Mit dem Schwert des Königs ist Prinz Eric stark, doch mit dem Messer und der Lampe ist er noch stärker!"

Solche Abenteuergeschichten wie diese von Prinz

Eric lese ich gern. Sind Sie sich dessen bewußt, daß die Bibel eine Art Abenteuergeschichte ist? Sie berichtet in ergreifender Weise, wie der Böse – Satan – die Bürger des Königreichs Erde durch Verrat und Betrug unterjocht hat – wie er die Macht des rechtmäßigen Herrschers, der gut und gerecht ist, an sich gerissen und eine Gegenregierung aufgerichtet hat. Weiter lesen wir, wie der gute Herrscher seinen einzigen Sohn sandte, um in Satans Gebiet einzudringen, die gefangenen Untertanen zu befreien und das Reich wieder unter das Familienbanner zu bringen. Wie wäre ich vorgegangen, wenn ich an Gottes Stelle wäre? Nun, zunächst würde ich mir für meine Kampftruppe wahrscheinlich die gescheitesten Männer und Frauen heraussuchen – die Doktoren der Philosophie und die Universitätsprofessoren. Zur Finanzierung des Unternehmens könnte ich nur die pfiffigsten Geschäftsleute und Millionäre der Welt gebrauchen. Meine Werbefachleute wären die besten, die man sich denken kann – absolute Spitzenkräfte auf ihrem Gebiet. Wer auch nur ein einfaches Mitglied meiner Truppe sein wollte, müßte jung, athletisch und attraktiv sein.

Schwächlinge brauchten sich erst gar nicht zu bewerben. Menschen mit körperlichen Mängeln? Ausgeschlossen! Leute, die mein Unternehmen aufhalten könnten? Nie! Menschen ohne Anziehungskraft? Oder solche, die meinen Ruf aufs Spiel setzen könnten? Unmöglich! Männer oder Frauen, deren Leben voller Probleme ist? Niemals! Ich würde nur das Beste vom Besten nehmen.

Aber Gott sei Dank, daß nicht ich die Welt regiere, sondern er! Und er nimmt die Armen, die Kranken, die Häßlichen, die Einsamen, die Schwachen, die, an denen nichts Liebenswertes ist, die Unbegabten und die Unmöglichen mit offenen Armen auf. Daran wird seine Liebe deutlich. Außerdem ist ihm das, was im Herzen eines Menschen ist, wichtiger als sein Äußeres.

Aber es gibt noch einen ganz besonderen Grund, warum Gott schwache Menschen annimmt und gebraucht. Und dazu ist die Geschichte von Prinz Eric eine gute Illustration. Erinnern Sie sich an das Lied, das die Leute von ihm sangen? „Mit dem Schwert des Königs ist Prinz Eric stark, aber mit dem Messer und der Lampe ist er noch stärker!"

Jeder Kampf zwischen einem Helden und irgendwelchen Übeltätern ist an und für sich schon interessant. Doch wenn der Held plötzlich im Nachteil ist, wie es der Fall war, als Eric sein Schwert verlor, kommt ein neues Element hinzu. Die Lage scheint aussichtslos. Gewinnt er aber dann trotzdem, und zwar ausschließlich durch seine Geschicklichkeit, wird sein Ruhm um so größer, weil er den Sieg mit minderwertigen Waffen erfochten hat.

An vielen Stellen der Bibel zeigt uns Gott, daß er genau nach dieser Methode handelt, damit ihm ein Höchstmaß an Ehre zuteil wird. Der Apostel Paulus forderte die Christen in Korinth auf, sich doch einmal selbst anzuschauen und zu erkennen, daß Gott im großen und ganzen solche Leute in seine Nachfolge gerufen hat, die nach menschlichen Maßstäben weder klug noch einflußreich noch von vornehmer Herkunft sind. Das heißt, daß Gott absichtlich schwache, leidende und unfähige Menschen für sein Werk auswählt, damit nach getaner Arbeit die

Ehre nicht uns, sondern ihm gegeben wird. Vergessen Sie das nicht! Gerade die Schwachheit und die Probleme, die wir als eine so schwere Last empfinden, benutzt er, um seinem Namen die Ehre zu geben. Wir sind kein Perlenschwert in seiner Hand, eher ein Dolch und ein Leuchter, die die Arbeit eines Schwertes verrichten!

Als ich 1969, zwei Jahre nach meinem Unfall, zum ersten Mal das Krankenhaus verließ, war ich sehr niedergeschlagen. Da lag ich nun auf dem Sofa, erst neunzehn Jahre alt, und welche Zukunftsaussichten hatte ich? Ein Leben im Rollstuhl stand mir bevor. Ich ahnte, daß ich irgendwo in der Bibel Antwort auf meine Fragen finden würde, doch ich brauchte unbedingt jemanden, der mir diese Antworten zeigte.

Selbst in dieser Lage hätte ich mir nicht von jedem Hergelaufenen fromme Ratschläge erteilen lassen. Ich hätte mich gar nicht dafür interessiert. Sie müssen verstehen, ich war auf dem Gymnasium gewesen und hatte in einer berühmten Hockeymannschaft gespielt, ich war Mitglied der National Honor Society und mit dem Kapitän der Fußballmannschaft eines benachbarten Gymnasiums befreundet. Wenn damals jemand meine Aufmerksamkeit gewinnen wollte, mußte es schon ein besonders intellektueller, sportlicher oder berühmter junger Mann sein.

Nun denken Sie vielleicht, Gott hätte mir seine Antwort durch einen großen, braungebrannten Jugendleiter geschickt, der in Ocean City in der Strandmission arbeitet. Er hätte meine Aufmerksamkeit gefesselt. Oder vielleicht ein intelligenter

Theologiestudent von einer berühmten Universität. Es kann auch sein, daß ich mir von Billy Graham etwas hätte sagen lassen, wenn er in unserer Gegend einen Feldzug veranstaltet hätte.

Aber nein. Wissen Sie, wen Gott mir schickte? Einen langen, schlacksigen sechzehnjährigen Zeitungsjungen. Ziemlich aussichtslos, sollte man meinen, nicht wahr? Wie sollte ausgerechnet der mir helfen können? Es war weder ein „toller" Jugendleiter noch ein intelligenter Theologiestudent, sondern einfach ein Schüler mit einer großen schwarzen Bibel. Aber ich hörte zu! Und Gott benutzte die vielen Stunden, die ich mit diesem Jungen Steve Estes verbrachte, um mich aus meiner Niedergeschlagenheit herauszuholen und mir sein Wort aufzuschließen. Es gefiel Gott, mir seine Macht durch einen Jugendlichen zu offenbaren, anstatt mir einen Theologen mit einer Spezialausbildung in der Seelsorge an Behinderten zu schicken.

Wenn Steve und ich heute an die erste Zeit unserer Freundschaft zurückdenken, können wir uns nur darüber wundern, wie Gott so ein ungewöhnliches Verhältnis benutzt hat, um eine Wende in meinem Leben herbeizuführen. Aber eigentlich sollte uns das nicht überraschen. Die 32000 Mann starke Armee Gideons verringerte Gott auf 300 Soldaten, bevor er sie hinaussandte, um die Horden der Midianiter zu bekämpfen. Es war der Hirtenknabe David, den Gott in den Zweikampf mit Goliath, dem streitbaren Riesen der Philister, sandte. Er gab Abraham eine unfruchtbare Frau und versprach ihm eine Nachkommenschaft, die so zahlreich sein sollte wie die Sterne am Himmel. Warum handelt er so? Als dann die Midianiter geschlagen wurden, sollte die Welt erkennen, daß dieser Sieg nicht den Menschen, sondern Gott zuzuschreiben war.

Dieselbe Absicht verfolgt Gott auch mit dem Leiden. Es treibt uns in unserer Schwachheit auf die Knie. Wir sollen begreifen, daß Gott uns gerade da haben will! Denn dann wird seine Kraft am deutlichsten sichtbar.

Wenn jemand um den Wert des Schwachseins wußte, dann der Apostel Paulus. In seinem zweiten Brief an die Korinther beschreibt er ausführlich, daß Gott *schwache Menschen gebraucht*

Scheinbar liefen dort alle möglichen falschen Apostel herum, die versuchten, Paulus „abzuschießen" und die Aufmerksamkeit auf sich zu lenken. Ständig rühmten sie sich ihrer unglaublichen Leistungen, ihrer großartigen Gesichte und erfolgreichen Dienste. „Und du, Paulus?" höhnten sie. „Kannst du uns überbieten?" Paulus antwortete ihnen: „Ihr wollt, daß ich mich rühme? Gut, so werde ich mich rühmen. Ich komme mir dabei etwas töricht vor, aber hört." Wenn man den Brief des Paulus liest, kann man sich fast bildlich vorstellen, wie seine von Neid erfüllten Rivalen die Listen ihrer Großtaten hervorziehen, um zu sehen, ob er dagegen ankommen könne. Doch zu ihrer großen Überraschung verwies er nur auf sein Leiden und seine Schwachheit.

„Ihr wolltet sehen, welchen Erfolg ich zu verzeichnen habe? Dann will ich euch hier ein wenig davon berichten, welche großen Ehren man mir erwiesen hat. Also . . . ich bin bespuckt worden. Man hat mich geschlagen. Vielleicht wollt ihr wissen, wie

54

lange ich im Gefängnis gewesen bin . . . Ja, ich habe auch Schiffbruch erlitten. Die Heiden hassen mich. Und die Juden – sie können mich nicht ausstehen."

Dann führt er noch weitere Auszeichnungen und Ehrenerweisungen auf: „Ihr wollt wissen, wie großartig man mich empfangen hat? Nun, eines Nachts wurde ich in einem Korb über die Stadtmauer hinuntergelassen. Ich hätte die Tür benutzt, aber dort warteten einige Wachen auf mich, um mich gefangenzunehmen."

Dann folgt die Krönung seiner „Verteidigungsrede": Paulus berichtet von seinen Gesichten.

„Nun, ich weiß, daß ihr alle paar Tage Gesichte habt. Laßt mich von einem Gesicht erzählen, das ich gehabt habe. Aber es war nicht gestern, ja, es sind wohl vierzehn Jahre her. Wunderbar war es dort im Himmel. Aber ich werde nie – wie ihr – die Leute fesseln, indem ich ihnen alles bis ins kleinste erzähle."

Er fuhr fort: „Aber *eins werde* ich euch erzählen. Ich habe auf Gott einen so guten Eindruck gemacht, daß er mir zu meinen Gesichten noch etwas dazugab: einen Pfahl ins Fleisch, damit ich nicht eingebildet werde!"

Hier hört der Spott auf. Paulus schaut seinen Gegnern gewissermaßen in die Augen und berichtet, wie er zunächst auf dieses neue, von Gott gesandte Leiden reagierte.

„Seinetwegen habe ich dreimal den Herrn gebeten, daß er von mir ablassen möchte. Und er hat zu mir gesagt: Laß dir an meiner Gnade genügen, denn meine Kraft wird in der Schwachheit vollkommen!" (2. Korinther 12,8-9).

Haben Sie das verstanden? In der „ Guten Nachricht" lautet die Antwort Gottes an Paulus: „Du brauchst nicht mehr als meine Gnade. Je schwächer du bist, desto stärker erweist sich an dir meine Macht."

Wenn sich die Macht Gottes desto stärker an uns erweist, je schwächer wir sind, warum sollten wir dann klagen, wenn wir leiden und Schmerzen haben? Sollten wir nicht lieber mit Paulus sagen: „Darum will ich mich am liebsten vielmehr meiner Schwachheiten rühmen, damit die Kraft Christi bei mir wohne. Darum habe ich Wohlgefallen an den Schwachheiten, an Mißhandlungen, an Nöten, an Verfolgungen, an Ängsten um Christi willen; denn wenn ich schwach bin, dann bin ich stark" (2. Korinther 12, 9-10).

5

GOTTES SCHAUFENSTER

Unser Gott ist ein wunderbarer Gott. Betrachten wir nur das Wunder der Geburt, die Schönheit der Natur und die Vielgestaltigkeit unseres Sonnensystems. Diese gewaltigen Wunder geben uns eine schwache Vorstellung davon, was für ein mächtiger, weiser Schöpfer er ist. Aber Gott hat auch andere Eigenschaften, die erst durch die Sünde und das Leiden der Menschen offenbar werden.

Denken wir beispielsweise an seine Freundlichkeit. Wüßten wir die von ihm geschenkte Gesundheit wirklich zu schätzen, wenn niemand von uns jemals krank wäre? Könnten wir die Vergebung Gottes begreifen, wenn wir nie über unsere Sünden bekümmert wären? Und wie erführen wir etwas von seiner erbarmenden Liebe, mit der er unsere Gebete erhört, wenn wir keine Nöte hätten, die uns ins Gebet trieben? Sie sehen also, durch unsere Probleme wird die Gnade Gottes erst recht deutlich.

Aber das ist nicht alles. Unsere Schwierigkeiten ermöglichen es auch den *Menschen*, ihre guten Eigenschaften zu betätigen. Ich möchte das an einem Beispiel erläutern.

Stellen Sie sich einen jungen Mann vor, der sich für ein bestimmtes Mädchen interessiert. Schon lange hat er nach einer Möglichkeit gesucht, ihr seine

57

Liebe zu zeigen, ohne jedoch aufdringlich zu erscheinen. Eines Abends fährt er vom Büro nach Hause, und wen entdeckt er da mit einer Reifenpanne am Straßenrand? Eben dieses Mädchen. Phantastisch! Er bremst scharf, parkt sein Auto hinter dem des Mädchens, schaltet die Warnblinkanlage ein und bietet seine Hilfe an.

„Das ist lieb von dir", entgegnet sie. „Aber ich möchte dich nicht belästigen. Du hast gute Sachen an. Ich werde eine Werkstatt anrufen, denke ich."

Doch er läßt sich nicht abweisen und sucht schon in ihrem Kofferraum nach dem Wagenheber. „Das werden wir im Nu haben."

Nach einigen Minuten fängt es an zu regnen. „Setz dich in mein Auto, damit du nicht naß wirst", fordert er sie auf. Nachdem er die letzte Schraube angezogen und die Radkappe angedrückt hat, steigt er zu ihr in seinen Wagen. Er ist pudelnaß, und auf seiner Hose sind Ölflecken. Sie entschuldigt sich dafür, daß sie ihm solche Mühe macht, doch er tut jedes Mitgefühl mit einer Handbewegung ab.

„So", sagt er und wirft den Motor an, „wir bringen den Reifen zu einer Tankstelle, damit er geflickt wird. Ich möchte auf keinen Fall, daß du wieder einen Platten hast und dann ohne Reserverad dastehst. Dein Auto lassen wir inzwischen hier stehen."

Nach einer kurzen Pause sagt er so beiläufig wie möglich: „Sag mal, während der Reifen geflickt wird, könnten wir doch eine Tasse Kaffee oder sonst irgendwas trinken."

Sie lächelt. „Gern."

Da sehen Sie es. War es nun nicht gut, daß alles

58

so falsch lief? Die Verspätung, der platte Reifen, der Radwechsel im Regen und die beschmutzten Kleider – all dies wäre bei jeder anderen Gelegenheit als äußerst unangenehm empfunden worden. Aber in diesem Fall bekam der junge Mann dadurch die Gelegenheit, diesem Mädchen Freundlichkeit und Opferbereitschaft zu erweisen – und das wollte er doch so gern. Und sie merkte dabei, daß er sich in besonderer Weise um sie kümmerte.

So können sich die Probleme in unserem Leben auswirken. Zwar sind sie an und für sich etwas Negatives, doch haben sie manchmal zur Folge, daß sich die Menschen mehr umeinander kümmern und gegenseitig helfen. Denken Sie noch an meinen Sturz auf dem vereisten Parkplatz, bei dem ich mir das Nasenbein gebrochen hatte? Als die Umstehenden mich zitternd am Boden liegen sahen, zogen sie alle ihre Mäntel aus und legten sie auf mich, um mich zu wärmen. Das nennt man Selbstlosigkeit, und wir alle bewundern es. Doch wenn ich in diesem Augenblick nicht „gelitten" hätte, hätten die Umstehenden keine Gelegenheit gehabt, ihre Selbstlosigkeit zu beweisen.

Außerdem mußte jeder, der mir hilfreich seinen Mantel anbot, eine Weile frieren. Sie mußten „leiden", um mir einen Gefallen zu tun. Wenn jeder von ihnen sechs Mäntel angehabt und mir einen davon geliehen hätte, um mich zu wärmen, wäre das nichts Besonderes gewesen. Da sie nicht hätten frieren müssen, wäre das für sie kein richtiges Opfer gewesen. Aber meine Not veranlaßte sie, mit mir zu teilen; und dadurch mußten auch sie „leiden", wenn auch nur in geringem Maße. Mein Leiden war die Voraussetzung für die mir an diesem Abend erwiesene Selbstlosigkeit.

Dasselbe gilt für alles Gute, was ein Mensch denken oder tun kann. Das Leiden ist gewissermaßen die Bühne, auf der die guten Eigenschaften auftreten können. Wenn wir niemals mit Furcht zu kämpfen hätten, wüßten wir nicht, was Mut ist. Wenn wir nie weinen müßten, wüßten wir nicht, wie es ist, wenn uns ein Freund die Tränen abwischt.

Aber was hat das alles mit Gott zu tun? Wenn ich sage, daß das Leiden unsere besten Eigenschaften zur Entfaltung bringen kann, stimme ich dann damit ein Loblied auf die menschliche Güte an? Ganz und gar nicht! Wenn ich die Güte der Menschen lobe, rühme ich in Wirklichkeit die Güte Gottes. Denn jede gute und edle Sache in dieser Welt stammt ja schließlich von *Gott* (Jakobus 1,17). Alle Liebe und Freundlichkeit, jedes Mitteilen und Mittragen und jede Vergebung kommt im Grunde von Gott. Wir sind nach seinem Bild geschaffen – selbst die unter uns, die ihn nicht anerkennen. Gewiß, dieses Bild ist durch die Sünde verzerrt und beschmutzt. Aber es ist immer noch da, und jede gute Tat ist ein Beweis dafür.

Unter all den verschiedenen Arten des Leidens scheint eine am ehesten die Leute auf Gott hinzuweisen: die Verfolgung. Sicher haben Sie schon einmal bemerkt, daß Diamanten in einem Juwelierladen gewöhnlich vor einem Hintergrund aus dunklem Samt ausgestellt werden. Das weiche, dunkle Tuch bildet nämlich einen starken Kontrast und bringt die feingeschliffenen Kanten und den Glanz der Edelsteine vorteilhaft zur Geltung. Ebenso dient die Beschimpfung des christlichen Glaubens als Samttuch. Die erstaunliche Liebe, mit der der Christ reagiert, erscheint um so strahlender, je stärker der Angriff ist.

Im Neuen Testament werden die Christen aufgefordert, die Menschen zu lieben, die sie schlecht behandeln. Unsere Welt hungert nach wahrer Liebe. Ich meine damit nicht die Liebe in rührseligen Romanen und Hörspielen, wo „ich liebe dich" gewöhnlich bedeutet: „Ich liebe mich und will das haben, was du mir geben kannst!" Ich spreche auch nicht einmal von der Bruderliebe. Denn „ . . . wenn ihr liebt, die euch lieben, was für einen Dank habt ihr? . . . auch die Sünder tun dasselbe"(Lukas 6,32-33). Ich meine die Liebe, die etwas kostet, die gibt, bis es dem Geber weh tut, auch dann, wenn er weiß, daß er nichts dafür bekommt. Damit die Welt diese Art von Liebe zu sehen bekommt, müssen die Christen es wagen, dem Vorbild Jesu Christi zu folgen. Wie handelte der Herr Jesus? Er liebte sogar die, die ihn peitschten und schlugen. „Denn was ist das für ein Ruhm, wenn ihr Streiche erduldet, weil ihr gefehlt habt? Wenn ihr aber für Gutestun leidet und erduldet, das ist Gnade bei Gott. Denn dazu seid ihr berufen, weil auch Christus für euch gelitten und euch ein Vorbild hinterlassen hat, daß ihr seinen Fußstapfen nachfolget. Er hat keine Sünde getan, es ist auch kein Betrug in seinem Munde erfunden worden; er schalt nicht, da er gescholten ward, er drohte nicht, da er litt, sondern übergab es dem, der gerecht richtet; er hat unsere Sünden selbst hinaufgetragen an seinem Leibe auf das Holz, damit wir, der Sünde gestorben, der Gerechtigkeit leben möchten; durch seine Wunden seid ihr heil geworden" (1. Petrus 2,20-24).

Wenn Jesus Christus nicht beschimpft worden wäre, wer hätte dann seine Vergebung erfahren? Und wenn er seine Strafe verdient hätte, was wäre dann Besonderes daran gewesen, daß er sie bereitwillig auf sich nahm, ohne sich zu wehren? Doch so wie die Sache stand, konnte die Welt an seiner Haltung seinem eigenen Leiden gegenüber das Wesen Gottes erkennen. Welche Folge hatte das? Petrus sagte: „... durch dessen Striemen ihr geheilt worden seid." Etliche meiner Leser werden Christen sein, deren Familien, Freunde, Nachbarn und Arbeitskollegen von Ihrem Glauben nicht viel halten. Vielleicht sagen sie Ihnen das auch unmißverständlich. Ich möchte Ihnen eine Frage stellen: Haben Sie schon gelernt, diese Bedrängnisse als Antwort Gottes auf Ihre Gebete zu sehen? Manche Herzen können nur durch echte Liebe überwunden werden. Und diese Liebe werden sie nur dann erfahren, wenn jemand trotz ihrer Gehässigkeit nett zu ihnen ist. Wenn man Sie freundlich behandelt, und Sie zu solchen Leuten auch freundlich sind, was ist schon Besonderes dabei? „... auch die Sünder tun dasselbe." Aber wenn man Sie schlecht behandelt, was für eine Herausforderung ist das für Sie! Dann können Sie das Juwel der Vergebung um Jesu willen vor dem Samttuch des Leidens herausstellen. Ihre Probleme sind dann das Mittel, durch das die Größe und Herrlichkeit Gottes sichtbar wird.

Vor mehr als zehn Jahren besuchte mich meine Freundin Diana im Krankenhaus und versuchte, mir anhand der Bibel die Wahrheiten zu erklären, die ich Ihnen in diesem Kapitel mitgeteilt habe. Aber damals konnte ich es einfach nicht glauben, daß Gott mich deshalb das Genick brechen ließ, nur damit er verherrlicht würde. Diese Theorie erweckte in mir den Eindruck, als ob Gott irgendwie ichsüchtig sei.

Aber denken wir einmal über diese Vorstellung nach. Stellen Sie sich vor, Sie wären – wie Gott – das wahrhaftigste, gerechteste, reinste, vollkommenste und lobenswerteste Wesen, das es gibt. Und alles andere im ganzen Universum, das eine von diesen Eigenschaften besäße, hätte sie von Ihnen, weil es bis zu einem gewissen Grad ein Spiegelbild von Ihnen wäre, denn ohne Sie gäbe es diese Eigenschaften gar nicht.

Wenn das der Fall wäre, müßte jeder, der in irgendeiner Weise besser werden wollte, Ihnen ähnlicher werden. Wenn Sie nun die Menschen aufforderten, über diese guten Eigenschaften nachzudenken, würde das bedeuten, Sie müßten sie auffordern, über Sie nachzudenken. Die Ichbezogenheit der anderen wäre falsch, denn ihre Gedanken würden sich in diesem Fall um Sünde und Unvollkommenheit drehen. Ihre Ichbezogenheit hingegen hätte die Vollkommenheit zum Ziel.

Wenn Gott uns deshalb auffordert, über ihn nachzudenken, will er, daß wir alles erwägen, was wahr, gerecht, rein, liebens- und lobenswert ist. Das bringt oft Leiden mit sich, und wir seufzen dann: „Ach, wie schrecklich!" Aber in Wirklichkeit sind Gottes Leidenspakete in Barmherzigkeit eingehüllt; denn er weiß, wie wichtig es ist, daß seine Eigenschaften auch unsere Eigenschaften werden. Denn

63

wie wäre es, wenn Gott uns „in Ruhe ließe"? Stellen Sie sich vor, er würde nie wieder eine Prüfung schicken, um uns und andere auf ihn hinzuweisen. Wäre damit alles Leiden zu Ende? Keinesfalls! Wir wären dann nur einer viel schlimmeren Art des Leidens ausgeliefert. Wenn wir uns selbst überlassen blieben und sich unsere sündhafte Natur ungehindert entfalten könnte, würden wir uns in unserer Habgier und in unserem Haß gegenseitig zerfleischen.

Doch Gott teilt das Leiden mit liebenden Händen aus und schickt uns nur das, was zu unserem Guten dient und uns an sein Herz treibt. Er weiß ja noch mehr: Wenn wir ihn als unseren Heiland und Herrn kennen, werden wir einmal bei ihm im Himmel sein, wo alles Leid ein Ende haben wird .

6

WENN NIEMAND ZUSCHAUT

Bis jetzt habe ich fast ausschließlich davon gesprochen, wie sich unser Verhalten in Prüfungen auf andere Menschen auswirkt. Ist das nicht eine großartige Sache: die Art und Weise, wie wir mit unseren Problemen fertig werden, kann anderen Mut machen und sie dazu bewegen, Gott die Ehre zu geben.

Doch manche meiner Leser haben nur wenig oder gar keine Berührung mit anderen Menschen. Vielleicht sind Sie schon älter, sind alleinstehend, gehen selten aus und bekommen wenig Besuch. Ihr früheres gesellschaftliches Leben ist einer ruhigeren Lebensweise gewichen – Sie lesen viel, halten vielleicht ein Haustier und bestellen einen kleinen Garten. „Wie soll meine Not meinen Mitmenschen eine Hilfe sein?" fragen Sie sich vielleicht. „Es ist ja niemand da!" Ja, wie kann Ihr Verhalten in Prüfungen der Sache Gottes dienen, wenn niemand Sie beobachtet?

Oder wie steht es mit denen, die zwar immer wieder mit vielen Menschen in Berührung kommen, ohne jedoch engeren Kontakt mit ihnen zu bekommen? Vielleicht unterhalten sie sich ausschließlich über das Wetter, über Sport und Mode, während die wahren Lebensfragen, nämlich die, die einen bedrängen, wenn man nachts wachliegt und grübelt, gar nicht zur Sprache kommen. Ihre Arbeitskollegen, denen Sie im Flur mit einem lächelnden „Guten Morgen" begegnen, haben keine Ahnung von den Problemen, mit denen Sie sich herumschlagen. Manche Dinge kann man einfach nicht jedem Beliebigen mitteilen. Ihre Not und die Art und Weise, wie Sie damit fertig werden, wird natürlich für andere nicht zur Hilfe, wenn niemand jemals etwas davon erfährt.

Vielleicht werden Sie noch mehr entmutigt, wenn die wenigen, die beobachten, wie Sie Ihr Leid aus Gottes Hand nehmen, anscheinend völlig unberührt davon bleiben. Sie lassen sich weder durch Ihr vorbildliches Verhalten noch durch die Hilfe Ihres Gottes beeindrucken. Dann kommen Sie sich vor wie ein Kandidat bei einer politischen Wahl, der seinen Beruf und eine Unsumme Geldes geopfert hat, und am Ende doch nicht gewählt wird. Alle Mühe war für nichts und wieder nichts! Umsonst zu leiden – ist das nicht ein schrecklicher Gedanke? Wenn es gilt, für unseren Glauben zu leiden, ja. Für unsere Familie, ganz bestimmt. Für unsere Wünsche, vielleicht. Aber für nichts und wieder nichts? Welch eine Tragik! Dabei spielt es keine Rolle, ob wir tatsächlich allein sind oder uns bloß einsam fühlen – wenn wir der Meinung sind, unsere Schmerzen und Sorgen seien sinnlos, kann uns das zur Verzweiflung treiben.

Wenn irgend jemand unter meinen Bekannten umsonst zu leiden schien, war es Denise Walters. Die Leser meines ersten Buches werden sich an sie als eine meiner vier Zimmergenossinnen erinnern. Zusammen mit Betty Glover, B. J. und Ann lagen wir im Rehabilitationskrankenhaus Greenoaks. Anderthalb Jahre vor meiner Einlieferung besuchte Denise die letzte Klasse des Westgymnasiums Baltimore. Sie war hübsch und beliebt. Eines Morgens stolperte sie auf der Treppe, als sie in der Pause mit einigen Klassenkameradinnen die Stufen hinaufsprang. Niemand machte sich Gedanken darüber. Ihre Freundinnen halfen ihr, die Kleider zu säubern und ihre verstreuten Bücher wieder aufzusammeln.

„Du wirst langsam tolpatschig. Bist ja auch nicht mehr die Jüngste", foppte sie eine.

„Ich weiß nicht, was das war", entgegnete Denise, während sie sich bestürzt aufrichtete. „Ich fühle mich auf einmal irgendwie schwach auf den Beinen."

Wahrscheinlich liegt es an deiner ständigen Schlankheitskur", meinte ihre beste Freundin. „Du hast es wahrhaftig nicht nötig, noch abzunehmen; du siehst blendend aus und könntest dir zu Mittag ruhig mehr leisten als nur eine Möhre und einen Apfel."

„Du wirst wohl recht haben –", stimmte Denise ihr zu, und alle gingen in die Klasse.

Aber gegen Abend konnte sie kaum noch gehen. Zu Hause legte sie sich sofort ins Bett; und als sie zum Abendessen aufstehen wollte, waren ihre Beine gelähmt. Innerhalb kurzer Zeit hatte die Lähmung auf die Arme übergegriffen, und bald wurde sie auch noch blind. Es war ein ungewöhnlicher Fall von multipler Sklerose.

Als Denise Walters bewegungslos im Krankenhaus von Greenoaks lag, wußte sie, was Leiden bedeutete. Sie konnte nicht fernsehen, ja, noch nicht einmal aus dem Fenster schauen. Auch Lesen war unmöglich; sie war darauf angewiesen, daß sich jemand die Zeit nahm, sich zu ihr setzte und ihr vorlas. Das Sprechen fiel ihr sehr schwer. Sie wußte, daß sie bald sterben würde, und das machte ihr am meisten zu schaffen. Gelegentlich besuchten sie ihre Freundinnen. Doch wenn man lange Zeit im Krankenhaus liegt, lassen die Besuche immer mehr nach. Am Schluß kam eigentlich nur noch ihre Mutter, eine feine, gläubige Frau, die ihrer Tochter, die auch Jesus liebhatte, jeden Abend aus der Bibel vorlas und mit ihr betete. Erstaunlicherweise beklagte sich Denise nie. Vielleicht meinen Sie, daß Gott sie leiden ließ, um den Menschen ihre Geduld zu zeigen und sie dadurch auf ihn aufmerksam zu machen. Aber gerade das war nicht der Fall. Zunächst einfach deshalb, weil nur sehr wenige sie jemals zu Gesicht bekamen. Ihre Mutter und wir, ihre Zimmergenossinnen, waren außer dem Krankenhauspersonal so ziemlich die einzigen, mit denen sie überhaupt Kontakt hatte. Und selbst wir, die neben ihr lagen, unterhielten uns meist nur über oberflächliche Dinge, so daß nie offenbar wurde, was in Denise vor sich ging. Soweit sie es beurteilen konnte, sah oder beachtete niemand ihre Liebe zu Gott und wie sie sich in seinen Willen fügte. Das Traurigste war wohl die Tatsache, daß sich nicht das geringste änderte, wenn ausnahmsweise einmal ein Strahl von ihrer Liebe und ihrem Glauben durch den dichten Nebel unserer geistlichen Blindheit drang. Niemand hat je zu ihr gesagt: „Ich möchte auch den Frieden, den du hast. Wie kann ich ihn bekommen?" Ihr Leiden schien umsonst zu sein, wie ein kostbarer Regen, der auf das Wasser des Meeres fällt, während nur einige Kilometer davon entfernt die Menschen in der Wüste fast verdursten. Fünf Jahre nach meiner Entlassung aus Greenoaks starb Denise. Als ich diese Nachricht erhielt, hatte ich mit widerstreitenden Gefühlen zu kämpfen. Natürlich freute ich mich, daß sie nun nicht mehr leiden mußte und bei ihrem Herrn sein durfte. Aber die Frage nach dem Warum ihres monatelangen, qualvollen und scheinbar sinnlosen Leidens vor ihrem Tod ließ mich nicht los. Als ich eines Abends mit Diana und Steve im Gespräch vertieft an unserem Kamin saß, teilte ich ihnen meine Gedanken mit. Diana überlegte kurz und begann dann:

„Nach den Äußerungen von Denise zu urteilen, hat sie ihr Leiden wohl nicht als sinnlos angesehen." Ich mußte ihr recht geben, obwohl ich mir nicht vorstellen konnte, warum. „Du hast die Mädchen in jenem Zimmer doch gekannt, Diana. Du hast mich ja oft genug besucht. Wir haben Denise nie verstanden."

„Das kann sein", erwiderte Diana. „Doch sie wußte, daß ihr nicht die einzigen Beobachter wart."

„Ach, Diana, wer war da schon? Alle paar Augenblicke kam mal die eine oder andere Krankenschwester herein. Die rannten doch viel zu geschäftig umher, als daß sie Denise einmal zugehört hätten. Und bis Denise sich überhaupt überwunden hat, etwas zu sagen!"

„Ich meine nicht die Krankenschwestern", sagte Diana und blickte mir direkt in die Augen. „Ich spreche von Gott und der ganzen unsichtbaren Welt, weißt du, von den Engeln und Dämonen.

69

Menschen haben sie vielleicht nicht beachtet, diese geistlichen Mächte aber ganz bestimmt."

Natürlich wußte ich, daß Gott die ganze Zeit zugeschaut hatte, obwohl ich gestehen muß, daß es manchmal nicht den Anschein hatte. Aber Engel und Dämonen? Es war mir nie bewußt geworden, daß auch sie zuschauten.

Diana fuhr fort: „Joni, die Bibel sagt deutlich, daß die unsichtbaren Mächte die Gedanken und Gefühle eines jeden Menschen beobachten. Ja, der Geist des gewöhnlichsten und unbedeutendsten Menschen ist ein Schlachtfeld, auf dem die stärksten Kräfte des Universums aufeinanderprallen.

Da ich merkte, daß sich Diana in das Thema hineinsteigerte, wie es oft bei ihr der Fall war, unterbrach ich sie, bevor sie zu weit ging.

„Diana, das hört sich ja fast wie aus einem Zukunftsroman an. Kannst du mir eine entsprechende Bibelstelle zeigen?"

Darauf hatte sie wohl nur gewartet. So führten mich Diana und Steve – bei dem schwachen Schein des Kaminfeuers und einer einzigen Lampe – durch die Heilige Schrift.

„Natürlich kümmern sich die Engel darum, was die Menschen tun", sagte sie voller Begeisterung. Dann blätterte sie in ihrer Bibel und zeigte mir nach kurzem Suchen einen Vers. „Sieh einmal hier!" Sie wies auf Lukas 15,10.

„So, sage ich euch, ist Freude vor den Engeln Gottes über *einen* Sünder, der Buße tut", las ich halb leise, halb vor mich hin murmelnd.

„Kannst du dir das vorstellen?" rief sie. „Das heißt also, daß sich die Engel Gottes richtig freuen,

70

wenn sich Menschen entscheiden, den richtigen Weg zu gehen!"

„Glaubst du, daß sie auch jetzt auf uns schauen?" fragte ich und blickte verstohlen im Raum umher, halb erwartend, hinter den Vorhängen ein Rauschen zu hören.

„Gewiß", schaltete sich Steve ein. Er nahm Dianas Bibel und schlug Epheser 3,10 auf. „Hier ist noch ein Vers, der beweist, daß die unsichtbaren Mächte uns beobachten. Sieh' doch, Gott gebraucht die Gemeinde und sein Wirken an seinen Kindern, um den Engeln und Dämonen zu zeigen, wie weise und mächtig er ist."

„Tatsächlich!" sagte ich strahlend. „Wir sind also wie eine Art Tafel, auf der Gott Lektionen über sich selbst aufschreibt."

„So war Denise's Leiden also doch nicht umsonst", überlegte ich.

„Wenn sich auch nicht viele Menschen um sie gekümmert haben, so wußte sie doch, daß sie dort in ihrem einsamen Krankenzimmer beobachtet wurde – und zwar von sehr, sehr vielen."

Einige Jahre nach diesem Gespräch mit Diana und Steve sprach ich eines Sonntagabends in einer Kirche in der Umgebung von Baltimore. In meiner Ansprache erwähnte ich kurz Denise und ihren unerschütterlichen Glauben während ihrer Krankheit. Nach der Versammlung kamen zwei Frauen zu mir aufs Podium und sagten, die Mutter von Denise sei ihre Arbeitskollegin. Sie könnten es kaum erwarten, bis sie am Montagmorgen zur Arbeit kämen und Frau Walters erzählen könnten, daß ich von ihrer Tochter gesprochen hätte.

Das war eine Überraschung! Lange Zeit hatte ich den Wunsch gehabt, einmal mit Frau Walters über diese Dinge zu sprechen, die mir Diana und Steve anhand der Bibel gezeigt hatten, aber ich hatte nicht gewußt, wie ich sie erreichen sollte.

Ich bat die Frauen: „Würden Sie bitte Frau Walters etwas ausrichten? Sagen Sie ihr bitte, daß Denise's Leiden nicht umsonst war. Ich weiß, daß es so aussieht, als hätten diese acht langen Jahre einsamen Krankenlagers wenig Sinn und Zweck gehabt. Doch Engel und Dämonen haben erstaunt zugesehen, wie dieses Mädchen sich nie beklagte oder ungeduldig wurde. Das muß wie ein angenehmer Wohlgeruch zu Gott aufgestiegen sein."

Vielleicht haben manche von Ihnen ein ähnliches Schicksal wie Denise zu tragen. Sie sind allein –, oder einfach einsam. Doch wenn Sie wieder einmal versucht sind zu denken, es sei gleichgültig, wie Sie mit Ihren Prüfungen fertig werden, weil es doch niemanden etwas nütze, lesen Sie bitte, bevor Sie den Kampf aufgeben, die Verse, über die wir drei uns an jenem Abend vor unserem Kamin unterhalten haben. Vielleicht wird es Ihnen dann bewußt, daß eben *doch* jemand zuschaut. Jemand kümmert sich um Sie. Vielleicht überraschen Sie sich sogar dabei, wie Sie lauschen, ob nicht ein leises Flügelrauschen zu hören sei!

7

GOTT ZERBRICHT UND FORMT UNS

Durch alle Jahrhunderte hindurch war die Verheißung Gottes aus Römer 8,28 ein Lieblingsvers der Christen: „Wir wissen aber, daß denen, die Gott lieben, alles zum Guten mitwirkt, denen, die nach dem Vorsatz berufen sind." In meinem ersten Buch habe ich berichtet, daß ich der Meinung war, das „Gute", zu dem alle Dinge mitwirken würden, bedeute für mich, daß ich wieder meine Glieder gebrauchen, zur Universität gehen, heiraten und eine Familie gründen könnte. Aber dann zeigte mir ein Freund den darauffolgenden Vers, und dort fand ich das wirklich „Gute", das meine Prüfungen hervorbrachten. „Denn welche er zuvor ersehen hat, die hat er auch vorherbestimmt, dem Ebenbilde seines Sohnes gleichgestaltet zu werden." Der große Bildhauer hatte den Meißel des Leidens in die Hand genommen und entfernte jetzt an meinem Charakter alles noch Störende, um ihn dem Wesen Jesu Christi ähnlich zu machen.

Ich muß zugeben, daß mir diese Vorstellung, Gott würde mir die Prüfungen „zu meinem Guten" schicken, „um mich Jesus Christus ähnlicher zu machen", zunächst gar nicht paßte. Ich kam mir vor wie ein Kind, das versohlt werden soll und die alte Leier zu hören bekommt: „Das tut mir mehr weh

73

als dir!" Wie konnte Gott behaupten, daß er mich das Genick brechen ließ, weil er mich so sehr liebt? Das ist mir eine schöne Liebe!

Ich kann mich noch daran erinnern, wie ich eines Tages auf ein Buch von C.S. Lewis mit dem Titel „Über den Schmerz" stieß, in dem er genau diese Frage behandelt: Wie kann ein Gott der Liebe eine Welt mit so viel Schmerz und Krankheit zulassen? Alles, was Lewis sagte, leuchtete mir ein, aber eins wurde mir besonders klar. Er erklärte, daß viele von uns, die Gott vorwerfen, er sei kein Gott der Liebe, oft nur einen Aspekt der Liebe – nämlich die Freundlichkeit – herausgreifen und so darstellen, als sei das alles. Aber was ist mit den anderen Aspekten der Liebe? Liebe bedeutet unter anderem auch, aufbauende Kritik üben, den anderen zurechtweisen und anspornen, sein Bestes zu geben. Wenn wir mit „Liebe" meinen, dem anderen jedes Leid und jede Unannehmlichkeit zu ersparen, dann ist Gott nicht immer ein liebender Gott. Weiter sagt Lewis, daß wir von den Menschen und Dingen, die wir am meisten lieben, am meisten erwarten. Ich wußte, er hatte recht. Als Malerin lasse ich bei den Zeichnungen, die mich wenig interessieren, die Fehler durchgehen. Doch wenn mir ein Bild besonders am Herzen liegt, radiere und verbessere ich, soviel es nur aushält. So ähnlich verfährt Gott mit uns. Wenn wir ihn bitten, uns in Ruhe zu lassen und nicht zu läutern, bitten wir in Wirklichkeit darum, uns nicht mehr, sondern weniger zu lieben!

„Wir wünschten uns am liebsten einen Gott, der zu allem, was uns zu tun in den Sinn kommt, sagt: „Egal, wenn sie nur zufrieden sind!" Wir wollen also in Wirklichkeit eher einen Großvater als einen Vater im Himmel - einen Greis, der zufrieden ist, wenn die jungen Leute ihren Spaß haben, und dessen Plan für die Welt einfach so aussieht, daß man am Ende eines jeden Tages sagen kann: „Das war mal wieder ein schöner Tag!" (C.S.Lewis).

Gut. Gott liebt uns also, und wenn er uns leiden läßt, verfolgt er damit das Ziel, uns Jesus Christus ähnlicher zu machen. Aber wie verhält es sich nun mit dem Leiden? Besteht irgendeine geheimnisvolle Beziehung zwischen unseren Problemen und unserer Frömmigkeit? Werden wir automatisch heilig, wenn wir schwach und hilflos sind? Natürlich nicht. Denn manche Gefängniszelle wäre heute leer, wenn die Männer und Frauen, die darin ihre Strafe verbüßen, in jungen Jahren ihre Lektionen gelernt hätten. Etliche von ihnen wurden um so abgebrühter, in je mehr Messerstechereien sie verwickelt wurden und je öfter sie im Gefängnis landeten. Viele verhärteten sich in ihren Prüfungen, anstatt durch sie zu lernen. Aber wenn der Heilige Geist auch nur ein wenig an dem Herzen eines Menschen wirken kann, dann bewahrheitet sich das alte Sprichwort: „Dieselbe Sonne, die den Lehm härtet, bringt Wachs zum Schmelzen."

Wie geht aber dieses Schmelzen vor sich? Bringen die Prüfungen uns dazu, daß wir nun positiv denken, uns selbst helfen und unsere Lage meistern? Nein. Natürlich gehört auch eine Willensentscheidung dazu, wenn wir dem Vorbild Jesu Christi folgen wollen, um ihm ähnlicher zu werden. Wir mögen uns jedoch noch so sehr anstrengen, wir werden immer weit hinter seinem Vorbild zurückbleiben. Wir gleichen dann einem Handschuh, der versucht, eine Menschenhand nachzuahmen. Wie der Handschuh die Hand braucht, so brauchen wir Christus, damit er selbst sein Wesen durch uns ausleben kann. Das drückt der Apostel Paulus mit den Worten aus: „Denn Gott ist es, der in euch sowohl das Wollen als auch das Vollbringen wirkt, nach Seinem Wohlgefallen!" (Philipper 2,13). Wir wissen also jetzt, wer uns Jesus Christus ähnlich macht, und wollen nun herausfinden, wie er dabei vorgeht.

Wenn in unserem Leben irgend etwas Gutes erreicht werden soll, müssen wir zuvor zerbrochen werden. Das heißt, wir werden gedemütigt, können unseren Willen nicht durchsetzen und erkennen unser sündiges Wesen. Wenn wir Kinder Gottes werden, sind wir gewöhnlich völlig zerbrochen. Doch dann geht es uns wie einem armen Mann, der plötzlich reich geworden ist; wir vergessen sehr schnell, aus welchem Abgrund wir herausgezogen wurden. Allmählich schleichen sich Stolz und Eigendünkel wieder in unser Herz ein und, anders als in den ersten Wochen unseres neuen Lebens mit Jesus Christus, lassen wir nun „kleine" Sünden einfach durchgehen, ohne sie zu beachten.

Damit wir nun das geistliche Leben nicht vollends ganz verlieren, fängt Gott an, uns zu züchtigen. Wir meinen vielleicht, er hätte uns aufgegeben und wollte „uns gegen ein neueres Modell eintauschen", das ihm weniger Mühe macht. Aber gerade seine Züchtigung beweist, daß wir seine Kinder sind, denn ein Vater schlägt kein Kind, das ihm nicht gehört (Hebräer 12,7-8). Sie ist auch ein Beweis dafür, daß er uns liebt; denn weise Eltern

76

züchtigen ihre Kinder, wenn sie sie wirklich lieben (Hebräer 12,5-6). Wenn wir eines Tages vor Gottes Thron stehen, um unseren Lohn zu empfangen, werden wir froh und dankbar sein, daß Gott uns mit all unserer Sündhaftigkeit hier auf der Erde nicht einfach laufen ließ!

Für manches Kind genügt schon der strenge Blick des Vaters, damit es weinend in sein Zimmer läuft, doch bei einem anderen ist der Stock nötig. So muß auch Gott verschiedene Mittel anwenden, um seine so verschiedenartigen Kinder zum Zerbruch zu führen. Manchmal genügen Gewissensbisse, um uns zu demütigen – wir werden von einer Predigt überführt oder erkennen unser langweiliges Christenleben, wenn wir das Lebensbild eines „Großen im Reich Gottes" lesen und uns mit ihm vergleichen. Ein andermal bedarf es vielleicht eines gebrochenen Armes, einer finanziellen Not oder einer anderen Schwierigkeit.

Welche Methode Gott auch anwenden mag, wir sagen vielleicht beim ersten Druck, den wir verspüren: „Damit werde ich schon fertig. Mich wird niemand auf die Knie zwingen!" Aber wenn Gott dann fester zupackt, merken wir allmählich, daß wir eben nicht damit fertig werden, daß in uns nichts Gutes wohnt und daß er dabei ist, unseren häßlichen Eigenwillen auszureißen und uns statt dessen sein Wesen einzupflanzen. Dabei dürfen wir jedoch eines nicht vergessen: Wenn Gott uns anstelle unserer Sündhaftigkeit seine Gerechtigkeit gibt, werden wir dadurch nicht zu Robotern gemacht. Statt dessen werden wir frei, um so zu sein, wie wir eigentlich sein sollten.

Ich mußte mir das Genick brechen, um in der Stille ernsthaft über den Herrschaftsanspruch Jesu Christi nachzudenken. Aber wie jeder andere muß auch ich immer noch geläutert werden. Wenn ich Durst habe, muß ich warten, bis mir jemand ein Glas Wasser bringt. Hin und wieder – wenn mein Urinbeutel undicht ist – verschmutze ich den Autositz einer Freundin oder eines Freundes. Das sind zwei von den Mitteln, die Gott gebraucht, um mich in der richtigen geistlichen Haltung zu bewahren. Aber sehr oft benutzt er als Werkzeug auch mein schlechtes Gewissen, es ist eine äußerst wirkungsvolle Waffe in der göttlichen Waffenkammer des Leidens.

Vor etwa einem Jahr gebrauchte Gott diese Waffe eines Nachts bei mir, als ich im Bett lag und mich mit meiner Schwester Jay unterhielt. Wir stellten fest, daß ihre Tochter Kay mit ihren zwölf Jahren schon eine richtige junge Dame sei. Es freute uns, daß sie in eine christliche Schule ging und in ihrem geistlichen Leben Fortschritte machte. Daraufhin kamen wir auf den geistlichen Zustand von Kathy, der Tochter unserer Nachbarn, zu sprechen. Sie ist Kays beste Freundin. Kathy schaut immer mal wieder bei uns herein. Sie ist quicklebendig und leicht für etwas zu begeistern – ein reizendes Mädchen wie Kay. Da es sehr schwer ist, Kathy einmal allein zu sprechen oder sie zum Stillsitzen zu bewegen, hatten wir mit ihr noch nie richtig über den Herrn Jesus gesprochen. Deshalb luden wir sie vor einigen Wochen zu uns ein, um Billy Graham im Fernsehen zu sehen. Wie wir so alle vor dem Bildschirm saßen und dabei Salzbrezeln aßen, hörte Kathy aufmerksam zu. Nach der Ansprache sagte sie, ohne sich an eine von uns direkt zu wenden: „Junge, wenn ich in dem Stadion gewesen wäre, wäre ich nach vorn gegangen." Jay und ich warfen uns gegenseitig Blicke zu, doch bevor wir mit ihr sprechen konnten, mußte sie nach Hause gehen.

Ich wußte, ich hätte diese Gelegenheit wahrnehmen müssen. Denn auf mich hätte sie am ehesten gehört. Kay hatte mir gesagt, daß Kathy mein Buch gelesen habe, und ich wußte, daß sie mich gern hatte. Sie war immer schnell bereit, mir ein Glas Wasser zu holen und kleine Handreichungen zu tun. Sie hatte sogar zu meiner Schwester Jay gesagt, sie fände mich ganz prima. Leider mußte Kathy am nächsten Tag mit ihren Verwandten einen Besuch machen. Am Tag darauf war ich mit etwas anderem beschäftigt; der Monat verging, und es schien sich keine Gelegenheit zu bieten, um mit ihr zu sprechen. In meinen Gedanken beschäftigte ich mich ständig mit den Ansprachen, die ich in den nächsten Wochen zu halten hatte, und das Gespräch mit Kathy wurde aufgeschoben.

An jenem Abend, an dem ich mich mit Jay unterhielt, war ich gerade von einer dieser Vortragsreisen zurückgekehrt. Ich war körperlich und geistig erschöpft, wollte ausspannen und hatte überhaupt keine Lust, über ein schwieriges Thema zu sprechen. Doch als Jay aus dem Badezimmer kam, fragte sie mich beiläufig –während sie sich noch kämmte –, ob ich schon einmal mit Kathy über den Herrn Jesus gesprochen hätte.

„Nein, das habe ich nicht", brummte ich widerwillig. Ich hatte einfach keine Lust, jetzt über dieses

Thema zu sprechen. Doch als ich versuchte, mich weiterhin auf die Spätnachrichten im Fernsehen zu konzentrieren, ließ mich mein Gewissen nicht zur Ruhe kommen.

Um den Vorwurf von mir abzuwälzen, sagte ich kurz darauf: „Warum hast du denn nicht mit ihr gesprochen?"

„Hör mal, Joni", erwiderte Jay, „du stehst Kathy viel näher als ich. Du weißt doch, wie sie zu dir aufschaut."

Allmählich rührte sich mein verletzter Stolz, und ich verteidigte mich hartnäckig. „Ich habe einfach keine Zeit gehabt", fuhr ich sie an.

„Soso!" rief Jay „Du hast Zeit, um im ganzen Land herumzufliegen und das Evangelium zu verkündigen, aber für die beste Freundin deiner Nichte hast du keine Zeit!"

Das saß. „Wieso kommt es eigentlich, daß jeder von mir erwartet, ich müßte die ganze Welt belehren?" stieß ich ärgerlich hervor und fuhr dann fort, mich durch alle möglichen Ausreden zu verteidigen.

Aber sobald ich meine „Rede" beendet hatte, bekam ich Gewissensbisse. Da ich nicht aufstehen und den Raum verlassen konnte, schloß ich die Augen und drehte mein Gesicht zur Seite, um es in den Kissen zu vergraben. Mein Herz brannte in meinem Inneren so heiß wie die Tränen, die mir über die Wangen rollten. Ich wollte es einfach nicht zugeben, doch ich wußte, daß Jay recht hatte.

Nachdem die Lichter im Haus erloschen waren, fing ein kleiner Projektor in meinem Kopf an, einen Film von der ganzen Zeit ablaufen zu lassen, die ich mit Kathy zusammengewesen war, wenn sie meine

Staffelei zurechtrückte, meinen Urinbeutel leerte oder mir kichernd von ihren Jungenbekanntschaften erzählte. Dabei hätte ich oft Gelegenheit gehabt, mit ihr über ernstere Dinge zu sprechen. Ich brauche wohl nicht besonders zu betonen, daß ich „am Boden zerstört" war. Mein Stolz war gebrochen. Und außerdem wurde ich mir plötzlich im Licht der Herrlichkeit Gottes meiner ganzen Erbärmlichkeit bewußt.

Gott ist jetzt bestimmt schrecklich zornig auf mich, dachte ich. Aber als ich mich weiter mit diesem Gedanken beschäftigte, merkte ich, daß er falsch war. Ein Vers aus dem Epheserbrief kam mir plötzlich in den Sinn. Dort werden wir aufgefordert, den Geist Gottes nicht zu betrüben (Epheser 4,30). Ich denke, das ist es. Er ist nicht zornig auf mich; „betrübt" sollte ich wohl besser sagen.

Dabei fiel mir eine Predigt ein, die ich einmal gehört hatte. Der Pastor wollte deutlich machen, wie vollständig Jesus Christus durch seinen Tod mit unseren Sünden abgerechnet hat. „Als Jesus an diesem schrecklichen Kreuz vor den Mauern Jerusalems schwitzte und litt", hatte er gesagt, „war es, als ob Gott ihn mit flammenden Blicken ansehen und anklagen würde: 'Jesus, warum hast du diese Lüge gesagt? Warum hast du betrogen, warum bist du lüstern und habgierig gewesen? Ich bestrafe dich hier für alle diese Dinge!' Natürlich hatte Jesus Christus nie etwas dergleichen getan, sondern wir, und jede einzelne Sünde, die Sie und ich begangen haben, wurde ihm dort angelastet."

Ich erinnerte mich daran, wie ungerecht Jesus Christus diese Behandlung vorgekommen sein mußte. Weiter hatte der Prediger gesagt: „Er litt, als ob er unsere Sünden begangen hätte, und so mußte er das unbeschreibliche Grauen durchstehen, indem er ausrief: „Mein Gott, mein Gott, warum hast du mich verlassen?" Und wissen Sie, warum? An jenem Tag hat Gott seinen eigenen Sohn verlassen, damit unsere Sünden vollständig ausradiert würden und er nun zu uns sagen könnte: 'Ich will dich nicht verlassen noch versäumen.' Wenn du, lieber Freund, Jesus Christus als deinen Heiland und Herrn angenommen hast, ist der ganze Zorn Gottes für deine Sünde auf Jesus Christus ausgegossen worden; für dich ist kein Zorn mehr übrig."

Kein Zorn mehr für mich übrig! Ich schämte mich in Grund und Boden. Die Güte Gottes hatte mich zur Buße geleitet (Römer 2, 4). „Mein Gott", flüsterte ich leise, „ich fliege überall herum, um den Menschen von dir zu sagen, und doch habe ich noch nie richtig mit meiner unmittelbaren Nachbarin Kathy gesprochen. Oh, vergib mir, daß ich so blind war und dich so sehr betrübt habe. Vergib mir, daß ich meine eigene Bequemlichkeit höher geachtet habe als Kathys Errettung. Hab Dank, daß du ein Ungeziefer wie mich trotz alledem liebst."

Falls Sie dieser Ausdruck verwundert, möchte ich hinzufügen, daß ich mir unter Ungeziefer all die widerlichen kleinen Geschöpfe vorstelle, die über den Boden kriechen, Dreck fressen und wert sind, zertreten zu werden! David hatte das gleiche Gefühl, als er in Psalm 22 sagte, er sei kein Mensch, sondern ein Wurm. Im Gegensatz zu einer Schlange, die den Kopf hebt, zischt und beißt, kann ein Wurm sich nicht verteidigen. Er weiß, daß er jeden

Augenblick zertreten werden kann. So kam ich mir in jener Nacht vor. Ich wußte, daß in mir nichts Gutes war. Ich war völlig zerbrochen, und genau in diesem Zustand wollte Gott mich haben.

Ohne daß es mir bewußt wurde, machte mich Gott seinem Sohn, Jesus Christus, ähnlicher, indem er mich zerbrach. Denn Jesus Christus selbst war *das* Vorbild eines gebrochenen Menschen. Nicht daß er je widerspenstig gewesen wäre und gesündigt hätte, so daß er es nötig gehabt hätte, umgestaltet zu werden. Keineswegs. Aber er verließ die Herrlichkeit des Himmels, um ein Mensch zu werden, und unterwarf sich auf diese Weise dem Willen seines Vaters. So können auch wir uns nur dadurch unterwerfen, daß wir uns zerbrechen lassen. Im Grunde geht es beim Zerbruch immer darum: Wir sollen erkennen, daß wir kein Recht haben, unser Leben nach unserem Willen einzurichten, sondern uns dem Willen Gottes unterwerfen müssen. Unser Vorbild ist Jesus Christus, der „da er sich in Gottes Gestalt befand, es nicht wie ein Raub festhielt, Gott gleich zu sein; sondern sich selbst entäußerte, die Gestalt eines Knechtes annahm und den Menschen ähnlich wurde, und in seiner äußeren Erscheinung wie ein Mensch erfunden, sich selbst erniedrigte und gehorsam wurde bis zum Tod, ja bis zum Kreuzestod!" (Philipper 2,5-8). Das war das Wesen Jesu Christi!

Andrew Murray sagte einmal, wie das Wasser die niedrigste Ebene sucht und füllen will, so trachtet Gott danach, uns mit dem Wesen seines Sohnes zu erfüllen, wenn wir entleert, zerbrochen und gedemütigt sind. Eigentlich sollte dieser Gesichtspunkt schon genügen, um in uns die feste Zuversicht zu wecken, daß selbst unsere schwersten Leiden „der Mühe wert sind."

Da ich gerade vom Erfülltwerden spreche, möchte ich noch erzählen, welch große Freude mich erfüllte, als Kathy und Kay am nächsten Morgen in mein Schlafzimmer gesprungen kamen. Ich glaube nicht, daß ich mich je in meinem Leben so sehr über eine Begegnung mit einem bestimmten Menschen gefreut habe. Als ich nur einige Minuten mit Kathy über den Herrn Jesus gesprochen hatte, merkte ich, daß der Heilige Geist bereits sein Werk als Wegbereiter getan und ihr Herz vorbereitet hatte.

Als wir den Kopf senkten und Kathy in einfachen Worten betete, daß Jesus Christus als Heiland und Herr in ihr Leben kommen möge, konnte ich der Versuchung nicht widerstehen, einen Blick auf sie zu werfen. „Du weißt ja, o Gott", betete ich freudig, „Zerbruch schmerzt für eine Weile, aber schließlich lohnt er sich doch." „Alle Züchtigung aber, wenn sie da ist, dünkt uns nicht zur Freude, sondern zur Traurigkeit zu dienen" (Hebräer 12,11).

Gott lenkt unseren Sinn auf geistliche Dinge

Züchtigung ist wertvoll, doch Gott kann das Leiden auch auf andere, positivere Weise benutzen, um uns dem Bild Jesu Christi ähnlicher zu machen. Stellen Sie sich beispielsweise vor, wie ein guter Vater seinen neunjährigen Sohn behandelt. Sooft der Junge etwas anstellt oder nicht gehorcht, wird er von Papa bestraft. Doch selbst wenn er brav ist, weist der Vater ihm bestimmte Aufgaben zu, die einem Neunjährigen so unangenehm wie eine Bestrafung vorkommen. Vielleicht muß er den Mülleimer zweimal in der Woche an die Straße hinausstellen oder den Rasen mähen; vielleicht soll er einen Teil seines Taschengeldes auf die Bank bringen. Auf jeden Fall könnte der Junge denken: „Nur weil Papa den ganzen Tag arbeiten muß, gönnt er mir auch keine Freude." Aber das stimmt ja gar nicht. Der Vater möchte seinem Sohn beibringen, Verantwortung zu übernehmen, damit er sich später als Erwachsener in der Welt zurechtfindet.

Manchmal gleichen wir diesem Neunjährigen. Wir meinen, Gott ließe uns leiden, weil er uns „keine Freude gönne". Dabei will er in Wirklichkeit unsere Sinne von den Spielen und Spielsachen dieser Welt weglenken. In Kolosser 3,1-4 ist davon die Rede, daß wir unsere Sinne nicht auf die vergänglichen Dinge der Welt richten sollen, sondern auf die himmlischen Herrlichkeiten, dahin, wo Jesus Christus zur Rechten Gottes sitzt.

Als ich noch gehen konnte, war es für mich sehr schwer, meine Gedanken auf den Himmel zu richten. Die Dinge dieser Welt hielten mich ganz in ihrem Bann. Was mich interessierte, war, mich mit dem richtigen Jungen zu treffen, den richtigen Wagen zu fahren, auf das richtige College zu kommen und die richtigen Freunde zu haben. Doch als es mir schließlich klar wurde, daß ich nie wieder in der Lage sein würde, zu gehen, zu tanzen, zu schwimmen, zu reiten, Gitarre zu spielen, Auto zu fahren oder Sport zu treiben, wurde ich dazu gezwungen, über den Himmel nachzudenken. Das war keine Flucht aus der Wirklichkeit oder eine Ersatzbefriedigung. Es wurde mir nur immer deutlicher bewußt, daß ich sonst keine Hoffnung auf ein dauerndes Glück habe. Plötzlich fesselten mich Bibelstellen über die Ziele, die Gott mit unserem Leiden verfolgt, die mir früher schrecklich langweilig vorgekommen waren. Jetzt las ich sie aufmerksamer als ein Aktionär die Börsenberichte.

Inzwischen lebe ich jeden Tag im Licht der Ewigkeit, und das ist mir schon so zur Gewohnheit geworden, daß ich fast vergessen habe, wie ich früher gelebt und gedacht habe. Aber Gott hat mich vor kurzem wieder daran erinnert.

Es war an einem gemütlichen Abend im Freundeskreis auf unserer Farm. Mein Schwager zupfte auf seiner Gitarre, und wir saßen alle herum, unterhielten uns, lachten und sangen beim Schein des knisternden Kaminfeuers. Unser rustikales Wohnzimmer, eine umgebaute Sklavenwohnung, ist weit über hundertfünfzig Jahre alt. Die Deckenbalken stammen von einem alten Segelschiff; an den dicken getünchten Mauern hängen grobe Gemälde von meinem Vater mit Szenen aus dem alten Westen. Auf dem Rauchfang ist Treibholz aufgeschichtet, und an der gegenüberliegenden Seite hängt eine handgewebte Indianerdecke. Das ganze Zimmer strahlt eine warme Gemütlichkeit aus.

Ich fühle mich in meinem Rollstuhl wohl, deshalb bleibe ich gewöhnlich darin sitzen, während sich andere auf die Couch oder auf einen Lehnstuhl setzen oder vielleicht mit dem Rücken zur Wand auf dem Teppich Platz nehmen. Aber an jenem Abend hat mich einer der Jungen neben meine

86

Freundin Betsy auf die Couch gesetzt. Nachdem sie mir die Beine übereinandergelegt hatte, sah ich, abgesehen von meinen Armschienen, so „normal" aus, daß ein Fremder, der mich nicht kannte, nie gemerkt hätte, daß ich gelähmt bin.

Eine Zeitlang lehnte ich mich einfach zurück und lauschte dem Lachen, Händeklatschen und Singen. Betsy fragte mich, wie ich mich auf dem Sofa fühle.

„Weißt du, das ist wirklich interessant", antwortete ich nachdenklich, während ich einen Blick über das Zimmer warf. „In der kurzen Zeit, die ich nun so hier auf der Couch sitze, – vielleicht sind es fünfundvierzig Minuten – merke ich schon, wie leicht ich Gott vergessen könnte, wenn ich wieder gesund wäre."

Wissen Sie, als ich so auf der Couch saß und sehr „ungelähmt" aussah, konnte ich es mir leichter vorstellen, wie es wäre, wenn ich mir ein Glas Cola aus dem Kühlschrank holte, eine Platte auflegte, an die Tür ginge, wenn es klingelt, oder irgend etwas tue, was ein normaler Mensch eben tun kann. Ich merkte auch, daß ich leicht wieder von den kleinen Dingen des Lebens so sehr in Beschlag genommen würde, daß ich bald für Gott kaum noch einen Gedanken übrig hätte.

Viele würden sicher gar nicht über Gott nachdenken, wenn er nicht durch irgendwelche Probleme unsere Aufmerksamkeit auf sich lenkte. „In unseren Vergnügungen flüstert Gott uns zu, durch unser Gewissen spricht er, aber in unseren Schmerzen schreit er; sie sind das Sprachrohr, das eine taube Welt aufwecken soll", schreibt C.S. Lewis.

Wir hätten bis zu unserem Tod einfach so dahingelebt, ohne auch nur flüchtig an ihn oder an unser ewiges Heil zu denken. Und deshalb schickt uns Gott in seiner Gnade Schmerzen und Leiden als „Blockade auf dem Weg zur Hölle".

Einmal schrieben Paulus und Timotheus, daß Gott ihnen einige besonders harte Prüfungen gesandt habe, nur damit sie nicht auf sich selbst vertrauten, sondern auf Gott (2. Korinther 1,8-9). Diese Verse konnte ich an diesem Abend auf mich anwenden. Mein Rollstuhl erinnert mich immer wieder daran, wie sehr ich von Gott abhängig bin. Wenn ich plötzlich einen Schmerz im Rücken verspüre, wenn mein Korsett platzt oder wenn ich mich wundgelegen habe, wird es mir immer wieder neu bewußt, wie behindert ich in Wirklichkeit bin. Auf diese Weise zeigt mir Gott, daß er ein Anrecht auf mich hat. Solche Dinge lenken meine Gedanken und Erwartungen auf den Himmel. Sie machen mich Jesus Christus ähnlicher.

Möchten Sie auch manchmal zwei Dinge gleichzeitig tun? Mir geht es zuweilen so, und ich bin dabei bestimmt nicht die einzige. Wir alle gleichen mitunter einem Mann, der wegen des angenehmen Klimas zwar gern in Florida, im Süden, wohnen möchte, dem aber eine großartige Stelle in Neuengland, im Norden, angeboten wird. Nun gilt es, sich zwischen zwei Welten zu entscheiden, obwohl wir am liebsten in beiden gleichzeitig wohnen würden. Diese Schwierigkeit, zwischen zwei entgegengesetzten Wünschen entscheiden zu müssen, kennt der gläubige Christ am besten. Einerseits treibt ihn der Heilige Geist dazu, Gott zu lieben und nach dem zu trachten, was recht und gut ist. Doch andererseits wird er durch seine eigene sündige Natur ständig versucht. Er würde gern in beiden Welten leben, muß sich aber für eine entscheiden.

Wenn es um „große" Sünden wie Mord, Trunkenheit oder Ehebruch geht, haben viele von uns keine große Mühe, Jesus Christus zu gehorchen. Nur die sogenannten „kleinen" Sünden wie Sorgen, Jammern oder Groll möchten wir nicht aufgeben, und so stehen wir mit einem Fuß im Reich Gottes und mit einem in der Welt. Weil diese Sünden nicht so ins Auge fallen wie die anderen, würden wir wahrscheinlich nie ernstlich dagegen angehen, wenn Gott uns nicht dazu zwänge. Da aber „kleine" Sünden in Gottes Augen groß sind, zwingt er uns dazu, und zwar – Sie haben es erraten – durch das Leiden.

Sie können sich gewiß vorstellen, daß ich oft versucht war, mich zu sorgen, zu klagen und bitter zu sein, als ich zu Beginn meines Krankenhausaufenthaltes darum rang, den Sinn meiner Lähmung zu verstehen. Im Grunde meines Herzens wußte ich, daß solche Gefühle unrecht waren. Doch ich versuchte, mich zu verteidigen: „Gott wird gewiß nichts dagegen haben, wenn ich mich dann und wann mal ein wenig abreagiere. Schließlich bin ich ja gelähmt!" Nach einigen Monaten im Krankenhaus verschlimmerte sich meine Lage noch: Ich erfuhr, daß ich an meinem Steißbein operiert werden mußte. Der Knochen hatte sich durch die Haut gedrückt und mußte abgeschliffen werden. Nach dieser Operation lag ich zwei Wochen lang mit dem Gesicht nach unten in meinem Stryker-Rahmen, bis die Stiche verheilt waren. Wer das noch nicht erlebt hat, kann sich nicht vorstellen, wie es ist, in diesem schrecklichen „Sandwich-Bett" festgeschnallt zu sein. Das Gesicht liegt über einer Öffnung, durch die der Patient nur das sehen kann, was sich unmittelbar unter ihm befindet. Und unter meiner Nase war nur der Fußboden. „Mann, nicht genug damit, daß ich gelähmt bin; nun bin ich auch noch auf dieses Foltergerät gespannt, wo ich nur die Fliesen auf dem Boden zählen und mich überhaupt nicht rühren kann!"

Wenn Gott mich mit solchen Gedanken hätte davonkommen lassen, wäre das mein Schaden gewesen. Ich wäre immer tiefer in diesen Sumpf hineingeraten und hätte Gott auch nicht viel nützen können. Und was tat er deshalb? Er schickte mir noch ein Problem dazu! Am ersten Tag meiner zweiwöchigen Laufbahn als Wurstscheibe in einem Sandwich-Bett „garnierte" er mich mit der Hongkonggrippe! Plötzlich war die Unbeweglichkeit im Vergleich zu der Atemnot kein Problem mehr. Und diese hämmernden Kopfschmerzen! Ich protestierte empört: „Ja, reicht das denn nicht, was ich ohnehin zu leiden habe?" Aber während ich darüber nachsann, begriff ich plötzlich, was Gott tat. Er öffnete mir die Augen über mich selbst. Mein Groll war kein schwaches Rinnsal mehr, sondern ganz offensichtlich ein reißender Strom. Es kam mir fast vor, als ob er mir meinen Zorn vors Gesicht hielte und mit liebender, aber fester Stimme sagte: „Hör auf, immer zur anderen Seite zu blicken. Sieh hierher! Was du tust, ist Sünde. Wie stehst du dazu?" Er zwang mich zur Entscheidung.

Gott hatte mich in die Ecke gedrängt, und das

90

brauchen wir alle hin und wieder einmal. Ich mußte den Tatsachen ins Auge sehen und mich entscheiden: Wollte ich Jesus Christus in diesem Punkt gehorchen oder nicht? Der Druck war so stark geworden, daß mir nur zwei Möglichkeiten blieben: Entweder lieferte ich mich ihm ganz aus, oder ich gestattete mir den kurzlebigen Luxus, im Zorn und Groll zu verharren. Beide Wege würden mir sofort eine gewisse Erleichterung verschaffen, aber es waren doch zwei völlig verschiedene Medikamente, die sich nicht miteinander vermischen ließen. Ich hatte mich zu entscheiden. Neutralität war unmöglich.

Als ich mich vor dieses Ultimatum gestellt sah, wurde mir klar: Wenn ich Jesus Christus nicht folge, beschreite ich einen bösen Weg. Dieser Gedanke war mir eine große Hilfe. *Wenn ich eine wahre Jüngerin Jesu Christi sein wollte, mußte ich meine Sünden aufgeben.* Waren sie mir mehr wert als das Leben mit Gott? „Natürlich nicht", folgerte ich und sprach ein leises Gebet der Reue. Aus einer Schüssel mit heißem Wasser stieg Dampf in meine Nase und machte meinen Kopf klar. Dabei empfand ich in meinem Herzen, daß mein Gehorsam gegen Gott wie ein süßer Geruch zu ihm aufstieg.

Wenn also Gott Ihnen als Christ kleine oder große Leiden schickt, will er Sie dadurch zwingen, in bestimmten Punkten eine Wahl zu treffen, in denen Sie bisher einer Entscheidung ausgewichen sind. Er legt Ihnen einige Fragen vor, die Sie sich stellen sollen: Will ich weiterhin versuchen, in zwei Welten zu leben, gleichzeitig Jesus Christus und meinen eigenen sündigen Wünschen zu gehorchen? Will ich mich noch weiter sorgen? Will ich in Prüfungen dankbar sein? Will ich meine Sünden aufgeben? Kurz, will ich so sein wie Jesus Christus?

Er schickt Ihnen das Leiden, doch die Wahl liegt bei Ihnen.

Aus den Mosaiksteinen entsteht ein Bild

8

FOLGEN UND VERTRAUEN

Als ich noch gehen konnte, gehörte das Reiten zu meinen Lieblingsbeschäftigungen. Und das Schönste dabei war Augie, ein alter Vollblutfuchs, dem beim Springen so schnell kein anderes Pferd etwas vormachte. Doch Augie sah überhaupt nicht wie ein erstklassiges Vollblutpferd aus. Mit seinen langen Beinen und seinem schmächtigen Rumpf glich er eher einem Jungen, der zu rasch in die Höhe geschossen war. Außerdem war sein Kopf zu groß, er hatte eine römische Nase, so daß er nie einen Schönheitswettbewerb gewann. Aber er wußte jedenfalls, wie man über Zäune springt, und fast bei jeder Pferdeschau, an der wir teilnahmen, errang Augie den ersten Preis.

Er beherrschte jede Gangart, aber noch erstaunlicher war, daß er mir bedingungslos gehorchte und vertraute. Wenn wir auf einem Turnierplatz waren, tänzelte er ruhig auf einer Stelle. Nie zerrte er an den Zügeln, seine Ohren bewegten sich ständig vor und zurück in Erwartung meiner Befehle. Ich mußte ihn nie am Kopf zerren; ich zog einfach am Zaum und hielt die Zügel straff. Wenn er loslaufen sollte, brauchte ich nur meine Knie etwas fester an seinen Bauch zu drücken, dann schoß er wie der Blitz davon.

Augie lief im leichten Galopp sicher auf das erste Hindernis zu, flog rasch hinüber und erwartete dann meine Anweisung für den nächsten Sprung. Er schnellte über den zweiten Zaun, über den dritten, den vierten und fünften, ja, er kämpfte sich durch ein kompliziertes Labyrinth von Zäunen. Fast nie scheute er in der letzten Sekunde vor einem Hindernis zurück. Wenn wir dann aufhörten, war Augie schweißbedeckt, und wenn ich ihm dann auf die Schulter klopfte, hatte ich das Gefühl, daß er mit seinen Leistungen genauso zufrieden war wie ich.

Für einen schwierigen Parcours braucht man ein Pferd, das seinem Reiter vertraut und gehorcht. Wenn ein Zaun übersprungen werden soll, muß der Reiter das Pferd hochziehen, damit es nicht ermüdet und auf das nächste Hindernis zutraben kann. Wenn das Pferd nicht gehorcht, sind beide in Gefahr! Kurz vor dem Zaun beginnt das Pferd, sein Gewicht zu verlagern, dann muß der Reiter genau wissen, in welchem Augenblick er die Zügel lockern und den Kopf des Pferdes freigeben muß, damit es sauber springen kann. In diesem Punkt muß sich das Pferd auf seinen Reiter verlassen. Der Sprung ist weder für das Pferd noch für den Reiter eine Einzelleistung, er erfordert eine echte Zusammenarbeit. Diese Voraussetzung war bei Augie und mir gegeben. Ich wußte, daß er mir völlig und ganz vertraute. Er gehorchte mir bereitwillig und ohne Zögern. Es war ihm eine große Freude, meinen Willen zu tun, gleichgültig, ob er die Abfolge der vor uns liegenden Sprünge kannte oder nicht. Wie schwierig die Hochweitsprünge oder Hochsprünge auch waren – das schien ihn nicht zu bekümmern. Er sprang einfach gern. Und weil er meinem Urteilsvermögen vertraute, folgte er auch gern meinem Willen.

Uns Menschen kommt der Pfad des Lebens, den wir zu gehen haben, oft wie ein verworrenes Labyrinth mit schwierigen und schmerzhaften Hindernissen vor, mit Hürden, die wir zu nehmen haben.

Je verwirrender der Parcours ist und je größere Disziplin gefordert wird, um so mehr sind wir versucht, an der Weisheit unseres „Reiters" zu zweifeln. Wir wollen nicht gehorchen und möchten uns am liebsten vor dem Rennen drücken.

Der Apostel Petrus wußte etwas davon, als er seinen ersten Brief schrieb. Seine Leser lebten unter der Regierung des wahnsinnigen Kaisers Nero. Täglich drohte ihnen ein qualvoller Tod. Natürlich versicherte ihnen Petrus, daß im Himmel eine große Belohnung auf sie warte. Aber wie sollten sie sich bis dahin verhalten? Was sollten sie *jetzt*, angesichts der vor ihnen liegenden schwierigen und unüberschaubaren Strecke, tun? Petrus gab ihnen folgenden Rat: „So müssen denn die, welche nach Gottes Willen leiden, dem treuen Schöpfer ihre Seelen anbefehlen und dabei tun, was recht ist" (1. Petrus 4,19).

Unsere Seelen einem treuen Schöpfer anbefehlen – das heißt, Gott zu *vertrauen*. Gutes tun – das heißt, ihm *gehorchen*. Vielleicht kennen Sie das alte Lied „Wenn wir wandeln im Herrn", wo es im Refrain heißt: „Folgen und trau'n wird zum Siegen und Schau'n". Das ist die beste Zusammenfassung der Worte des Petrus. Diese Haltung erwartet Gott von uns, wenn die Hürden schwierig sind und uns der Parcours unverständlich erscheint.

Gott vertrauen

Augies Gehorsam hing in keiner Weise davon ab, ob ihm der Parcours zusagte. Er wußte ja gar nicht, was ihn erwartete. Aber er kannte mich. Und darauf allein kam es an. Jahrelang hatte ich ihn gefüttert, gebürstet, vor Kälte geschützt und mit ihm geübt. Wir hatten mit der Zeit ein gutes Verhältnis zueinander bekommen, und ich hatte meine Vertrauenswürdigkeit immer wieder bewiesen. So hatte Augie ein solches Zutrauen zu mir, daß er alles tat, um was ich ihn bat.

Ein solches Vertrauensverhältnis bestand auch damals bei dem Stallbrand zwischen uns und unseren Pferden, und das war ausschlaggebend dafür, daß ihr Leben gerettet werden konnte. Als wir das Feuer sahen, war unser erster Gedanke, die Pferde in Sicherheit zu bringen. Da ein sonst ruhiges Pferd durch Feuer in Panik geraten kann, legten wir Decken über ihre Augen, bevor wir sie an den lodernden Flammen vorbei aus dem Stall in Sicherheit brachten. Das muß eine furchtbare Qual für ein Pferd sein. Wenn es soviel Lärm und Aufregung um sich herum verspürt und der fremdartige Geruch des Rauchs in seine Nüstern dringt, sollte man doch meinen, daß es gerade dann alle seine Sinne gebrauchen und sein ganzes Können einsetzen möchte. Doch diese Menschen hier verdeckten ihm die Augen mit einer Decke, die eigentlich auf seinen Rücken gehörte; und es sollte ihnen folgen, während es nicht einmal sehen konnte. Wenn das Pferd, um mit C.S. Lewis zu sprechen, „ein Theologe wäre, gäbe ihm der ganze Vorgang Anlaß, die 'Güte' der

Menschen in Zweifel zu ziehen". Doch zum Glück sind unsere Pferde keine Theologen, sondern Pferde. In dieser Verwirrung konnten sie sich nicht zurechtfinden, aber sie vertrauten uns, daß wir uns um sie kümmerten, wie wir es immer getan hatten. Sie rebellierten nicht, stellten nicht unsere Weisheit oder Autorität in Frage, und so konnten wir ihr Leben retten.

Wie sehr unterscheiden wir uns doch von diesen einfachen Tieren! Sie haben ein unerschütterliches Vertrauen zu ihren Herren, die doch nur einfache Menschen sind. Wir aber vertrauen nicht dem großen Gott, dem es gefallen hat, uns so teuer zu erkaufen. „Ein Ochse kennt seinen Besitzer, und ein Esel die Krippe seines Herrn; Israel hat keine Erkenntnis, mein Volk hat kein Verständnis", wundert sich der Herr in Jesaja 1,3. Woher rührt dieser unverständliche Mangel an Glauben? Wir machen uns nicht klar, wie viel Gott schon getan hat, um uns seine Treue zu beweisen. Wir kennen Gott in Wirklichkeit gar nicht, wissen nicht, wer und wie er ist. Für die Männer und Frauen der Bibel war das Wesen Gottes der Felsengrund, auf dem ihr Glaube ruhen konnte. „Dies will ich mir zu Herzen nehmen, darum will ich hoffen... " erinnerte sich Jeremia mitten in den Schrecken und Wirrnissen des babylonischen Einfalls in Israel. „Gnadenbeweise des Herrn sind's, daß wir nicht gänzlich aufgerieben wurden, denn seine Barmherzigkeit ist nicht zu Ende; sie ist alle Morgen neu, und deine Treue ist groß! Der Herr ist mein Teil, spricht meine Seele; darum will ich auf ihn hoffen" (Klagelieder 3,21-25). Jeremia glaubte lieber an das, was er aus der Bibel und aus der Geschichte über Gott wußte, anstatt sich auf sein eigenes Urteilsvermögen zu verlassen. Auch der Apostel Paulus war in Prüfungen zuversichtlich. Doch er behauptete nie: „Ich weiß, warum mir das jetzt geschieht." Nein, er vertraute, weil er sagen konnte: „Ich weiß, wem ich geglaubt habe" (2. Timotheus 1,12). Er hatte seine Hoffnung auf den Gott gesetzt, der in seiner Kraft die Sonne, den Mond und die Sterne auf ihre Bahnen geschickt hat; der in seiner unendlichen Weisheit das Meer ausgebreitet, Raum und Zeit erdacht, die Berge gegründet, den Lauf der Flüsse bestimmt und Regen und Hagel gemacht hat. Er ist auch der Schöpfer unseres Lebens. Doch die höchste Offenbarung dieses wunderbaren Gottes – seiner Natur, seines Wesens – fand statt, als er seine göttliche Herrlichkeit aufgab, Knechtsgestalt annahm und für uns den Märtyrertod starb. So sah es Paulus: „Welcher sogar seines eigenen Sohnes nicht verschont, sondern ihn für uns alle dahingegeben hat, wie sollte er uns mit ihm nicht auch alles schenken" (Römer 8,32).

Durch diese Tat seiner Liebe hat Gott seine Absichten gewiß hinreichend bewiesen! Wenn er also über unsere Augen die Decke eines begrenzten Verständnisses wirft, sollten wir uns im Zweifelsfall für ihn entscheiden, um es mild auszudrücken. Er ist unseres Vertrauens würdig.

Was ist Vertrauen?

Wenn ich davon spreche, daß wir in unseren Krisen- und Leidenszeiten Gott unser Vertrauen schenken sollen, meine ich damit keine Gefühle. Wenn ich Gott vertraue, muß ich nicht unbedingt vertrauensvolle Gefühle haben. Vertrauen ist eine Willensentscheidung. Ich vertraue Gott, *indem ich mich selbst dazu überrede, nach dem zu handeln, was ich verstandesgemäß als wahr erkannt habe, selbst wenn ich nicht das Gefühl habe, daß es wahr sei.*

In den ersten Monaten nach meinem Unfall schienen mir die Verheißungen Gottes alles andere als wahr zu sein. In meiner Vorstellungswelt erschien mir sein Handeln völlig unverständlich. Wie sollte diese verrückte Lähmung mir zum Guten dienen? Meine Lage erschien mir so trostlos wie die grauen Krankenhauswände, die mich umgaben. Selbst als ich entlassen wurde, erschien es mir unmöglich zu sein, dem Herrn zu vertrauen. Wie sollte ich glauben können, wenn mein innerer und äußerer Zustand so offensichtlich dagegen sprach? Die Antwort bekam ich an einem jener langen, gemütlichen Abende, die Steve, Diana und ich im Wohnzimmer meiner Eltern vor dem Kamin verbrachten, während wir uns über geistliche Dinge unterhielten. Steve hatte seine Bibel dabei und erklärte einen Abschnitt, den er in dieser Woche gerade durchgearbeitet hatte. Er schlug das zwanzigste Kapitel des Johannesevangeliums auf und fing an vorzulesen, wie sich die Jünger am Tage nach der Beerdigung Jesu aus Furcht vor den Juden hinter verschlossenen Türen verbargen. Plötzlich stand Jesus mitten im Raum und überzeugte die erstaunten Männer, daß er wirklich auferstanden war.

Aus irgendeinem Grund war Thomas nicht dabei, als das passierte, und als er später zurückkam, schenkte er dem begeisterten Bericht seiner Brüder keinen Glauben. Er beteuerte: „Solange ich nicht in seinen Händen und in seiner Seite die Wundmale sehe, werde ich es *nicht* glauben."

Eine Woche später erschien Jesus in demselben Haus noch einmal der kleinen, verängstigten Schar – wieder durch die verschlossene Tür –. Nur diesmal war Thomas dabei. Jesus trat auf ihn zu: „Reiche deinen Finger her und sieh meine Hände, und reiche deine Hand her und lege sie in meine Seite, und sei nicht ungläubig, sondern gläubig."

Als der verblüffte Jünger die unbestreitbaren Tatsachen sah, konnte er nur anbetend niederfallen und stammeln: „Mein Herr und mein Gott!"

Steve lehnte sich etwas weiter vor, um seinen Worten mehr Gewicht zu verleihen. Dann las er langsam von Vers neunundzwanzig an, wobei er sich direkt an mich wandte: „Jesus spricht zu ihm: „Weil du mich gesehen hast, Thomas, so glaubst du; selig sind, die nicht sehen und doch glauben!"

Dieser Vers traf mich wie ein Keulenschlag. Jesus wollte, daß ich seinen Worten glaubte, ohne einen greifbaren und sichtbaren Beweis zu haben. Natürlich könnte er sichtbar in meinem Zimmer erscheinen. Dann wäre der Glaube so einfach. Aber er wollte, daß ich ihn beim Wort nahm. War es mir nicht auch lieb, wenn man mir aufs Wort glaubte? Nehmen wir an, beim Einkauf im Dorf fehlten mir ein paar Groschen. Dann wäre es doch nett, wenn mich der Kaufmann mit den Worten gehen ließe: „Bezahlen Sie beim nächsten Mal. Ich hab Vertrauen zu Ihnen!" Kann Jesus nicht erwarten, daß wir uns ihm gegenüber ebenso verhalten?

Es kostete mich einige Anstrengung, doch wenn ich von dieser Zeit an Zweifel hatte, erinnerte ich mich an die Stellen in der Bibel, die uns zeigen, daß Gott unseres Vertrauens würdig ist. Und das muß ich auch jetzt noch manchmal tun. Ob ich etwas fühle oder nicht, ich halte mich an die Worte Jesu, daß ich im Himmel belohnt werde, nicht weil ich gesehen und geglaubt habe, sondern weil ich geglaubt habe, obwohl ich nichts sah und nichts fühlte. Wenn wir Gott bei seinem Wort nehmen, ohne uns auf das Sichtbare zu verlassen, geben wir ihm die Ehre und erlangen seine Anerkennung in einer Weise, wie sie den zwölf Jüngern nicht vergönnt war.

Gott gehorchen

Wenn Gott zuläßt, daß wir leiden, sind wir manchmal geneigt, gerade unsere Prüfungen als eine Entschuldigung für unsere Sünden zu nehmen. Wir meinen, wir hätten Gott einen Gefallen getan, indem wir eine solche Not ertrugen, und so hätten wir „einen freien Tag" verdient, an dem wir tun könnten, was uns paßt. Gegen diese Versuchung muß ich immer wieder ankämpfen.

An einem schönen Frühlingstag sitze ich draußen auf unserer Veranda, und plötzlich werde ich mir meiner Behinderung neu bewußt. Wie verlockend erscheint es mir dann, mich für kurze Zeit wollüstigen Phantasien oder bitteren Gedanken hinzugeben und mich selbst zu bemitleiden. Das ist so leicht zu rechtfertigen. „Muß ich nicht schon allein durch meine Lähmung mehr aufgeben als viele andere

Christen?" rede ich mir dann ein. „Gibt mir mein Rollstuhl nicht das Recht, mich ab und zu ein wenig gehen zu lassen?"

Wenn solche Gedanken in uns aufsteigen, sollten wir uns hinsetzen und unsere faulen Ausreden im Licht der Bibel untersuchen. Dann werden sie eine nach der anderen verschwinden. Ich habe in der Bibel mindestens drei gute Gründe dafür gefunden, weshalb mir mein Leiden keine Entschuldigung für das Sündigen gibt.

Erstens hat Gott verheißen, daß er mir und jedem anderen Christen den Wunsch und die Kraft geben wird, das zu tun, was recht ist – und zwar unabhängig von den äußeren Umständen! Ich meinte immer, meine Prüfungen wären eine Ausnahme; er könnte von mir nicht das erwarten, was er von anderen erwartet, weil mein Fall doch etwas ganz anderes wäre. Aber 1. Korinther 10,13 sagte mir: „Es hat euch bisher nur menschliche Versuchung betroffen..."

Als ich im Krankenhaus lag, meinte ich, Gott ließe mich mehr durchmachen, als ich ertragen konnte. Aber weiter las ich in 1. Korinther 10,13: „...Gott aber ist treu; der wird euch nicht über euer Vermögen versucht werden lassen."

Wenn manchmal sinnliche Begierden und Bitterkeit in mein Herz kommen wollten, dachte ich: Diesmal gibt es keine Möglichkeit, dem Groll entgegenzutreten und die Versuchung zu überwinden. Aber wiederum sagte mir 1. Korinther 10,13: „Gott wird zugleich mit der Versuchung auch den Ausgang schaffen, daß ihr sie ertragen könnt."

Nun, entweder hatte Gottes Wort recht oder ich. Als ich vor dieser Entscheidung stand, wußte ich,

103

daß ich Gott doch nicht einen Lügner nennen konnte. Wenn ich also in meinem Leiden sündige, liegt es nicht daran, daß ich muß, sondern daß ich will. Gott gibt mir die Gnade, ein Leben im Rollstuhl zu führen, die er Ihnen nicht gibt, wenn Sie gehen können. Doch Ihnen gibt er die Gnade, den Tod des Ehemannes, den Verlust Ihres Gehörs, Ihre Armut oder sonst etwas Schweres ertragen zu können. Jeder von uns muß die Gnade in Anspruch nehmen, die Gott ihm gibt, und unter seiner persönlichen Last ausharren.

Da ich nun wußte, daß ich gehorchen *konnte*, erhob sich die Frage, ob ich es *wollte*. Daraufhin machte ich mir Gedanken, was es bedeutet, wenn Jesus Christus der Herr über mein Leben ist. Dabei fand ich den zweiten Grund, warum ich keine Entschuldigung für die Sünde habe. *Wer in die Nachfolge Jesu Christi treten will, den läßt Gott nicht im unklaren darüber, daß er der Herr ist und daß die Nachfolge für uns Menschen echte Nöte mit sich bringt.* In diesem „Vertrag" gibt es nichts Kleingedrucktes. Von vornherein sagt uns sein Wort klar, was uns erwartet: „Will jemand mir nachfolgen, so verleugne er sich selbst und nehme sein Kreuz auf sich und folge mir nach" (Matthäus 16,24). Das sagte Jesus. Oder „Wer seine Hand an den Pflug legt und zurückblickt, ist nicht geschickt zum Reiche Gottes!" (Lukas 9,62).

Außerdem ist es unsinnig, im Leiden einen Anlaß zum Sündigen zu sehen, wenn doch *der Sinn des Leidens gerade darin besteht, uns vom Sündigen abzuhalten und uns Jesus Christus ähnlicher zu machen.* Petrus sagte: „Da nun Christus am Fleische gelitten hat, so wappnet auch ihr euch mit derselben Gesinnung; denn wer am Fleische gelitten hat, der hat mit den Sünden abgeschlossen, um die noch verbleibende Zeit im Fleische nicht mehr den Lüsten der Menschen, sondern dem Willen Gottes zu leben" (1. Petrus 4,1-2). Während meines Krankenhausaufenthalts bin ich vielen Menschen begegnet, die Gott ihre Zeit nicht zur Verfügung gestellt hätten, wenn sie gesund gewesen wären. Aber eine kräftige Dusche eiskalten Leidens hat sie aus ihrem geistlichen Schlaf aufgeweckt. Wie dumm wäre es also, etwas, das uns aufwecken soll, als Entschuldigung dafür zu nehmen, geistlich einzuschlummern.

Aber die Bibel entkräftete nicht nur meine Argumente, mit denen ich meinen Ungehorsam gegen Gott rechtfertigen wollte. Sie gab mir auch manchen Anreiz zum Gehorsam – wie beispielsweise die Freude. Was gibt es Schöneres, als ein reines Gewissen zu haben und zu wissen, daß man sich seine eigenen Schwierigkeiten nicht selbst eingebrockt hat? Und selbst wenn die Schwierigkeiten selbstverschuldet sind – indem wir wieder anfangen zu gehorchen, haben wir dazu beigetragen, daß die Rute der Züchtigung von uns genommen werden kann. Vor allem wissen wir: „Selig ist der Mann, der die Anfechtung erduldet; denn nachdem er sich bewährt hat, wird er die Krone des Lebens empfangen" (Jakobus 1,12).

Noch ein letzter Gedanke. Während unserer Leiden wird uns kaum etwas schwerer fallen, als die anderen Menschen, gemäß dem Gebot Gottes, zu lieben. Unser eigener Kummer, unsere Nöte und Schmerzen beanspruchen unsere ungeteilte Aufmerksamkeit. Doch wenn wir nachgeben, schaden wir uns nur selbst; denn oft wird die Heilung erst dann eintreten, wenn wir unsere Gedanken von uns selbst abwenden und uns um die Sorgen und Interessen der anderen kümmern.

Neulich nahm ich an der Hochzeitsfeier meiner Freundin Sheryl teil. Ich fühlte mich gar nicht gut. Mein Rücken tat weh, mein Korsett war zu eng, und diese beiden Beschwerden verursachten rasende Kopfschmerzen. Außerdem muß ich gestehen, daß mir auch mein Gewissen keine Ruhe ließ. Ich wurde ständig an einige Worte erinnert, die ich zu einem meiner Angehörigen am Morgen gesagt hatte, obwohl ich diese Dinge Gott bereits bekannt hatte. Es bedeutete mir auch keine große Hilfe, in all die lächelnden Gesichter um mich herum sehen zu müssen. „Ach, ich sollte mich doch heute freuen. Schließlich ist Sheryl eine meiner besten Freundinnen, und heute ist ihr großer Tag!" sagte ich mir. Ich gab mir alle Mühe, wenigstens ein höfliches Lächeln aufzusetzen, und hoffte, daß mich niemand in ein Gespräch verwickeln würde.

Als ich so vor mich hinstierte, sah ich Pop Bond, Sheryls zukünftigen Schwiegervater, doch ohne ihn richtig zu beachten. Das Geplauder der jungen Mädchen interessierte ihn nicht. Er ging um die Schachteln und Geschenke herum und schoß aus allen möglichen Winkeln seine Photos. Aber als er seine Kamera auf mich richtete, wehrte ich ab: „Ach nein, bitte nicht mich!" „Warum nicht?" sagte er lächelnd, während er auf mich zuging. „Du siehst heute sehr hübsch aus." „Ich fühle mich aber ziemlich elend."

106

„Das ist kein Grund. Diese Kamera sorgt dafür, daß man auch an einem schlechten Tag großartig aussieht," scherzte er und nahm auf dem Klappstuhl neben mir Platz. „Hier, schau dir mal dieses neue Objektiv an, das ich vor kurzem gekauft habe."

Mit diesen Worten öffnete er seine Ledertasche und fing an, seine vielen Photozubehörteile stolz vor mir auszubreiten und zu erklären. „Guck mal, das ist eine neue Zweihundertstel-Millimeter-Gummilinse. Sie ermöglicht es, daß man mit einer Hand scharf einstellen und auslösen kann." Ich muß zugeben, was er mir da von seiner Photoausrüstung erzählte, interessierte mich nicht im geringsten. Doch ich hörte diesem weißhaarigen Herrn mit den lebhaften blauen Augen weiter zu. Er erzählte mir, wie sehr er sich über seine Dunkelkammer im Keller freue. Voller Stolz berichtete er von den Preisen, die er mit seinen Bildern in lokalen Wettbewerben gewonnen habe. „Hm", nickte ich beiläufig. Es war mir immer noch ziemlich gleichgültig, was er berichtete. Aber als er dann von einem Ausflug erzählte, den er vor kurzem zu einer Pferdefarm unternommen hatte, horchte ich auf. Er hatte dort einige Zuchtställe und Brunnenhäuschen photographiert. Einige Wochen später war er wieder zur Farm gefahren, um dem Verwalter einige dieser Photos zu geben. Dieser Mann geht ganz auf in seinem Hobby, dachte ich. Er erzählte weiter: „Meine Aufnahmen gefielen dem Verwalter so sehr, daß er mich bat, wiederzukommen und die Zuchthengste zu photographieren", sagte er freudestrahlend. „Nun mal Spaß beiseite!" Langsam taute ich auf.

„Wie wollen Sie feurige Vollblüter dazu bewegen, für eine Aufnahme still zu stehen?"

„Ja, es war gar nicht so einfach", lachte er und hob den Zeigefinger. Aber wir haben uns alle zusammengetan und ... "

Bald merkte ich, daß mich sein Bericht wirklich fesselte. „Also, Herr Bond", sagte ich lächelnd, „Sie müssen bald auf unsere Farm kommen. Bringen Sie nur Ihre Photoapparate mit, wir werden uns dann einen schönen Tag machen."

Als die Feier vorbei war, hatte ich entdeckt, wie sehr ich mich in Wirklichkeit für diesen lieben alten Herrn und sein Hobby interessierte. Darüber hinaus hatte ich meine Wehwehchen und meine Gewissensbisse vergessen. Es war für mich heilsam gewesen, ihm meine Aufmerksamkeit zu widmen.

Wenn Gott uns auffordert, in unseren Prüfungen andere wichtiger zu nehmen als uns selbst, weiß er, was er sagt. Er weiß, daß wir es nicht bereuen werden. „Gebet, so wird euch gegeben werden; ein gutes, vollgedrücktes, gerütteltes und überfließendes Maß wird man euch in den Schoß geben. Denn mit eben diesem Maße, mit welchem ihr messet, wird euch wieder gemessen werden" (Lukas 6,38).

9

GETEILTES LEID IST HALBES LEID –
GETEILTE FREUDE IST DOPPELTE FREUDE

Als ich an jenem heißen Julinachmittag im Jahre
1967 mit meinen nackten Füßen am Rand des Flo-
ßes stand, um mit einem Kopfsprung ins Wasser zu
springen, kam ich nicht auf den Gedanken, daß die
trübe Chesapeake Bay an dieser Stelle sehr flach
war. Ich hätte es besser wissen müssen, hätte nach-
prüfen sollen, wie tief das Wasser war. Aber dieses
trügerische Wasser lockte mich in die Falle, in der
ich mir einen Halswirbelbruch zuzog, so daß ich für
den Rest meines Lebens weder Hände noch Füße
bewegen kann.

Jedem Leidenden droht eine trügerische Falle.
Zwar nicht ein trübes Gewässer, sondern eine falsche Einstellung. Ich spreche von der Versuchung,
uns mit anderen zu vergleichen, die es scheinbar
leichter haben als wir. Wenn wir nicht aufpassen
und in diesen gefährlichen Gemütszustand hineingeraten, werden wir in ein Netz des Selbstmitleids
verstrickt, das uns die Freude raubt und Gott Uneh-
re bereitet.

In den ersten Jahren nach meinem Unfall war ich
in diesem Netz gefangen. Das kam besonders zum
Vorschein, wenn ich mit meiner Freundin Sheryl
Kleider kaufen ging. Sheryl standen die Sachen im-

mer so gut. Dagegen schienen sie mir meist wie ein Sack am Körper herabzuhängen. Wenn ich ihr zuschaute, wie sie ein Modellkleid anprobierte, wurde ich blaß vor Neid; doch das habe ich ihr nie gesagt. „Was meinst du, Joni?" Sie wollte wissen, was ich über einen Hosenanzug dachte, den wir ins Auge gefaßt hatten. Sie drehte sich hin und her, um ihr Spiegelbild aus jedem möglichen Winkel zu betrachten. „Sieht großartig aus, Sheryl", antwortete ich dann in einem möglichst interessierten Ton, um meinen Neid zu verbergen. Doch in meinem Innern brannte es. Wenn sie mich dann zum Spiegel rollte, damit ich dasselbe Stück anprobieren könnte, dachte ich nur: O Gott, wieso kann ich nicht so aussehen wie sie? Ich kann mich nicht einmal mit Schaufensterpuppen vergleichen – ihnen stehen die Kleider vorzüglich. Sie müssen ja auch nicht im Rollstuhl sitzen!

Während jener Zeit fing ich gerade an, in meinem geistlichen Leben Fortschritte zu machen. Mein Hunger nach geistlicher Nahrung trieb mich dazu, viel in der Bibel zu lesen. An einem Bissen mußte ich eines Tages ziemlich lange kauen – zuerst wollte es gar nicht schmecken, aber später, als ich im Glauben wuchs, lernte ich es schätzen. Ich bekam meine Mahlzeit aus dem 21. Kapitel des Johannes-Evangeliums serviert, wo Petrus offenbar dasselbe Problem hatte wie ich. Einem seiner Freunde sollte anscheinend ein besseres Los beschieden sein als ihm! Jesus hatte Petrus gerade angekündigt, daß er einst den Märtyrertod sterben werde, doch über Johannes hatte er kein Wort gesagt. Vielleicht regte sich die Eifersucht in Petrus'

Herzen. Hatte Johannes nicht auch schon beim Abendmahl ganz nahe bei Jesus gesessen, und schien er nicht ein ganz besonders vertrauter Freund des Meisters zu sein? Würde der Herr Johannes einen interessanten Dienst zuteilen und ihn im hohen Alter eines natürlichen Todes sterben lassen? Das war zuviel für Petrus; er konnte seine Zunge nicht mehr im Zaum halten. „Was ist aber mit ihm?" so mag er Jesus in bezug auf Johannes gefragt haben. „Wie wird seine Zukunft aussehen?"

Die Antwort Jesu erschütterte mich. Ich hätte zumindest etwas anderes erwartet. Etwa: „Mach dir keine Sorgen, Petrus. Ich werde dir in jeder Lage beistehen. Es wird alles gut werden." Aber so lautete die Antwort Jesu nicht. Man könnte sie eher folgendermaßen umschreiben: „Sieh, wenn es mein Wille ist, daß Johannes am Leben bleibt, bis ich komme, was geht es dich an? Was ich für Johannes geplant habe, ist nicht deine Sache. Sorge nur dafür, daß dein eigenes Herz und Leben in Ordnung ist. Hör also auf zu murren und folge mir nach!"

Das klingt zunächst ja ziemlich hart. Aber als ich darüber nachdachte, merkte ich allmählich, daß Jesus mit Recht so streng war. Zunächst hat Selbstmitleid noch nie jemandem geholfen. Es führt immer nur tiefer in die Not hinein. Ganz gewiß ist es auch in Gottes Augen nicht gut. Können Sie sich vorstellen, was für ein schlechter Prediger Petrus gewesen wäre, wenn er vor jeder Predigt vor Angst geweint hätte, weil die Leute vielleicht diesmal durch seine Predigt so sehr aufgebracht werden könnten, daß sie ihn töteten? Überdies bezweifelte Petrus, daß Gottes Plan für ihn gut sei, wenn er seine Lage mit der des Johannes verglich. Deshalb bat er Gott, ihnen „gleiche Rechte" zu geben. Und das ist Sünde. „Ohne Glauben aber ist es unmöglich, ihm wohlzugefallen; denn wer zu Gott kommen soll, muß glauben, daß er ist und die, welche ihn suchen, belohnen wird" (Hebräer 11,6). Wenn wir Gottes gute Absichten in Zweifel ziehen, könnten wir auch singen: „Jesus haßt mich ganz gewiß, denn mein Unglaub' sagt mir dies."

Außerdem: Es mag den Anschein haben, als ob Gott ungerecht wäre und uns ein besonders schweres Kreuz zu tragen gäbe – aber wissen wir denn, was unser Nachbar durchzumachen hat? Ich gräme mich vielleicht wegen meines gebrochenen Genicks und beneide meinen gesunden Nachbarn. Dabei weiß ich nicht, daß er innerlich zerbrochen ist. Petrus konnte sich wahrscheinlch nicht vorstellen, daß Johannes in seinem hohen Alter jahrelang in einem Inselgefängnis schmachten mußte, wo er die Offenbarung empfing. Da sollte Johannes dann mit sehnsüchtiger Erwartung die zukünftigen Herrlichkeiten des Himmels schauen, unter anderem auch, welche Ehre den Märtyrern (darunter auch Petrus!) am Thron Gottes zuteil wurde. Dabei mag er wohl den Wunsch verspürt haben, daß Gott in seiner Gnade doch auch sein Leben verkürzen möchte.

Da wir nie genau wissen, wieviel ein anderer Mensch leidet oder gelitten hat, oder warum er gezüchtigt werden muß, oder welche Eigenschaften die Heimsuchungen in seinem Leben bewirken oder ausmerzen sollen, können wir nicht einfach sagen, welche Prüfungen oder wie viele ein jeder durchmachen sollte. Aber wenn auch wir es nicht genau wis-

Joni am Schreibtisch in ihrem Arbeitszimmer.

Joni und Steve Estes bei der Arbeit an dem Buch »Der nächste Schritt«.

iana Mood (Jonis Partnerin in ihren geschäftlichen Angelegenheiten) und etsy Sandbower (rechts) helfen Joni, ihre Reisepläne aufzustellen.

Jonis Eltern, John und Lindy Eareckson.

oni mit Billy Graham bei einem seiner Feldzüge 1977.

Joni, Kathy und Jay.

...oni bei der Arbeit an einer ihrer neuesten Zeichnungen.

Joni spricht bei einer großen Konferenz.

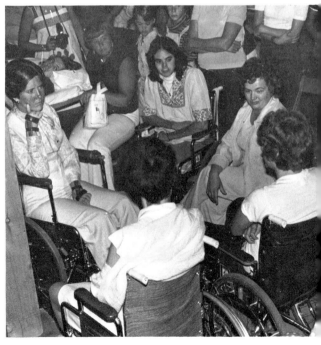

Im Gespräch mit Behinderten.

sen, Gott weiß es. „Der aller Welt Richter ist, sollte der nicht recht richten?" (1.Mose 18, 25). Im Leben eines jeden von uns wirkt Gott in einer ganz besonderen Weise. Er wird uns genau die Gnade erzeigen, die nötig ist, um unser persönliches Kreuz zu tragen.

Ich freue mich, sagen zu können, daß Sheryl immer noch zu meinem engsten Freundeskreis gehört; nur der Neid ist nicht mehr da. Das habe ich den Worten zu verdanken, die Jesus Christus zu Petrus sprach. Wenn wir eine schwere Prüfung durchmachen müssen und Gott würde allen unseren Freunden gleichzeitig dieselbe Last auferlegen – wäre das nicht schrecklich? Wer würde uns dann aufmuntern? Ist es nicht viel sinnvoller, die liebevolle Fürsorge unserer Freunde anzunehmen, anstatt sie zu beneiden, weil ihre Last leichter ist?

Gemeinschaft

Wenn wir leiden, sollten wir nie allein sein. Damit will ich nicht sagen, wir sollten keinen Augenblick für uns sein, oder nicht eine Wohnung für uns allein haben. Aber wir sollten nie eine Mauer um uns herum aufrichten, so daß niemand unser Leid sehen und mit uns leiden kann. Es war nie Gottes Wille, daß wir die Last des Leidens allein tragen sollten. „Es ist besser, man sei zu zweien, als allein; denn der Arbeitslohn fällt um so besser aus. Denn wenn sie fallen, so hilft der eine dem anderen auf; wehe aber dem, der allein ist, wenn er fällt und kein zweiter da ist, um ihn aufzurichten" (Prediger 4,9-10).

Wenn Sie unverheiratet oder verwitwet sind, meinen Sie vielleicht, Sie hätten niemanden, dem Sie Ihre Sorgen anvertrauen könnten. Aber auch Sie haben eine Familie: die anderen Christen, die den Leib Jesu Christi darstellen. Diese Familie der Gläubigen, die Gemeinde, sollte eine ganz herzliche, brüderliche Gemeinschaft darstellen, wo jeder Hilfe und Nestwärme findet. Ich glaube – und das sagen mir auch meine verheirateten Freundinnen –, daß es sogar für einen Verheirateten falsch ist, sich ausschließlich auf die Gemeinschaft mit dem Ehepartner zu stützen. Gott hat die Gemeinde absichtlich so geplant, daß sie aus Jungen und Alten beiderlei Geschlechts und aus allen Gesellschaftskreisen besteht. Wir brauchen den Kontakt mit ihnen allen, wenn unsere innersten Bedürfnisse befriedigt werden sollen. Ich könnte ohne die Gemeinschaft und Fürsorge meiner Freunde in der Gemeinde gar nicht auskommen. Und ich habe Freunde in allen Altersstufen.

Wie traurig ist es, wenn Gemeindeleiter oder Pastoren meinen, sie könnten ihre Prüfungen ihren Gemeindegliedern, die unter ihrer geistlichen Obhut stehen, nicht mitteilen. Zugegeben, niemand von uns kann *jedem alle* seine privaten Sorgen anvertrauen. Doch *irgend jemandem* müssen wir sie mitteilen. Und vielleicht sollte man manches der ganzen Gemeinde sagen. Jedenfalls sollte dies häufiger geschehen, als es im allgemeinen der Fall ist. Die Vorstellung, verantwortliche Christen, die eine leitende Funktion in der Gemeinde ausüben, müßten innerlich so stark sein, daß sie niemals ihre eigenen Schmerzen und Sorgen zugeben dürfen, stammt

114

nicht aus der Bibel. Paulus rühmte sich offen seiner Schmerzen und Schwachheiten und bat oft um Fürbitte. Ein Gemeindeleiter, der seine „Schäfchen" nie an seinen Problemen teilnehmen läßt, lehrt sie durch sein Vorbild, ebenso zu handeln!

Aber wie ist es, wenn zwischen Ihnen und Ihren Geschwistern in der Gemeinde kein solches Vertrauensverhältnis besteht, wie Sie es sich wünschten? Dann müssen Sie etwas unternehmen. *Gemeinschaft wird gewöhnlich aufgebaut, man findet sie nicht einfach!* Als ich noch das Gymnasium besuchte, war mir meine Freundin Diana in dieser Beziehung ein großes Vorbild. Sie konnte es nicht leiden, wenn nur belangloses Zeug geredet wurde. Das heißt nicht, daß sie nicht gesellig und lustig sein konnte. Im Gegenteil! Aber sie hatte so eine Art, die Leute aus der Reserve zu locken, daß sie ihre Gedanken und Gefühle preisgaben. Ich denke, ihr Geheimnis bestand darin, daß sie ihren Gesprächspartnern wirklich zuhörte und ihnen persönliche Fragen stellte. An ihrem Gesichtsausdruck merkte man, daß sie wirklich interessiert war – ihr Blick schweifte nicht umher oder dergleichen.

Aber Diana hörte nicht nur zu. Sie nahm Anteil. Nun ist es gar nicht so ungefährlich, seine Gedanken, Ängste und Sorgen einem anderen Menschen anzuvertrauen. Man ist dadurch dem anderen preisgegeben. Aber ist dieses Ausgeliefertsein nicht ohnehin ein Hauptbestandteil der Liebe? Taktvoll und liebevoll drang Diana in die persönliche Sphäre ihrer Gesprächspartner ein. Sie zeigte uns, was Gemeinschaft wirklich ist. Sie konnte beispielsweise sagen: „Könnten wir nicht noch zusammen beten, bevor du weggehst?" Leidende Menschen brauchen so dringend tiefgründige Gespräche mit anderen Gläubigen. Sie sollten nicht ständig mit einem oberflächlichen Gerede abgespeist werden, wenn sie in Gemeinschaft anderer Christen sind. Davon bekommen sie draußen in der Welt genug.

Wenn Sie leiden, können Sie noch etwas tun, um die Gemeinschaft mit anderen Christen zu fördern. Sie können für sie beten.

Vor kurzem unternahm der Chor einer christlichen Hochschule in den Osterferien eine Tournee durch die Oststaaten der USA. Eines Abends gab er auch in einer Kirche in unserer Nähe ein Konzert. Nach der Veranstaltung wurden die Sänger zu zweit oder dritt verschiedenen Familien aus der Gemeinde zugeteilt, bei denen sie übernachten sollten. So kamen auch zwei Mädchen zu Herrn und Frau Estes, den Eltern meines Freundes Steve.

Als die vier im Wohnzimmer saßen, plauderten und Erfrischungen genossen, brachten Herr Estes und seine Frau in ihrer liebenswürdigen, taktvollen Art das Gespräch auf Jesus Christus. Sie fragten die jungen Mädchen, wie sie den Herrn gefunden hätten und was er in ihrem Leben getan habe. Zur Überraschung ihrer Gastgeber sahen sich die beiden Studentinnen ganz begeistert an. „Sie wissen ja gar nicht, wie froh ich bin, daß Sie diese Fragen gestellt haben", sagte die eine. Und dann begann sie, von sich zu erzählen. Es war noch kein Jahr her, daß sie zum Glauben an Jesus Christus gekommen war. Danach war sie natürlich um ihre Eltern besorgt. Sie wollte, daß sie auch so ein persönliches Verhältnis zu Jesus Christus bekämen wie sie selbst, doch

116

die Eltern schienen kein Interesse daran zu haben. Woche um Woche versuchte sie erfolglos, ihren Papa zu überreden, mit ihr in die Versammlung zu gehen, bis er sich an einem Sonntagmorgen schließlich dazu bereit erklärte.

Der Gottesdienst schien ihm zu Herzen zu gehen. Die Leute waren freundlich, die Predigt war treffend – alles war wunderbar. Nachher sagte ihr Vater: „Ich muß sagen, der Gottesdienst heute hat mich wirklich angesprochen. Vielleicht werde ich mit der Zeit dieselbe Einstellung bekommen wie du. Aber dränge mich bitte nicht!" Innerlich strahlte das Mädchen vor Freude, dankte dem Herrn und nahm sich vor, dem Vater nichts aufzudrängen.

Die Familie stieg gerade ins Auto, als von der anderen Seite des Parkplatzes ein Herr herankam und ihrem Vater einen Gruß zurief. Es stellte sich heraus, daß dieser Mann einer der Gemeindeältesten war, den ihr Vater gelegentlich an seinem Arbeitsplatz getroffen hatte.

„Hallo, wie geht es Ihnen denn?" fragte der Älteste lächelnd und hielt ihrem Vater die Hand hin. „Schön, daß Sie hier sind. Ich sehe, Sie haben Frau und Kinder mitgebracht", sagte er, während er sich bückte und ihnen durch das Autofenster zunickte. Was er dann zu ihrem Vater sagte, ließ das Mädchen zusammenfahren. „Rufen Sie mich doch gelegentlich mal an. Dann gehen wir aus und trinken einen, okay? Aber jetzt muß ich gehen. Machen Sie's gut!" Er winkte noch, und weg war er.

Als sich der Vater ins Auto setzte, herrschte eine gespannte Atmosphäre.

„Weißt du", sagte er zu seiner Tochter, als sie

vom Parkplatz wegfuhren, „ich habe diese Leute hier für echt gehalten. Aber sie sind auch nicht anders als ich." Und damit verschloß er sein Herz für das Evangelium, kam nie wieder zum Gottesdienst und unterhielt sich auch mit seiner Tochter nie mehr über geistliche Dinge. Ja, ihre Familie war jetzt dem Glauben an Jesus gegenüber richtig feindlich eingestellt. Als die Tochter dieses Jahr mit einer Freundin die Osterferien im Ferienhaus der Familie verbringen wollte, hatte man sie höflich abgewiesen. „Und sehen Sie, Herr und Frau Estes, deshalb bin ich jetzt auf dieser Tournee, anstatt über die Feiertage daheim bei meinen Angehörigen zu sein", schloß sie ihren Bericht. Dann fügte sie noch hinzu: „Ich habe mich so sehr danach gesehnt, mit jemanden über meine Not sprechen zu können. Die Leute, bei denen ich in dieser Woche übernachtet habe, waren alle sehr nett, aber wir haben uns nur über das Wetter unterhalten. Deshalb haben meine Freundin und ich heute nachmittag gebetet, daß wir doch diesmal zu Menschen kämen, bei denen ich wirklich mein Herz ausschütten könnte und mit denen wir Gemeinschaft haben und zusammen beten könnten. Jetzt verstehen Sie sicher, weshalb wir uns so freuten, als Sie das Gespräch in diese Richtung lenkten."

Sie sehen, was geschieht, wenn wir Gott bitten, uns Gemeinschaft zu schenken, und wenn sich jemand bemüht, diese Gemeinschaft zu verwirklichen. Unser Leid mit anderen Christen teilen, ist eine wesentliche Hilfe für alle, die Schweres durchzumachen haben.

10

AUSHARREN!

Wir dürfen ruhig weinen

Als mein erstes Buch, JONI, 1976 in USA herauskam, hatte ich nicht gedacht, daß Gott es für so viele Menschen zum Segen setzen würde, wie es dann der Fall war. Ich wurde mit interessanter Post nur so überschüttet – von einfachen Bestellungen meiner Kunstartikel über freundliche persönliche Briefe bis hin zu verzweifelten Hilferufen, die etwa so lauteten:

„Liebe Joni,
Mein Neffe hat sich vor kurzem das Genick gebrochen und ist nun gelähmt. Er ist so niedergeschlagen und fragt ständig: „Warum?" Ich habe gedacht, vielleicht könntest Du ihm ein Exemplar Deines Buches, mit Deinem Autogramm versehen, zuschikken. Meinst Du, Du könntest ihm auch ein paar Tips geben, wie er mit dieser Not fertig werden kann? Vielen Dank!"

Ich empfinde tiefes Mitleid mit solchen Menschen. Es ist äußerst niederdrückend, am Bett eines geliebten Menschen stehen zu müssen, der leidet, ohne helfen zu können. Wie gut wäre es, wenn man ihm ein hilfreiches Buch geben oder ein ermutigendes Wort sagen könnte. Doch ich bin nicht so überzeugt, daß ein Buch oder ein Brief von mir – oder jemand anderem – eine echte Hilfe bedeutet.

Zunächst einmal ist man gewöhnlich in der ersten Zeit nach einem schweren Erlebnis nicht bereit, sich etwas sagen zu lassen. Wenn ich daran zurückdenke, wie ich als Siebzehnjährige in den ersten Wochen nach meinem Unfall in meinem Sandwich-Bett lag, bin ich nicht so überzeugt, daß ich für ein Buch wie mein erstes aufgeschlossen gewesen wäre. Im Gegenteil, ein lächelnder Mensch in einem Rollstuhl, der auf alles und jedes eine Antwort parat hat, wäre wahrscheinlich das *letzte* gewesen, was ich mir gewünscht hätte. Zunächst hat es den Anschein, als würde jemand, der sich gerade ein Bein oder das Genick gebrochen oder erfahren hat, daß er unheilbar an Krebs erkrankt ist, verzweifelt nach einer Antwort auf seine Fragen suchen. „Warum mußte mir das geschehen?!" ruft er verzweifelt. Dann eilen wir hin und zählen fünf oder zehn biblische Gründe auf, warum ihn dieses Unglück getroffen hat. Doch in den meisten Fällen ist dieses „Warum?" gar nicht als eine richtige Frage gemeint. Es ist einfach ein Ausdruck der Gefühle des Kranken – manchmal sogar ein Vorwurf. Es ist nicht das aufrichtige „Warum?" eines suchenden Herzens, sondern das grollende „Warum?" einer geballten Faust.

Ein Mensch braucht *Zeit*, um sich dessen richtig bewußt zu werden, daß er nie wieder gehen kann, daß sein Krebs unheilbar ist oder was ihm sonst zugestoßen sein mag. Erst *nachdem* er sich ausgeweint hat und innerlich zur Ruhe gekommen ist, wird er bereit sein, aufrichtige Fragen zu stellen, und dann kann unser Rat hilfreich sein.

Ich denke, Steve war mir nicht zuletzt auch deshalb eine so große Hilfe, mit meiner Lähmung fertig zu werden, weil wir uns erst zwei volle Jahre nach meinem Unfall begegneten. Diese Zeit war lang genug für mich, um zu lernen, Fragen zu stellen und auf Antworten zu hören. Andere hatten schon vorher versucht, mir zu helfen, aber ich war einfach noch nicht dazu bereit gewesen. Noch aus einem anderen Grund würde ich jemandem, der erst vor kurzem einen schweren Unfall erlitten hat oder von einer schweren Krankheit befallen wurde, weder Bücher noch Bibelverse schicken. Er soll nicht denken, ich möchte damit sagen: „Hör auf zu weinen und hör dir mal diese Bibelstellen an! Dann wird es dir bald besser gehen!" Ich möchte nicht den Eindruck erwecken, als sollten wir die biblischen Aussagen über den Wert des Leidens zur Kenntnis nehmen, *anstatt* Kummer und Schmerz zu empfinden. Ich habe manches Mal gehört und gelesen, daß uns unser Kreuz und Leiden gar nicht mehr als solches vorkäme, wenn wir wirklich für alles dankten und unsere Trübsal im Licht des Wortes Gottes sähen. Aber diese unrealistische, unbekümmerte Einstellung ist nicht biblisch begründet. „Für alles Dank sagen" ist nicht dasselbe wie in jeder Lage ein himmelhoch jauchzendes Gefühl zu haben. Wir dürfen auch „zu Tode betrübt" sein.

Lassen Sie mich das an einem Beispiel erläutern. Im vergangenen Jahr ist der dreijährige Sohn meiner Freundin Jeanette an Krebs gestorben. Schon anderthalb Jahre vorher wußten die Eltern, daß der süße kleine Bradley – ein blonder, blauäugiger Junge – nicht lange leben würde. Als er starb, war ihr Kummer natürlich sehr groß. Aber in dieser ganzen qualvollen Zeit haben sie nie mit Gott gehadert. Sie liebten ihn und dienten ihm weiter und vertrauten völlig darauf, daß er für sie sorgte und wußte, was er tat.

Etwa zwei Wochen nach der Beerdigung ihres Kindes besuchte Jeanette eine Frauenbibelstunde in ihrer Gemeinde. Als sie danach mit einigen Frauen den Flur hinunterging, entdeckte sie einen kleinen Jungen, der auf den Zehenspitzen stehend versuchte, aus einem Trinkwasserhahn zu schlürfen. Dieser Anblick erinnerte sie sofort an ihren kleinen Jungen, der immer eine große Schau daraus gemacht hatte, wenn er die kleinen Stufen hinaufgeklettert war, um aus diesem Wasserhahn zu trinken. Sie fing an zu schluchzen.

Neben ihr ging eine ihrer besten Freundinnen. Sie fühlte, was in Jeanette vorging. Diese Freundin sagte kein Wort, sondern legte einfach den Arm um sie, drückte sie an sich und tröstete sie leise. Genau das war es, was Jeanette in diesem Augenblick brauchte.

Eine andere Frau, die Jeanette nicht kannte, sah sie auch weinen und wollte offensichtlich helfen. Sie ging auf meine Freundin zu, klopfte ihr auf die Schulter und sagte: „ Ich bete für Sie, meine Liebe. Preisen Sie den Herrn!"

Diese Worte trafen Jeanette bis ins Innerste. Später sagte sie mir, was sie in diesem Augenblick empfunden hatte: „Ich mußte wirklich Gott bitten, mir zu helfen, dieser Frau nicht böse zu sein. Ich weiß, daß sie mir nur helfen wollte. Aber so wie sie ‚Preisen Sie den Herrn' sagte, hatte ich das Gefühl, ich hätte überhaupt kein Recht zu weinen, wenn ich dem Herrn vertraute." Und nach einer Weile fügte sie nachdenklich hinzu: „Vielleicht wußte sie einfach nicht, daß Vertrauen auf den Herrn nicht ausschließt, daß man auch mal weint. Vielleicht hat sie vergessen, daß Gott uns aufgefordert hat, mit den Weinenden zu weinen."

Jeanette hatte recht. Außerdem weinte auch Jesus angesichts des Todes, als er vor dem Grab seines Freundes Lazarus stand. Obwohl wir eines Tages zum Leben auferstehen werden, ist der Tod dennoch etwas Furchtbares. Alles Leid auf dieser Erde ist schrecklich. Es ist töricht anzunehmen, Christen könnten ihre Prüfungen überwinden, ohne sie überhaupt zu empfinden. Als Jesus vor dem Grab seines Freundes Tränen vergoß, zeigte er damit, daß man ruhig einmal weinen darf.

Gott will nicht, daß wir unsere Tränen ersticken. Und wir wollen es auch nicht voneinander verlangen. Denn „Weinen hat seine Zeit ... Klagen hat seine Zeit" (Prediger 3,4).

Lieder in der Nacht

Aber Klagen und Weinen ist nicht genug. Wenn Sie von furchtbaren Schmerzen gequält werden, wenn Ihnen vor Kummer das Herz brechen will, wenn Sie vor Not und Schuld nicht mehr aus noch ein wissen, dann brauchen Sie jemanden, der Sie versteht. Und dieses Verständnis finden Sie am besten bei den Schreibern der Psalmen. Viele Psalmen wurden aus tiefster Verzweiflung heraus geschrieben, und sie sollten auch in Zeiten tiefster Verzweiflung gelesen werden.

David, der viele dieser Psalmen gedichtet hat, wußte, was Leiden heißt. In jungen Jahren hing sein Leben an einem Faden, als die Soldaten Sauls ihn wie einen gemeinen Verbrecher verfolgten. Seinen besten Freund Jonathan verlor er in der Schlacht. Als er dann König war, drückte ihn seine Schuld, weil er Ehebruch und Mord begangen hatte. Einer seiner Söhne starb im Säuglingsalter. Für den Rest seines Lebens wurden seine Familie und sein Königreich von Rebellion, Mord und Krieg heimgesucht. Dieser Mann hatte also eine Menge Probleme!

Die meisten Psalmen geben keine Antwort auf unsere Probleme. Viele von ihnen sind einfach ausführliche, an Gott gerichtete, verzweifelte Hilferufe. Aber wenn ich die Gebete dieses Mannes und auch die der anderen Psalmisten lese, weiß ich, daß ich nicht allein bin. Hier ist jemand, der das kennt und durchgemacht hat, was ich durchmache. Es ist, als ob David und ich zusammen auf einem Stein auf dem Feld bei seinen Schafen säßen. Ich lausche, wie er mit all seinem dichterischen Können den Schmerz seines Herzens vor Gott ausschüttet. Und dabei schüttet er auch meinen Schmerz aus. Ja, denke ich, diese Worte geben genau das wieder, was ich empfinde. Das ist es, was ich eigentlich beten möchte! So weiß ich auch, daß Gott meine Gedanken hört und versteht.

Hören Sie, wie David im Psalm 6 vor Gott seufzt: „Ich bin müde vom Seufzen; ich schwemme mein Bett die ganze Nacht, benetze mein Lager mit meinen Tränen" (Psalm 6,7).

124

Denken Sie an Ihre eigenen kummervollen Nächte, in denen Sie Ihr Kissen mit Tränen benetzten. Können Sie mit ihm fühlen, wenn er in Psalm 38 in seiner Angst und Schuld zu Gott schreit: „Denn ich bin nahe daran zu fallen, und mein Schmerz ist immerdar vor mir. Denn ich bekenne meine Schuld und bin bekümmert wegen meiner Sünde. Verlaß mich nicht, o Herr! Mein Gott, sei nicht fern von mir!" (Psalm 38, 18-19,22).

Während wir uns in die Gedanken und Worte Davids vertiefen, erkennen wir in ihm einen Leidensgenossen. Wenn dann seine Hoffnungslosigkeit der Gewißheit weicht, daß Gott seine Gebete erhört hat, dann erfüllt seine Zuversicht auch uns, und wir können mit ihm sagen: „O Herr, mein ganzes Verlangen sei dir vorgelegt, und mein Seufzen sei dir nicht verborgen!" (Psalm 38,10).

Der Schmerz ist noch da. Doch der glimmende Docht wird nicht verlöschen, auch wenn der Sturm noch so tobt und die Sorgen noch so drücken: „Denn auf dich, Herr, hoffe ich; du wirst antworten, Herr, mein Gott!" (Psalm 38,16).

Wenn David solche Hoffnung haben konnte, warum nicht auch ich? Wenn der Mann, der ein Ehebrecher und Mörder war, Gott trotz seiner Sünden vertrauensvoll begegnen konnte, warum nicht auch ich? Das ist Grund zur Freude, ja zum Jauchzen! Und gerade das tut David manchmal. Wie ein erfrischender Sommerregen mitten in einer Hitzeperiode verwandelt sich sein Leid in Freude, und er ruft voll Dankbarkeit: „Beharrlich habe ich auf den Herrn geharrt, da neigte er sein Ohr zu mir und erhörte mein Schreien und zog mich aus der Grube des Verderbens, aus dem schmutzigen Schlamm, und stellte meine Füße auf einen Fels, machte meine Schritte gewiß und gab mir ein neues Lied in meinen Mund, ein Lob für unseren Gott; das werden viele sehen und den Herrn fürchten und ihm vertrauen" (Psalm 40,2-4).

Die Veränderung in Davids Leben gibt uns Mut, daß auch wir die Kraft bekommen werden, geduldig auf den Herrn zu harren, bis er *unser* Schreien hört, *unsere* Füße auf Felsen stellt und *uns* ein neues Lied schenkt. Wenn wir hören, wie der einst so niedergeschlagene Hirte sagt: „Du hast mir meine Klage in einen Reigen verwandelt, du hast mein Trauergewand gelöst und mich mit Freude umgürtet" (Psalm 30,12), schöpfen wir Hoffnung, daß auch wir eines Tages wieder lachen werden. Und wenn er schreibt: „Denn sein Zorn währt einen Augenblick, seine Gnade aber lebenslang; am Abend kehrt das Weinen ein und am Morgen der Jubel!" (Psalm 30,6), können auch wir allmählich glauben, was wir vorher einfach nicht glauben konnten – daß auch unsere eigene Not eines Tages vorüber sein wird. Wenn wir dann hören, wie dieser Dichter, der die Qual einer schlaflosen Nacht so eindrücklich beschrieben hat, nun singen kann: „Ich habe mich niedergelegt, bin eingeschlafen und wieder erwacht; denn der Herr stützte mich" (Psalm 3,6), können auch wir schließlich einschlafen. Irgendwie gebraucht Gott diese tröstenden Psalmen, um unsere Tränen der Qual in Tränen der Erleichterung zu verwandeln. Wer sich ausweint und seinem Herzen Luft gemacht hat, fühlt sich hinterher besser. So sind uns auch die Psalmen eine Hilfe, unserem Herzen Luft zu machen – wir vertrauen Gott unsere tiefen Ängste an und bringen unsere aufgewühlte Seele dadurch zur Ruhe, daß wir uns sagen: Gott ist immer noch unseres Vertrauens würdig.

Auf Gott harren

Vor sechs Jahren fuhr ich mit meinen Angehörigen einmal mit einem Sessellift auf den Gipfel eines großen, von Gletschern überzogenen Berges, der eine herrliche Aussicht auf den Jasper Provincial Park in Alberta, Kanada, bietet. Wir sahen die majestätischen Kiefernwälder und türkisfarbenen Seen. Es war eine wilde, zerklüftete Landschaft. Trotz unserer gefütterten Jacken erschauerten wir, teils wegen der eisigen Kälte, teils wegen des ehrfurchtgebietenden Anblicks. In begeisterten Ausrufen überschrien wir sogar den heulenden Wind.

Ich entdeckte einen Adler, der über dem Wald im Tal schwebte – ein kleiner Fleck vor der Bergkette in der Ferne. Ich beobachtete ihn, wie er kreiste und plötzlich in die Tiefe stürzte, und bewunderte die Anmut und Mühelosigkeit seines Fluges.

Adler scheinen mit großen Dingen zu tun zu haben: hohe Berge, tiefe Schluchten und schwindelnde Höhen. Wir finden sie immer in einer eindrucksvollen Landschaft.

Auch Gott spricht von Adlern. In einem der beliebtesten Abschnitte des Alten Testamentes benutzt er den Flug des Adlers als ein Bild für das Abenteuer, das auf den leidenden Christen wartet, der auf Gott harrt. „Knaben werden müde und matt, und Jünglinge fallen; die aber auf den Herrn harren, kriegen neue Kraft, daß sie auffahren mit Flügeln wie Adler, daß sie laufen und nicht matt werden, daß sie wandeln und nicht müde werden" (Jesaja 40, 30-31).

Was bedeutet das: „auf den Herrn harren"? Manche denken dabei an das Warten, wozu man manchmal gezwungen wird. Zum Beispiel: Im Wartezimmer des Arztes sind zehn Leute vor Ihnen, und Sie schlagen die Zeit tot, indem Sie in Zeitschriften herumblättern. Doch wenn die Bibel vom Harren spricht, meint sie damit die *feste Zuversicht,* daß Gott weiß, wieviel Leid ich brauche und ertragen kann. Es bedeutet, *erwartungsvoll* dem Tag entgegenzusehen, an dem er mich von meinen Lasten befreien wird.

Aber nicht ermüden? Nicht ermatten oder hinfallen? Wie ist das möglich, wo das doch für einen kranken Menschen geradezu typisch ist? Doch Gott verheißt ganz eindeutig, daß die, die in ihren Leiden auf ihn harren, neue Kraft und Ausdauer empfangen werden, so daß die anderen sich wundern werden.

Man sollte meinen, daß ich in meiner Lage schwach und lebensmüde würde. Doch da ich Gott kenne und mich voller Zuversicht auf den Tag freue, an dem er mir einen neuen Körper geben wird, kann ich selbst jetzt schon „die Schwingen" emporheben „wie ein Adler". Denn diese Erwartung gibt mir Ausdauer und Kraft; und so gleiche ich einem Adler, der sich mit seinen mächtigen Schwingen den Luftströmungen zwischen den Bergen anvertrauen kann.

Aber noch in einer anderen Hinsicht gleiche ich

durch mein Harren auf Gott einem Adler. Mein Körper ist an diesen Rollstuhl gefesselt. Aber ich erhoffe und erwarte eine Zukunft, die Gott für mich bereitet hat, und das gibt mir die Freiheit, Höhen der Freude zu erleben und andererseits die Tiefen seiner Barmherzigkeiten zu erforschen.

Meine Heilung in Gottes Plan?

11

ICH WOLLTE, GOTT WÜRDE MICH HEILEN

Heute nachmittag ist es in unserem Haus ziemlich ruhig. Der gelbe Schulbus wird meine Nichte in spätestens einer Stunde absetzen. Durch das Erkerfenster meines Zeichenstudios sehe ich meine Schwester Jay, die draußen im Garten ihre Radieschen und Zucchini-Kürbisse versorgt. Sie ist übrigens eine geschickte Gärtnerin. Heute sind keine Freunde oder Besucher gekommen – was bei uns eine Seltenheit ist –, so bin ich allein. Das ist die beste Gelegenheit, etwas Lektüre nachzuholen.

Am hinteren Rand des Schreibtisches, an den man mich gesetzt hat, liegt ein Buch, das ich seit einiger Zeit gern lesen möchte. Es scheint gerade in „Stoßweite" zu sein. „Stoßweite" deshalb, weil ich nicht meine Hände oder Finger gebrauchen kann. Ich kann nur meinen Arm neben das Buch legen und es mit schwachen, ungeschickten Stößen in meine Richtung schieben. Ich brauchte eine lange Zeit nach meinem Unfall, um das zu lernen, deshalb bin ich dafür sehr dankbar. Selbst die Seiten kann ich umblättern und das Buch offenhalten, wenn der Buchrücken umgeknickt ist.

Doch heute sehe ich ein Problem auf mich zukommen. Mein Arm mit der Armschiene bewegt sich sehr langsam am Bleistiftständer vorbei auf das kleine Taschenbuch zu, doch es ist etwas zu weit weg. „Aha! Da werde ich mich eben strecken müssen." Es gelingt mir, mein Handgelenk neben das Buch zu legen, aber nicht ganz dahinter, so daß ich es in meine Richtung schieben könnte. Ich muß mit Taktik vorgehen. „Hm, vielleicht kann ich es im Zickzack heranholen." Mein Vetter Eddie hat mir einmal etwas vom Segelsport beigebracht: „Wenn man ein Segelboot in den Wind hineinsteuern will", sagte er, „kann man nicht einfach geradeaus segeln. Man muß sein Boot nach rechts und links, vor und zurück bewegen und sich so Stück um Stück vorwärtsarbeiten." Er nannte das Lavieren.

Dann werde ich also lavieren, dachte ich. Ich werde das Buch links an den Rand des Schreibtischs schieben. Dann wieder nach rechts. Und jedesmal werde ich es ein wenig näher auf mich zuschieben, bis es nahe genug ist, daß ich es öffnen kann." Behinderte müssen sich daran gewöhnen, daß aus einer kleinen Aufgabe eine Schwerarbeit wird.

Aber ich werde mich wohl kaum je damit abfinden, wenn mir selbst solche Kleinigkeiten mißlingen, die gewöhnlich sogar ein Behinderter ausführen kann. Heute liegt dieses kleine Buch gerade vier Zentimeter zu weit weg. Ich kann es zwar wegrükken, aber nicht in meine Richtung. „Los, Buch, hilf mal ein bißchen mit!" Doch jeder Stoß scheint es weiter wegzuschieben. Jetzt habe ich nur noch eine Hoffnung: Mit dem Gewicht meines Armes werde ich auf den Deckel drücken und das Buch mit einem Ruck zu mir herziehen. Also lege ich mein Handgelenk auf das Buch, bemühe mich, mit meinen schwachen Muskeln so fest wie möglich zu drücken und dann schnell loszulassen! Doch das Buch fliegt vom Tisch.

„O nein! Da bist du nun, Buch, zwanzig Zentimeter von meinem lahmen Arm entfernt, und ich kann dich nicht berühren." Ich werfe einen Blick aus dem Fenster. Jay ist noch draußen. Sie würde mich nie hören, wenn ich von hier aus riefe. Niemand ist da, der es aufheben könnte. Kein anderes Buch ist in greifbarer Nähe. Es wird mir also nichts anderes übrigbleiben, als die nächsten sechzig Minuten übelgelaunt am Schreibtisch zu sitzen, das Buchregal anzustarren, und eine Stunde mit Nichtstun zu verbringen, wo ich mich doch so auf das Lesen gefreut hatte.

In solchen Augenblicken wünsche ich mir, ich wäre gesund. Aber bitte denken Sie nicht, ich würde immer so empfinden, das geschieht eigentlich selten. Aber an Tagen wie heute könnte ich es besonders gut brauchen! Ich nenne sie meine „Wunsch-Tage", an denen ich mir wünsche, ich könnte meine Hände wieder benutzen. Zwar habe ich gelernt, mit meinem Zustand zufrieden zu sein und mich sogar darin zu freuen, doch wäre die Aussicht, wieder ein normales Leben führen zu können, äußerst verlokkend. Ich bin überzeugt, daß jeder Behinderte, ob er Christ ist oder nicht, lieber gesund sein möchte als krank. Als mein Verhältnis zu Gott allmählich in Ordnung kam und ich wußte, daß, medizinisch gesehen, für mich keine Aussicht bestand, je wieder meine Arme und Beine bewegen zu können, da interessierte ich mich sehr für das, was die Bibel über Wunderheilungen zu sagen hat. Ich suchte und forschte auf alle möglichen Arten, studierte die Bibel und andere Bücher und fragte meine Freunde und verschiedene christliche Persönlichkeiten mit geistlichem Gewicht um Rat. Alle waren sich darüber einig, daß Gott zweifellos Krankheiten heilen *kann,* egal, was es ist.

Nicht einig waren sie sich jedoch über die Frage, ob Gott alle, die wirklich im Glauben zu ihm kommen, auch heilen *will.* Ich stieß auf zwei völlig entgegengesetzte Meinungen. Die einen behaupteten, das Zeitalter der Wunder sei vorbei und man dürfe heutzutage keine Wunder mehr erwarten. Die anderen meinten, Wunder könnten zum Alltag eines jeden Christen gehören, und Krankenheilung sei ein wesentlicher Bestandteil unseres Erbes als Gläubige. Zwischen diesen beiden entgegengesetzten Polen sind alle übrigen Christen irgendwo einzuordnen. Diese Meinungsverschiedenheit besteht noch bis heute in christlichen Kreisen. Und ich möchte betonen, daß auf beiden Seiten des Zaunes Gläubige sind, die sich ihrem Herrn, Jesus Christus, völlig ausgeliefert haben und für die die Bibel das vom Heiligen Geist inspirierte Wort Gottes darstellt. Es handelt sich dabei also nicht um eine Streitfrage zwischen Menschen, die Gott lieben, und solchen, die ihn nicht lieben, zwischen „Guten" und „Bösen". Es ist vielmehr so etwas wie eine innerparteiliche Streitfrage.

Als ich nun alle diese Meinungen zur Kenntnis genommen hatte, begann ich, eine Auswahl zu treffen. Zunächst konnte ich den Leuten, die behaupteten, Gott würde heute keine Wunderheilungen mehr schenken, einfach nicht zustimmen. Erstens:

135

Wer kann das behaupten? Wenn ich niemanden kenne, den Gott auf außergewöhnliche Weise geheilt hat, ist das dann ein Beweis dafür, daß er es in unserer Zeit wirklich nie getan hat? Gott verfährt mit seinen Kindern, wie er will. Dem einen gibt er ein verhältnismäßig leichtes und bequemes Leben; der andere erhält das Vorrecht, in einem Konzentrationslager für ihn zu leiden. Manchen belohnt er ihren Glauben in diesem Leben, bei anderen wartet er bis nach ihrem Tod (Hebräer 11,32-39). Ich kann aus meinen persönlichen Erfahrungen mit Gott keinen absoluten Maßstab für sein Handeln mit anderen ableiten. Wollte ich die Behauptung aufstellen, Gott würde in unserer Zeit keine Kranken mehr auf übernatürliche Weise heilen, setzte das voraus, daß ich an jedem Ort der Welt hätte sein müssen, um jede vermeintliche Heilung zu überprüfen.

Außerdem, was ist mit all den Christen, die bezeugen, von Gott geheilt worden zu sein? Eine von diesen ist eine persönliche Freundin von mir, eine reife Christin, die an einer schweren Knochenmarkskrankheit litt. Da alle medizinischen Maßnahmen ohne Erfolg geblieben waren, gaben ihr die Ärzte nur noch wenig Chancen. Doch sie und andere beteten, und als sie sich wieder vom Arzt untersuchen ließ, bekam dieser vor Staunen den Mund nicht mehr zu. Er war kein gläubiger Christ, doch als er eine Zeitlang wiederholt Blutuntersuchungen gemacht hatte, sagte er zu meiner Freundin: „Ich kann dafür keine natürliche oder medizinische Erklärung finden. Ihr Fall war hoffnungslos. Ich kann nur sagen, das ist ein Wunder." Das war vor fünfzehn Jahren, und diese Frau ist heute immer noch gesund. Ich kenne sie gut genug, daß ich weiß, sie hat mir nichts vorgelogen, und sie hat sich auch nichts eingebildet, was in Wirklichkeit nie geschehen ist.

Natürlich ist es möglich, daß manche Heilungsberichte von Leuten stammen, die nur *meinen*, sie wären geheilt worden – vielleicht waren es sehr gefühlsbetonte Menschen. Andere haben vielleicht sogar gelogen, nur um die Aufmerksamkeit der anderen auf sich zu ziehen. Aus einigen Bibelabschnitten (zum Beispiel: Matthäus 7,22-23; Matthäus 24,24; 2. Thessalonicher 2,9) geht hervor, daß manche Wunder sogar vom Satan gewirkt sein können. Aber ich bin einfach nicht bereit, jeden in eine dieser Gruppen einzustufen.

Vorhin sagte ich, man könne nur dann sicher sein, daß in unserer Zeit keine Wunderheilungen mehr geschehen, wenn man immer bei allen Menschen gleichzeitig sein könnte. In Wirklichkeit gibt es aber noch eine andere Möglichkeit. Stellen Sie sich vor, Gottes Wort enthielte die Aussage, daß Gott von einem bestimmten Zeitpunkt an keinen Menschen mehr durch ein Wunder heilen würde. Dann könnten wir völlig überzeugt sein, daß jede sogenannte göttliche Heilung entweder ein Schwindel ist oder vom Satan stammt. Viele Christen glauben, das sei tatsächlich die Lehre der Heiligen Schrift. Und infolgedessen bestreiten sie jedes Zeugnis einer übernatürlichen Heilung, so überzeugt es auch sein mag.

Ich muß hier sagen, daß ich der Meinung bin, daß wir unsere Erfahrungen im Licht der Heiligen Schrift zu prüfen haben und nicht umgekehrt. Christen unserer Zeit neigen ohnehin dazu, zuviel Gewicht auf ihre Erfahrungen zu legen. Dann bezeichnen sie ihre Folgerung als absolute Wahrheit, die als Maßstab für alle zu gelten hat. Dadurch stellen sie ihre Erfahrungen auf eine Stufe mit der Heiligen Schrift.

Das heißt aber *nicht,* wir sollten unsere Erfahrungen völlig außer acht lassen. Zu viele Menschen behaupten, von Gott auf wunderbare Weise geheilt worden zu sein, als daß wir diese Zeugnisse einfach abtun könnten. Sie stammen großenteils von reifen Christen – darunter auch Medizinern. All das sollte uns zu denken geben, wenn auch wir meinen, nach der Bibel dürften wir heute keine Wunder mehr erwarten. Es sollte uns veranlassen, noch einmal zu überprüfen, ob wir Gottes Wort auch richtig verstanden haben.

So mußte ich zumindest vorläufig die extreme Einstellung ablehnen, die besagt, Gott würde heute überhaupt keine Wunder mehr tun. Nach meiner Meinung lehrt die Bibel das nicht, und auch die Tatsachen sprechen dagegen.

Aber wie steht es nun mit der Meinung der anderen Gruppe, die behauptet, Wunderheilungen seien nicht nur für heute, sondern auch für jeden da? Wie steht es mit der Behauptung, jeder, der in aufrichtigem Glauben und Vertrauen zu Jesus käme und ihn um Heilung für seinen Leib bäte, würde geheilt werden?

Nicht lange nach meinem Genickbruch gaben mir einige meiner Freunde und andere Leute, die von meinem Zustand wußten, zu verstehen, daß sie diese Auffassung vertreten. Bis heute erhalte ich zahlreiche Briefe von Christen, die mir dasselbe schreiben. Manche haben mir Bücher geschickt. Viele haben sich Zeit genommen, Bibelstellen zusammenzutragen, die beweisen sollen, daß ich nicht nur geheilt werden kann, sondern geheilt werden müßte. Hier sind einige Auszüge:

„... Um gleich zur Sache zu kommen: Ich glaube, Du kannst geheilt werden, Joni. Ich weiß nicht genau, was man Dir diesbezüglich beigebracht hat oder welche Meinung Du hast, doch viele Schriftstellen besagen, daß Heilungen auch heute noch möglich sind und zwar für alle, in welchem Zustand sie auch sein mögen ... "

„Ich habe gehört, daß Du der Meinung seist, Gott wolle Dich in der körperlichen Verfassung haben, in der Du Dich befindest. Aber das kann ich nicht glauben. Und zwar aus folgenden Gründen: ... [Diese Ansicht wird dann mit zahlreichen Bibelstellen untermauert.] Joni, Du sagst vielleicht, Du verherrlichst Gott in Deiner Lähmung, aber wieviel mehr würdest Du ihn durch Dein Geheiltwerden verherrlichen! Wenn Jesus Menschen geheilt hatte – heißt es in der Bibel – verherrlichten sie Gott. Du bist auf der ganzen Welt bekannt. Kannst Du Dir vorstellen, wie wunderbar es wäre, wenn Du geheilt würdest?"

„... in Johannes 10,10 heißt es, daß wir Leben und Überfluß haben sollen. Kannst Du ehrlich sagen, Du hättest als Gelähmte Leben und Überfluß? Jesus kam, um die Menschen zu befreien. Du bist an Deinen Rollstuhl gebunden. Dein Leib ist der

Tempel des Heiligen Geistes. Meinst Du, daß er einen zerbrochenen und hilflosen Tempel haben will?..."

„... Ich würde mich freuen, wenn noch ein weiteres Kapitel in Deinem Buch folgte. Die Überschrift müßte lauten: 'Wie Gott mich geheilt hat'."

Ich kann hier nicht alle mir genannten Gründe anführen, warum jeder Christ Heilung von Gott erwarten dürfe, wenn er wirklich glaubt. Doch die vielen Briefe, die ich empfangen, die Bücher die ich gelesen und die Gespräche, die ich geführt habe, können wie folgt zusammengefaßt werden:

1) Krankheit und Tod sind das Werk Satans und der Dämonen (Lukas 13,16; Apostelgeschichte 10, 38). Da der ganze Sinn des Kommens Jesu darin bestand, die Werke des Teufels zu zerstören (1.Johannes 3,8), können die Gläubigen erwarten, von Krankheiten geheilt zu werden.

2) Jesus vollbrachte zu seinen Lebzeiten viele Heilungswunder. Aus Bibelstellen wie Hebräer 13,8 wissen wir, daß Gott sich niemals ändert, daß Jesus Christus „derselbe ist, gestern und heute und in Ewigkeit". Deshalb muß er auch heute *genauso* die Menschen heilen, wie er es vor Jahrhunderten getan hat.

3) Wir haben mehrere Verheißungen in der Schrift, daß wir alles bekommen werden, um was wir im Namen Jesu bitten (Johannes 14,12-14; Markus 11,22-24; 1. Johannes 3,22 und viele andere Bibelstellen). Diese Verheißungen beziehen sich doch auch auf Gebete um Heilung.

4) Es gibt eine ganze Reihe von Schriftstellen, die in besonderer Weise den Gläubigen Gesundheit und Heilung zusagen. Die bekannteste ist Jesaja 53,5: "... durch seine Striemen ist uns Heilung geworden." Auch Psalm 103,1-3 sei hier erwähnt: „Preise den Herrn, meine Seele, ... der da heilt alle deine Krankheiten." Außerdem sollen noch 1. Petrus 2,24 und Jakobus 5,15 erwähnt werden.

Diese Argumente teilte man mir also mit, und sie leuchteten mir ein. „Ich denke, jetzt weiß ich, was ich zu tun habe", sagte ich mir. Nachdem ich die Angelegenheit eingehend überdacht hatte, kam ich zu der Überzeugung, daß Gott mich heilen würde.

12

WARUM WURDE ICH NICHT GEHEILT?

An einem regnerischen Nachmittag im Frühsommer 1972 versammelten sich etwa fünfzehn Leute in einer kleinen Holzkapelle in der Nähe meines Elternhauses: gute Freunde, Familienangehörige und Gemeindeleiter – mehrere Älteste und einige Pastore – die ich hatte zusammenrufen lassen, um für meine Heilung zu beten. Es war eine einfache Versammlung. Wir fingen an, indem wir abwechselnd verschiedene Schriftstellen vorlasen. Einige lasen aus dem Neuen Testament: „ Und das ist die Freimütigkeit, die wir ihm gegenüber haben, daß, wenn wir seinem Willen gemäß um etwas bitten, so wissen wir, daß wir das Erbetene haben, das wir von ihm erbeten haben" (1. Johannes 5,14-15), andere aus dem Alten Testament: „ . . . die aber auf den Herrn harren, kriegen neue Kraft, daß sie auffahren mit Flügeln wie Adler, daß sie laufen und nicht matt werden, daß sie wandeln und nicht müde werden" (Jesaja 40,31).

Manche lasen Verse vor, die sich direkt auf die Heilung von Kranken beziehen: „ Ist jemand von euch krank, der lasse die Ältesten der Gemeinde zu sich rufen; und sie sollen über ihn beten und ihn dabei mit Oel salben im Namen des Herrn. Und das Gebet des Glaubens wird den Kranken retten, und der Herr wird ihn aufrichten... " (Jakobus 5,14-15), oder lasen Berichte über Heilungen ...

„Was ist leichter, zu dem Gelähmten zu sagen: Deine Sünden sind dir vergeben? oder zu sagen: Steh auf, nimm dein Bett und wandle? Damit ihr aber wisset, daß des Menschen Sohn Vollmacht hat, auf Erden Sünden zu vergeben, sprach er zu dem Gelähmten: Ich sage dir, stehe auf, nimm dein Bett und gehe heim! Und er stand auf, nahm alsbald sein Bett und ging vor aller Augen hinaus; so daß sie alle erstaunten, Gott priesen und sprachen: Solches haben wir noch nie gesehen!" (Markus 2,1-12).

Nach dem Vorlesen salbte man meinen Kopf mit Olivenöl. Dann beteten wir eine Zeitlang inbrünstig und gläubig ausschließlich um meine Heilung. Wir baten Gott, sich selbst zu verherrlichen, indem er mich wieder gehen ließe, und wir vertrauten ihm, daß er es tun würde.

Als unsere kurze Versammlung zu Ende war und wir aus der Kapelle ins Freie traten, hatte der Regen aufgehört und wir wurden von einem schönen Regenbogen begrüßt, der in der Ferne aus dem Nebel tauchte und im Sonnenlicht funkelte. Ich kann nicht sagen, daß jemand von uns besonders davon beeindruckt gewesen wäre, doch ich wurde dadurch in der Gewißheit bestärkt, daß Gott gerade jetzt auf uns herniederblickte und unsere Gebete gehört hatte. In der gleichen Gemütsverfassung, in der ich hergekommen war, fuhr ich wieder nach Hause: nämlich in der frohen Erwartung, Gott würde mich heilen. „Ich danke dir, Herr", betete ich still, als der Wagen anfuhr, und dankte Gott für meine Heilung, denn ich war überzeugt, daß er bereits am Werk war.

Eine Woche verging ... und dann noch eine ... und noch eine. Mein Körper hatte immer noch nicht begriffen, daß ich geheilt war. Die Finger und Zehen reagierten noch nicht auf die Anweisung meines Gehirns. „Vielleicht geht die Heilung stufenweise vor sich", dachte ich und wartete weiter. Aber aus drei Wochen wurde ein Monat, und aus einem Monat wurden zwei.

Sie können sich vorstellen, welche Fragen auf mich einstürmten. „Gibt es in meinem Leben irgendeine Sünde?" Nun, natürlich ist im Leben eines jeden Christen noch Sünde. Niemand ist ohne Sünde. Doch ich war mir nicht bewußt, daß ich mich auf irgendeinem Gebiet gegen Gott aufgelehnt hätte. Ich lebte in enger Gemeinschaft mit ihm und bekannte ihm täglich mein Versagen und bekam auch immer wieder die Gewißheit der Vergebung.

„Sind wir richtig vorgegangen?" Als ich diese Frage meiner Freundin Betsy stellte, beruhigte sie mich in diesem Punkt. „Natürlich, Joni! Das waren doch keine hergelaufenen Sektierer, die versucht hätten, etwas auf eigene Faust zu tun. Schließlich wurde die Versammlung von Pastoren und Ältesten geleitet!" „Ich denke, du hast recht", nickte ich zustimmend. „Wir haben genau das getan, was uns in Jakobus 5 und anderen Stellen gesagt wird."

Aber dann stieg die schwerwiegende Frage in mir auf, die sich so viele stellen, deren Gebet um Heilung nicht erhört wurde: „War mein Glaube auch groß genug?"

Was für eine Flut von Schuldgefühlen bringt die-

144

se Frage mit sich! Sie gibt dem verzweifelten Gedanken Einlaß: „Gott hat mich nicht geheilt, weil bei mir etwas nicht in Ordnung ist. Ich habe wohl nicht fest genug geglaubt." Sie sehen, wie daraus ein Teufelskreis entstehen kann:

Ein Christ, der an irgendeiner Krankheit leidet, fragt einen Freund: „Glaubst du, Gott wird mich heilen, wenn ich ihn darum bitte?"

„Natürlich wird er das tun", versichert ihm der Freund. „Aber du darfst nicht zweifeln. Die kleinste Spur von Zweifel kann deine Heilung verhindern."

Da der Kranke weiß, daß „der Glaube aus der Verkündigung, die Verkündigung aber durch das Wort Gottes" kommt, liest er stundenlang in der Bibel von der gewaltigen Macht Gottes und seinen wunderbaren Verheißungen, um auf diese Weise seinen Glauben zu stärken. Schließlich fühlt er sich zum Beten bereit. Er betet für sich allein, mit den Ältesten seiner Gemeinde, in einer Heilungsversammlung oder wo auch immer, doch – er wird nicht geheilt. „Was ist los? Was ist falsch gelaufen?" fragt er sich. Oft lautet die Antwort: „Der Fehler liegt nicht bei Gott. Er ist immer bereit, ja, er wartet darauf, eingreifen zu können. Der Fehler muß bei dir liegen. Du hast wahrscheinlich nicht richtig geglaubt." Doch der arme Kerl weiß genau, daß er in diesem Gebet um Heilung Gott mehr vertraut hat, als es je in seinem Leben der Fall war.

Wie geht es nun weiter? Da der Kranke nicht geheilt worden ist, fragt er sich natürlich, ob Gott ihn auch wirklich heilen will. Sein Glaube ist schwächer geworden. Doch man hat ihm gesagt, daß er gerade mehr Glauben braucht, um geheilt zu werden. Jedes unbeantwortete Gebet vermehrt seine Zweifel, und so werden die Aussichten auf Heilung immer geringer! Der Kampf ist aussichtslos.

Doch ich war überzeugt, daß ich bei jener Gebetsversammlung in der kleinen Kirche fest geglaubt hatte, Gott werde mich heilen. Ich hatte sogar einige Bekannte in der Woche vorher angerufen und ihnen angekündigt: „Paßt auf, ich werde bald vor eurer Tür stehen: Gott wird mich heilen!"

Nein, am Glauben hat es nicht gelegen. Die Antwort muß irgendwo anders zu suchen sein.

Seitdem habe ich jahrelang im Rollstuhl verbracht und genügend Zeit gehabt, um darüber nachzudenken, warum ich nicht geheilt worden bin; ich habe zahllose Bücher gelesen, mit vielen Leuten gesprochen und manche Stunde betend in der Heiligen Schrift geforscht. Ich weiß immer noch nicht alles über das Kapitel „Heilung." Aber ich habe einige Stellen in der Bibel gefunden, die mir persönlich eine große Hilfe waren. Nachher werde ich Ihnen das Ergebnis meines sechsjährigen Forschens mitteilen.

Doch zunächst möchte ich Sie warnen. Oft haben wir Fragen, die nicht einfach zu beantworten sind, aber wir sind zu ungeduldig, um die Antwort bis zum Schluß anzuhören. Früher dachte ich auch manchmal: „Erzähl mir nicht soviel theologisches Zeug. Beantworte lieber meine Frage!" Und weil ich mir nicht die Zeit nahm und nicht die Mühe gab, zuzuhören und nachzudenken, blieb ich bei der Meinung, es gäbe keine Antwort.

Wenn wir nach Antworten suchen, kommt es leicht vor, daß wir uns nur oberflächlich mit der Bibel beschäftigen. Wir blättern träge darin herum, nehmen bestimmte Dinge aus dem Zusammenhang heraus und mißverstehen manche Redewendungen. Aber Paulus ermahnt uns, mit dem Wort der Wahrheit richtig umzugehen (2. Timotheus 2,15). Offensichtlich ist es also auch möglich, daß man *falsch* damit umgeht. In 2. Petrus 3,15-16 warnt uns der Apostel Petrus davor, die Heilige Schrift zu verdrehen. Er weist darauf hin, daß manche Dinge in der Bibel eben schwer zu verstehen sind. Wir müssen dem Wort Gottes mit Ehrfurcht begegnen und uns Mühe geben, jeweils die richtige Bedeutung zu finden. Das gilt besonders dann, wenn man sich mit einem solchen Thema wie Wunderheilung beschäftigt, an dem sich die Gemüter besonders erhitzen. Bitte verlieren Sie diesen Punkt nicht aus den Augen, wenn ich Ihnen jetzt erkläre, zu welchem Schluß ich im Blick auf Wunderheilungen gekommen bin: Gott kann zweifellos auch heute noch Menschen auf übernatürliche Weise heilen, und er tut es auch. Aber die Bibel lehrt *nicht,* daß er *immer* heilen wird, sooft jemand im Glauben zu ihm kommt. In seiner Souveränität behält er sich das Recht vor, zu heilen oder nicht zu heilen, je nachdem, wie er es für richtig hält.

Wie ich auf diesen Gedanken komme? Nun, stellen Sie sich einmal die Frage: „Was ist Krankheit eigentlich?* Ich meine nicht: „Welche natürlichen Ursachen hat sie?" sondern: „Was ist Krankheit

---

* In diesem und den folgenden Kapiteln bezeichne ich mit dem Wort „Krankheit" alle körperlichen Behinderungen und Störungen: den Verlust von Gliedern, Krankheiten aller Art, Mißbildungen, Schmerzen u.s.w.

von der Bibel her gesehen? Warum und wozu ist sie da?" Die Antworten auf diese Fragen werden viel Licht auf das Thema Heilung werfen. Und um diese Antworten zu finden, müssen wir zurückgehen bis zu unseren Urahnen im Garten Eden.

Am Anfang schuf Gott das ganze Universum. Die Erde gab er dem Menschen, den er als seinen „Mitregenten" einsetzte (1. Mose 1,26). Adam und Eva herrschten unter der Obhut Gottes über die Erde. Es gab keine Sünde und deshalb auch keine der schrecklichen Folgen der Sünde. Es gab keine Umweltverschmutzung. Die Natur war kein Feind, sondern ein Freund des Menschen. Sein Leben wurde nicht von Wirbelstürmen, Überschwemmungen oder Vulkanausbrüchen bedroht. Tod und Krankheit waren unbekannt. Es war ausgeschlossen, daß eine der leckeren Früchte des Gartens Eden irgendein tödliches Gift enthielt. Es war sowohl für die Menschen als auch für die ganze Natur ein Paradies. Aber es dauerte nicht lange, bis sich mit einem Schlag alles änderte. Satan hatte sich in seinem Hochmut gegen Gott empört und mit seinem Heer von Dämonen ein Gegenreich aufgerichtet. Der Planet Erde wurde sein Hauptquartier. Die Menschen wurden verleitet, zu sündigen, die verbotene Frucht zu essen. Als Folge davon wurde die Erde vom Fluch betroffen. In Römer 8,20-23 wird es ganz deutlich gesagt, daß nicht nur der Mensch, sondern auch die Erde selbst, die ganze Schöpfung, der Nichtigkeit und Vergänglichkeit, dem endlosen Kreislauf von Werden und Vergehen unterworfen wurde. Möglicherweise fraßen vor dem Sündenfall alle Tiere nur Pflanzen. Danach aber ernährte sich eins vom Fleisch des anderen. Der Stärkere überlebte. Nun war die Natur nicht nur in sich selbst zerstritten, sie wurde auch der Feind des Menschen. Einst hatten sie zusammengearbeitet, nun lagen sie im Streit miteinander. Einst hatte die Erde ohne besondere Anstrengung des Menschen ihre Frucht gebracht; jetzt war es eine Welt voller Unkraut geworden! Wilde Tiere trachteten dem Menschen nach dem Leben, und Überschwemmungen und andere Naturkatastrophen drohten ihn zu vernichten.

Als Folge der Sünde hatte der Mensch immer mehr mit seelischen und körperlichen Schwierigkeiten zu kämpfen. Unmittelbar nach ihrem Ungehorsam wurden Adam und Eva von Schuldgefühlen geplagt, denn sie hatten ja Schuld auf sich geladen. Daraufhin entstand der erste Ehekrach der Welt: Adam machte Eva wegen ihrer Sünde Vorwürfe. Einsamkeit, Enttäuschung, Bitterkeit und andere seelische Nöte, mit denen die Menschen zu kämpfen haben, nahmen schon damals ihren Anfang. Eifersucht und Mord ließen nicht lange auf sich warten. Danach wurden alle Menschen mit einer sündigen Natur geboren; sie waren von Gott getrennt und geistlich tot.

So wie Dornen und Disteln die Erde überwucherten, wurde der Körper des Menschen von Krankheit und Schwachheit befallen. Wenn wir das erste Buch Mose lesen, stellen wir fest, daß die Lebensdauer der Menschen immer kürzer wurde. Die Leute lebten nicht mehr Hunderte von Jahren, wie es in den ersten Generationen der Fall gewesen war. Krankheiten verseuchten die Welt. Es gab mißgestaltete Säuglinge und geistig Behinderte. Und was

149

das Schlimmste war – das Ganze endete mit dem Tod. Die Pflanzen starben. Die Tiere starben. Die Menschen starben.

Ja, die Sünde hatte verhängnisvolle Auswirkungen. Satan wurde der König des Planeten Erde, der „Gott dieser Welt" (2. Korinther 4,4), der „Fürst, der in der Luft herrscht" (Epheser 2,2), der „Fürst dieser Welt" (Johannes 12,31).

Nun haben wir also die Antwort auf unsere Frage: „Was ist die Krankheit aus biblischer Sicht?" *Krankheit ist nur eine der unzähligen Folgen der Sünde des Menschen, die unter anderem auch Tod, Leid, Schuld und Naturkatastrophen verursachte.* Sie ist ein Teil des allgemeinen Fluches Gottes, unter dem die ganze Menschheit wegen ihrer Sünde zu leiden hat.

Was ist nun mit diesem Fluch, der Tod und Krankheit zur Folge hatte? Hat Gott die Welt einfach sich selbst überlassen? Ohne Hoffnung? Nein! Schon im ersten Buch Mose versprach er, daß eines Tages ein Erlöser kommen werde, der sowohl über die Sünde als auch über die Folgen der Sünde triumphieren werde. Das ganze Alte Testament vermittelt eine Vorahnung von diesem Befreier, und je länger wir darin lesen, desto deutlicher und klarer wird das Bild von diesem kommenden Messias.

Zunächst zeigt uns das Alte Testament eindeutig, daß *der Messias mit der Sünde fertig werden wird.* Das geschieht, indem er dem Volke Gottes die Sünden vergibt und die heidnischen Sünder, die sich weigern, Gott zu gehorchen, ins Gericht bringt.

Zweitens wird im Alten Testament deutlich, daß

sich *der Messias auch mit den Folgen der Sünde befassen wird.*

Nehmen Sie zum Beispiel das Buch Jesaja. Es wird berichtet, wie die Welt der Natur wiederhergestellt werden wird. „Denn es werden Wasser in der Wüste entspringen und Ströme in der Einöde. Die trügerische Wasserspiegelung wird zum Teich und das dürre Land zu Wasserquellen... " (Jesaja 35,6-7). Sowohl die Erde als auch die Tiere werden davon betroffen sein. „Wolf und Lamm werden einträchtig weiden, der Löwe wird Stroh fressen wie das Rind, und die Schlange wird sich mit Staub begnügen... " (Jesaja 65,25). Der Prophet des Altertums sah voraus, daß Leid und Not der Menschheit ein Ende nehmen werden. „Und die Erlösten des Herrn werden wiederkehren und gen Zion kommen mit Jauchzen. Ewige Freude wird über ihrem Haupte sein. Wonne und Freude werden sie erlangen; aber Kummer und Seufzen werden entfliehen" (Jesaja 35,10). Und im Blick auf die Krankheit heißt es: „Alsdann werden der Blinden Augen aufgetan und der Tauben Ohren geöffnet werden; alsdann wird der Lahme hüpfen wie ein Hirsch und der Stummen Zunge lobsingen; denn es werden Wasser in der Wüste entspringen und Ströme in der Einöde" (Jesaja 35,5-6).

Solche und ähnliche Verheißungen führten dazu, daß das Warten auf den Messias in den Tagen Jesu ihren Höhepunkt erreichte.

Viele alttestamentliche Gläubige hatten jedoch beim Lesen dieser Weissagungen zweierlei mißverstanden. Zunächst waren sie sich nicht bewußt, daß diese wunderbare Zukunft für die ganze Welt, nicht nur für das Volk Israel, bestimmt war. Zweitens dachten viele – vielleicht die meisten – daß diese Verheißungen mit einem einzigen Kommen des Messias erfüllt würden. Sie verstanden nicht, daß ihr König zuerst in Niedrigkeit, als Diener kommen würde, und erst später in seiner königlichen Herrlichkeit.

In einem Punkt hatten sie recht: Das Reich Gottes würde kommen. Ihr Fehler bestand in der Annahme, es käme auf einmal zur Entfaltung.

Zu Beginn der Evangelien wird von Johannes dem Täufer berichtet, der mit Kleidern aus Kamelhaar bekleidet, in der Wüste Juda predigte. Er forderte die Menschenmengen an den Ufern des Jordan auf, Buße zu tun und sagte: „Tut Buße, denn das Himmelreich ist nahe herbeigekommen!" (Matthäus 3,2) Doch als Jesus kam, verkündigte er, daß das Reich Gottes gekommen sei. Nach der Heilung eines Besessenen sagte Jesus einmal: „Wenn ich aber die Dämonen durch den Geist Gottes austreibe, so ist ja das Reich Gottes zu euch gekommen" (Matthäus 12,28; siehe auch Lukas 11,20). Ein andermal, als einige Pharisäer Jesus fragten: „Wann kommt das Reich Gottes?" gab Jesus eine erstaunliche Antwort: „Das Reich Gottes kommt nicht mit Aufsehen. Man wird nicht sagen: Siehe hier! oder: Siehe dort ist es! Denn siehe, das Reich Gottes ist inwendig in euch" (Lukas 17,20-21).

Sehen Sie, diese Pharisäer meinten, das Reich Gottes würde sich gleich in seinem vollen Umfang entfalten (Lukas 19,11), Gott würde seine Feinde vernichten und seinen Thron in Jerusalem mit großer Macht und Herrlichkeit errichten. Aber sie wußten nicht, daß der König selbst in ihrer Mitte stand und das Reich Gottes deshalb in gewisser Hinsicht schon angefangen hatte. Zwar lag seine volle Entfaltung noch in der Zukunft, doch das Kommen Jesu Christi war bereits der Anfang. Deshalb bezeichnet Matthäus 4,23 die von Jesus gepredigte Botschaft als „das Evangelium des Reichs". Jesus war gekommen, um die Herrschaft Satans über die Erde abzulösen und sein eigenes Reich zu errichten. Er forderte das zurück, was ihm rechtmäßig gehörte. In seinem Erdenleben fing er an, den Fluch aufzuheben, der nach dem Sündenfall über die Menschheit verhängt worden war. Er war gekommen, sich mit der Sünde und den Folgen der Sünde zu befassen und sie auszulöschen. Was hat Jesus mit der Sünde getan? Er nahm selbst die Strafe für die Sünde am Kreuz auf sich und trat der Sünde der Menschen, die in ihrer Gesinnung, ihren Worten und Taten zum Ausdruck kam, entgegen. Und wie bekämpfte Jesus die Folgen der Sünde? Indem er sie aufhob. Wenn schuldbeladene Menschen zu ihm kamen, vergab er ihnen ihre Sünden. Wenn er Krankheit sah, heilte er die Leidenden. Begegnete er Besessenheit, trieb er durch seinen vollmächtigen Befehl die Geister aus. Als er die Macht der Naturgewalten erlebte, „bedrohte er den Wind und sprach zu dem See: Schweig, verstumme!" Seine erstaunten Jünger atmeten vor Erleichterung auf, als sie samt ihrem Boot gerettet waren. Sie wunderten sich, daß auch Wind und Wellen ihm gehorchten. Damit bewies Jesus nicht nur, daß er uns in den „Stürmen des Lebens" helfen kann. Er demonstrierte seine Macht, indem er die Wirkungen der Sünde auf die Natur aufhob. Das war ein Hinweis darauf, daß er die Herrschaft über die Erde wieder an sich nahm. Es war, als ob er sagen würde: „Wißt ihr Wellen nicht, daß ich König bin? Satan hat diesen Planeten lange genug beherrscht und euch Wellen zu Feinden der Menschen gemacht. Aber ich bin gekommen, um dem allem ein Ende zu setzen."

Ja, indem er gegen die Sünde und die Folgen der Sünde ankämpfte, *begann* Jesus, sein Reich aufzurichten. Die Betonung liegt dabei auf dem Wort „begann," denn das ist äußerst wichtig im Blick auf das Problem der Heilung. Jesus fing an, aber er schloß die Sache damals nicht ab. In Apostelgeschichte 1,1 heißt es, der im Lukas-Evangelium über Jesus gegebene Bericht handle „von allem, was Jesus *anfing,* zu tun und auch zu lehren".

Gewiß hat Jesus Dämonen ausgetrieben. Aber er beseitigte die Besessenheit nicht grundsätzlich. Nachdem er in den Himmel zurückgekehrt war, gab es immer noch Besessene.

Jesus heilte auch die Kranken. Aber denken Sie an all die Leute, selbst die in seinem eigenen Land, denen Jesus niemals begegnete und die er nicht heilte, ganz abgesehen von den Menschen in anderen Teilen der Welt. Die er heilte, wurden alt und starben später auch.

Jesus stillte den Sturm und bewies dadurch seine Macht über die Folgen der Sünde im Reich der Natur. Aber bedeutete dies, daß damit keine Naturkatastrophen mehr eintreten würden? Auf keinen Fall. Jesus weckte auch Tote auf, und das war wunderbar. Aber es starben auch viele fromme Leute, die

Jesus nicht auferweckte. Und selbst die Auferweckten mußten später wieder sterben.

Jesus vergab den Menschen ihre Sünden – er machte sie gerecht in den Augen Gottes. Aber hat er sie ihr Leben lang von der Gegenwart der Sünde und ihrer sündigen Natur befreit? *Es war nicht seine Absicht, damals schon den Bau seines Reiches zu vollenden. Hätte er das getan, hätte der größte Teil der Welt niemals Gelegenheit gehabt, das Evangelium zu hören. Sein Plan war es, das Reich zu beginnen, das Fundament zu legen. Damit gab er uns eine Ahnung davon, wie es am Ende der Zeit sein würde, wenn das Reich Gottes sich voll entfalten bzw. abgeschlossen sein würde.*

Die Schreiber der Evangelien betonen, daß wir als Christen gleichzeitig in zwei Zeitaltern leben. Wir erleben die Prüfungen, Versuchungen und Probleme des gegenwärtigen Zeitalters, obwohl wir die Kräfte des kommenden Zeitalters kennengelernt haben. Gott ist jetzt schon König, aber er greift nicht ständig ein, um das zu beweisen. Er löscht die Sünde und die Folgen der Sünde nicht völlig aus, sondern gibt den Christen lediglich eine Ahnung, eine „Anzahlung" auf das, was das Reich in seiner vollen Entfaltung sein wird.

Ein Beispiel: Wenn wir in den Himmel kommen, werden wir vollkommen gerecht und heilig sein. Aber in der Zwischenzeit hat Gott uns, die wir zwar immer noch Sünder sind, den „Heiligen Geist der Verheißung" gegeben. „Er ist das Pfand unseres Erbes..." (Epheser 1,13 und 14). Der Heilige Geist hilft uns, Gott zu lieben und in diesem Leben nach seinem Willen zu handeln. Das ist ein Vorgeschmack der Zukunft, in der er uns vollkommen heilig und Gott wohlgefällig machen wird. Wie eine Mutter ihr Kind vor dem Essen ein bißchen kosten läßt, so zeigt uns Jesus durch seine Wunder und der Heilige Geist durch sein Wirken in uns, wie es einmal im Himmel sein wird. Doch bis dahin gilt: „ . . . wenn auch unser äußerer Mensch zugrunde geht, so wird doch der innere Tag für Tag erneuert" (2. Korinther 4,16). Zwar werden wir eines Tages das volle Heil empfangen, doch in der Zwischenzeit gilt auch uns: „In der Leibeshütte seufzen wir beschwert. . . " (2. Korinther 5,4).

Verstehen Sie jetzt, warum ich diesen theologischen Themenkreis „Sünde, Folgen der Sünde und Reich Gottes" derart ausführlich behandelt habe? *Krankheit ist nur eine der zahlreichen Folgen der Sünde, die Jesus zu bekämpfen begann, (aber noch nicht endgültig beseitigte), als er hier auf der Erde anfing, sein Reich aufzurichten.* Die Wunder Jesu – auch die Heilungswunder, sind keine Garantie dafür, daß für seine Nachfolger jegliche Folge der Sünde aufgehört hätte. Von Zeit zu Zeit mag uns Gott in seiner Gnade eine Krankenheilung schenken und uns so einen Blick in die zukünftige Herrlichkeit gewähren. Ich meine, das tut er manchmal. Aber angesichts der Tatsache, daß das Reich Gottes noch nicht in seiner ganzen Fülle gekommen ist, dürfen wir das nicht als selbstverständlich ansehen. Warum sollten wir willkürlich die Krankheit herausheben, – die nur eine der zahllosen Folgen der Sünde ist – und sie als etwas Besonderes einstufen, als ob die heutigen Christen damit nichts mehr zu tun hätten? Wir leben in „diesem gegenwärtigen

Zeitalter", und das Neue Testament mißt den irdischen Prüfungen ein besonderes Gewicht bei, so daß wir den Eindruck bekommen, wir müßten uns eine ganze Menge gefallen lassen.

Will Gott das Beste für seine Kinder? Ganz gewiß. Aber das bedeutet nicht, daß sie ein leichtes, bequemes Leben auf sonnigen Höhen führen werden. Wenn mich meine wundgelegenen Stellen plagen, wie Hiob unter seinen Geschwüren litt, muß ich deshalb mit ihm sagen: „Haben wir Gutes empfangen von Gott, sollten wir das Böse nicht auch annehmen?" (Hiob 2,10). Und wenn ich mich an meinen Rollstuhl gefesselt fühle, wie Paulus in seinen Ketten gefesselt war, will ich mit ihm sagen: „Denn euch wurde in bezug auf Christus die Gnade verliehen, nicht nur an ihn zu glauben, sondern auch um seinetwillen zu leiden, indem ihr denselben Kampf habt, den ihr an mir sahet und nun von mir höret" (Philipper 1,29).

Auch an die folgenden Worte will ich mich erinnern: „... und nicht nur sie, sondern auch wir selbst, die wir die Erstlingsgabe des Geistes haben, auch wir erwarten seufzend die Sohnesstellung, die Erlösung unsres Leibes. Denn auf Hoffnung hin sind wir errettet worden. Eine Hoffnung aber, die man sieht, ist keine Hoffnung; denn was einer sieht, das hofft er doch nicht mehr. Wenn wir aber auf das hoffen, was wir nicht sehen, so warten wir es in Geduld ab" (Römer 8,23-25).

13

SATAN HAT BÖSES IM SINN – GOTT ABER HAT GUTES IM SINN

Puh! Dieses letzte Kapitel war ganz schön inhaltsreich, nicht wahr? Ich möchte wetten, einige meiner Leser sagen jetzt: „Aber was ist denn mit den vier Punkten, die in Kapitel elf erwähnt sind? "

Ich habe sie nicht vergessen. Doch ich wollte die Frage der Heilung erst allgmein behandeln. Jetzt, da wir den Hintergrund gezeichnet haben, können wir die Beantwortung der einzelnen Punkte in Angriff nehmen. Erinnern Sie sich noch, was man mir zu der Frage der Heilung schrieb?

Erstens: Satan ist der Urheber der Krankheit, und da Jesus kam, um Satans Werke zu zerstören, wird Jesus auch alle Krankheiten heilen, wenn wir ihn im Glauben bitten. Stimmt das?

Ich denke, diese Überlegung geht von einem falschen Verständnis der biblischen Lehre über die Beziehung zwischen Gott und Satan aus, besonders im Blick auf Krankheiten (und schließlich jeder Art von Unheil). Zunächst müssen wir grundsätzlich festhalten, daß Satan zwar oft Krankheit verursacht, jedoch nur das tun kann, was Gott zuläßt.

Wir haben manchmal eigenartige Vorstellungen von Gott. Es sieht so aus, als würden wir den Kampf zwischen Gott und Satan – ohne uns dessen bewußt zu werden – als eine Art Ringkampf sehen. Einmal hat Gott die Oberhand, im nächsten Augenblick Satan. Am Ende wird natürlich Gott den Sieg davontragen (sagen wir uns), denn er ist ein wenig stärker und hat den längeren Atem. Aber er braucht viel Zeit und Kraftaufwand, und manchmal geht es nur mit knapper Not gut.

Wir scheinen fest anzunehmen, die Anschläge Satans könnten die Pläne Gottes über den Haufen werfen, ihn überrumpeln oder vor schier unlösbare Probleme stellen.

Aber wie töricht sind solche Gedanken! In Wirklichkeit ist Gott unendlich mächtiger als Satan. In 1. Johannes 4,4 heißt es „. . . der, welcher in euch ist [Gott], ist größer als der, welcher in der Welt ist" [Satan]. Schließlich ist es Gott, dem Satan seine Existenz verdankt. Er mußte Gott um Erlaubnis bitten, bevor er Hiob antasten konnte, und selbst dann mußte er sich an bestimmte Einschränkungen halten. Seine dämonischen Heere fürchteten Jesus und gehorchten seinen Befehlen. Und die Bibel sagt eindeutig, daß unser Herr einst – zu seiner Zeit – den Bösen endgültig besiegen und außer Gefecht setzen wird.

Nein, Satan schleicht sich nicht heimlich davon und verursacht eine Lungenentzündung oder Krebs, weil Gott gerade mal zur anderen Seite schaut, um dort auf die Gebete seiner Heiligen zu hören. Der Teufel kann nur das tun, was unser allmächtiger, allwissender Gott zuläßt. Wir haben die Verheißung Gottes, daß er nichts zulassen wird, was nicht zu unserem Guten diente oder was wir nicht tragen könnten (Römer 8,28; 1. Korinther 10,13).

Aber wenn wir sagen, Gott würde Satan „gewähren" lassen, haben wir manchmal eine falsche Vorstellung, denke ich. Es ist nicht so, als ob Satan Gott den Arm verdrehte und Gott zögernd nachgäbe: „Nun ja, meinetwegen kannst du dies oder jenes tun ... aber nur dieses eine Mal und nicht zuviel! " Wir dürfen uns auch nicht vorstellen, daß Gott, nachdem er die Erlaubnis gegeben hat, mit einem Werkzeugkasten aufgeregt hinter Satan herliefe, um zu reparieren, was er zerstört hat, und sich dabei sagte: „Wie soll ich es bloß anstellen, um aus dieser Misere etwas Gutes hervorzubringen?" Noch viel schlimmer ist es, wenn man meint, es widerspräche der Absicht Gottes, wenn ein Christ krank wird, und der Herr sei dann gezwungen, einen göttlichen „Plan für den Notfall" einzuschalten.

Nein, Satan kann mit seinen dunklen Machenschaften Gottes Werk nicht aufhalten oder verhindern. *Im Gegenteil, Gott benützt die Taten Satans dazu, um seine eigenen Pläne auszuführen.*

Denken Sie zum Beispiel an die Kreuzigung Jesu. Satan spielte dabei ganz eindeutig eine wichtige Rolle, indem er die ganze Sache anstiftete. Er schlich sich in das Herz des Verräters Jesu, Judas Ischariot (Johannes 13,2,26-27). Er wirkte in den Herzen der jüdischen Menge, die in den Straßen von Jerusalem lautstark die Kreuzigung Jesu forderte. Satanischer Stolz und satanische Furcht steckten hinter dem lächerlichen Urteilsspruch des Pilatus, mit dem er einen unschuldigen Mann verurteilte, um sein Ansehen beim Volk nicht in Mißkredit zu bringen. Und Satan war es, der die grausamen Soldaten dazu trieb, dem hilflosen Gefangenen die letzten Stunden seines Lebens durch Spott und Qual noch schwerer zu machen.

Aber wie sahen die ersten Christen diese Ereignisse? Sie beurteilten die Dinge aus der Sicht Gottes und priesen ihn, daß die Menschen, die für den Tod Jesu Christi verantwortlich waren, nur das getan hatten „ ... was deine [Gottes] Hand und dein Rat zuvor beschlossen hatte, daß es geschehen sollte" (Apostelgeschichte 4,28). Bei seinem verwegensten Versuch, den Plan Gottes zu vereiteln, schuf Satan sein eigenes Verderben, weil er nur ausführte, was Gott zur Erlösung der Menschheit geplant hatte. Der gemeinste Mord der Weltgeschichte führte zur Erlösung der Welt, weil dadurch Sünde und Satan der Todesstoß versetzt wurde.

Nun nehmen wir einmal an, Gott der Vater hätte die Einstellung gehabt, die viele moderne Christen haben: Alles, was Satan will, muß dem Volk Gottes auf jeden Fall schaden. Wenn er etwas im Schilde führt, muß genau das Gegenteil dem Willen Gottes entsprechen. Was wäre die Folge gewesen? Gott hätte Judas verhindert, Jesus zu verraten; er hätte nicht zugelassen, daß die Römer ihn kreuzigten. Kurz, er hätte die Kreuzigung gestrichen! Und was wäre die Folge davon gewesen? Wir wären alle auf ewig verloren!

In Wirklichkeit verhält es sich so: Satans Beweggrund bei der Kreuzigung Jesu war Empörung; Gottes Beweggrund war Liebe und Gnade. Satan hat dabei eine untergeordnete Rolle gespielt; denn Gott hat im Grunde diese Kreuzigung gewollt und Satan erlaubt, sie auszuführen. Dasselbe gilt auch für unsere Krankheiten.

Ich kann mir vorstellen, daß manche jetzt einwenden: „Aber Joni, wir können doch nicht sagen, daß Gott es ist, der die Menschen krank werden läßt, weil er es so will? Die Bibel berichtet, daß Jesus die Kranken *heilte*. Das ist doch ein Beweis dafür, daß Krankheit nicht dem Willen Gottes entspricht."

Nun, hören wir, was Gott selbst zu Mose sagte: „Wer hat dem Menschen den Mund erschaffen, oder wer hat die Stummen, oder Tauben, oder Sehenden, oder Blinden gemacht?" (2. Mose 4,11). Und achten wir darauf, was der Prophet Jeremia sagte: „Das Böse und das Gute, geht es nicht aus dem Munde des Höchsten hervor?" (Klagelieder 3,38). Und durch Jesaja läßt Gott sagen: „ ... der ich das Licht bilde und die Finsternis schaffe, den Frieden mache und das Unglück schaffe; ich, der Herr, bin es, der dieses alles wirkt" (Jesaja 45,7).

Ist damit gesagt, daß Gott Krankheit will? Ich denke, es kommt darauf an, wie wir das Wort „wollen" verstehen? Gott will Krankheit nicht in dem Sinn, daß er sich darüber *freut*. Er haßt sie ebenso wie all die anderen Folgen der Sünde: Leid, Schuld, Tod usw. Aber Gott muß sich für die Existenz der Krankheit *entschieden* haben, denn sonst würde er sie ja sofort beseitigen.

Ein Beispiel: Nehmen Sie an, Sie wären ein Richter und wollten einen zehnjährigen Jungen, der beim Einbruch in einen Laden erwischt wurde, verurteilen. Nehmen Sie außerdem an, der Vater dieses Jungen wäre Ihr bester Freund. Wäre es Ihnen eine *Freude,* den Jungen zu verurteilen? Gewiß nicht. Es würde Ihnen einigen Kummer bereiten. Aber Sie würden sich doch entschließen, ihn zu bestrafen, um der Gerechtigkeit Genüge zu tun.

So entschloß sich Gott aus mancherlei Gründen, Krankheit zuzulassen. Zum Beispiel arbeitet er dadurch am Charakter des Christen. Auf diese Weise gebraucht Gott eine Form des Bösen (Krankheit), um eine andere Form des Bösen (die persönliche Sünde) zu beseitigen. Es gibt aber noch weitere Gründe. Ich erwähnte bereits den Nutzen, den andere Prüfungen mit sich bringen können. Dasselbe gilt auch für Krankheiten. Im vorigen Kapitel habe ich einen Grund erwähnt, der uns vielleicht den meisten Trost gibt. Gott wartet noch mit der Abrechnung über die Sünde und ihre Folgen, bis noch mehr Menschen auf der Welt die Gelegenheit gehabt haben, das Evangelium zu hören. Denn wenn Gott heute jede Krankheit beseitigte, müßte er auch die Sünde – die Ursache der Krankheit – austilgen, und das bedeutete die Vernichtung aller Sünder. Es ist Gottes *Gnade,* die das Gericht über die Krankheit und Sünde noch hinauszögert.

Doch ich kann mir vorstellen, daß noch andere Einwände gegen meine Ausführungen vorgebracht werden. Ist es wahr, daß Gott Satan erlaubt, Krankheiten hervorzurufen? „Alles, was Satan tut, entspringt der Auflehnung gegen Gott, und das ist Sünde", überlegen einige. „Folglich bedeutet es, Gott zum Sünder zu machen, wenn man sagt, er würde Satan gestatten, Krankheiten zu verursachen."

Dieser Einwand ist schwer zu widerlegen; und ich weiß gewiß nicht alles über die Beziehung zwischen Gott und Satan. Aber die Bibel sagt doch eindeutig folgendes: Einerseits wacht Gott auch über

163

Satans Handlungen, so daß er nicht tun kann, was er will. Andererseits ist Gott doch wahrhaftig kein Sünder und auch nicht der Urheber der Sünde!

Wenn wir in der Bibel zwei Aussagen finden, die einander zu widersprechen scheinen, was sollen wir dann machen? Wie können wir sie miteinander vereinbaren? Eine einfache Lösung wäre es, die eine oder die andere zu bestreiten. (In diesem Fall leugnet man gewöhnlich die Souveränität Gottes). Aber das ist falsch. Zunächst einmal sollten wir uns vergewissern, daß die betreffenden beiden Aussagen auch wirklich von der Bibel gemacht werden. Nachdem wir uns davon überzeugt haben, müssen wir uns mit unserem Verstand demütig vor der Autorität des Wortes Gottes beugen und beide Aussagen im Glauben annehmen. Wenn Gott uns etwas sagt, sollen wir ihm glauben, selbst wenn es unserem begrenzten Verstand widersprüchlich erscheint.

Ich denke, die beste Erläuterung dafür ist die Lehre von der Dreieinigkeit. Die Heilige Schrift sagt eindeutig, daß es nur einen Gott gibt. Doch sie lehrt ebenso unmißverständlich, daß sowohl der Vater als auch der Sohn und der Heilige Geist jeweils Gott sind, obwohl sie drei verschiedene Personen sind. Zwar kann der menschliche Verstand diese Wahrheiten nicht miteinander in Einklang bringen, und doch streitet ein wahrer Christ keine davon ab. Warum sollten wir anders verfahren, wenn es um die biblischen Aussagen über die sündlose Natur Gottes und seine souveräne Herrschaft über Satan geht?

Als der Fürst dieser Welt hat Satan die Macht, Unheil und Verwüstung anzurichten. Diese Macht

164

nützt er weidlich aus, weil er weiß, daß sein Weg in der Hölle endet, und er ist bestrebt, so viele Menschen wie nur möglich mit sich hinabzuziehen. Er verursacht Krankheiten und Schwierigkeiten, weil er Gott und die Menschen haßt. Aber Gott macht sich die bösen Absichten Satans zunutze und gebraucht sie zu seinen eigenen Zwecken. Das zeigt doch, daß er der ist, „der alles wirkt nach dem Ratschluß seines Willens" (Epheser 1,11).

Satan verdirbt einen Gemeindeausflug durch einen Regenguß, damit die Leute mit Gott hadern sollen. Aber Gott gebraucht den Regen, um ihnen mehr Geduld beizubringen. Satan will die Arbeit eines gesegneten Missionars aufhalten, indem er ihn stolpern und ein Bein brechen läßt. Gott läßt diesen Unfall zu, damit er durch die Geduld des Missionars in dieser Prüfung verherrlicht wird. Satan zettelt einen Wirbelsturm an, um in einem kleinen indischen Dorf Tausende von Menschen zu töten, denn es macht ihm Freude, Not und Zerstörung zu verursachen. Gott gebraucht den Sturm, um dadurch seine ehrfurchtgebietende Macht zu offenbaren, um den Leuten die schrecklichen Folgen der Sünde zu zeigen, um einige zu bewegen, ihn zu suchen, um andere in ihrer Sünde zu verhärten und um uns daran zu erinnern, daß er tun kann, was ihm gefällt, und schließlich, daß wir ihn mit unserem Verstand nie erfassen können. Satan nahm sich vor, daß sich ein siebzehnjähriges Mädchen namens Joni das Genick brechen sollte, in der Hoffnung, ihr Leben zu zerstören. Gott aber schickte den Unfall als Antwort auf ihr Gebet um eine tiefere Gemeinschaft mit ihm, und er benutzt jetzt ihren Rollstuhl, um seine Liebe und Fürsorge für sie deutlich zu machen.

Wie eine Freundin einmal sagte: „Gott schickt die Dinge, aber oft ist es Satan, der sie uns bringt." Aber dem Herrn sei Dank! Wenn Satan uns Krankheit – oder irgendein anderes Unheil – anhängt, können wir ihm mit den Worten entgegentreten, die Joseph an seine Brüder richtete, die ihn in die Sklaverei verkauft hatten: „Ihr zwar, ihr hattet Böses wider mich im Sinn; Gott aber hatte im Sinne, es gut zu machen" (1. Mose 50,20).

Soviel zu der Beziehung zwischen Satan und Krankheit. Wir wollen jetzt den zweiten Punkt behandeln, den manche Leute vorgebracht haben, die mir über Wunderheilung schrieben. Sie argumentieren: „Da Jesus Christus derselbe ist, gestern und heute und in Ewigkeit, und da er in den Evangelien alle heilte, die im Glauben zu ihm kamen, muß er doch heute ebenso handeln." Einige Zeit nach der Heilungsversammlung in der kleinen Holzkapelle sprachen Steve und ich über dieses Thema.

An einem kalten Winterabend saßen wir am Kamin. Meine Schwestern zogen sich in der Küche warm an, weil sie in die Kälte hinausgehen wollten. Draußen schneite es. Steve bemerkte den sehnsüchtigen Blick, den ich meinen Schwestern zuwarf, als sie sich in ihre Schals und Mäntel hüllten. „Du würdest am liebsten auch mit ihnen rausgehen, nicht wahr, Joni?" fragte er.

Überrascht antwortete ich: „Ach nein, nein..."

Aber dann unterbrach ich mich. „Doch", sagte ich, „eigentlich wäre es ganz schön, wenn ich gehen könnte. Weißt du, Steve, seit dieser Heilungsversammlung in der Kapelle ist nun schon mehr als ein Jahr vergangen."

Da Steve merkte, daß ich mich in eine ernste Unterhaltung einlassen wollte, rückte er seinen Stuhl näher heran. „Sieh mal", fragte ich, „kennst du irgendeine Stelle in der Bibel, die berichtet, daß Jesus jemand abgewiesen hätte, der ihn um Heilung bat?"

Er dachte einen Augenblick nach und runzelte die Stirn. „Nein, ich kann mich an keine entsinnen", sagte er kopfschüttelnd. „Dann glaubst du also, was in den Evangelien berichtet wird, daß Jesus die Menschen heilte, die zu ihm gebracht wurden?"

„Ja, gewiß", antwortete er und langte nach seiner Bibel, die auf dem Tisch lag.

„Und das Wort Gottes sagt, daß Jesus Christus 'derselbe ist, gestern und heute und in Ewigkeit', nicht wahr?"

„Sicher."

„Es sagt auch, daß sich Gott nie verändert. Stimmt's?"

„Genau."

„Wenn also Jesus alle heilte, die im Glauben zu ihm kamen, und wenn er sich nie veränderte, dann wird er doch gewiß auch alle die heilen, die heute im Glauben zu ihm kommen?"

Steve stand auf und begann, langsam um den Tisch herumzugehen. Er holte tief Luft, machte eine kleine Pause, um seine Gedanken zu ordnen und antwortete dann bedächtig: „Joni, deine Logik klingt zwingend. Jesus hat tatsächlich die Menschen geheilt, die ihn damals baten. Und er ändert sich nie. Aber daraus zu schließen, daß er auch heute noch so handeln muß – das wage ich nicht."

Als er meinen fragenden Blick sah, fing er an, seine Ansicht zu erläutern: „Ich denke, der Hauptfehler bei dieser Überlegung liegt darin, daß man nicht unterscheidet zwischen dem, *wer Gott ist* und dem, *was er tut.* Wer er ist, ändert sich nie, aber was er tut, sehr oft."

„Daraufhin erklärte er mir, daß sich das Wesen und die Eigenschaften Gottes nicht verändern können. Beispielsweise könnte er nie heiliger werden, als er ist. Auch seine Liebe und Treue könnten weder zu- noch abnehmen. Denn Gott ist in allen seinen Wesenszügen bereits vollkommen, und eine Veränderung in irgendeiner Hinsicht bedeutete für ihn eine Entwicklung zur Unvollkommenheit hin.

Steve machte eine kurze Pause, damit ich das verarbeiten konnte. Er trat an den Kamin, um ein Stück Holz ins Feuer zu legen. „Laß es mich mal so erklären: Stell dir einen Menschen vor, der am Nordpol steht", sagte er mit den entsprechenden Gesten, die so typisch für ihn sind. „Wenn man dort steht, ist man so weit im Norden, wie es nur geht. Ein Schritt in irgendeine Richtung wäre ein Schritt nach Süden."

„Du meinst, wenn Gott sich änderte, wäre er nicht mehr Gott?" fragte ich.

„Genau", sagte er zustimmend und schlug sich mit der Hand auf den Oberschenkel. „Wenn man ganz oben ist und sich in irgendeine Richtung bewegt, kann man nur abwärts gehen. Und da das Wesen und die Eigenschaften Gottes 'ganz oben' sind, werden sie sich nie ändern – oder wie die Bibel es ausdrückt: „Er ist 'derselbe gestern und heute und in Ewigkeit'."

168

Steve fuhr fort: „Aber das heißt nicht, daß wir Gott eingrenzen und ihm vorwerfen könnten, er sei in seiner Handlungsfreiheit eingeschränkt. Es ist falsch, sich Gott als einen meditierenden Mystiker vorzustellen, der stundenlang bewegungslos dasitzt und sich nicht einmal rührt, um eine Fliege von seiner Nase wegzujagen. Die Bibel ist voll von den Taten Gottes, und jede Tat bedeutet eine Veränderung."

„Aber keine Veränderung in seinem Wesen", echote ich, „sondern eine Veränderung in dem, was er tut!" Allmählich ging mir ein Licht auf. Steve nickte und setzte mir dann auseinander, daß Gott einen Plan für die Menschheit hat, und daß sich die Geschichte unaufhaltsam auf einen Höhepunkt zubewegt. Früher handelte Gott durch sein Volk Israel, heute aber durch seine Gemeinde. Einst demütigte sich Jesus vor denen, die ihn verspotteten; doch eines Tages wird er sie dafür zur Rechenschaft ziehen. Was zu einer bestimmten Zeit in seinen Plan paßt, ist zu einem anderen Zeitpunkt fehl am Platz. Der Gott, dessen Wesen sich nie verändert, leitet ein großartiges Schauspiel, in dem die Szenen und Rollen ständig wechseln und alles auf die letzte Szene zusteuert, wonach dann der Vorhang fällt.

Ich warf einen Blick aus dem Fenster und sah, daß meine Schwestern mit ihren Schlitten zurückkehrten, und fuhr dann nachdenklich fort: „Um auf meine Frage zurückzukommen: Du meinst also, daß Wunderheilungen nicht in die heutige Zeit passen?"

„Joni, das dürfen wir nicht verallgemeinern. In Gottes Augen mag es gut sein, einen Menschen zu

169

heilen und den anderen nicht, oder sogar ein und denselben Menschen einmal zu heilen, ein andermal aber nicht. Ich glaube, daß Gott auch heute noch Menschen durch ein Wunder heilt, wenn sie ihn darum bitten. Aber ich glaube ganz bestimmt, daß die Wunder in den Tagen Jesu Christi und seiner Apostel eine *besondere* Bedeutung hatten." Er schob mich vom Fenster weg an den Tisch.

Dann setzte er sich neben mich, schlug seine Bibel auf und fuhr mit seinen Ausführungen fort. Ich erfuhr, daß die Wunder *zur Zeit Jesu* deshalb eine besondere Bedeutung hatten, weil sie der Beweis dafür waren, daß er der Messias Israels war, der er zu sein beanspruchte, und daß er die Macht hatte, die schrecklichen Folgen der Sünde – wie Krankheit und Tod – aufzuheben.

Zur Zeit der Apostel war es ähnlich. Die Wunder, die sie vollbrachten, waren ein Zeichen dafür, daß die Apostel Jünger Jesu Christi waren, die sie zu sein beanspruchten. Sie sollten die neu entstandene junge Gemeinde festigen. Die Apostelgeschichte (in der wir von den Aposteln und ihren Taten lesen) ist der Bericht einer einzigartigen Zeit in der Geschichte des Gottesvolkes – einer Zeit mit einzigartigen Problemen, die besondere Führer, wie die Apostel, erforderte.

Zunächst einmal hatte es bis dahin keine christlichen Missionare gegeben. Doch Jesus Christus hatte seine Nachfolger beauftragt, das Evangelium auf der ganzen Erde zu verkündigen. Was für eine gewaltige Aufgabe! So half Gott ihrem Start in eine feindliche Welt, indem er seiner Gemeinde Führer gab, die Wunder vollbringen konnten. In Apostelgeschichte 2,43 lesen wir: „Es kam aber über jede Seele Furcht, und es geschahen viele Wunder und Zeichen durch die Apostel." Die Urgemeinde hatte aber noch ein anderes Problem zu bewältigen: Viele, die im Judentum aufgewachsen waren und sich zu Christus bekehrt hatten, waren verwirrt. Steve sagte, ich solle mir einmal vorstellen, ich lebte im ersten Jahrhundert in Palästina und sei der Vater einer jüdischen Familie, die vor kurzem zum Glauben an Jesus Christus gekommen sei.

„Stell dir das einmal vor, Joni", sagte er grinsend. „Jahrhundertelang hat dein Volk das jüdische Gesetz treu beobachtet: Es hat Opfer gebracht, alle Jungen beschnitten, gewisse Fleischsorten nicht gegessen und keine Gemeinschaft mit Heiden gepflegt. Natürlich ist die alte Lebensweise noch nicht ganz vergessen. Schließlich bist du ja immer noch ein Jude. Eines Tages kommt dein bester Freund, der auch ein Judenchrist ist (sich aber in der letzten Zeit etwas merkwürdig verhält), und überrascht dich mit einigen Neuigkeiten."

„He, alter Freund, hast du schon gehört?"

„Was?"

„Was sich alles verändert hat. Seit der Sohn Gottes als endgültiges Opfer für die Sünde am Kreuz gestorben ist, brauchen wir keine Tiere mehr im Tempel zu opfern."

Du schlägst die Hände über dem Kopf zusammen und stößt entsetzt hervor: „Bist du wahnsinnig?! Keine Opfer mehr bringen? Ich meine, ich glaube ja an Jesus, aber wir haben doch *immer* geopfert."

„Und das ist noch nicht alles", fährt der andere

171

begeistert fort. „Wir bräuchen unsere Jungen nicht mehr zu beschneiden!"

„Na, hör mal ... (Räuspern) ... das ist ... (Stottern) ... wie kannst du nur ..."

„Und noch mehr: Wir dürfen jedes Fleisch essen, das wir wollen. Und wir sollen alle Heiden lieben, als wenn sie unsere Brüder wären! Ja, ich lade dich und den alten Flavius Marcus für heute abend zum Essen ein. Es gibt Schweinefleisch!"

„Ich soll Schweinefleisch essen?!" Du faßt dir mit der Hand an den Kopf und läufst schreiend hinaus: „Mit Flavius, dem Schweinehirten?!!"

Ich lachte, als Steve seine Geschichte beendete. „Nun", sagte er, „du kannst dir die Schwierigkeiten vorstellen, die im Zusammenleben zwischen Juden- und Heidenchristen auftraten. Da waren angesehene und befähigte Führer wie die Apostel dringend notwendig, um die ganze Entwicklung zu lenken und Streitigkeiten zu schlichten."

Ein weiterer Punkt, der das apostolische Zeitalter auszeichnete, war die Tatsache, daß das Neue Testament in der heutigen Form noch nicht vorlag. Die Lehren von Jesus hätten also leicht vergessen oder entstellt werden können. Zwar gab der Heilige Geist einigen Christen Weissagungen und Offenbarungen als Überbrückung, bis die ganze Botschaft des Neuen Testaments endgültig niedergeschrieben werden konnte, aber es gab noch viele Betrüger und falsche Lehrer. Sie waren nur darauf aus, ihr eigenes Ich zu befriedigen, und lauerten wie Wölfe darauf, über die Herde Gottes herzufallen und sie in die Irre zu leiten. Da es das Neue Testament als absoluten Maßstab noch nicht gab, waren die Apostel

172

von Gott beauftragt, über die Gemeinde zu wachen und sie vor Irrtum zu bewahren.

Doch wie sollten sich die wahren Apostel Jesu Christi als echt ausweisen, wenn so viele falsche Apostel umherliefen? Paulus beantwortet diese Frage in seinen Briefen an die Gemeinde in Korinth. Er sagt, sie könnten ihn an seinem Wandel und den Früchten seines Dienstes prüfen. Die entscheidende Aussage finden wir in 2. Korinther 12,12: „Die Zeichen eines Apostels sind unter euch gewirkt worden in aller Geduld, in Zeichen, Wundern und Kräften." *Die Wunder hatten den ausdrücklichen Zweck, die Aufmerksamkeit auf diese Männer zu lenken, die Gott dazu bestimmt hatte, seine Gemeinde zu gründen und zu leiten.* Ihnen verlieh Gott noch zusätzlich Vollmacht, indem sie nicht nur selbst Wunder taten, sondern diese Gabe auch anderen vermitteln konnten. Offensichtlich geschah das nicht durch Leute, die sich fälschlich als Apostel ausgaben.

„Besondere Männer für eine besondere Zeit", faßte Steve zusammen. „Das waren die Apostel. Ja, es wird uns in Epheser 2,20 sogar gesagt, daß die ganze Gemeinde aufgebaut wurde: „... auf der Grundlage der Apostel und Propheten, wobei Christus Jesus selbst Eckstein ist."

Nun, das ist schon eine besondere Ehre und Auszeichnung, die uns übrigen nicht zuteil wird. Sieh dir mal alle diese Bücher an, die über das Thema Heilung geschrieben wurden", sagte Steve und deutete auf das Regal über meinem Schreibtisch. Er nahm eins herunter und sagte: „Das hier habe ich auch gelesen. Ich möchte dir darin mal etwas zeigen." Er schlug eine bestimmte Stelle auf.

„Sieh einmal, hier zitiert der Verfasser die Worte, die Jesus in Matthäus 10,8 an seine zwölf Jünger richtete: 'Heilet Kranke, weckt Tote auf, reinigt Aussätzige, treibet Dämonen aus! Umsonst habt ihr es empfangen, umsonst gebt es.'" Sein Finger bewegte sich weiter zum nächsten Abschnitt.

„Hier unten will er mit diesem Vers beweisen, daß wir dasselbe tun sollen. Joni, wenn die Worte, die Jesus hier sagte, direkt für uns gelten würden, müßten wir alle Toten auferwecken!

Noch etwas. Für wie wichtig wir die Wunder für die damaligen Christen im Gegensatz zu uns heutigen auch immer ansehen mögen, eins ist sicher: Wir können nicht das, was Gott gestern tat, als Grund dafür annehmen, daß er heute dasselbe tun muß. Wenn es so wäre, müßte er bewirken, daß sich unsere Kleider und Schuhe nicht abnutzen, denn das tat er für die Israeliten während ihrer Wüstenwanderung!"

Allmählich leuchtete mir die Sache ein: Wir können zwar viel aus den Berichten über die Taten der Apostel lernen, doch bedeutet das nicht unbedingt, daß wir alles tun können, was sie getan haben. Gott hat sie der Gemeinde zu einer Zeit geschenkt, in der sie dringend gebraucht wurden. Wir sollten deshalb nicht enttäuscht und neidisch sein, weil wir nicht alles tun können, was die Apostel taten, sondern die Weisheit des Herrn preisen, der ihnen in dieser Lage besondere Gaben schenkte und der uns für unsere besondere Lage besondere Gnade gibt.

Weder Steve noch ich hatten gemerkt, wie die Zeit vergangen war. Es schneite nicht mehr, das Feuer war ausgegangen, und ich hätte schon längst im Bett sein sollen. Steve gähnte, reckte sich und stand auf, um sich zu verabschieden.

Er hob unsere leeren Colaflaschen auf und sagte dann nach einer Weile: „Joni, dieses Gespräch war für mich nicht einfach. In all diesen Jahren, seit ich dich kenne, habe ich mich mit diesen Fragen wirklich hart auseinandergesetzt. Wenn es irgendwo in der Welt einen Menschen gibt, der sich darüber freuen würde, wenn du wieder gehen könntest, dann bin ich es."

„Das weiß ich", versicherte ich ihm.

„Ich will nicht, daß du einfach alles schluckst, was ich dir heute abend gesagt habe. Ich bitte dich nur, betend und unvoreingenommen darüber nachzudenken."

Und mehr möchte ich auch von meinen Lesern nicht verlangen.

14

GEBETE UND VERHEISSUNGEN

Aber die Verse, die wir in der kleinen Holzkapelle gelesen hatten, schienen doch so eindeutig zu sein! Ich meine all die biblischen Verheißungen, die den Gläubigen zu garantieren scheinen, daß *alle* ihre Gebete erhört werden, auch die Gebete um Heilung. Können Sie sich noch erinnern?

„Und was ihr auch in meinem Namen bitten werdet, will ich tun, auf daß der Vater verherrlicht werde in dem Sohne. Wenn ihr etwas in meinem Namen bitten werdet, so werde ich es tun" (Johannes 14,13-14).

„Wahrlich, ich sage euch, wenn jemand zu diesem Berge spräche: Hebe dich und wirf dich ins Meer, und in seinem Herzen nicht zweifelte, sondern glaubte, daß das, was er sagt, geschieht, so wird es ihm zuteil werden" (Markus 11,23-24).

„Ich vermag alles durch den, der mich stark macht" (Philipper 4,13).

Und damit sind wir bei Punkt drei und vier von Kapitel elf. Wir haben Verheißungen in der Heiligen Schrift, daß wir alles bekommen, was wir im Namen Jesu erbitten – einschließlich Gesundheit und Heilung.

Das sind überwältigende Verheißungen, aber sie werfen ein Problem auf. Seien Sie ehrlich, wann haben Sie tatsächlich gesehen, daß sich ein Berg ins Meer warf? Gläubige Christen beten im Glauben und im Namen Jesu für viele Dinge, die nie eintreffen. Wenn sie keine Antwort auf ihre Gebete bekommen (das heißt, wenn die Antwort „nein" lautet), was sollen wir dann mit solchen Versen wie den oben erwähnten machen? Wir können sie nicht einfach umgehen oder versuchen, eine Bedeutung in sie hineinzulegen, die uns bequemer erscheint. Doch wenn wir diese Verse in unserem Zimmer aufhängen und sie als wörtliche Verheißungen Gottes nehmen, daß alle unsere Gebete erhört werden, kann es sein, daß wir bitter enttäuscht werden. Ich gebe zu, daß ich manchmal das Gefühl hatte und habe, als ob meine Gebete geradezu an der Decke abprallten und nie zu Gott durchdrängen. Haben Sie das auch schon empfunden?

Nun, ich weiß nicht, was Gott dazu veranlaßt, manche Gebete zu erhören und andere nicht. Vielleicht erfasse ich die Bedeutung dieser Verse auch nicht in ihrer ganzen Tiefe. Aber ich habe festgestellt, daß es eine große Hilfe ist, wenn man verschiedene Schriftabschnitte miteinander vergleicht und so eine Stelle durch eine andere beleuchtet. Gott sagt tatsächlich fest zu, daß er Gebete erhört. Als Jesus seinen Jüngern diese Verheißung gab, sagte er mit anderen Worten: „Seht, ich gebe euch eine Aufgabe, und ich verspreche euch, ihr werdet alles bekommen, was ihr braucht, um sie auszuführen. Wenn euch ein Berg im Weg ist, bittet mich, dann werde ich ihn wegschaffen." Und diese Apostel sahen wirklich Berge weichen, als sie den Lauf der Geschichte veränderten!

Aber ich habe auch entdeckt, daß wir zwei Bedingungen erfüllen müssen, wenn Gott unsere Gebete erhören soll: Wir müssen in enger Gemeinschaft mit ihm leben, und unsere Bitten müssen mit seinem Willen übereinstimmen.

Gemeinschaft mit Gott

Als ich noch aufs Gymnasium ging, neigte ich, wie viele Christen, zu der Ansicht, ich sei der Mittelpunkt meines Lebens, und nicht Gott. O ja, ich glaubte an Jesus Christus als meinen Erlöser, und ich versuchte mehr oder weniger, zu tun, was recht war. Aber wenn ich an Gott dachte, war doch meine Hauptüberlegung: „Was kann er für *mich* tun? Welchen Vorteil habe *ich* davon, wenn ich Jesus Christus diene? Wie fühle *ich mich* nach einem Gottesdienst?" Natürlich übertrug sich diese Einstellung, Gott sei dazu da, um mich glücklich zu machen, auch auf mein Gebetsleben. Ich vergaß, daß Gott einen heiligen Wandel von seinen Kindern verlangt, und dachte: „Wenn Gott wirklich nur mein Bestes im Auge hat, wird er gewiß meine Gebete beantworten, auch wenn ich nicht gerade ein Engel bin."

Aber dann gab es eines Tages ein unsanftes Erwachen. Als ich einmal während meiner Andacht durch die Psalmen blätterte, stieß ich auf diesen Vers: „Wenn ich es in meinem Herzen auf Frevel abgesehen hätte, so würde der Herr nicht hören" (Psalm 66,18). Peng! Wie ist das möglich? Ich dachte doch, Gott erhört jedes Gebet! Mit den Jahren habe ich dann weitere Verse gefunden, in denen dasselbe zum Ausdruck kommt. Jakobus 5,16 sagt, daß das Gebet eines Gerechten viel vermag. Oh, in diesem Punkt kann ich beruhigt sein, tröstete ich mich. Da ich ja ein Kind Gottes bin, bin ich in Gottes Augen ohnehin gerecht, egal, wie ich lebe. Doch dann machte mich eines Tages jemand darauf aufmerksam, daß Jakobus in seinem ganzen Brief nicht von der Gerechtigkeit *vor dem Gesetz* spricht, die uns Gott gibt, sondern von der Gerechtigkeit *durch den Gehorsam,* den wir ihm erweisen sollen. Mit anderen Worten: Wenn ich wollte, daß Gott mich erhörte, sollte ich anfangen, auf ihn zu hören.

Petrus ergänzt die Aussage des Jakobus, indem er die Ehemänner ermahnt, ihren Frauen mit Achtung zu begegnen. Er gibt dabei den Grund an: „. . . damit eure Gebete nicht verhindert werden" (1.Petrus 3,7). Denken Sie daran, daß Petrus dabei war, als Jesus all diese erstaunlichen Verheißungen in den Evangelien gab. Und doch hat er die Worte Jesu nicht so aufgefaßt: „Das Gebet ist wie ein Blankoscheck. Sooft ihr wollt, braucht ihr nur den Betrag einzutragen – gleichgültig, wie euer geistlicher Zustand ist – ich werde dann den Scheck für euch einlösen!" Nein, Gott verspricht nur, daß treue Christen, die ihn „anrufen", sofort „durchkommen". Zurückgefallene Gläubige können sich auf ein Besetztzeichen gefaßt machen, es sei denn, sie rufen an, um zu sagen: „Ich habe gesündigt! Es tut mir leid."

Jesus selbst erklärte in Johannes 15,7, wie er seine Verheißungen verstand: „*Wenn ihr in mir bleibt und meine Worte in euch bleiben,* möget ihr bitten, was ihr wollt, so wird es euch widerfahren."

Mit *in mir bleiben* meint er einen beständigen Wandel in seiner Nähe, kein gelegentliches geistliches Hochgefühl.

Als ich noch zur Schule ging, machten wir im Turnunterricht jeden Herbst ausgedehnte Waldläufe. Wenn der Startpfiff ertönte, rannten die meisten von uns entspannt los und hatten bald das Tempo gefunden, das sie über die ganze Entfernung beibehalten konnten. Aber es waren immer ein paar dabei, die wie aus der Pistole geschossen, losrasten. Bevor der große Haufe um die Kurve herum war, waren sie einige hundert Meter weiter gelaufen. Doch sehr bald holten wir sie ein, wenn sie langsamer wurden, um Atem zu holen. Dann überholten sie uns erneut und fielen bald zum zweiten Mal zurück. Am Ende schnitten die Läuferinnen, die ein gleichmäßiges Tempo beibehalten hatten, am besten ab.

Ebenso ist es im geistlichen Leben. Wenn wir in einem plötzlichen geistlichen Rausch davonrasen, bedeutet das nicht unbedingt, daß wir „in Jesus Christus bleiben". Plötzlicher Eifer ist nicht schlecht, aber er kann täuschen. Aus eigener Erfahrung weiß ich, daß wir in einer Woche „Superchristen" sein können und in der Woche darauf Feiglinge. Gott verheißt denen die Erhörung ihrer Gebete, die beständig mit ihm wandeln, und das bedarf einer gewissen Reife. Natürlich erleben alle Christen ein Auf und Ab. Ich meine also nicht Vollkommenheit. Der beste Christ erreicht dieses Ziel noch längst nicht. Und da Gott so gnädig ist, mag er uns manchmal sogar erhören, auch wenn wir nicht mehr in enger Gemeinschaft mit ihm sind. Doch je beständiger unser Leben mit Jesus Christus gelebt wird, desto eher können wir erwarten, daß unsere Gebete erhört werden.

Jesu Aufforderung, in ihm zu bleiben, war keine allgemeine Redensart. Er sagte ganz genau, was er damit meinte: „... und [wenn] meine Worte in euch bleiben... ". Das bezieht sich nicht nur auf die Worte, die er tatsächlich während seines Erdenlebens gesprochen hat und die in manchen Bibeln fett gedruckt sind. Jesus Christus meinte hier die gesamte Bibel, denn sein Geist hat die ganze Heilige Schrift inspiriert. Wir brauchen keinen theologischen Doktortitel und kein Bibelschuldiplom, damit die Worte Jesu Christi in uns bleiben. Es bedeutet ebensowenig, daß wir eine ganze Litanei von biblischen Namen und Orten auswendig lernen sollen, um ein Bibelquiz zu gewinnen, wenn uns jemand mit der Frage verblüffen will: „Wer war die Schwiegermutter des Zacharias?" Man kann in der Bibel und der Theologie bestens beschlagen sein, ohne im Herzen erfaßt zu werden. Ich denke, Jesus wollte damit sagen, daß wir uns in unseren Gedanken immer wieder mit der Heiligen Schrift beschäftigen sollen, um Mittel und Wege zu finden, wie wir Gott noch mehr erfreuen und loben können. Das war auch Davids Haltung, wenn er schrieb: „Ich habe dein Wort in meinem Herzen geborgen, auf daß ich nicht an dir sündige" (Psalm 119,11).

So ist das also. Wenn unsere Gebete erhört werden sollen, müssen wir mit Gott wandeln und in seinem Wort bleiben. Aber ich fürchte, viele von uns möchten einerseits gern so vollmächtige Gebete wie Paulus sprechen können, andererseits aber weigern sie sich, ein so diszipliniertes Leben wie Paulus zu führen. Bestimmt haben wir alle schon einmal den Fehler gemacht, daß wir so zu Gott gekommen sind, als wäre er ein großer geistlicher Verkaufsautomat im Himmel: man wirft ein Gebet ein, und die Antwort kommt heraus. Aber Gott ist keine Maschine; er ist eine Persönlichkeit.

Meine Schwester Kathy kann ihre Schwester Jay ohne weiteres fragen: „Kannst du mir heute abend mal dein Auto leihen?" Denn Kathy steht Jay nahe, liebt sie und hat ein gutes Verhältnis zu ihr. Aber wenn sich jemand als „Freundin" von Jay ausgibt, die seit zwei Jahren nicht mehr angerufen hat und eines Tages zufällig mal vorbeikommt, dann darf die Betreffende nicht erwarten, daß Jay ihr das Auto leiht.

Schon im zwischenmenschlichen Bereich ist das so. Und bei Gott erst recht. Wir können nicht erwarten, daß er unsere Gebete erhört, wenn wir nur zu ihm gelaufen kommen, sobald wir etwas von ihm wollen oder Schwierigkeiten haben. Selbst wenn wir in seiner Nähe leben, haben wir kein Recht, eine Heilung oder irgend etwas anderes zu verlangen. Weil wir leben, um Gott zu dienen, und nicht umgekehrt, sollten wir ihm unsere Bitten in Demut vortragen und uns dabei seine Größe und Heiligkeit stets vor Augen halten. Dann wird es so sein, wie der Apostel Johannes sagt: „... und was wir bitten, empfangen wir von ihm...", aber nicht, weil wir es verlangen, sondern „... weil wir seine Gebote halten und tun, was vor ihm wohlgefällig ist" (1.Johannes 3,22).

Gottes Wille.

Aber wie sieht es aus, wenn Sie ein Kind Gottes und wirklich bestrebt sind, in Jesus Christus zu bleiben, und dennoch krank sind? Vielleicht haben Sie einen Schnupfen oder Leukämie. Aber nach vier Heilungsversammlungen und zahlreichen Gebeten und Tränen sind Sie immer noch krank. Was stimmt dann nicht? Vielleicht konnten Sie, als ich berichtete, daß ich nicht geheilt wurde, mitempfinden, weil auch Sie von Schuldgefühlen geplagt werden, weil nichts geschehen ist. Vielleicht haben Sie sich aufrichtig geprüft, ob in Ihrem Leben irgendwelche verborgenen Sünden sind, bis Sie beinahe welche erfunden haben, nur um sie bekennen zu können und geheilt zu werden. Es könnte sein, daß einige Seiten ihrer Bibel ganz zerlesen sind, weil Sie dort verschiedene Verheißungen unterstrichen haben. Wie oft haben Sie diese Verse Gott vorgelesen! Zwar haben Sie stürmisch das Himmelstelefon betätigt und Gott versprochen, alles zu tun, wenn er Sie nur heile, doch die Antwort ist – Schweigen.

Wenn es Ihnen so geht, sind Sie nicht allein; Tausende von Christen sind in derselben Lage. Ich habe tiefes Mitleid mit ihnen; denn ich weiß genau, wie es ist, wenn wohlmeinende Geschwister leise Andeutungen machen, man sei an seinem Zustand selbst schuld.

Aber nachdem ich überall nach dem Grund gesucht hatte, warum meine Gebete um Heilung nicht beantwortet wurden, war ich gezwungen, zum Worte Gottes zurückzukehren und es genauer zu betrachten. Da fand ich etwas, was mir über die göttliche Heilung manche Klarheit verschaffte. Aber auch die Frage, warum Gotteskinder leiden, lernte ich in einem anderen Licht sehen. Es ist eigentlich ganz einfach. Wenn Sie alles unternommen haben, um geheilt zu werden, sich aber nichts verändert hat, *sollten Sie sich einmal klarmachen, daß Gott in seiner Weisheit Sie in Ihrem gegenwärtigen Zustand haben will.*

Sehen Sie, derselbe Apostel Johannes, der die Verheißung Gottes niederschrieb, daß alles, was wir im Namen Jesu erbitten, in Erfüllung gehen werde (Johannes 14,13), sagte auch, daß Gott an diese Verheißung eine Bedingung knüpfte. In 1. Johannes 5,14 heißt es: „Und dies ist die Zuversicht, die wir zu ihm haben, daß er uns hört, wenn wir *nach seinem Willen* bitten."

Nicht das, was wir gern hätten, sollen wir erbitten, auch nicht das, was uns das Leben erleichtern würde, nicht einmal das, was uns Gott wohlgefällig erscheint, sondern einzig und allein das, was wirklich *nach seinem Willen* ist. Wenn Gott unsere Gebete erhören soll, müssen sie mit seinem Willen übereinstimmen.

Aber warum in aller Welt sollte es Gottes Wille sein, einem seiner Kinder die Bitte um Heilung abzuschlagen? In gewisser Hinsicht beschäftigt sich dieses ganze Buch genau mit dieser Frage. Die Heilige Schrift berichtet, daß aus dem Leiden viel Gutes erwachsen kann. Schmerzen und Unannehmlichkeiten lenken unseren Sinn von den vergänglichen Dingen dieser Welt ab, und wir werden gezwungen, über Gott nachzudenken. Wir lesen dann häufiger und aufmerksamer in seinem Wort. Prüfungen stoßen uns von unserem hohen Sockel herunter und führen uns dazu, Gott zu vertrauen (2. Korinther 1,19).

Wenn wir in der Abhängigkeit von Gott leben, lernen wir ihn besser kennen. Unsere Probleme geben uns Gelegenheit, selbst dann Gott zu preisen, wenn es uns schwerfällt. Darüber freut er sich, und für die unsichtbare Welt ist es ein Beweis seiner Größe, daß er solche Treue in uns bewirken kann. Außerdem haben wir dadurch einen Maßstab, an dem wir unsere Hingabe messen können.

Zuweilen dient die Krankheit auch als Zuchtmittel Gottes, um uns aus unserem Sündenschlaf aufzuwecken (1. Korinther 11,29-30; 1. Petrus 4,1). Das ist für uns ein Beweis seiner Liebe; denn jeder Vater, der seine Kinder liebt, züchtigt sie (Hebräer 12,5-6). Gelegentlich schickt uns Gott auch Leiden, damit wir andere Leidende besser trösten können. So könnte ich die Liste fortsetzen. Auf jeden Fall sollten wir bedenken, daß Gott seinen Sohn durch Leiden vollkommen machte, als er auf der Erde war (Hebräer 2,10). Deshalb müssen wir uns die Frage stellen: „Sollte ich weniger erwarten?"

Manchmal schaudert es mich bei dem Gedanken, wo ich wohl heute wäre, wenn ich mir nicht das Genick gebrochen hätte. Zuerst konnte ich es nicht einsehen, warum Gott das überhaupt zugelassen hat, aber jetzt verstehe ich es ganz gut. Durch meine Lähmung kann ich ihn viel mehr verherrlichen als durch meine Gesundheit! Glauben Sie mir, ich fühle mich deswegen unendlich reich.

Wenn Gott beschließt, Sie auf Ihre Gebete hin zu heilen, ist das wunderbar. Danken Sie ihm dafür!

Aber wenn er Sie nicht heilen will, danken Sie ihm dennoch. Sie dürfen überzeugt sein, daß er seine Gründe dafür hat.

Ich kann mir vorstellen, daß jetzt jemand einwendet: „Aber Joni, wenn wir so denken und gar nicht damit rechnen, daß Gott uns heilt, wird er es auch nicht tun! Ein Gebet um Heilung mit den Worten abzuschließen: '... wenn es dein Wille ist', weist in Wirklichkeit doch auf einen Mangel an Glauben hin. Sollten wir uns nicht bemühen, an den Punkt zu kommen, wo wir in so enger Gemeinschaft mit Gott leben, daß wir einfach irgendwie spüren, was er in jedem einzelnen Fall will, um dann voll Glauben und Vertrauen zu beten? Doch die Bibel gibt uns ein ganz anderes Bild von unserem Gott. Er steht so hoch über uns, daß wir ihn nie erfassen können: „O welch eine Tiefe des Reichtums, der Weisheit und der Erkenntnis Gottes! Wie unergründlich sind seine Gerichte und unausforschlich seine Wege! Denn wer hat des Herrn Sinn erkannt, oder wer ist sein Ratgeber gewesen?" (Römer 11,33-34).

Die Schreiber des Neuen Testaments behaupteten nicht, sie hätten immer den Sinn Gottes erkannt. Jakobus ermahnt uns, wir sollen nicht sagen: „Heute oder morgen wollen wir in die und die Stadt gehen und dort ein Jahr zubringen und Handel treiben und Gewinn machen" (Jakobus 4,13). Vielmehr sollen wir diese Haltung einnehmen: „Wenn der Herr will und wir leben, werden wir auch dieses oder jenes tun" (Jakobus 4,15). Als Paulus einmal von einigen Christen gebeten wurde, in Ephesus zu bleiben, um sie weiter zu unterrichten, tat er nicht so, als könne er die Gedanken Gottes lesen, sondern sagte lediglich: „Ich werde, wenn Gott will, wieder zu euch zurückkehren" (Apostelgeschichte 18,21).

Wir machen so leicht Fehler und mißdeuten den Willen Gottes. Das ist der Hauptgrund, weshalb wir in der Haltung beten sollen: „Wenn es dein Wille ist". Unzählige Male habe ich mir eingeredet, meine Gebete würden Gott verherrlichen, während in Wirklichkeit ein egoistischer Beweggrund dahinter stand. „Mein Gott, hilf mir, daß ich mich nicht lächerlich mache, wenn ich im Rethorikunterricht meine Rede halten muß. Denn sonst denken die anderen, alle Christen seien komische Käuze, und das schadet doch deinem Ruf!" Nun, wenn mir wirklich die Ehre Gottes ein Anliegen gewesen wäre, wäre mein Gebet ja in Ordnung gewesen. Aber im Grunde meines Herzens dachte ich wohl etwas anderes: „Mein Gott, hilf mir, daß ich diese Rede nicht verpatze, denn ich möchte mich keinesfalls blamieren." Sicher wußte Gott, daß es *in Wirklichkeit* meine egoistische Haltung war, die seinem Ruf schadete, und daß eine miserable Rede seinen Zwecken eher entspräche als die Erhörung meines Gebetes.

Aber unsere Beweggründe brauchen nicht immer aus dem Egoismus oder einer anderen Sünde zu stammen, um den Plan Gottes zu mißdeuten. Wir können in aller Aufrichtigkeit Fehler machen. Ich möchte das an einem Beispiel erläutern.

Vor etwa einem Jahr kam ein gut aussehender, dunkelhaariger junger Mann, Mitte zwanzig, an unsere Tür und wollte mich sprechen. Ich hatte ihn noch nie gesehen. Meine Schwester Jay bat ihn herein und ließ uns beide allein im Zimmer. In der nun folgenden peinlichen Unterhaltung erfuhr ich, daß er die ganze Strecke von seinem Wohnort im Südwesten der USA bis zu uns gefahren war, nur um mich zu besuchen. Sichtlich nervös erzählte er mir, daß Gott ihm offenbart habe, ich solle seine Frau werden und er solle mir einen Heiratsantrag machen. Nach seiner Meinung war es eindeutig Gottes Wille, daß wir heirateten. Er war ziemlich verblüfft, als ich ihm sagte, daß er merkwürdigerweise wohl schon der zehnte Mann sei, den „Gott" in den letzten zwei Jahren „beauftragt hatte", mir einen Heiratsantrag zu machen. Hatte Gott ihn irregeführt?

Nein. Zu diesem Schluß kamen wir, nachdem wir uns eine Zeitlang darüber unterhalten hatten. Gott ist kein Gott der Verwirrung. Er führt uns nicht in die Irre, aber wir mißdeuten manchmal seine Fingerzeige. Dann unterhielten wir uns über bessere Möglichkeiten, den Willen Gottes zu erkennen, Zum Beispiel können wir Grundsätze aus seinem Wort anwenden, bei erfahrenen Christen Rat holen und abwarten, welche Türen Gott schließt und welche er öffnet. Als der junge Mann sich verabschiedete, war ihm sichtlich wohler. Er war überzeugt, Gott hatte ihm keinen Streich gespielt, und so fuhr er mit dem Gefühl nach Hause, daß sich die Fahrt doch gelohnt hatte, denn er hatte etwas dazugelernt.

Es bedarf wahrer Demut und Selbstverleugnung, unsere Bitten um Heilung vor Gott zu bringen und ihm dann bereitwillig die Antwort zu überlassen. Jesus war uns auch in dieser Beziehung ein großes Vorbild. In Gethsemane sehnte er sich danach, den Schrecken des Kreuzes auszuweichen. Er betete: „Vater, wenn du willst, so nimm diesen Kelch von mir!" Aber der nächste Satz ermöglichte die Erlösung der Menschheit: „Doch nicht mein, sondern dein Wille geschehe!" (Lukas 22,42). Im Namen Jesu zu beten bedeutet, zumindest teilweise, in dem Geist zu beten, in dem Jesus in seiner schwersten Stunde betete. Wir dürfen Gott unsere Bitten unterbreiten, doch die Antwort sollten wir ihm überlassen.

Zusammenfassung

Jesus gab seinen Jüngern wunderbare Verheißungen: Er wollte ihnen alles geben, was sie benötigten, um das Werk Gottes auf der Erde auszuführen. Aber die eigenen Worte Jesu und auch die übrige Heilige Schrift lassen keinen Zweifel darüber, daß an jede Gebetserhörung mindestens zwei Bedingungen geknüpft sind: Der Beter muß in Jesus bleiben, und seine Bitte muß dem Willen Gottes entsprechen. Da es Gott gefallen hat, uns nicht seinen ganzen Willen zu offenbaren, müssen wir unsere Bitten ihm überlassen und abwarten, was er zu tun für richtig hält. Und wenn es ihm gefällt, unsere Bitte abzulehnen? Nun, es gibt verschiedene Möglichkeiten, „Berge zu versetzen." Das Neue Testament betont, daß Gott gern schwache Gefäße (Menschen) für sein Werk benutzt, damit die Ehre nicht ihnen, sondern ihm zuteil wird. Angesichts des geistlichen Gewinns, den uns Not und Krankheit bringen, mag es Gott so wollen, daß gerade unsere Krankheit das Mittel ist, durch das er die Berge, die auf unserem Weg liegen, wegräumt. Mit unserem Wachstum im Glauben ändert sich auch die Art, wie wir die Dinge beurteilen. Einst dachten wir, Gott könnte sich nur verherrlichen, wenn er unsere Leiden wegnähme. Doch jetzt erkennen wir, daß er sich auch *durch* unsere Leiden verherrlichen kann.

Heilungen und andere Wunder Gottes hatten zwar in den Tagen Jesu und seiner Apostel einen *besonderen* Platz. Das bedeutet natürlich nicht, daß sie heute *überhaupt nicht* mehr vorkommen. Als Reaktion auf die extreme Haltung, „Gott will jeden heilen", haben sich viele von uns dem anderen Extrem, nämlich Gott heilt nie, zugewandt. In diesem Fall ist das, was wir irrtümlich mit „Nüchternheit" bezeichnen, wahrscheinlich nichts anderes als Unglaube. Wir haben nicht, weil wir nicht bitten.

Aber das bedeutet nicht, daß Gott verpflichtet wäre, uns jedesmal, wenn wir um Heilung bitten, zu erhören. Selbst zur Zeit der Apostel hatten gläubige Christen manchmal Krankheit zu ertragen. Der Apostel Paulus, den Gott gebraucht hatte, um viele zu heilen, mußte auf einer Reise seinen Freund Trophimus krank in Milet zurücklassen (2. Timotheus 4,20). In 1. Timotheus 5,23 redete Paulus seinem Freund Timotheus zu: „... gebrauche ein wenig Wein um deines Magens willen und wegen deiner häufigen Krankheiten." Er sagte nicht: „Bete um Gesundheit" oder „Komm einmal wegen dieser Sache zu mir." Statt dessen riet er ihm: „Nimm etwas dafür." Kinder Gottes sollen um Heilung beten, aber sie sollen nicht denken, es müsse unbedingt etwas nicht in Ordnung sein, wenn Gott ihre Bitte ablehnt.

Schließlich sollten wir uns nichts vormachen und meinen, Wunder seien *die* Waffen, um eine sündige

Welt zu überzeugen. Jesus wurde am Ende seines Lebens, nachdem er zahllose Wunder getan hatte, am Kreuz verspottet: „Ist er der König Israels, so steige er nun vom Kreuz herab, so wollen wir ihm glauben!" Bevor Jesus ans Kreuz ging, sagte er seinen Jüngern, daß ihre Generation besondere Schuld treffe, weil sie viele Wunder gesehen und doch im großen und ganzen ihm nicht geglaubt hatte (Johannes 15,24). Feststeht, daß selbst das gewaltigste göttliche Zeichen nicht den Sinn eines Menschen ändern wird, der sein Herz durch die Sünde gegen Gott verhärtet hat. Das kann nur der Heilige Geist. Erinnern Sie sich noch daran, wie ich in einem früheren Kapitel davon erzählte, wie mir ein Buch von meinem Schreibtisch fiel? Nun, ich kann es immer noch nicht aufheben. Es wäre gewiß schön, wenn ich meine Hände wieder gebrauchen könnte, so daß ich es aufheben könnte. Aber dieser Wunsch wird immer schwächer. Denn meine Lähmung hat mich näher zu Gott gebracht und mich in geistlicher Hinsicht geheilt. Und diese Heilung möchte ich nicht gegen hundert Jahre in voller Gesundheit eintauschen.

Wenn die Mosaiksteinchen nicht zusammenpassen wollen

15

GOTTES GEDANKEN SIND HÖHER ALS UNSERE GEDANKEN

Im ersten Jahr meines Krankenhausaufenthaltes habe ich manchmal mit Hilfe eines Mundstücks die Bibel durchgeblättert. Ich habe wohl ein wenig dabei gelernt, aber das Bibellesen war für mich hauptsächlich ein Zeitvertreib – genauso wie Fernsehen oder Radio hören. Erst als ich nach Hause kam, beschäftigte ich mich ernsthaft mit dem Wort Gottes. Der Unterschied zu dem früheren oberflächlichen Bibellesen war wie Tag und Nacht. Als ich meine Behinderung aus göttlicher Sicht sah, konnte ich allmählich die Steinchen meines Leidensmosaiks zusammensetzen. Ich bekam einen Vorgeschmack echter Weisheit. „Wenn ich so weitermache", überlegte ich, „werde ich vielleicht eines Tages vollkommen weise sein und Gottes Gedanken in allem, was kommt, verstehen können."

Doch im weiteren Verlauf meines Glaubenslebens erkannte ich, daß das nicht möglich ist. Oft war es offensichtlich, daß eine besondere Prüfung zu meinem Besten diente. Doch manchmal lag es nicht so klar auf der Hand. Zum Beispiel wußte ich, daß wir durch Prüfungen im Glauben wachsen sollen. Aber an manchen Tagen kamen die Probleme stapelweise, so daß sie mich zu erdrücken drohten, selbst wenn ich sie aus der Hand Gottes nahm. Ich sagte mir: „Der Herr verheißt doch, daß Tage wie dieser letzten Endes zu meinem Besten dienen werden, aber *wie* nur?" Das war mir einfach nicht klar.

Aber das war nicht alles. Zu meinen eigenen schmerzlichen Erfahrungen hörte ich auch von anderen, die Prüfungen zu ertragen hatten, für die ich keine Erklärung fand. Die Leute schrieben mir von Problemen, die ich einfach nicht verstehen konnte, auch nicht anhand der Bibel. Gewiß, in mancher Hinsicht konnte ich sie verstehen. Ich kannte die verschiedenen Stellen in der Heiligen Schrift, die darauf hindeuten, warum Gott uns leiden läßt. Aber wie sollte ich die richtige Erklärung auf die jeweilige Prüfung finden? Das stellte ein besonderes Problem für mich dar. Was hätten Sie zum Beispiel dem Mädchen geantwortet, das mir den folgenden Brief schrieb?

„Liebe Joni!

... Mein Vater starb, als ich zwei Jahre alt war, und meine Mutter ist nun schon seit einem Jahr sehr schwer an Krebs erkrankt ... Ich suche zu verstehen, warum Gott das zugelassen hat. Manchmal tue ich nichts anderes, als mir darüber den Kopf zu zerbrechen, wie es sein wird, wenn Mama stirbt und ich allein bin. Ich habe versucht, Gott näherzukommen und will deshalb nicht mit ihm hadern. Jesus Christus ist mein Herr und Heiland, aber ich bin so niedergeschlagen, wenn ich sehe, wie Mama leiden muß, daß ich mich nur mit Mühe lang genug konzentrieren kann, um sein Wort zu lesen und zu überdenken. Es sieht so aus, als wäre ich zu nichts anderem mehr fähig, als zu schlafen, herumzusitzen und fernzusehen."

Ich konnte diesem Mädchen einige hilfreiche Ratschläge erteilen, wie sie Gott in ihrer Lage verherrlichen könnte. Aber wie sollte ich ihr den Zweck ihrer Not erklären können? Wollte Gott sie durch ihre Prüfungen Jesus Christus ähnlicher machen, oder wollte er ihre Gedanken auf geistliche Dinge lenken? War es seine Absicht, sie zu einem Vorbild für die Engelwelt zu machen, oder sie zu befähigen, andere zu trösten? Ich könnte Vermutungen anstellen, aber die Antwort auf diese Fragen wußte ich nicht. Was für einen Grund Gott auch haben mochte, oberflächlich gesehen schien seine Absicht jedenfalls nicht in Erfüllung zu gehen.

Ja, manche Nöte, von denen die Leute mir schrieben, schienen der Sache Gottes sogar zu *schaden*.

„Liebe Joni!

Wenn ich Dir jetzt schreibe, darfst Du nicht denken, daß ich mich selbst bemitleide oder daß ich ein Atheist wäre. Ich dachte, nach dem Lesen Deines Buches bekäme ich endlich eine andere Sicht. Zwar bewundere ich Dich, wenn Du wirklich so glaubst, wie Du schreibst, doch ich kann die grausamen Dinge, die in Deinem Leben und in dem Leben meines Bruders geschehen sind, immer noch nicht verstehen.

Mein Bruder ist 26 Jahre alt und seit 1965 infolge eines Autounfalls an allen Gliedern gelähmt. . .
Wie Du war auch er sehr unternehmungslustig, bis der Unfall geschah. Da Du selbst gelähmt bist, weißt Du ja, was er durchgemacht hat.

Schließlich entschloß er sich, mit dem letzten,

was ihm geblieben war – seinem Verstand – etwas zu unternehmen. Er studierte Psychologie im Fernstudium, arbeitete als Assistent für den Gouverneur von Indiana und wollte die Universität von Ohio besuchen, um noch weiter zu studieren. Schon nach zwei Wochen verlor er seine Arbeitsstelle, weil die Krankenkasse seine Arztrechnungen nicht bezahlen konnte, wenn er arbeitete. Er *wollte* aber arbeiten, um nicht von anderen Leuten abhängig zu sein. Auch wollte er, wie Du, nicht bemitleidet werden.

Ich spreche in der Vergangenheitsform, denn mein Bruder liegt seit Oktober 1976 infolge eines grotesken Unfalls bewußtlos im Krankenhaus. Bis dahin hatte er immer noch einen klaren Verstand. Nun hat es jemanden gefallen, ihm auch noch seinen Verstand zu nehmen. Wenn Du den Eindruck hast, das sei gerecht oder nützlich, dann hilf mir doch bitte, den Sinn dieses Elends zu verstehen."

Alle Erklärungen, die ich diesem jungen Mann hätte geben können, wären wahrscheinlich nichtssagende und abgedroschene Redensarten gewesen. Und, um ehrlich zu sein, sie hätten mich im Grunde meines Herzens auch nicht befriedigt. Manchmal ist das Leid eines Menschen so groß, daß beim besten Willen kein Sinn darin zu finden ist. Dieses Gefühl überkam mich auch, als ich folgenden Brief las, den mir eine Frau geschrieben hat:

„Liebe Joni!
Ich bin 22 Jahre alt und an drei Gliedern gelähmt. Das ist 1968 passiert, nachdem mich meine Mutter auf den Kopf geschlagen hat. Sechs Operationen waren nötig, um mein Leben zu retten. Ein Jahr

lang war ich im Cook County Krankenhaus. Dann wurde ich für anderthalb Jahre ins Rehabilitationszentrum von Chicago geschickt. Dann ging's weiter ins Grant Krankenhaus, um an Armen und Beinen operiert zu werden.

Achtmal war ich nun im Rehabilitationszentrum und habe mich 22 Operationen unterziehen müssen. Mein Zustand hat sich noch nicht geändert. Ich sitze in einem Rollstuhl, habe keine Familie und versorge mich selbst. Ich habe Dein Buch gelesen und möchte gern wissen, wie ich mit meinen Depressionen fertig werden kann. Ich habe nicht viel Glauben an Gott. Letzten Endes kann ich mich mit meinem Schicksal einfach nicht abfinden. Sage mir bitte, wie Du darüber denkst."

Allmählich fragte ich mich: „Werde ich jemals wirklich weise werden, so daß ich die Absichten Gottes in solch schweren Lebensführungen erkennen kann?" Mein Freund Steve machte mir das Problem nicht leichter, als er mir erklärte, was seine Cousine durchgemacht hatte. Diese junge Frau wohnte bis vor kurzem in meiner Nähe. Sie berichtet aus ihrem Leben:

„Als meine Mutter erst sechzehn Jahre alt war, drohte ihr ein Alkoholiker vom Ort, der ein paar Jahre älter war als sie, er würde ihre Eltern umbringen, wenn sie ihn nicht heiratete. So willigte sie ein. Er war wie ein Wahnsinniger, und wenn er betrunken war, schlug er sie gewöhnlich grün und blau. Wir wuchsen in äußerst armseligen Verhältnissen auf einer Farm in Tennessee auf.

Meine Mutter mußte in der Landwirtschaft schwer arbeiten, um uns immer etwas auf den Tisch stellen zu können. Ich erinnere mich noch, wie sie einmal uns Kinder zusammenrief und mit uns in die Wiesen hinter unserem Haus rannte. Ich dachte, Papa würde Cowboy und Indianer mit uns spielen und uns deshalb mit dem Gewehr verfolgen (ich war noch so klein). Aber als ich die Angst in Mamas Gesicht sah, wußte ich, daß es ernst war. Später in jener Nacht schlichen wir uns ins Haus zurück, als Papa eingeschlafen war und wir nichts mehr zu befürchten hatten. Als er dann wieder einmal betrunken war, stellte er uns alle an die Wand, richtete ein geladenes Gewehr auf uns und sagte, er werde uns eins nach dem anderen umbringen und dann sich selbst. Wenn nicht gerade ein Nachbar hereingekommen wäre und uns geholfen hätte, wären wir wohl heute nicht mehr am Leben. Mein Vater ertrank, als ich sieben Jahre alt war.

Auch nachdem meine Mutter wieder geheiratet hatte und wir nach Norden zogen, schien uns das Unglück zu verfolgen. Auch hier wurde Mama mit einem Gewehr bedroht. Zwei Jahre später, als sie in einem Laden arbeitete, wurde sie von drei Männern überfallen, gefesselt, geknebelt und in der Damentoilette eingeschlossen. Dann setzten sie ihr ein Messer an den Hals und sagten, sie würden sie umbringen, wenn sie einen Laut von sich gebe ... Seit neun Wochen liegt sie nun mit der Raynaudschen Krankheit im Krankenhaus. Bei dieser Krankheit werden die Hände und Zehen ganz schwarz und schmerzen wie bei Erfrierungen. Die ganze Zeit konnte sie vor Schmerzen nachts nicht richtig schlafen. Die Schmerzen sind so schlimm, daß sie es nicht einmal ertragen kann, wenn das Bettuch ihre Finger berührt. Als ihr linker Fuß schwarz wurde, sah es so aus, als müßte er amputiert werden, aber man konnte ihn retten.

Doch drei Finger ihrer linken Hand mußten bis zum ersten Gelenk abgenommen werden. Wir alle vertrauen dem Herrn weiterhin, aber es ist manchmal sehr schwer!"

Selbst der reifste Christ würde letztlich kaum ergründen können, welche Absichten Gott bei dieser Frau verfolgte. Aber das war noch nicht alles. Steves Cousine erzählte noch von ernsten Krankheiten und Operationen ihres Stiefvaters und von dem Unfall ihres Bruders, bei dem seine Schulter zerschmettert und sein linker Arm gelähmt wurde. Sie selbst hat Krebs und wurde wiederholt operiert. Doch was sie zuletzt erzählte, war noch schlimmer und fast nicht zu glauben. Es war an einem Vormittag im August 1975 auf ihrer Farm:

„Mein Mann Buddy und die Kinder waren eben zur Arbeit bzw. zur Schule weggefahren. Nachdem ich mich fertig angezogen hatte, stieg ich die Treppe hinunter und wollte durch die Küche zur Garage gehen. Ich erschrak, als ich in der Küche einen Mann sah, der sich über die Waschmaschine beugte. Aber als er sich umwandte, erkannte ich ihn: es war der junge Mann von der Farm, die vierhundert Meter von uns entfernt an der Straße lag. „Was machst du hier?" fragte ich erstaunt. Ich wunderte mich, daß er nicht geklopft hatte. Gewöhnlich bellen die Hunde, wenn ein Fremder kommt. Doch heute hatten sie es nicht getan. Aber er sagte kein

Wort, sondern starrte mich nur verstört an. Dann zog er ein Messer hervor und begann auf mich zuzugehen. Ich wich zurück und fing an zu schreien, aber er kam immer näher. Schließlich blieb er direkt vor mir stehen und stieß dann sein Messer in meine rechte Seite. Als ich fühlte, wie eine heiße Flüssigkeit herausfloß, legte ich die Hand auf die Wunde, damit ich nicht zuviel Blut verlor. Aber es hatte keinen Zweck, denn jetzt fing er an, wie wild auf mich einzustechen. Die ganze Zeit über schrie ich immer wieder: „Warum nur?! Warum nur?!" Als ich ein Küchenmesser holen wollte, um mich zu verteidigen, zog ich die Schublade zu weit heraus, so daß sie auf den Fußboden fiel. Das Schaurigste war wohl, als ich überall mein eigenes Blut sah. Ich stürzte zu Boden. Dann endlich – es kam mir vor wie eine Ewigkeit – ging er.

Mit größter Mühe rappelte ich mich auf, um mich zum Telefon zu schleppen. Erst als ich hörte, wie sich die Küchentür hinter mir öffnete, merkte ich, daß der Kerl in Wirklichkeit überhaupt nicht gegangen war, sondern draußen gewartet hatte, um zu sehen, was ich tun würde. Mir wurde schwarz vor den Augen. Ich wußte, daß ich es nie zum Telefon schaffen würde.

„Diesmal werde ich dich umbringen", sagte er sehr bestimmt. Dann hob er sein Messer und fing wieder an, auf mich einzustechen. Nachdem er mein Handgelenk aufgeschlitzt und mich hinten am Knie verletzt hatte, stieß er mir das Messer immer wieder in den Magen. Es war so schrecklich, daß ich es nicht beschreiben kann.

Er fragte mich, ob mein Mann zu Hause sei, und

ich sagte: „Ja, er kommt gerade die Treppe herunter." Aber als niemand kam, wußte er, daß ich gelogen hatte, und stürzte sich erneut auf mich. Mit letzter Kraft schrie ich: „Du hast mich doch schon umgebracht. Warum läßt du mich denn nicht in Ruhe?" Dann wischte er sich seelenruhig den Mund an seinem Ärmel ab, drehte sich um und ging.

Ich wurde immer schwächer, weil ich noch mehr Blut verlor, doch ich wußte, daß ich warten mußte, bis er endgültig weg war, bevor ich diesmal etwas unternahm. Als ich fast bewußtlos war, gab mir Gott die Kraft, auf die Füße zu kommen und zum Telefon zu taumeln. Ich wählte die entsprechende Nummer und konnte der Telefonistin gerade noch die wichtigsten Einzelheiten mitteilen, bevor ich das Bewußtsein verlor.

Später erfuhr ich, daß ich zwei Tage lang zwischen Leben und Tod geschwebt hatte. Man mußte mir die Milz entfernen und Leber, Bauchspeicheldrüse und Lunge zusammenflicken."

Steve erzählte mir, daß der Unmensch nur einen Monat in einer Jugendstrafanstalt (mit einem Mindestmaß an Sicherheitsvorkehrungen) eingesperrt war und dann in eine psychiatrische Anstalt überwiesen wurde, von wo er an den Wochenenden nach Hause fahren durfte. Vierzehn Monate später wurde er entlassen. Zwar hat Gott Steves Cousine erstaunliche Kraft gegeben, dem Kerl zu vergeben, doch nach drei Jahren spürt sie noch immer die Auswirkungen. Wenn sie nachts zur Toilette gehen will, muß sie zuerst ihren Mann wecken, weil sie sich fürchtet, allein durch den dunklen Flur zu gehen.

Als ich die Geschichte dieser jungen Frau hörte, war ich wie vor den Kopf geschlagen. Wie sollte man darin einen Sinn sehen? Sie wird die Folgen dieses Überfalls für den Rest ihres Lebens zu spüren haben. Zwar sagte sie, durch diese Sache sei ihre Familie enger zusammengewachsen und sie selbst sei dadurch Gott nähergekommen.

Aber wenn man diese Punkte auch als Erklärung dafür ansehen könnte, warum Gott das alles zugelassen hat, befriedigt sie im Grunde nicht. Diese Frau hatte ja vorher schon in Gemeinschaft mit dem Herrn Jesus gelebt, und ihr Familienleben war einwandfrei. Gottes Absicht konnte doch gewiß nicht nur darin bestanden haben, ihr ohnehin gutes Familienleben und ihr geistliches Leben noch etwas aufzubessern. Dazu hätte es nicht einer so schweren Prüfung bedurft.

Was wollte Gott damit erreichen? Auf diese schweren Fragen schien es keine Antwort zu geben.

Ich dachte, wenn man mit leidenden Menschen zu tun hat, sollte man auf solche Fragen eine Antwort haben. Aber wie sollte ich anderen helfen, zu verstehen, was ich selbst nicht verstand?

Ich bin Gott so dankbar, daß mir etwa zu jener Zeit ein Buch in die Hände fiel. Ich wage zu sagen, es zählt zu den besten, die ich je gelesen habe. Dieses Buch von J. I. Packer „*Gott kennen*" enthält ein kurzes Kapitel mit der Überschrift: „Gottes Weisheit und unsere Weisheit." Darin spricht der Autor davon, daß es für uns einfach unmöglich ist, hinter jedem Ereignis die Absichten Gottes zu erkennen. Er schreibt:

„Nun wird oft der Fehler gemacht, daß ... man

annimmt, die Gabe der Weisheit bestünde darin, Gottes Absicht hinter jeder seiner Taten zu erkennen und zu wissen, was er als nächstes zu tun gedenkt."

Wieso soll das ein Fehler sein? dachte ich. Ist es nicht Weisheit, immer die Gedanken Gottes ergründen zu können?

Die Gläubigen meinen, wenn sie wirklich mehr mit Gott verbunden wären, so daß er ihnen ungehindert seine Weisheit kundtun könnte, dann... würden sie seine wahre Absicht hinter jedem Ereignis in ihrem Leben erkennen und es wäre ihnen in jedem Augenblick klar, wie Gott alle Dinge zum Guten für sie fügte. Wenn sie sich dann am Ende nicht zurechtfinden, führen sie es auf einen Mangel in ihrem geistlichen Leben zurück."

Genau das ist es, was mich beschäftigt. Konnte dieser Bursche denn meine Gedanken lesen?

„Diese Leute verbringen viel Zeit damit... sich zu fragen, warum Gott dieses oder jenes zugelassen hat, ... oder was sie daraus schließen sollen... Mit solchen sinnlosen Fragen können sich Kinder Gottes fast verrückt machen."

„*Dazu sage ich Amen!* Ich bin wahrhaftig nahe daran gewesen, verrückt zu werden. Dann meint er also, wir könnten Gottes Gedanken nicht immer verstehen?" sagte ich mir. „Wenn das also keine Weisheit ist, was dann?" Die nächsten Seiten gaben mir einige Antworten, die mein Leben wirklich verwandelten und mich veranlaßten, selbst in der Bibel zu forschen.

Ich stieß auf die Geschichte von Hiob, dem Musterbeispiel eines leidenden Menschen. Wenn je einer Antwort brauchte auf die Frage: „Warum hat Gott das zugelassen?" dann war es Hiob. Seine Kinder waren umgekommen, sein Besitz war vernichtet, beziehungsweise gestohlen, sein Körper voller Geschwüre. Erst in den letzten fünf Kapiteln des Buches tritt Gott auf den Plan, um die Fragen und die Herausforderungen Hiobs und seiner Freunde zu beantworten. Und wissen Sie, welchen Grund Gott dem Hiob für all sein Leiden angibt? Keinen. Kein Wort! Er sagt nicht: „Nun hör mal gut zu! Ich will dir erklären, warum ich dich das alles habe durchmachen lassen. Weißt du, mein Plan sieht folgendermaßen aus..." Gott denkt gar nicht daran, Hiobs Fragen zu beantworten. Statt dessen sagt er: „Gürte doch deine Lenden wie ein Mann. Ich will *dich* fragen..."

In den nächsten vier Kapiteln tut Gott nichts anderes, als die ehrfurchtgebietende Majestät seiner Werke in der Natur ausführlich zu beschreiben und dann Hiob zu fragen, was er dem entgegenzusetzen habe. Sehr anschaulich beschreibt der Herr die Erschaffung der Welt, die Größe der Sterne und des Weltalls, die Stärke des Ochsen, die Schönheit des Pferdes, das Wunder des tierischen Instinkts und der Ernährung aller Lebewesen durch das, was die Erde hervorbringt. „Du weißt es", sagt Gott spottend zu Hiob, „denn zu der Zeit warst du geboren, und die Zahl deiner Tage ist groß!" (Hiob 38,21).

Ich kann mir vorstellen, wie Hiob zusammenfuhr, als Gott so zu ihm sprach. (Auch ich erschauerte dabei). Warum treibt er Hiob so in die Enge? dachte ich.

Diese Beschreibung der Weisheit und Macht Gottes

in der Natur war gewiß interessant. Aber was hatte sie mit den Prüfungen Hiobs zu tun? Hiob hat nie behauptet, er habe die Welt geschaffen. Er hatte nie gesagt, er könne die Gewohnheiten der wilden Tiere erklären. Warum wies Gott darauf hin? Hiob hatte doch nie behauptet, er kenne alle Geheimnisse des Wetters, der Geburt und des Lebens. Er wollte nur verstehen, warum er seine Kinder und seinen Besitz verloren hatte und am ganzen Körper mit Geschwüren bedeckt war.

Ich fuhr fort zu lesen. Weitere Naturszenen. Weitere Beschreibungen der Größe Gottes. Weiterer Spott von Gott: „Kennst du die Zeit, da die Steinböcke gebären?... Kannst du deine Stimme zu den Wolken erheben [und befehlen], daß dich Regengüsse bedecken? Hast du die Breiten der Erde überschaut? Weißt du das alles, so sage es mir!" (Hiob 39,1; 38, 34, 18).

Immer noch nicht verstand ich, was Gott damit sagen wollte. Aber als ich zum Kapitel 40 kam, begann es bei mir zu dämmern. Schließlich stellte Gott Hiob eine Frage, die erkennen läßt, worauf er es die ganze Zeit abgesehen hatte. „Will der Tadler mit dem Allmächtigen hadern? Wer Gott zurechtweisen will, antworte nun!... Gürte doch deine Lenden wie ein Mann; ich will dich fragen; sage her! Willst du mir mein Recht absprechen, mir Ungerechtigkeit nachweisen, damit du gerecht seiest?" (Hiob 40,1; 40, 7-8).

So, das also war es! Gott wußte, wenn Hiob nach dem „Warum?" fragte, forderte er ihn damit auf, ihm Rechenschaft abzulegen. Es sieht so harmlos aus; doch wenn wir solche Antworten von Gott verlangen, erheben wir uns in gewisser Hinsicht über ihn. Wie töricht ist das! Wir denken oft wie Hiob, Gott behandle uns nicht gerecht. Wir tun so, als gäbe es im Himmel einen imaginären Gerichtshof, vor dem Gott Rechenschaft für sein Tun abzulegen habe. Doch wir vergessen, daß Gott selbst der Richter ist. Er ist es, der die Gerechtigkeit erfunden hat. Woran könnten wir seine Gerechtigkeit überhaupt messen? Was er tut, ist absolut gerecht.

Betrachten Sie Gottes ehrfurchtgebietende Majestät und Weisheit, die sich in den Werken seiner Schöpfung offenbart. Wie sollte sich ein solcher Gott einem winzigen, sterblichen Hiob verantworten müssen, der doch die unendliche Größe Gottes nicht einmal erahnen konnte? Wie Gott in Jeremia 49,19 sagt: „Denn wer ist mir gleich, und wer ladet mich vor, oder welcher Hirte mag vor mir bestehen?" Es war, als ob Gott sagte: "Hiob, wenn du noch nicht einmal verstehen kannst, wie ich in der Natur wirke, woher nimmst du dir dann das Recht, mich im geistlichen Bereich auszufragen, da dieses Gebiet doch noch viel schwerer zu verstehen ist!"

Als Hiob das erkannte, konnte er nur sagen: „Siehe, ich bin zu gering; was soll ich dir antworten? Ich will meine Hand auf meinen Mund legen! Ich habe einmal geredet und kann es nicht verantworten, und zum zweitenmal will ich es nicht mehr tun!" (Hiob 40, 4–5). Wie kam es, daß Hiob so empfand? Er hatte erstmals eine Ahnung davon bekommen, wer Gott in Wirklichkeit ist. Sein ganzes Leben lang hatte er Gott angebetet, doch jetzt sah er ihn zum ersten Mal so, wie er wirklich ist, und nicht nur, wie er sich ihn in seinem eigenen begrenzten

Denken vorstellte. Hiob drückte es so aus: „Vom Hörensagen hatte ich von dir gehört, aber nun sehe ich dich mit meinen Augen" (Hiob 42,5).

Meine Gedanken wandten sich von Hiob ab, und ich beschäftigte mich wieder mit meiner eigenen Situation. Ich war dankbar für das, was ich aus Gottes Sicht hatte erkennen können. Aber wie Hiob hatte auch ich noch unbeantwortete Fragen. Was war mit den Dingen, die Gott nicht offenbart hat? Wie hatte ich mich da zu verhalten? Die Antwort wurde mir blitzartig klar. Die Bibel sagt, daß unser Gott so vertrauenswürdig ist, daß wir unser Vertrauen auf ihn setzen und uns nicht auf unseren eigenen begrenzten Verstand verlassen sollen (Sprüche 3,5). Gott hat bereits bewiesen, daß wir seiner Liebe vertrauen können, weil er ja seinen Sohn, Jesus Christus, gesandt hat, um für unsere Sünden zu sterben. War das denn nicht genug? Für mich nicht. Ich wollte immer alles verstehen, sozusagen mit dem Herrn auf dem Kontrollturm sitzen, anstatt unten auf dem Flugfeld zu sein, wo alles drunter und drüber zu gehen schien. Ich mußte ihm doch helfen, er konnte doch nicht alles übersehen!

Was für eine geringe Meinung hatte ich die ganzen Jahre über von meinem Schöpfer und Herrn gehabt. Wie hatte ich es wagen können, anzunehmen, der mächtige Gott schulde mir Erklärungen! Ich konnte doch nicht meinen, ich hätte Gott einen „Gefallen" damit getan, daß ich Christ wurde, und deshalb sei er jetzt verpflichtet, die Dinge mit mir zu besprechen! War der Herr des Universums mir Rechenschaft darüber schuldig, welche Prüfungen er den einzelnen Menschen auferlegte und warum?

Hatte ich nicht in 5. Mose 29,29 gelesen: „Die Geheimnisse sind des Herrn, unseres Gottes ... "? Wie konnte ich mir nur anmaßen, ich würde alle seine Wege verstehen, selbst wenn er sie mir erklären wollte? Selbst der große Apostel Paulus mußte zugeben, daß er oft keinen Ausweg sah, wenn er auch nicht ohne Ausweg blieb (2. Korinther 4,8). Hatte Gott nicht gesagt: „Meine Gedanken sind nicht eure Gedanken, und eure Wege sind nicht meine Wege; sondern so hoch der Himmel über der Erde ist, so viel höher sind meine Wege als eure Wege und meine Gedanken als eure Gedanken" (Jesaja 55,8–9)? Sagte nicht ein Schreiber des Alten Testamentes: „Gleichwie du nicht weißt, welches der Weg des Windes ist, noch wie die Gebeine im Mutterleib bereitet werden, also kennst du auch den Weg Gottes nicht, der alles wirkt" (Prediger 11,5)? Das ganze Buch Prediger wurde geschrieben, um Leute wie mich davon zu überzeugen, daß nur Gott den Schlüssel zu den Geheimnissen des Lebens hat und daß er ihn nicht ausleiht.

„Auch hat er die Ewigkeit in ihr Herz gelegt, da sonst der Mensch das Werk, welches Gott getan hat, nicht von Anfang bis zu Ende herausfinden könnte (Prediger 3,11).

Wenn Gottes Verstand so klein wäre, daß ich ihn begreifen könnte, wäre er nicht Gott! Wie sehr hatte ich mich geirrt.

Ich dachte an die Zeit zurück, in der ich anfing, im Worte Gottes zu forschen, als sich die Mosaiksteinchen meines Leidens allmählich zusammenfügten. Wie süß war jener Vorgeschmack von Weisheit gewesen! Es ist wunderbar, unsere Nöte und

Schwierigkeiten aus der Sicht Gottes zu sehen. Aber wie sehr hatte ich mich getäuscht, als ich annahm, ich könnte einmal soweit kommen, das *ganze* Mosaik des Leids zusammenzusetzen. Denn Weisheit ist mehr, als nur unsere Probleme mit den Augen Gottes zu sehen; Weisheit bedeutet auch, ihm zu vertrauen, selbst wenn die Steinchen nicht zusammenzupassen scheinen.

16

DER HIMMEL

„Wolken", murmelte ich vor mich hin und starrte aus dem Fenster des Flugzeugs.

„Hm?" Sheryl schaute von ihrem Buch auf.

„Diese Wolken da draußen", antwortete ich. „Sieh mal!"

Sheryl lehnte sich über meine Schulter und blickte erstaunt auf das schöne Wolkenmeer. Es war kurz vor der Abenddämmerung; und die Wolkenlandschaft war so großartig, wie wir sie kaum jemals gesehen hatten: dunkles Purpurrot, helles Rosa, mattes Blau, helle Orangetöne – eine himmlische Bergkette als Rundgemälde vor der untergehenden Sonne.

„Woran denkst du bei diesem Anblick?" fragte ich.

„An Berge", sagte sie, „schwammartige Berge in Millionen Farben."

„Ich weiß," antwortete ich, den Blick immer noch auf dieses Naturschauspiel gerichtet. „Man könnte fast meinen, sie wären massiv und würden einen halten, wenn man draufspringt."

In Wirklichkeit war es natürlich anders. So schön diese Wolkengebilde auch waren, so fest sie aussahen, es war doch nur Wasserdampf – Rauchfetzen. Heute hier, morgen dort.

Ich dachte an unser Leben hier auf der Erde und was die Bibel darüber aussagt: „ . . . Und doch wißt ihr nicht, was morgen sein wird! Denn was ist euer Leben? Ein Dampf ist es, der eine kleine Zeit sichtbar ist und darnach verschwindet" (Jakobus 4,14). Ich schaute mich im Flugzeug um. Stewardessen mit Erfrischungen, Geschäftsleute mit ihren Wirtschaftszeitungen, Mütter und Säuglinge, Touristen mit Tennisschlägern. Einige dösten vor sich hin. Andere starrten aus dem Fenster. Sie fliegen zu Verkaufsgesprächen, in den Urlaub, zu den Großeltern.

Das sieht gar nicht aus wie ein Dampf, der schnell verschwindet, dachte ich. Wir glauben in Wirklichkeit gar nicht, daß dies alles einmal ein Ende haben wird, nicht wahr? Wenn Gott uns nicht etwas anderes gesagt hätte, könnte man meinen, dieses Leben ginge immer so weiter.

Aber es wird ein Ende haben. Es dauert nicht ewig. Und es ist auch gar nicht das Höchste und Erstrebenswerteste, was es für uns Menschen gibt. Alles Schöne und Gute auf dieser Erde ist nur ein schwaches Abbild von dem, was uns im Himmel erwartet. Es ist etwa so wie mit den Bildern, die ich male. Ich zeichne Szenen aus der Natur, die mich umgibt. Aber diese Zeichnungen sind nur ein schwacher, skizzenartiger Versuch, das widerzuspiegeln, was ich sehe. Mit einem grauen Bleistift ahme ich das nach, was Gott in einer unendlichen Farbenpracht gemalt hat. Meine Zeichnungen sind durch den Rand meines Zeichenblocks begrenzt; sie können niemals die grenzenlose Weite der Natur über uns und um uns wiedergeben. Und so, wie meine Kunst in einer zwar ansprechenden, aber

doch unvollkommenen Weise die Natur widerspiegelt, so ist diese uns bekannte Erde nur eine vorläu-
fige Skizze von der Herrlichkeit, die eines Tages offenbar werden wird. Die Wirklichkeit – das eigentliche Gemälde – ist im Himmel.

Unser Problem besteht darin, daß wir von der
„Wirklichkeit" dieses Lebens zu sehr in Beschlag
genommen werden.

„In einem Monat liege ich im Sand von Florida
und schlürfe Limonade", träumt die überarbeitete
Sekretärin.

„Noch drei Wochen, dann sind wir hier raus!"
denkt der Gymnasiast vor dem Abitur.

„Ist er nicht der beste Mensch der Welt?" seufzt
die verliebte Braut.

„Wenn ich nur bald wieder befördert werde!"
hofft der leitende Angestellte, der Karriere machen
will.

Aber wenn wir dann das Gewünschte bekom-
men, ist es selten so schön, wie wir es uns vorgestellt
hatten. Der langersehnte Urlaub ist schließlich zu
kurz und zu teuer. Die Hausaufgaben im Gymnasium sind im Vergleich zum Studium an der Universität ein Kinderspiel. Der Ritter der Maid entpuppt
sich als ein durchschnittlicher Ehemann, dessen
Rüstung zahlreiche Risse aufweist. Und die Beför-
derung im Büro bringt größeren Streß und zusätzli-
che Kopfschmerzen mit sich. Die guten Dinge im
Leben bringen uns am Ende selten die Befriedigung, die wir erhofft hatten. Und selbst wenn das
der Fall sein sollte, ist die Freude meist nur von
kurzer Dauer.

Deshalb sagt uns Gott in der Bibel, daß wir nach

213

dem trachten sollen, was droben ist (Kolosser 3,2;
1. Petrus 1,13). Die Freuden des Lebens waren nie
dazu bestimmt, uns ganz auszufüllen. Sie sollten
nur unseren Appetit für das Zukünftige anregen
und uns auf unserer Reise, die über diese Erde zum
Himmel führt, aufmuntern. „Unser Vater erquickt
uns auf der Reise durch manche schöne Herberge,
aber er will nicht, daß wir sie als unsere Heimat ansehen" (C.S. Lewis).

Doch leider halten wir sie eben doch für unsere
Heimat. Es ist schwer, sich Gedanken über den
Himmel zu machen, wenn er so weit entfernt zu
sein scheint. Außerdem müssen wir sterben, um
dort hinzugelangen. Und wer denkt schon gern an
den Tod? Deshalb hilft uns Gott ein wenig nach,
unsere Sinne auf das Jenseits zu richten. Das tut er
oft in einer Weise, die uns zunächst gar nicht paßt,
doch später sind wir dankbar dafür. Samuel Ru-
therford schrieb darüber in einem Aufsatz, den er
im siebzehnten Jahrhundert verfaßte:

„Wenn mir Gott vor einiger Zeit gesagt hätte, daß
er mich so glücklich machen wolle, wie es in dieser
Welt nur möglich ist, und er hätte mir dann gesagt,
er würde mir zu diesem Zweck einen Arm oder ein
Bein lähmen und mir alle üblichen Quellen der
Freude nehmen, hätte ich das für eine sehr merk-
würdige Art gehalten, sein Ziel zu erreichen. Und
doch, wie deutlich offenbart sich seine Weisheit
selbst darin! Denn wenn Sie einen Menschen sehen
sollten, der sich in einem Zimmer eingeschlossen
hat, wo er eine Reihe von Lampen vergöttert und
sich an ihrem Licht erfreut, und Sie wollten ihn
wirklich glücklich machen, würden Sie nicht zuerst

214

alle seine Lampen ausblasen und dann die Fensterläden öffnen, um das Sonnenlicht hereinzulassen?"

Genau das tat Gott bei mir, als er zuließ, daß ich mir das Genick brach. Er blies die Lichter aus, die mein Leben erhellt und es so aufregend gemacht hatten. Danach wurde ich in eine tiefe Verzweiflung gestürzt. Andererseits aber erschien mir alles, was die Bibel über den Himmel sagt, in einem ganz neuen Licht. Wenn Jesus eines Tages wiederkommt, wird Gott die Fensterläden des Himmels öffnen. Und ich zweifle keinen Augenblick daran, daß ich mich sehr viel mehr darüber freuen und dafür bereit sein werde, als wenn ich noch gehen könnte. Sehen Sie, *Leiden bereitet uns zu für den Himmel.*

Wie geschieht das? *Es weckt in uns die Sehnsucht nach der himmlischen Heimat.* Gebrochene Arme oder Beine, Genickbruch, zerbrochene Ehen und Familien, gebrochene Herzen – alle diese Dinge sollen uns daran erinnern, „daß diese arme Erde nicht unsere Heimat ist." Wenn uns bewußt wird, daß sich unsere Hoffnungen nie erfüllen werden, daß unser geliebter Verstorbener für immer aus diesem Leben geschieden ist, daß wir nie so schön, beliebt, erfolgreich oder berühmt sein werden, wie wir uns das einmal vorgestellt hatten, dann schauen wir nach oben. Unser Blick wird von dieser Welt weg auf das zukünftige Leben gelenkt; Gott weiß, daß sie uns ohnehin nie befriedigen könnte. Der Himmel wird unsere Leidenschaft.

Wenn ich an die Sehnsucht nach dem Himmel denke, fällt mir Rick Spaulding ein, ein 23jähriger, gelähmter junger Mann. Er schrieb mir kurz nachdem er mein erstes Buch gelesen hatte. Seine Briefe waren so voller Freude und Liebe zum Herrn, daß sie für uns alle, die sie lasen, eine Ermunterung bedeuteten. Ich wünschte, ihm einmal zu begegnen; vielleicht könnte ich mehr über seine Verletzung erfahren, und wir könnten geistliche Erkenntnisse austauschen oder über Rollstühle fachsimpeln.

Am 4. Juli 1976 bot sich mir die Gelegenheit, Rick zu besuchen. Einige Freunde hatten mich für ein paar Tage nach Philadelphia mitgenommen, wo ich bei verschiedenen Veranstaltungen sprechen sollte. An jenem Nachmittag hatten wir ausnahmsweise einmal nichts vor.

Da fiel mir plötzlich ein, daß Rick mit seiner Familie in Valley Forge wohnt, das nicht weit von Philadelphia entfernt ist. Wir riefen an und fragten, ob wir Rick besuchen dürften. Kurz darauf waren wir unterwegs nach Valley Forge.

Als wir ankamen, nahm uns Frau Spaulding beiseite, um uns auf die Begegnung mit Rick vorzubereiten.

„Als Rick fünfzehn Jahre alt war, stürzte er bei einem Boxkampf in der Schule mit dem Kopf auf den Boden der Turnhalle. Er fiel in tiefe Bewußtlosigkeit. Als er wieder aufwachte, war er gelähmt."

Nun, dachte ich, dann ist er also gelähmt. Ich bin ja auch gelähmt!

Doch dann schilderte sie uns das Ausmaß seiner Lähmung. Wissen Sie, ich kann meine Schultern bewegen. Ich kann auch meine Oberarm-Muskeln ein bißchen bewegen, kann lächeln und sprechen. Aber Rick konnte nichts dergleichen. Er konnte höchstens den Kopf drehen und mit den Augen blinzeln; und, um das zu lernen, hatte er Monate gebraucht.

216

„Ihr werdet lernen müssen, Augenlider zu lesen",
kündigte uns seine Mutter an, als wir hineingingen.

Vom ersten Augenblick an hatten wir Rick gern.
Da lag er in einem Lehnstuhl und konnte sein Essen
nicht kauen und kein Wort sprechen. Aber umso
mehr sprachen seine Augen! Im Laufe des „Ge-
sprächs" (wir konnten uns ja nicht richtig unterhalten), lernte ich, solche Fragen zu stellen, die er
leicht beantworten konnte – Fragen, auf die er ein
„Ja" oder ein „Nein" blinzeln konnte.

Ricks Eltern zeigten uns eine selbstentdeckte Methode, mit deren Hilfe Rick ganze Sätze bilden
konnte: eine Alphabettafel. Wenn er ein Wort
buchstabieren wollte, beobachtete seine Mutter, wie
er den Blick entweder auf die rechte oder die linke
Seite der Tafel richtete. Dann schaute er hoch, geradeaus oder hinunter, um anzuzeigen, welche Reihe
er wollte. Schließlich las seine Mutter jeden Buchstaben dieser Reihe laut vor, bis er zwinkerte. Sie
schrieb den richtigen auf, und dann ging es zum
nächsten.

Mit Hilfe der Tafel schrieb Rick Prüfungsarbei-
ten, und die Lehrbücher hörte er auf Tonband. So
hatte er das Gymnasium absolviert und dann noch
zwei Jahre studiert. In seinen Arbeiten für die Universität bekam er eine Eins, eine Drei und der Rest
waren Zweien! (Seine einzige Drei bekam er in seinem ersten Semester Russisch. Später verbesserte er
sich auf Zwei.)

Wir „sprachen" an diesem Nachmittag über manche Dinge, doch am aufregendsten war es, als wir
anfingen, über unseren gemeinsamen Glauben an
den Herrn Jesus und über den Himmel zu sprechen.

„Rick", sagte ich und hoffte, für ihn etwas auszusprechen, was er nicht sagen konnte, „kannst du dir vorstellen, wie schön es sein wird, wenn wir im Himmel einen neuen Körper bekommen?"

Seine Augen leuchteten auf.

„Ich weiß nicht, wie es bei dir war", fuhr ich fort, "aber als ich noch gehen konnte, habe ich nie viel an den Himmel gedacht. Ich stellte ihn mir als einen langweiligen Ort vor, wo alle Engelskostüme tragen, auf Wolken stehen und den ganzen Tag lang Gold putzen."

Rick lachte, obwohl er noch nicht einmal lächeln konnte (wenn Sie sich das vorstellen können). „Aber seit ich mich nicht mehr bewegen kann, ist mir allmählich bewußt geworden, daß ich eines Tages einen neuen Körper bekommen werde. Keine Engelsflügel! Nur Hände, die arbeiten, und Füße, die gehen. Stell dir das einmal vor! Wir werden auf unseren Füßen stehen können – laufen, gehen, arbeiten, mit Jesus reden – alles mögliche. Vielleicht werden wir sogar Tennis spielen!

Während ich sprach, bewegte Rick seine Augenlider auf und ab, auf und ab, so schnell er konnte. Das war seine Art, zu lächeln und seiner Begeisterung Ausdruck zu verleihen. Er teilte uns auf die einzige, ihm mögliche Weise mit, wie sehr er sich auf den Himmel freute. Seine Augen zwinkerten ein glänzendes Zeugnis seines Glaubens an Gott und seines Wunsches, abzuscheiden, um bei Christus zu sein und einen neuen Körper zu empfangen.

Als wir an diesem Nachmittag in Ricks Zimmer saßen und uns unterhielten, spürten wir alle – ich, meine Freundinnen, Rick und seine Familie – eine starke Sehnsucht nach dem Himmel. Aber da Rick dort am meisten zu gewinnen hatte, sehnte er sich wohl am meisten danach. Einen Monat später ging sein Wunsch in Erfüllung. Im August desselben Jahres ging er heim, um beim Herrn zu sein.

Was das Leiden bei Rick bewirkt hat, kann es bei uns allen bewirken - es kann unsere Herzen auf die obere Heimat lenken, wo sie hingehören. Aber das Leiden bewirkt noch mehr: *Es bereitet uns auf die Begegnung mit Gott vor.* Überlegen Sie doch einmal: Nehmen wir an, Sie hätten nie in Ihrem Leben irgendwelche körperlichen Schmerzen gespürt. Was würden Ihnen dann die Narben an den Händen Jesu Christi bedeuten, wenn er Sie begrüßen wird? Wie wäre es, wenn man Sie nie verletzt hätte? Wie könnten Sie dann Ihren Dank in angemessener Weise zum Ausdruck bringen, wenn Sie sich dem Thron des Mannes der Schmerzen nahen, der mit Leiden vertraut war? (Jesaja 53,3). Wenn Sie nie verlegen gewesen wären, wenn Sie sich nie geschämt hätten, könnten Sie nie erahnen, wie sehr Jesus Sie geliebt hat, als er Ihre Sünden auf sich nahm.

Wenn wir ihn von Angesicht zu Angesicht sehen werden, haben wir durch unser Leiden zumindest eine leise Ahnung von dem bekommen, was er durchgemacht hat, um uns zu erlösen. Verstehen Sie, daß wir ihn deshalb um so mehr lieben werden? Und unsere Treue in diesen Leiden ermöglicht es uns, ihm auch etwas dafür zu schenken. Denn wie könnten wir unsere Liebe und Treue beweisen, wenn wir in diesem Leben so ganz ohne Narben davongekommen wären? Wie würden wir uns schämen, wenn uns unser Christentun gar nichts gekostet hätte? Leiden bereiten uns darauf vor, Gott zu begegnen.

Und noch etwas bewirkt das Leiden. Wenn wir in unseren Prüfungen treu sind, *werden wir im Himmel dafür reich belohnt. „Denn das schnell vorübergehende Leichte der Drangsal bewirkt in uns ein über die Maßen überreiches, ewiges Gewicht von Herrlichkeit . . . " (2. Korinther 4,17).* Es ist nicht so, daß der Himmel *trotz* all unserer Beschwerden während unseres Erdenlebens ein herrlicher Ort sein wird, sondern gerade *wegen* dieser Nöte. Gott benutzt meinen Rollstuhl, so unangenehm er mir auch sein mag, um meine Einstellung zu verändern und meine Treue zu ihm herauszufordern. Diese Treue wird er im Himmel belohnen. Und so dienen uns unsere irdischen Leiden nicht nur hier zum Besten, sondern erst recht in der Ewigkeit.

Nun weiß ich nicht genau, wie die Belohnung und die Schätze aussehen werden, die uns erwarten, aber sie werden gewiß des Leidens wert sein. Erinnern Sie sich noch an Ihre Kindheit, wie eines der Kinder der Star der Klasse war, weil es ein besonders schönes Spielzeug hatte? Alle anderen Kinder wollten unbedingt das gleiche Spielzeug haben. Aber als Sie im Gymnasium wären, kümmerten Sie sich nicht mehr um Spiele und Spielzeug. Auf der Universität war es dann das Wichtigste, zur Universitätsmannschaft zu gehören, einen auffallenden Wagen zu fahren oder bei einer bestimmten Gruppe beliebt zu sein.

So wird es auch sein, wenn Gott uns vollkommen machen wird. Die Dinge, die uns jetzt so wichtig er-

220

scheinen, werden dann an Bedeutung verlieren. Es wird das Begehren unseres Herzens sein, den Herrn zu preisen, der allein alles Lobes würdig ist. In gewisser Hinsicht werden alle, die in diesem Leben untreu gewesen sind und denen Gott nicht viel Lohn geben wird, ihn auch gar nicht wollen. Ich glaube, mit ihrem gereinigten Herzen werden sie gern zugeben, daß sie keine Belohnung verdient haben. Und die anderen, die Gott belohnen wird? Ihr ganzes Bestreben wird sein, Gott besser und vollkommener zu dienen. Er wird ihnen ihren Wunsch erfüllen. Sie werden das Vorrecht bekommen, ihm in besonderer Weise zu dienen – als Verwalter seiner Güter und als Säulen in seinem Tempel (Matthäus 25,23; Offenbarung 3,12).

Ich sagte, daß Gott uns eines Tages vollkommen machen wird. Das erscheint mir als das allergrößte Wunder des Himmels. Wenn Gott uns heute in den Himmel nähme, ohne uns innerlich zu verändern, wäre der Himmel nicht der Himmel. Die Reinheit und Heiligkeit an diesem Ort stießen uns ab, und wir würden uns schuldig fühlen. Nach einer gewissen Zeit würden wir uns schrecklich langweilen, genauso wie es selbst bei der interessantesten Beschäftigung auf der Erde der Fall ist.

Der Himmel wird erst himmlisch, wenn Gott uns innerlich verändert. Können Sie sich vorstellen, wie es sein wird, nie wieder zu sündigen, nie mehr von Schuldgefühlen geplagt zu werden, nie mehr niedergeschlagen oder aufgeregt zu sein? Wir werden den wunderbaren Zustand erleben, nicht nur im Paradies zu sein, sondern auch ein Herz zu haben, das fähig ist, all die Herrlichkeiten zu genießen.

Wenn ich an den Himmel denke, stelle ich mir vor, daß es so ähnlich sein wird wie das Nachhausekommen. Ich erinnere mich an die Zeit, als ich noch gehen konnte und vom Hockeytraining nach Hause kam. Wie wunderbar heimelig war das! Sobald ich die Hintertür aufstieß, erklang das vertraute Geklingel der Glocke. Im Haus erwarteten mich Dinge, Geräusche und Gerüche, die Wärme und Liebe ausstrahlten. Mama begrüßte mich mit einem frohen Lächeln, während sie das Essen in große Schüsseln schöpfte, die dann auf den Tisch kamen. Ich warf meinen Trainingsanzug hin, sprang ins Wohnzimmer und begrüßte Papa. Er drehte sich an seinem Schreibtisch um, nahm seine Brille ab, begrüßte mich mit einem lauten: „Hallo"! und fragte mich, wie das Training war.

So ähnlich wird der Himmel für Christen sein. Unser freundlicher himmlischer Vater wird uns mit offenen Armen empfangen. Jesus, unser großer Bruder, wird auch dort sein, um uns willkommen zu heißen. Wir werden uns nicht fremd oder unsicher vorkommen, sondern meinen, wir seien zu Hause ... denn wir werden tatsächlich zu Hause sein. Jesus sagte, der Himmel sei ein Ort, der für uns bereitet ist.

Wir werden einen neuen Leib und neue Sinne haben. Ich werde zum ersten Mal wieder in der Lage sein, auf meine Freundinnen zuzugehen und sie zu umarmen. Ich werde meine neuen Hände vor den himmlischen Heerscharen erheben und rufen: „Das Lamm, das geschlachtet wurde, ist würdig zu empfangen ... Lobpreis und Ehre! Denn es hat meine Seele von den Klauen der Sünde und des Todes befreit, und nun hat es auch meinen Körper erlöst!"

Es wird eine ausgleichende Gerechtigkeit herrschen. Gott wird unsere Tränen zählen, die er in seinen Krug aufbewahrt hat, und nicht eine einzige wird er unbemerkt lassen. Er, der alles in seiner Hand hat, wird uns den Schlüssel geben, so daß wir auch in dem sinnlosesten Leiden einen Sinn erkennen. Und das ist erst der Anfang. „Und Gott wird abwischen alle Tränen von ihren Augen, und der Tod wird nicht mehr da sein, noch Leid noch Geschrei noch Schmerz wird mehr sein; denn das Erste ist vergangen" (Offenbarung 21,4).

Freuen Sie sich darauf?

„Es spricht, der dieses bezeugt: Ja, ich komme bald! Amen, komm, Herr Jesus!" (Offenbarung 22,20).